1949SISU2019

上海外国语大学建校七十周年

70TH ANNIVERSARY CELEBRATION

SHANGHAI INTERNATIONAL STUDIES UNIVERSITY

季愚文库

倪波集

倪 波 著

商务印书馆
创于1897 The Commercial Press
2019年·北京

倪 波

倪波，1930 年生，山东海阳人，1956 年毕业于上海外国语学院俄语研究生班并留校任教，历任俄语教研室主任、俄语系副主任、主任。长期从事俄语语义学、语用学研究，参与创建中国俄语教学研究会，曾任中国俄语教学研究会副会长、国家教委俄语教材编审组副组长等职,享受国务院政府特殊津贴。1991 年获俄罗斯国际俄语教师联合会颁发的普希金奖章，2016 年获“中国俄语教育终身成就奖”。著有《俄语语句同义转换》《俄语语义学》《言语行为理论与俄语语句聚合体》等，译有《俄语词汇学》。其主要学术成果被收入《当代中国俄语名家学术文库 · 倪波集》，此书已被列入高校俄语专业研究生必读书目。

总　序

七十年在历史长河中只是短暂一瞬，但这却是上外学人扎根中国大地、凝心聚力、不断续写新时代中国外语教育新篇章的七十年。七秩沧桑，砥砺文脉，书香翰墨，时代风华。为庆祝上外建校七十华诞，上外携手商务印书馆合力打造“季愚文库”，讲述上外故事，守望上外文脉。“季愚文库”系统整理上外老一辈学人的优秀学术成果，系统回顾上外历史文脉，有力传承上外文化经典，科学引领上外未来发展，必将成为上外的宝贵财富，也将是上外的“最好纪念”。

孔子曰：“居之无倦，行之以忠。”人民教育家王季愚先生于1964年出任上海外国语学院院长，以坚定的共产主义信仰和对人民教育事业的忠诚之心，以坚苦卓绝、攻坚克难的精神和毅力，为新中国外语教育事业做出了卓越贡献。她在《外国语》杂志1981年第5期上发表的《回顾与展望》一文被称为新时期外语教育的“出师表”，对上外未来发展仍具指导意义。王季愚先生一生勤勤恳恳，廉洁奉公，为人民服务，她的高尚情操始终指引着上外人不断思索：“我们从哪里来？我们在哪里？我们向哪里去？我们应该做什么？”

七十载筚路蓝缕，矢志创新。上外创建于1949年12月，是中华人民共和国成立后由国家创办的第一所高等外语学府，是教育部直属并与上海市共建、进入国家“211工程”和“双一流”建设的全国重点大学。从建校初期单一语种的华东人民革命大学附设上海俄文学校，到20世纪50年代中期迅速发展为多语种的上海外国语学院；从外语单科性的上海外国语学院，到改革开放后率先建设以外国语言文学学科引领，文、教、经、管、法等学科协调发展的多科性上海外国语大学；从建设“高水平国际化多科性外国语大学”，到建设“国别区域全球知识领域特色鲜明的世界一流外国语大学”，上外的每一次转型都体现着上外人自我革新、勇于探索的孜孜追求。

“立时代之潮头，通古今之变化，发思想之先声。”习近平总书记在哲学社会科学工作座谈会上强调，要着力构建中国特色哲学社会科学，在指导思想、学科体系、话语体系等方面充分体现中国特色、中国风格、中国气派。在中国立场、中国智慧、中国价值的理念、主张、方案为人类文明不断做出更大贡献的新时代，外语院校应“何去何从”？秉承上外“格高志远、学贯中外”的红色基因，今日上外对此做出了有力回答，诚如校党委书记姜锋同志所言：“要有一种能用明天的答案来回应今天问题的前瞻、勇气、担当和本能。”因此，上外确立了“国别区域全球知识领域特色鲜明的世界一流外国语大学”的办学愿景，致力于培养“会语言、通国家、精领域”的“多语种+”国际化卓越人才，这与王季愚先生“外语院校应建设成多语种、多学科、多专业的大学”的高瞻远瞩可谓一脉相承。

历沧桑七十载，期继往而开来。“季愚文库”是对上外学人的肯定，更是上外文脉在外语界、学术界、文化界的全新名片，为上外的学术道统建设、“双一流”建设提供了全新思路，也为上外统一思想、凝心聚力注入了强大动力。上外人继续跟随先师前辈，不忘初心，砥砺前行，助力中国学术出版的集群化、品牌化和现代化，为构建有中国特色、中国风格、中国气派的哲学社会科学体系贡献更大的智慧与力量！

上海外国语大学

2019年10月

编辑说明

1.本文库所收著作和译作横跨七十载，其语言习惯有较明显的时代印痕，且著译者自有其文字风格，故不按现行用法、写法及表现手法改动原文。文库所收译作涉及的外文文献底本亦多有散佚，据译作初版本着力修订。

2.原书专名(人名、地名、术语等)及译名与今不统一者，亦不作改动；若同一专名在同书、同文内译法不一，则加以统一。如确系笔误、排印舛误、外文拼写错误等，则予径改。

3.数字、标点符号的用法，在不损害原义的情况下，从现行规范校订。

4.原书因年代久远而字迹模糊或残缺者，据所缺字数以“□”表示。

目　录

上编
俄语语义学研究

俄语语义学研究的对象

1 语义学概述

近几十年来，语义学有着迅猛的发展，现在语义学作为一门独立的语言科学的地位已经确定。这门科学的发展，至今已经历了许多重要阶段。语义学产生于19世纪，它的奠基人通常认为是法国学者布雷亚尔（M. Breal）。20世纪前，语义学的问题曾是哲学、逻辑学、语法学、演说术等研究的对象，并相应地产生了种种不同的语义学：逻辑语义学、哲学语义学、心理语义学、普通语义学，同时也创立了语言语义学，其主要任务是研究词义的变化及其历史。20世纪30至50年代，共时和历时结构语义学的研究为当代语义学的确立奠定了重要的科学基础。最近30年来，语义学的发展尤为迅速，现在，这门科学已成为世界语言学界注意的中心。随着语义学的发展，与语言的研究有直接或间接关系的众多学科出现了重要的变化：过去，语言现象常常通过哲学、逻辑学、心理学、社会学的范畴加以解释；而今出现了相反的情况，人们试图“透过语言的棱镜去观察这些科学的范畴”①。语义学,即研究语言“内容平面”（意义方面）的科学正超越句法学、词法学、语音学和音位学，在语言研究领域占有头等重要的地位。阿普列相（Ю. Д. Апресян）断言，目前，语言学的发展已进入了语义学的时代②。

“语义学”（семасиология 或 семантика）这一术语的界限还难以划清，它表示的概念范围相当广泛，研究的对象、角度、方法、观点因人而异，使用的术语也不尽一致，有时甚至相互矛盾。这可能是由于语义学是一门内容广泛的学科并与其他学科有着紧密的、相互交叉的联系的缘故。语义学，顾名思义是研究语言单位（词素、词、词组、句子、熟语等）意义的科学。而意义是一个非常不确定的概念，至今还没有一个能为大多数学者接受的一致的定义。另一方面，意义同哲学（概念、语言与思维、认识论）、逻辑学（数理逻辑、逻辑句法）、心理学（联想、言语行为的心理基础）、社会学（社会变化引起词和词义的变化）等学科有着种种联系。现代语义学从这些有关学科吸取了许多有用的东西，借以分析自然语言单位的意义。

“意义是语义学的基本概念。”③ 过去，语义学一般被理解为词汇语义学。现在，这种看法显得狭窄了，这门科学已成为研究语言所有层次和单位的意义方面的科学。例如，研究词汇的、构词的、词法的、句法的语义，并相应地出现了词汇、构词、词法、句法语义学。近年来，有许多论文、专著研究词类及其语法范畴语义，对动词的语法语义研究给予了很大的关注（如研究式、时、人称、态、体的语义），还开展了对句子和句型语义的研究，等等。总之，语义学包括的课题相当广泛，研究的方

---

① В. А. Звегинцев, Введение в семантику. Вступительная статья. М., 1963, стр. 5.
② Ю. Д. Апресян, Лексическая семантика. Синонимические средства языка. М., 1974, стр. 3.
③ 同上。

面、角度差异很大。

2 语义学研究的课题

研究语义首先要分清两种语义类型：词汇语义和语法语义。这是两种既有不可分割的联系，又有重要区别的意义类型。例如，На десятый день он покинул свою *зимовку* и отправился неизвестно куда.（第十天，他离开自己过冬的住处，不知去向。）一句中的 зимовка，从语法角度来看，是单数形式，表示单一的具体事物意义，这是这个词的抽象的语法意义；从词汇角度来看，зимовка 表示“地方、处所”意义，这是这个词的具体的词汇意义（过冬的住所）。这两种意义是相互联系、互为条件的：зимовка 由 зимовать 派生而来，这一类动名词一般都兼有（1）行为（过冬）和（2）处所（过冬的住所）意义。зимовка 的单数形式只有在第二种情况下才具有“单一的具体事物”意义，而其行为意义则是与另一种语法意义（体现为事物性的动作）相联系的。在 Мы одинаково благодарны им — *ткачихе и сталевару, летчику и землепашцу, строителю, врачу, леснику*...（我们同样感谢他们——织布女工和炼钢工人、飞行员和农民、建筑工人、医生、护林员……）一句中，斜体词虽是单数形式，但具有复数意义，分别表示各类人物的总和，也就是说，在这种场合，单、复数意义是相等的。从词汇语义角度来看，它们表示概括的整体意义。这些词的语法、词汇意义同样是相互联系的。

对于语义学来说，重要的不是单一的、个别的词的语法意义，而是一组词、一个类型的词或者某一语法范畴所共同具有的类型意义，如名词 стол（桌子）、стул（椅子）、кровать（床）、диван（沙发）、шкаф（橱柜）等的事物性语法意义；动词 написать（写〈好〉）、прочитать

（读〈完〉）、нарисовать（画〈好〉）、приготовить（准备〈好〉）、собрать（收集）、сделать（做〈好〉）等所具有的行为完成性意义；名词第二格形式（книга старшего брата〈哥哥的书〉, дом рабочего〈工人的房子〉）表示的领属意义。词汇意义也是这样，语义学研究的主要是同一词汇语义群所共有的类型性、概括性意义，像上面所提到的处所意义对一大组动名词来说是典型的：остановка（车站）（трамвайная остановка〈电车站〉), ночевка（过夜的地方）（дойти до ночевки〈抵达住宿地点〉), переправа（渡口）（остановиться у переправы〈停在渡口处〉), вход（入口）（у входа〈在入口处〉), подъем（上坡道）（крутой подъем〈陡坡道〉)。又如，一部分动名词都具有的结果意义：бой（打碎的东西）（стеклянный бой〈碎玻璃〉), выписка（摘录的词句）（интересные выписки〈有趣的札记〉), вышивка（绣品）（красивая вышивка на подушке〈枕头上美丽的刺绣〉), плавка（一炉钢水）（выдать первую плавку〈出第一炉钢〉), ожог（烧伤）（лечить ожоги〈医治烧伤〉), ранение（创伤）（получить ранение〈受伤〉)。上面列举的两组动名词分别兼有：(1）行为和行为地点意义，(2）行为和行为结果意义（начинается вход публики〈观众开始入场〉— стоять у входа〈站在入口处〉; плавка стали〈炼钢〉— первая плавка〈第一炉钢〉)。这种分析对揭示某些类型的词的语义结构，并从中归纳出某种规律，是很有意义的。

语法意义和词汇意义是相互联系、相互依存的，但两者又有实质性的区别，属于不同的语言层次。语法意义同一定的语法范畴、语法形式有关，是由语言内部因素决定的抽象的意义，而词汇意义则同概念有关，同客观外界的实际有关。两种意义既要从其相互联系、相互作用的方面进行研究，又要看到每一种意义的独立性质，分别进行单独的分析。我们研究的中心是语言单位的词汇意义。

俄语语义学研究的主要课题是：词汇意义的性质和结构，符号、词义、概念与事物之间的关系和联系，词汇意义的类型及其基本单位，词的聚合关系和组合关系，语义对立和对立关系类型以及语义对立的中和，等等。

3 词的意义是一个复杂的、非单一性的对象

词的意义是一个非常复杂的、非单一性的对象。对于词义，学术界众说纷纭，至今还没有为大家公认的一致的定义。科索夫斯基（Б. И. Косовский）认为，"词义应当看成某一现象在人们的意识中的反映与语音之间的关系"①。什梅廖夫（Д. Н. Шмелев）则认为，词汇意义就是客观外界的事物或现象在意识中的反映②。根据阿普列相的说法，词义实际上是"包含几种较为简单的对象的复杂对象"③。换言之，意义不是一种，而是几种；意义的内容不是单一的，而是多方面的。然而，尽管各学者对词义所下的定义千差万别，但对它的复杂性、非单一性的认识却是一致的。给词义下定义，非得考虑语言内部和语言外部各个方面的因素不可（参见"决定词汇意义的语言内外诸因素"一节）。

词义一方面同一定的语音段（语音外壳）、书写符号相联系；另一方面要反映客观实际的事物、现象、特性或特征，同一定的概念有关。词的意义是语言内部因素和语言外部因素的统一。词义以一定的语音组合形式固定下来，构成语言的词汇单位，并与其他词形成稳定的语音、语法、语义联系（参见"词的组合意义和聚合意义"一节）。词义作为客观事物

① Б. И. Косовский, Общее языкознание. Учение о слове и словарном составе языка. Минск, 1974, стр. 16.

② Д. Н. Шмелев, Очерки по семасиологии русского языка. М., 1964, стр. 78.

③ Ю.Д. Апресян, Современные методы изучения значения и некоторые проблемы структурной лингвистики. // Проблемы структурной лингвистики. М., 1969, стр. 106.

的（现实的或者想象中的、外部世界的或者内心世界的）反映，包含着关于这些事物的概念。概念属思维范围，意义属语言范围，但两者密切相关。每一个实词的词汇意义均以一定的概念为基础，概念反映客观事物、现象的实质性特征，词义则包含其中主要的（不是全部的）、能借以把一种事物同另一种事物相区别的特征（参见“逻辑语义学”一节）。

除“意义”“概念”以外，语言学文献中还使用 сигнификат（所指〈概念〉）和 денотат（所指〈事物〉）等术语来分析语义，并相应地分出了 сигнификативное значение（语义意义）和 денотативное значение（指称意义）。科索夫斯基把 сигнификативное значение 看作“词对所指或者概念的关系”[①]。他是把 сигнификат 和概念等同起来了。同时他认为，денотативное значение 是“符号对所指（物体）的关系”[②]。阿普列相认为，逻辑学通常从 денотат 和 сигнификат 两个层次研究符号的意义，研究符号所表示的一类事实，即符号的 денотат，而这类事实的共同特征则是它的 сигнификат[③]。所指事物（денотат）一般不是指单一的物体，而是整个一类物体，也就是具有某种共同特征的同一类物体，如 дерево, стол, дом, человек 分别泛指“树”“桌子”“房屋”“人”，而不是指具体的哪一棵“树”、哪一张“桌子”，等等。符号对所指事物的关系并不是在所有情况下都是一致的，有时所指事物相同，但用以表示该事物的符号可以不相同，如 вечерняя звезда（长庚星）和 утренняя звезда（启明星）同样指金星，但使用的符号则不一样（参见“词的语义意义和指称意义”一节）。

---

① Б. И. Косовский, Общее языкознание. Учение о слове и словарном составе языка. Минск, 1974, стр. 17.

② 同上，стр. 21.

③ Ю. Д. Апресян, Лексическая семантика. Синонимические средства языка. М., 1974, стр. 60.

语义研究的理论和方法

1 逻辑语义学

语言语义学的发展受到了逻辑学和哲学，特别是符号学的影响，并从中吸取了许多重要的研究方法和原则。下面就其中某些主要的理论和方法做一些简单的介绍。

逻辑语义学研究人造的形式语言（首先是数理逻辑）表述的意义，研究人造语言符号译成自然语言的规则。数理逻辑学使用的一些术语也逐步被引进语义学，如 язык-объект（对象语言）、метаязык（元语言）、множество（集，集合）、класс（类）、элемент（要素，成分）、свойство（特性）、отношение（关系）、операция（演算）、переменная（变元，变量）、предикат（谓词，谓项）、функция（函数，功能）、конъюнкция（合取）、дизъюнкция（析取）、импликация（蕴含）等。这些术语在语义学中已得到广泛的使用。

逻辑学家，如弗雷格（G. Frege）、皮尔士（C. Pierce）等，对名称（符号）和事物之间的关系进行了研究，提出要区别 значение（意义）和

смысл（含义）这两个概念。名称表示事物并表达一定的含义，意义是指被表示的事物，含义则反映有关事物的信息。同一事物可以有不同的名称，每个名称可以有自己的单独的含义。俄语里接收电视节目的装置既可以叫 телевизор（电视机），又可以称为 голубой экран（〈电视〉荧光屏），两种名称包含不同的含义；граф Л. Н. Толстой（Л. Н. 托尔斯泰伯爵）和 автор романа «Война и мир»（小说《战争与和平》的作者）指的是同一个俄罗斯作家，但含义并不相等。虽然弗雷格等所说的“意义”和人们习惯上的看法大不相同，但他们提出的关于名称、意义、含义的理论，对于揭示符号与所指（事物）、所指与意义、意义与概念之间的关系有一定的研究价值。

逻辑语义学对于词汇群意义的研究是很有实用价值的。所谓词汇群，指的是以共同语义特征为基础的一类或者一组词，也有人称之为“语义场”。以俄语中表示亲属关系的术语为例，这些词之间存在着一定的从属关系。这类术语共有 120 个含义（смысл），每一个术语由几个含义构成[①]，例如：

儿子 =1 男性 +4 父母所生 +5 直系亲属关系 +7 血缘父母所生 +12 第一代（1+4+5+7+12）；

女儿 =2 女性 +4 父母所生 +5 直系亲属关系 +7 血缘父母所生 +12 第一代（2+4+5+7+12）；

父亲 =1 男性 +3 父 / 母 +5 父 / 母，直系亲属关系 +7 血缘父 / 母 + 12 第一代父 / 母（1+3+5+7+12）；

母亲与父亲相比只差一个含义（2+3+5+7+12）；

---

① 详见 Т. П. Ломтев, Конструктивное построение смыслов имен с помощью комбинаторной методики (термины родства в русском языке). Филологические науки, 1964, № 2, стр. 108—120.

祖父 =1 男性 +3 父 / 母 +5 父 / 母，直系亲属关系 +7 血缘父 / 母 +13 第二代父 / 母（1+3+5+7+13）；

孙女 =2 女性 +4 父母所生 +5 直系亲属关系 +7 血缘父母所生 +13 第二代（2+4+5+7+13）。

这种分析含义的方法，对于揭示词的语义结构以及词与词之间的语义关系，提供了有效的分析方法。

元语言（符号语言）和对象语言（自然语言）的概念在逻辑语义学中占有突出的地位。元语言用于自然语言的语义分析。表示客观现实的事物、特性和关系的符号构成对象语言，解释和表示对象语言的符号构成元语言。用自然语言的符号解释其本身的语义现象，进行语义分析，困难较多，十分不便。在语音学领域，用某种为大多数人接受的音标解释、描述语音现象，已被事实证明是一种方便有效的方法。在语义研究方面则使用这种代号系统（符号语言）对语义现象进行研究。这可能是某种自然语言的一部分，也可能是"压缩了的"人造语言，是进行语义分析的"最低限量的词汇"①。

元语言的提出主要是为了描述自然语言，把它纳入形式化的轨道。当前语义学发展的一个趋势，是运用数理逻辑进行话语计算，对简单句做逻辑演算，而计算或演算时所使用的就是元语言。例如：

X видит Y-ка（X 看到了 Y）= "видит（X, Y）"；

X дает Y-ку Z（X 把 Z 给了 Y）= "дает（X, Y, Z）" = "X каузирует（Y начинает иметь Z）"（" X 使〈Y 开始有 Z〉"）= "каузирует（X начинает иметь〈Y, Z〉）"。

这种逻辑演算也可用于话语转换，对揭示语句的细微语义差别有一

① Б. Рассел, Человеческое познание. Его сфера и границы. М., 1957, стр. 227.

定的实用价值，试比较：

Все присутствовали на лекции.（大家都来听课了）=Никто не отсутствовал на лекции.（没人不来听课）；

X старше Y-ка（X 比 Y 年纪大）=Y моложе X-а（Y 比 X 年纪轻）；

Необходимо Z（必需 Z）=Невозможно не Z（不可能不需 Z）。

元语言用于语义分析，因此有人称之为语义语言，如韦日比茨卡（А. Вежбицка）用于记述话语语义的 lingua mentalis（语义语言）[①]。它包含取自自然语言的最低限量的词汇和句法结构。词汇是由数十个无法分解的语义成分（如 хотеть〈想，要〉、считать〈认为〉、делать〈做〉等）组成的。句法结构的组成，以足以用于表达自然语言所有词汇和语法问题为限。据此她认为：

Я могу（我能）=Я сделаю, если захочу（假如我要做，我就能做到）；

А интересуется Х-ом（А 对 Х 感兴趣）=А хочет узнать об Х-е（А 想要了解 Х）。

元语言的句法构造以语句的深层结构为基础，体现为范围广泛的结构模式 S есть P（S 为主体，P 赋予主体某种特性）。这种深层结构又辅以情态框架（модальная рамка），用来表示话语的情态意义。简单句的深层结构一般可以归结为 S есть P：

① Он учитель. /他是教师。

② Он — талантливый ученый. /他是一位天才的学者。

③ Старик женат на вдове. /老头儿与一位寡妇结了婚。

语句加了情态框架（M），就增加了对所述事物的主观情态含义（深

---

① 详见 Ю. Д. Апресян, Лексическая семантика. Синонимические средства языка. М., 1974, стр. 31—36.

层结构：M，S есть P），例如：Он, может быть，учитель.（他可能是教师。）一句中增加了说话人的“不确定”“怀疑”的含义。Многие считают, что он талантливый ученый.（许多人认为他是一位天才的学者。）这句话，在一定的场合意味着说话人并不认为是这样，可能持相反的意见。Он накопил всего сто пятьдесят рублей.（他仅积蓄了 150 卢布。）与 Он накопил целых сто пятьдесят рублей.（他积蓄了整整 150 卢布。）相比，前一句意味着“X 认为 150 卢布太少”，后一句则表示“X 认为 150 卢布够多了”。情态框架的提出和使用，对解释句子的细微语义差别，以及理解语句的语用（情态）含义有重要的意义。

语用情态含义可以：（1）用一定的词、词组（语气词、插入语、副词等）表达，例如：Я хочу（我要），Я считаю（我认为），Я понимаю（我明白），Я думаю（我想），вполне（完全，十分），всего（仅，只有，才），даже（甚至，连……也），к счастью（幸好），наконец（终于），по существу（实际上，其实），только（仅仅），уже（单单，已经），целый（整整），хотя（哪怕）；（2）隐含在语句中，如 Идет дождь.（下雨。）中实际上包含着类似 Я считаю, что идет дождь.（我看是在下雨。）的意思。

2 词汇函数理论

现代语义学还从数理逻辑中借用了关于函数（функция）的概念。函数表示一个变量对另一个变量的一定依赖关系，体现为公式 y=f（x）。其中 x 和 y 都是变量，x 是自变量，y 是因变量，y 随 x 一起变化，而且依赖于 x。对于某一范围内 x 的每一个值，y 都有一个或几个值与它相应。如果 x 取某个特定的值，y 便按上列公式取相应的值，y 即为 x 的函数。函数的概念用于分析语义，揭示词汇单位的内部语义机制，称为“词汇函数”（лексическая функция）。

试以多义词为例。多义词的语义结构组成为：（1）第一性的意义，（2）若干个第二性的意义。前者对上下文的依赖性不大，具有相对的独立性；后者在很大程度上取决于上下文，并同前者相应。例如，вода（水）一词的第一性的（一般的、语义上最简单的、包含在其他几种与其相应的意义中的）意义，可以表示为 H_2O。如果 H_2O 作为 x，将其纳入公式 y=f（x），那么就可以获得这一多义词语义结构中相互处于语义联系之中的各个意义（$y_1 \ldots y_n$）：

Y　= f вода “H_2O”　X

Y_1（水：无色透明的液体）　= f вода “H_2O”（речная〈河水〉）　X_1

Y_2（汁水：饮料）　= f вода “H_2O”（фруктовая〈果汁〉）　X_2

Y_3（水域：江河湖海）　= f вода “H_2O”（〈复数〉внутренние〈内河〉）　X_3

Y_4（水分：废话，空话）　= f вода “H_2O”（в докладе〈报告中的水分〉）　X_4

由此可见，вода 这一词的第一性意义与其他意义有着内在的联系，随着补充意义成分的增加而逐步丰富、繁化，有时甚至变得模糊，难以确定（如第四种意义）。多义词各个意义之间的语义功能是密切相关的。

“函数”的概念可用于分析多种语义现象，如揭示意义相近、使用范围有别的类义词的内在联系与差别。例如，берлога（熊穴）、конура（狗窝）、гнездо（巢）、нора（穴，洞）、хлев（畜棚）等词具有共同的语义功能——深层意义成素（жилье〈住所〉，помещение〈处所〉），但在使用上受到词汇－语义因素的限制。这可表示为：

берлога = f “жилье”（медведь〈熊〉）

конура = f “жилье”（собака〈狗〉）

гнездо = f “жилье”（птица〈鸟〉）

нора = f “жилье”（лиса〈狐狸〉）

хлев = f “жилье”（корова〈牛〉）

词汇函数这一概念可以帮助我们揭示一些词的“隐藏着的”语义共性和对应性。这是一些功能一致，深层意义成素相同，表层表达不同的词，如 f Magn（拉丁文 Magnus——特征的最高显示程度）：

Magn（X）= Y

Magn（мороз）= лютый（酷寒）

Magn（дурак）= крутой（大傻瓜）

Magn（ошибка）= грубая（大错）

Magn（брюнет ）= жгучий（黑发男子）

Magn（тишина）= гробовая（死一般的寂静）

Magn（тьма）= мертвая（漆黑一片）

Magn（дисциплина）= железная（铁的纪律）

Magn（белый）= ослепительно（洁白的）

由此可见，лютый、крутой、гробовой、жгучий 等词，从字面上看似乎没有任何语义联系，却含有共同的语义成分 Magn，其意义相当于“очень”“крайний”“в высокой степени”等。

在语义学中，运用词汇函数概念可以给我们开辟一条深入理解许多词汇－语义现象的新的途径，从而有可能确切地揭示语言单位内部的规律性联系，更有效地确定词义、多义性、同义、反义等语义范畴以及词汇单位的系统性和它们的深层意义。

3 符号学与语义学

符号学（семиотика）是关于符号系统一般特性的科学。符号是一个非常广泛的概念（从红绿灯信号、路标、海上信号、各种代号直至语言符号）。各种符号系统、符号之间的关系、符号的意义、使用符号传递信息的人对符号的关系——这一切均是符号学各相应部分所研究的课题。符号学分三个部分：(1) 符号关系学，研究符号之间的关系及其组合方法；(2) 符号意义学，研究符号对符号所表示的对象的关系；(3) 符号实用学，研究主体对被使用符号的关系以及符号对人们的作用。

符号学的创立是同皮尔士、莫里斯（C. Morris）、索绪尔（F. de Saussure）的名字联系在一起的。符号学的出现给语言语义学的发展开辟了新的途径。索绪尔首先将符号学的一些思想引进语言学，现在这种趋势在中外语言学界得到越来越积极的发展。运用符号学的理论能更清楚、更全面地认识语言是一种特殊的信号系统，更深入地领会语义关系的系统性，并进一步完善语义分析的原则和方法。

符号学对语义学的发展有着很大的影响。语言理论所研究的一些课题可以同符号学的几个部分相对应：语义学研究的语义组合关系（синтагматика）和聚合关系（парадигматика）与符号关系学相对应；语言语义学（研究语言意义的理论）与符号意义学相对应；正在逐步建立起来的语言实用学（语用学）——关于言语行为和言语作用的理论与符号实用学相对应。这说明随着符号学的发展，语言科学中可能出现新的改组，语义学的对象和课题会进一步明确。

词的词汇意义

1 词义的本质和功能

1.1 关于词义的不同观点

词是一种多方面的语言现象，它具有语音、语法、构词和词汇－语义诸方面的特征，说得概括些，它具有物质形式和思想内容两个方面。词的物质方面，即它的语音外壳（或文字符号）、语法形态等，由语言学相应的部分进行研究，而词的意义方面则是语义学研究的主要对象。

作为语言词汇的基本单位，词是形式和内容的统一体。词的形式表达一定的内容，即“为语言使用者一致理解的，并由社会固定于该词的意义中”[①]，这就是词的词汇意义。

然而，词的意义问题并不如看上去的那么简单。关于词义的定义，正如词本身的定义一样，始终是语言学家孜孜研究的课题。围绕词汇意

① М. И. Фомина, Современный русский язык. Лексикология. М., 1983 , стр. 9.

义的讨论，众说纷纭，莫衷一是，新的学说更是层出不穷。首先，对于什么是词义，应从哪些方面说明词义等问题，各家学说迥然不同，归纳起来有如下几种。

一种观点认为词义就是概念。这种观点显然把词义与概念混淆起来。词的意义虽与概念有关，但不等于概念。作为语言单位的词义，不能同思维的基本形式概念等同起来。语言是一种社会现象，是人们进行交际的工具。假如作为语言词汇－语义体系一个方面的词义等于概念，人们的日常社会交际活动就会发生障碍，因为在交际活动中人们不仅要表示确切的概念，同时也要表示个人的情感评价态度，个人的意志、意向等。

词汇－语义体系的实际情况也同这种观点相矛盾。俄语中确有一部分具有抽象意义的词直接表示相应的概念，如 атом（原子）、революция（革命）、категория（范畴）、предикат（谓项）、валентность（化合价）、переменная（变项）、идентификация（鉴定）等。但有些词却根本不表示任何概念，如前置词 у（在……）、на（在……〈上〉）、в（在……〈里面〉）、благодаря（多亏），连接词 и（和）、а（而）、но（但是）、когда（在……时候），代名词 я（我）、ты（你）、он（他），等等。还有一部分只表示说话人的语气和情感的词，如语气词 же（就是）、ну（是吗）、нате（给〈你〉）、даже（甚至，连……也），感叹词 ай（哎哟）、о（啊）、увы（唉），等等。有一些实词除表示一定的概念内容之外，还表示个人的情感评价，如 звездочка（星星）、домище（屋子）、теленок（牛犊）、березонька（桦树）、зелененький（绿绿的）、тепленький（暖暖的）等。同时，有一些实词的内容则或多或少被个人的情感色彩所代替，如用于转义的 шляпа（饭桶）、чурбан（木头）、осел（蠢驴）、медведь（笨熊），以及用于骂人的词语 мерзавец（坏蛋）、негодяй（恶棍）等。

第二种观点认为词义就是它所表示的事物，把词的意义同客观外界事物等同起来，把词看作某种单纯的符号，这也是不符合语言实质的。我们知道，俄语中有相当数量的词表示具体的事物，如 стол（桌子）、дом（房屋）、дерево（树）、кровать（床）、стена（墙）等，但同时也存在不少不表示具体事物的词，它们只具有抽象的意义，同相应的概念联系在一起。也有一些词则表示看得见、摸不着（облако〈云〉，дым〈烟〉），听得见、看不到（ветер〈风〉，гром〈雷〉）和嗅得出、看不到（запах〈气味〉，аромат〈香气〉）的现象。

第三种观点认为词义是词对事物、概念或者另外的词的关系。这种观点有其合理的方面：第一，它说明词既含有关于事物、概念的信息，也含有关于语言体系其他成分的信息，在一定程度上反映了词汇－语义体系的实际情况；第二，这一观点是从词本身出发对待词的意义问题，而不是脱离词的范围说明词义的实质。它的不足之处在于未能说明人们是如何将一定的词同一定的事物、概念或者另外的词联系起来的。

第四种观点认为词义是“通过词固定下来的事物、现象在人们意识中的反映”[①]。这种观点同上述几种观点的不同之处在于：词义表示事物、反映事物，但不等于事物本身；词不是单纯的符号，作为具有物质特性的词，它表示事物，作为具有一定语义的词，它反映事物。这种观点无疑是正确的，但是这里仍存在这样一个问题：词义反映事物，由词表示的概念也反映事物，这两种反映（词义和概念）有何联系，又有什么不同？

1.2 词义包含的外延关系、内涵关系和结构关系

对词的意义应从其本质和功能上去理解，即词义的实质是什么，词义具有什么样的功能？

① Ф. М. Березин, Б. Н. Головин, Общее языкознание. М., 1979, стр. 124.

从本质上看，词的意义是出现于人们意识中并发挥作用的两种反映（词的物质方面的反映和事物、现象的反映）的联系。人们在听到各种声音（歌声、钟声、铜币的跌落声等）或看到各种物体（房屋、树木、汽车）时，就会产生一种反映，形成一种形象，此时我们就能说出这是什么声音，这是什么物体，并叫出它们各自的名称。我们在听到、看到某些词时，头脑中也会形成一定的形象，就是词的语音、物质方面的反映。这种反映同词所表示的事物、现象联系起来。一方面，从事物、现象到表示它们的词，另一方面，从词到它们所表示的事物、现象——这是两种既相互交叉又相互区别的联系。由此，在事物、现象的反映与相应的词的反映之间产生牢固的条件反射联系，这种联系即形成词义。

对于使用本族语言的人来讲，这种联系是在极其短促的时间里迅即完成的。对于初学外语的人来说，要在语流中把词与词区分开来，综合起来，将其外形与相应的事物、现象联系起来却相当困难，而要把一定的事物、现象同相应的词的形象联系起来，那就更加困难了。这种联系进行得越迅速、越短促、越自觉，以至达到机械化的程度，那么外语能力就越纯熟，这就是通常人们所说的“已经学会用外语思维”的意思。

这种联系使词同一定的事物、现象，同时也同相应的概念以及其他词发生关系。通过词，人们的思维得以从个别中找出一般，并归纳出关于事物、现象的概括、抽象的反映——概念。在人们的头脑中，这两种反映（词的形象和事物、现象的反映）应当是统一的。

假如这种观点（词义是两种反映的联系）得到承认的话，词所包含的三种关系就明确了：（1）外延关系（词——事物、现象），（2）内涵关系（词——概念），（3）结构关系（词——另外的词）。外延关系是第一性的，因为词义正是在这一关系的基础上形成的；内涵关系则是第二性的，因为概念是客观事物和现象的反映，概念一旦形成，就成了词义的“必然伴侣”。

结构关系同样是第二性的，它是在外延和内涵的参与下形成的。

内涵关系是指符号（词）对概念的关系，在语言中它表现为通常所称的词汇意义。然而，词汇意义的内容要比相应的思维单位——概念“经济”些、简单些，它只包括所表示事物的最基本的特征。概念有朴素概念和科学概念之分。这两种概念存在着根本的差别。词的意义只同朴素概念有着不可分割的联系。语义学研究词的意义只在一定的概念范围之内，不涉及科学的内容。例如，任何人，包括科学家，在日常用语中都说太阳东升西落，而不说地球围绕太阳转和地球本身自转；都说月光照耀大地，而不说月亮反射太阳的光照耀大地。从这些例子可以看到朴素概念和科学概念往往相差很大，有时甚至矛盾。词义中所反映的概念正是这种朴素的概念，它对操同一语言的人来说是共同的，世代沿袭的。

外延关系是指符号对事物、现象的关系。外延和内涵之间存在重要的区别：在外延相同的情况下，内涵可能不同；表示同一外延的符号（词）可能有几个，分别体现同一外延的不同内涵。例如，атом（原子）一词在19世纪和20世纪指的是同一事物，但其内涵却因现代物理学对“原子”的认识的深化而有所不同。在学校读书的小孩儿在不同的场合可分别称作 школьник（小学生）、ученик（学生）、пионер（少先队员）、мальчик（小孩儿）等，这些词从不同的方面体现同一个对象的不同内涵。

结构关系是指词与词之间的关系，这包括词与词之间的组合联系和聚合联系。词的外延和内涵关系是决定词的意义的语言外因素，而词的结构关系则是决定词的意义的语言内因素（参见“决定词汇意义的语言内外诸因素”一节）。

1.3 词义包含的客观信息、主观信息和结构信息

从语言功能的角度来看，词义含有一定的信息，提供由符号传达这

种信息的可能。词的意义具有词表达和激起某种信息的特性和能力。说话人通过词表达他所需传达的信息，激起听者（或读者）对听到（或看到）的东西在自己头脑中产生反映，使其接受这种信息并重新加以组合。

词汇意义表达的信息有三种类型：客观信息、主观信息和结构信息。客观信息来源于人们的意识之外，表示这种信息的词以其意义直接同物质的、客观的外界相对应，如 город（城市）、река（河流）、небо（天空）、длинный（长的）、синий（蓝色的）、бежать（跑）、читать（读）、громко（大声地）、высоко（高高地）等。有许多词的意义虽然并不同具体的现实世界直接关联，但同它的一般特征、特性相对应，这些词也含有这一类型的信息，如 честный（诚实）、отношение（关系）、наглядность（直观性）、антагонизм（对抗）等。除此之外，还有一些词的意义是客观世界中关于人的意识状态和过程的信息，如 чувство（感情）、переживание（感受）、радость（高兴）、возмущение（激愤）等。

有一些词的意义虽然也表示人的意识状态，但不是从客观方面称谓某种情感，而是从说话人内心表达这种状态，给客观事物、现象以主观评价。这类词表达的是主观信息，如感叹词 ах（哎哟）、увы（唉）、ой（啊呀），以及含表情评价色彩的实词 осел（蠢驴）、тюфяк（窝囊废）（均用于转义）等。不少词所含有的主观和客观信息是交织在一起的，这是一些带主观评价后缀的词，试比较：дом — домище（房子），река — реченька（河流），добрый — добренький（慈祥的），умный — умненький（聪明的）（参见“决定词汇意义的语言内外诸因素”一节）。

含有结构信息的词在虚词中表现得最为明显。前置词 в（在……〈里面〉）、на（在……〈上〉）、при（在……附近）、от（从，由）、к（向，朝），连接词 когда（在……时候）、чтобы（为了）等不具有称名的功能，要求与含客观信息和一部分含主观信息的词相组合而发挥其功能，但这并不说明这些词没有客观意义：前置词通常含有关于事物与事物、事物与过程之间的各种联系的信息，连接词表示各种现象的时间、因果、条件或其他方面的关系。除虚词以外，实词同样可以表示某些结构信息，如词的组配特性：有一部分词不能单独表示一定的信息，必须与特定的词搭配，如 одержать победу（战胜）、потерпеть поражение（战败）、оказать влияние（给予影响）、дремучий лес（密林）、трескучий мороз（严寒）等。

1.4 词的内部形式

词的语音外壳与词的意义有着一定的联系，这种联系对于很大一部分词来说是相当明显的。例如，целинник（垦荒者）的构词结构表明，这个名词具有“与 целина（生荒地）有某种关系的人”的意义（-ник 是指人的后缀，如 сапожник〈鞋匠〉、дворник〈打扫院子的人〉）；вторник（星期二）和 пятница（星期五）的意义可分别从 второй（第二）和 пятый（第五）这两个序数词得到明确的启示（второй и пятый день недели〈一周的第二天和第五天〉）；восемьдесят（80）和 триста（300）的语音外壳与其意义之间的联系可分别通过 восемь（8）和 десять（10）、три（3）和 сто（100）得到说明。

词的物质外壳与意义的联系，组成词的词素在语义和构词上与其他词素之间的对应关系，说明词义产生的理据性（мотивированность），在语言学中称作词的内部形式（внутренняя форма слова）。研究词的内部形式对于分析词的语义结构和探索词义的发展规律，具有重要的作用。波捷布尼亚（А. А. Потебня）甚至把它看作构成词的三个要素之一[①]。

① А. А. Потебня, Из записок по русской грамматике. Харьков, 1888—1889 , Т. 1—2, стр. 38.

这三个要素是：语音组合、意义和内部形式。

词的内部形式不同于词的意义，两者并不相吻合。内部形式只是词的原始意义形成的依据（理据性），而形成原始意义的基础则是事物或现象的某一个特征。换句话说，词就是在这个特征的基础上成为该事物或现象的名称，起称名作用的。例如，подснежник（雪花莲）这种花的称谓基础在于它的生长特点与снег（雪）有联系（подснежник— травянистое растение с цветками светлой окраски, распускающимися сразу после таяния снега[①]〈雪花莲——在化雪时开浅色花的草本植物〉)。

内部形式只指出有关事物的某一个特征，而且特征的选择并不一定反映有关事物的概念的实质，有时往往是非本质的次要特征。例如，сиделка（助理护士）一词在其内部形式上与сидеть（坐）相联系，似应表示“陪……坐着的人”，而对“护理重病人的助理护士”而言，“сидящий（坐着的）”这一特征只是次要的特征，助理护士当然不是“陪病人坐着的人”。在前面的例子中，内部形式“ под снегом（在雪下）”只是对 подснежник（雪花莲）所表示的词义的一种“暗示”，并不能据此理解该词的确切意义。正由于内部形式的任意性，相似的甚至相同的内部形式可见于意义完全不同的词，如 подсолнечник（向日葵）（指植物）、подсвечник（烛台）（指物件）、подводник（潜水员）（指人）。

用作内部形式的事物特征的任意性还造成了另外两种语义现象。

（1）同一事物在不同语言中往往用该事物的不同特征称谓。这是民族语言的特殊性在词汇 - 语义体系方面的一种反映。例如，俄语中的коньки（冰刀）来自 конек（конь〈马〉的指小形式），是 конек 与溜冰用具“冰刀”功能特征相似（都能实现快速移动）而词义转移的结果。在法语中，

① С. И. Ожегов, Словарь русского языка. М., 1989.

与коньки相对应的是patin，其原义是“木鞋”，内部形式可能取两者的形似。在德语中，Schlittschuhe这个词的内部形式也与俄语迥然不同，其中Schlitt（en）是“雪橇”，Schuhe是“鞋子”，把“冰刀”比作“雪橇”了。

（2）同一事物在同一语言中可用该事物的不同特征表示，这是产生语言同义现象的一种途径。例如，俄语中глаза（眼睛）可用含有不同内部形式的词表示：гляделки（глядеть〈看〉），мигалки（мигать〈眨眼〉），шары（шар〈球〉），бельма（белый〈白的〉，бельмо〈白内障〉），вежды（вежда〈眼皮〉——古词）。

词的内部形式形成于新词产生的初始阶段。新词一旦形成，便开始在语义上发展变化，作为特定概念的语言符号，其意义的发展可不受它的组成成分的意义限制，在不同程度上背离原有的理据性，使某些词的内部形式变得模糊，甚至消失。因此，对于不同类型的词来说，词义的理据性程度各不相同，大致有下述几种情况：

（1）词的内部形式，作为事物的区分性特征，说明词在词源方面的特点，暗示词义同一定的事物、现象的联系，如грызуны（啮齿动物）（грызущий〈用牙咬的〉）、столовая（食堂）（стол〈桌子〉）、подорожник（车前草）（растущий по дорогам〈生长在路两旁的〉）、нательный（贴身穿的）（надеваемый на тело〈穿在身上的〉）。其中，有些词的内部形式反映了词内部的语义演变。例如，столяр（细木工）一词很明显是由стол（桌子）派生而来，但这个词产生后逐渐脱离开原先比较狭窄的含义，用来泛指制作各类家具（不管是桌子还是椅子、凳子、柜子等）的工人。又如，动词стрелять（射击）和名词выстрел（发射，射击）所表示的意义，在现代语言中与“火器的发射”有联系，而其原始的词义却以стрела（箭）为内部形式的基础。

（2）有些词的内部形式表现为词义同一定的词的转义、隐喻性用法有联系，或者是词所表示的事物与其他事物在外形、功能等方面相似的结果。如 баклушничать（游手好闲）同（бить）баклуши 有一定的内在联系，后者原来表示“做不复杂的事、轻便的活儿”。此外，спутник（Земли）（地球卫星）、дуб（傻瓜）、пустить в трубу（挥霍）、журавль（提水吊杆）、грибок（凉亭）、носик（壶嘴）都是在类似的联想的基础上产生的。

（3）有大量的词，其内部形式已经相当模糊，有的业已消失或者被遗忘，即发生了所谓语义上的简化（семантическое опрощение），如 окно（窗）、стол（桌子）、горе（悲伤）、тайна（秘密）等。内部形式的消失往往是词的语音、语义或形态结构发生变化的结果，所以有些词的理据性只有通过专门的词源分析才能加以说明。例如，брак（婚姻）来源于动词 брать（拿，取），дар（礼物）派生自 дать（给）（后缀 -р 现已不用），понедельник（星期一）即 день после недели（星期天后的一天），其中的 неделя 原来表示“星期天”（由 не делать 构成，表示“不工作的日子”）。

词的内部形式虽然不必作为词义的成分考虑在词的语义结构之内，但它的存在仍不可忽视，因为它与词义的产生、词义的转移、语义结构的形成都有着密切的联系。而且词的内部形式往往对词的使用起一定的制约作用，例如，обращаться（找……，向……表示）在词源上同 оборот（旋转），即同一定的“运动”有关，因此在实际使用时，无须另加趋向动词，如 *пойти обращаться к врачу[①]（去看医生）中的 пойти 是多余的。

1.5 词的语法意义与词汇意义的关系

传统的观点认为，意义主要指词汇意义，语法意义只是形式的、非

① *号表示不符合语言规范。

现实的意义。这种观点是值得商榷的。

语法意义是由语言的词法和句法手段表达的意义。例如，词法意义是词类及其内部范畴的意义，如名词的事物意义、动词的过程意义和形容词的性质、特性意义以及这些词类内部的格、数、体、时间等范畴意义。词的词法意义表现在词与词之间的句法联系中，但这种意义不纯粹是形式的，或多或少反映着客观现实的关系，带有现实的信息，因而也是客观的。 例如，名词格的范畴表示事物对事物和事物对过程的关系：ручка двери（门上的把手），памятник павшим героям（阵亡英雄纪念碑），рисунок тушью（水墨画）；читать книгу（读书），бороться против тунеядства（同寄生现象做斗争），познакомиться с жителями（同居民认识）。

同词汇意义一样，在词法范畴中也存在主观意义。例如，式的范畴表示人们的意识对过程的关系，认定这一过程是现在、过去或将来发生的事实，或者说明说话人对实现这一过程的意志和愿望，例如：Молчать!（住嘴！）Держи его!（抓住他！）Я бы хотел повидаться с ним.（我想同他见见面。）Я верю, что все будет хорошо.（我相信，一切都会好的。）情态词同样表示主观意义，因为它们用来揭示说话人对外界客观现象的主观评价态度，例如：

① *Конечно*, вы придете. /您当然会来。

② Он, *может быть*, ничего не понял. /他可能什么都没弄清楚。

③ *Вероятно*, он задержится там. /他也许要在那儿待一段时间。

④ *Итак*, мы вас слушаем. /好吧，我们听您说。

诚然，与词汇相比，词法范畴的结构意义表现得更明显、更活跃。一方面，含有客观意义的词法范畴同时兼有结构意义，例如，上述格的形式以其结构意义使名词与名词、名词与动词相联系，构成一定的结构形式；另一方面，有些词法范畴的功能主要体现在结构意义方面。例如，形容词的性、数、格的语法意义实际上是用来表示形容词对名词的关系，即在性、数、格方面和与其搭配的名词一致，如 красивый город（美丽的城市）、прекрасное утро（美好的早晨）、свежая рыба（鲜鱼）、новые книги（新书）。

总之，从语义角度来看，词法是一种具有客观的、主观的、结构的语法意义的复杂系统。

语法意义和词汇意义既有区别，又有不可分割的联系。词汇意义首先同词的词干意义有关，语法意义则取决于词的语法形态。这两种意义各有其本身的独立性，同时又交织在一起，相互依存：语法意义必须同词汇意义一起表现出来，词汇意义不能脱离语法意义而单独进入交际领域。

在 $вода_1$（水）（стакан воды〈一杯水〉，пить воду〈喝水〉）和 $вода_2$（矿泉水）（лечиться на водах〈在矿泉疗养地治病〉，минеральная вода〈矿泉水〉），$дерево_1$（树木）（Дерево растет под окном.〈树长在窗下。〉，хвойные деревья〈针叶树〉）和 $дерево_2$（木料）（мебель красного дерева〈红木家具〉，резьба по дереву〈木刻〉）中，词的词法意义包含在词的词汇意义之内。вода 表示"可以饮用的水"时，一般用单数，而用来表示"治疗用的矿泉水"时，只以复数形式出现。换句话说，数的范畴意义在这一词中参与词汇意义的形成。同样，дерево 表示"植物"意义时，可以有单数和复数形式，而用于"材料"意义时，则只有单数形式。

词干的意义是词的语义中心，但其本身是不完整的，如同盖房子一样，只有框架，还不成房屋。作为语言独立单位的词汇意义，除词干所含意义外，还包括相应的词类意义。后者含有两方面的因素：（1）语法因素——因为词类意义体现了这一词类所固有的一定的语法范畴意义；（2）

词汇因素——因为词类意义是一定范围的词所特有的一般意义。читать和 чтение（读，阅读）的意义大体相同，但由于两者分别属于不同词类，具有不同的词类意义。动词 читать 能直接表示行为（Он читает книгу.〈他在读书。〉），而名词则需借助其他词才能表示相同的意义（заниматься чтением〈进行阅读〉，браться за чтение〈开始阅读〉）。词类意义不仅影响词的使用，而且还能改变词的整个意义，譬如，чтение 可具有动作达到结果的意义（После чтения писем, записок, найденных у старика, выяснили причину его смерти.〈人们看过在老人那儿找到的信件和字条之后，弄清了他的死因。〉），而 читать 则无此种意义。

наказ — наказывать，заказ — заказывать 的情况也如此：наказ（训示，嘱咐）具有现象－行为意义，不能单独表示行为－过程（отцовский наказ〈父亲的训示〉，давать наказ〈嘱咐〉），并在这一意义上与наказывать（训示，嘱咐）相对应，但 наказ 还可用来表示现象－行为结果（Наказ матери вертится у него в голове.〈母亲的嘱咐萦回在他的心际。〉），在这一意义上则与动词不相对应；заказ（订货，订购）除表示与 заказывать（订货，订购）相对应的意义（заказ на телевизор〈订购电视机〉）以外，还可表示行为的结果——订购的物品（Заказ вам выслан.〈订货已经给您寄出。〉），而在意义上有别于相应的动词。

词的整个意义通过语法形态确定下来。包含在词干内的构词形式标志（词缀）对词义的形成起着相当重要的作用，赋予一类词以特有的一般意义，如 -ист（表示从事某种职业的人）：трактор（拖拉机）— тракторист（拖拉机手），машина（汽车）— машинист（机车司机）；-чик（表示从事某种活动、职业的人）：летать（飞行）— летчик（飞行员），перевод（翻译）— переводчик（翻译工作者）；в-（表示向内的运动）：бежать（跑）— вбежать（跑入），идти（走）— войти（走入）；не-（表示特征的否定或对立）：честный（诚实的）— нечестный（不诚实的），плохой（坏的）— неплохой（不坏的）。

在某些情况下，词尾（包括相应的后缀）也参与词的词汇意义的形成，如 ученик（学生）— учени*ца*（女学生），учитель（教师）— учитель*ница*（女教师），студент（大学生）— студент*ка*（女大学生），медведь（熊）— медведи*ца*（母熊）。这些成对的词的语义差别只在于后者多了一个由后缀和词尾表示的语义成分。

由此可见，语法意义以词汇意义为基础，后者又以一定语法形态表现出来，两者既有区别又不可分割、相互影响、相互渗透。语法形态赋予词以"最终的结构上和语义上的完备性"①。

1.6 词的情感-评价色彩

借助作为称名单位的词，人们不仅能表示客观世界的事物和现象，而且还可表示对这些事物和现象的态度。换句话说，词不仅用于表示一定的意义内容，而且还可借以表达说话人的情感。因此，词的意义不仅包含着外延关系、内涵关系和结构关系（参见"词义包含的外延关系、内涵关系和结构关系"一节），而且还反映着语言与语言使用者之间的关系。

情感的表露是人和人类社会生活中不可缺少的一个方面。表达情感同表达思想一样，也是语言的重要功能之一，在研究词的意义问题时，不能忽视语言使用者的主观因素对词义的影响（参见"词的语义意义和指称意义"和"词的理性意义和情感意义"两节）。

语言中存在着一系列表示情感的词汇手段，其中可分成两类：一类

① К. А. Левковская, Теория слова, принципы ее построения и аспекты изучения лексического материала. М., 1962, стр. 139.

是直接表达情感的词，另一类是在词义上附加情感意味，带有情感色彩的词。

词汇体系中直接用来表达情感的手段包括以下两种：

（1）直接指称情感的词，如 любить（爱）、ненавидеть（恨）、радоваться（高兴）、грустный（忧愁的）、печальный（悲伤的）、горе（悲痛）、тоска（忧郁）。这些词是相应情感的称谓，其情感意义通过词的概念内容得到表达，并不属于同义的主观信息范畴（参见“词义包含的客观信息、主观信息和结构信息”一节），因为指称某种情感并不意味着感受这种情感。人们在使用 любить 和 ненавидеть 这类词时，往往只是客观地叙述某种人际关系，并不为“爱”“憎”等情绪所支配，例如：

Они *любили* друг друга... как любят друг друга приятели, сошедшиеся в первой молодости.（Л. Толстой）/ 他们曾经相爱……这是青春少年之时结交的朋友之间的那种爱。

这类词同 читать（读）、заказывать（订货，订购）、вода（水）、дерево（树）一样，在情感色彩方面是中性的。“如果把诸如此类的词看作情感词，那么对词汇情感因素的这种认识并不是以语言范畴，而是以事物和现象本身的特性为基础的。”①

（2）直接表达情感，但并不作为指称的感叹词，如 ай（哎哟）、ох（啊）、ага（啊哈）、фу（嘿）、ура（乌拉）等。这类词不同于实词，不具备称名功能，也不同于虚词，不表示任何结构意义，即便是来自实词的感叹词（如 беда〈糟糕〉，вишь〈瞧〉，боже мой〈（我的）天啊〉）也已丧失具体的词汇意义，纯粹成为表达各种感觉、心情和其他情感状态的符号。正因为如此，同一个感叹词往往可以表示不同的主观信息。

① Д. Н. Шмелев, Современный русский язык. Лексика. М., 1977, стр. 163.

例如，感叹词 фу 在不同的句子中可分别表示：

厌恶：*Фу*, какое безобразие! / 呸，真是岂有此理！

赞叹：Славная бекеша у Ивана Ивановича! Отличнейшая! А какие смушки! *Фу* ты, пропасть, какие смушки! Сизые с морозом! / 伊万·伊万诺维奇的大衣真体面！太体面了！瞧那小羊皮！嘿，真叫人羡慕死了！那是什么样的羊皮呀！灰白色的，银光闪闪！

责备：*Фу*! Как вам не стыдно! — сказал он укоризненно и краснея. Разве можно такие вещи делать?（А. Куприн）/ “呸，您怎么不害羞！”他涨红了脸责备说，“难道能干这种事？”

不堪忍受：*Фу*, упарился! — говорит протоколист, обтирая платком катящиеся по лбу струи пота.（М. Салтыков-Щедрин）/ “唉，一身的汗！”记录员用手帕擦着从额角涔涔流下的汗珠说。

松一口气：— *Фу*, — с облегчением произнес Ивар… — Гораздо лучше быть обвиненными в грехах воображаемых, чем настоящих.（Ю. Нагибин）/ “嗬”，伊瓦尔松了一口气说……“被套上莫须有的罪名比被指控真正犯罪要好得多。”

在词义上附加情感意味的词，即带有情感色彩的词，有以下几种：

（1）带主观评价后缀的词。这类词除反映一定的概念，表示客观外界的事物、特征外，还表达说话人对这些事物、特征的情感态度，具有鲜明的口语色彩，如表爱或指小表爱名词：мамочка（妈妈），парнишечка（小伙子），мирок（小天地），косичка（小辫儿），головка（小脑瓜儿）；表卑或指小表卑名词：девчонка（丫头），старичишка（老头子），хозяйчик（小老板），деньжонки（臭钱）；指大或指大表卑名词：домище（房子），сапожище（靴子），скучища（无聊）；表爱或表爱－特征形容词：беленький（白白的），малюсенький（小小的），большущий（大大的）。

在这类词中，词干部分是客观信息的载体，后缀部分则赋予一定的表情－情感色彩，如亲昵、友好、讥讽、鄙视等：

① — Поешь же, *миленький дружочек*! Вот *лещик*, потроха, вот стерляди *кусочек*! Еще хоть *ложечку*! Да кланяйся, жена! （И. Крылов）/ "吃吧，亲爱的朋友！这是鳊鱼、内脏，这是鲟鱼块！至少再吃一匙子吧！老婆，快来敬客！"

② Но в общем ты ее не бойся. Она добрая *старушонка*. （К. Паустовский）/总之，你不用怕她。她可是一位善良的老太婆。

③ Подсыплю вам перцу, *начальнички* дорогие. Вот она! — Серебрякова хлопнула ладонью по карману жакета. （В. Кочетов）/ "我给你们撒一点儿胡椒面，亲爱的头头们。请吧！"谢列布里亚科娃用手掌拍拍上衣的口袋说。

④ Пустой *старичишка*; одна только от него в дому свара была. Буян! （Г. Успенский）/没有头脑的老头儿，家里总是被他搅得吵吵闹闹的。惹是生非的家伙！

⑤ Василиса: Грязь везде. *Грязища*! Эх, вы... свиньи! Чтобы было чисто... Слышите! （М. Горький）/华西丽莎：到处都是脏东西。脏透了！哎，你们……这群猪！给我收拾干净……听到没有！

（2）修辞同义词。这类词与相应的中性词意义相同，但附带一定的表情－评价色彩（褒贬色彩）。修辞同义词不同于带主观评价后缀的词，其情感色彩在词的形态结构上得不到表现，如 лошадь（马）— *кляча*（驽马），глаза（眼睛）— *очи*（眸子），спать（睡觉）— *дрыхнуть*（睡大觉），незабываемый（难忘的）— *незабвенный*（永世不忘的）。借助这类词的褒贬评价意味，说话人在表述思想的同时，也表达了本人对所述事物的主观评价态度，予以肯定（一般用于书卷语体或高雅语体）或否定（一般用于口语）。试比较中性词 глаза 的修辞同义词在下列语句中的情感评价功能：

① В страшный час мировой этой ночи, в страшный час беспощадной войны только зоркие, чистые *очи* называться глазами должны.（А. Антокольский）/在这具有世界意义的夜晚，在这残酷的战争中的可怕时刻，只有明澈、警惕的双目才配称真正的眼睛。

② В *гляделках*, которые стыд глазами звать, — ни в одном ни искры душевного света.（Н. Лесков）/在那双人们耻于称之为眼睛的贼眼里，不见一丝心灵的闪光。

③ Каширин, не вытаращивай *зенки*, — советовал ему хозяин.（М. Горький）/“卡什林，别吹胡子瞪眼的”，主人劝他。

（3）含次生情感－评价意味的词，如用于转义的 осел（蠢驴）、дуб（傻瓜）、шляпа（窝囊废）等。这类词不直接指称事物，而是在次生意义（转义）的基础上，通过形象比喻的方法表示说话人对所指事物的评价，具有强烈的情感色彩和口语特点[①]。属于这类词的大多是用于比喻人物，突出其某方面特征的动物、植物或其他事物的名称，例如：

① Вот, например, у нас голова — совершенный *осел*! Тупица непроходимая!（И. Тургенев）/譬如说，我们的头头，完全是个蠢驴！十足的大笨蛋！

② — *Тряпка* вы! — не выдержал я, чтобы не сказать Грохальскому. — Да, я слабохарактерный человек... Все это верно.（А. Чехов）/“您真是个窝囊废！”我忍不住对格洛哈尔斯基脱口而出。“是，我是个意志薄弱的人……您说得对。”

---

① Е. Р. Курилович, Заметки о значении слова. Вопросы языкознания, 1955, № 3, стр. 75—76.

用于肯定评价的词常伴随主观评价后缀，兼含友好、亲昵的情感色彩，例如：

① Прощай, Марья Ивановна, моя *голубушка*! Прощайте, Петр Андреевич, сокол наш ясный! — говорила добрая попадья.（А. Пушкин）/ “再见，玛丽娅·伊万诺芙娜，我的亲人！再见，彼得·安德烈耶维奇，我的雄鹰！”善良的牧师太太说。

② *Солнышко* мое! — с глубокой нежностью произнесла Олеся. — Уж за одни твои слова спасибо тебе ... Отогрел ты мое сердце.（А. Куприн）/ “我亲爱的人儿！”奥列霞满含深情地说，“就为你说的这些话，我也要谢谢你……你温暖了我的心。”

这类词中，用于非口语语体的比较少见，例如：

Здесь посланники всех государей, здесь банкиры с тугим кошельком, *цвет* и *соль* министерств, канцелярий.（Н. Некрасов）/ 这里有各国君主派来的使节，这里有腰缠万贯的银行家，各部各署的俊才、精英。

（4）用于骂人的词语。这类词基本上已丧失具体的词汇意义，几乎纯粹成为表达情感的语言手段，例如：

Какой *мерзавец*! Боже мой! Какой неслыханный *негодяй*!（А. Толстой）/ 真是个浑蛋！我的天哪！真是个少见的坏蛋！

综上所述，词的情感色彩基本上有两种表达方法：（1）通过构词手段，借助主观评价后缀体现词的表情 – 情感意味（第 1 类）；（2）通过词本身的词汇意义，在词义转移、同义对比的基础上体现词的表情 – 评价意味（第 2 类至第 4 类）。上述两种情感意味往往彼此交叉或重叠，并与词的修辞色彩（词的功能 – 语体属性）相互作用构成词的情感 – 修辞特点。

词的情感 – 评价色彩是词义的补充信息（主观信息，参见“词义包含的外延关系、内涵关系和结构关系”一节），它不反映任何概念，在词的语义结构中具有独特的地位。另外，它又离不开词的意义内容，依附于后者而发挥作用（当然感叹词不属此列，因为这是纯粹用来表达情感的词）。词在履行交际功能时作为一个整体出现，脱离开词的基本内涵，情感－评价部分是无法单独起作用的。因此，语言学界比较普遍的观点认为，应当将词的情感－表情部分纳入词的意义范畴，将其作为词的主观意义来分析（当然，也有不少学者认为，这种观点缺乏客观标准，混淆了客观和主观的因素）。例如，诺维科夫（Л. А. Новиков）在«Семантика русского языка»一书中将这种词义中的主观因素看作词汇意义的语用方面,并称之为语用意义或情感意义①（参见“词的理性意义和情感意义”一节）。

2 词汇意义的构成成素

2.1 决定词汇意义的语言内外诸因素

综上所述，词的意义（词汇意义）是一个复杂的语义学范畴，是一个包含着若干个对象的复杂对象。词义的性质取决于语言内外诸方面的因素，包括物质的和概念的、客观的和主观的、语言的和超语言的，等等。其中，起决定作用的是如下三个因素：（1）词与客观事物之间的关系，即词所包含的内涵关系和外延关系（参见“词义包含的外延关系、内涵关系和结构关系”一节）；（2）作为词汇单位的词与其他词之间的语义关系，即词的结构关系（参见“词义包含的外延关系、内涵关系和结构关系”一节）；（3）词与语言使用者的关系，即词所包含的主观因素和

① Л. А. Новиков, Семантика русского языка. М., 1982, стр. 99—104.

客观因素的关系（参见“词的情感－评价色彩”一节）。凡此种种关系，相互制约、相互作用，决定词的意义内容，构成词汇意义的多面性。

词与客观事物的关系是决定词汇意义的超语言因素。它包括两个方面：（1）词与客观事物或现象的联系（外延关系）；（2）词与反映该事物或现象的概念的联系（内涵关系）。一方面，“词的意义是某一个客观现象（事物、性质、关系、行为、状态）在词中的反映”[①]。词履行其称谓功能，用来表示具体的事物。例如，俄语中 петух（公鸡）是客观现实中的事物“公鸡”的名称，其意义表现为它与“公鸡”这一事物的联系。词与所指事物（денотат）的关系，即词汇意义中由客观事物制约的意义方面，语义学称之为指称意义（денотативное значение）。另一方面，词汇意义的性质又为下列因素所繁化：“词作为客观现实中某些现象（其中当然也包括人的精神生活中的现象）的反映，包含着关于这些现象的概念，后者正是词的核心”[②]。词作为客观事物的符号具有一定的意思，而这种意思则是事物的基本特征在人的意识中的反映。词是形成概念这一思维范畴的物质材料，而概念又是词的词汇意义的基础，决定着词的意义内容。例如，петух 这个词的意义内容大致是由下列概念特征构成的：①домашняя птица（家禽），② самец кур（雄性），③ с красным гребнем на голове и шпорами на ногах（头上有红色的冠，脚上有距）。词与相关概念（сигнификат）的关系，即词汇意义中由事物基本特征制约的意义，称作语义意义（сигнификативное значение）。

由超语言因素决定的词的指称意义和语义意义，构成词的意义的基

① Д. Н. Шмелев, Современный русский язык. Лексика. М., 1977, стр. 58.
② Д. Н. Шмелев, Очерк по семасиологии русского языка. М., 1964, стр. 75.

本内容，可统称事物 – 概念意义（предметно-понятийное значение），这是“词的所有意义和用法的支柱和能为全社会所理解的基础”[①]。上述语义关系可用“语义三角形”图示如下。这里选用的是斯捷潘诺夫（Ю. С. Степанов）根据奥格登（C. K. Ogden）和理查兹（I. A. Richards）的图形改绘的示意图[②]。

词与其他词的关系是决定词义的语言因素。“词汇意义取决于词与相应概念的对应关系（这构成词的词汇意义核心），同时也取决于词在语言词汇体系中的位置（该词与其他词之间的各种不同联系）。”[③] 词与词之间的关系有两个方面：（1）纵向方面——具有某种意义联系（如同义关系、类属关系）的词之间的关系；（2）横向方面——词在线性序列（语流）中的相互关系。前者是词的聚合关系（парадигматическое отношение），后者是词的组合关系（синтагматическое отношение）。词的指称 – 语义意义在词的聚合 – 组合联系的基础上得到具体体现，获得其语言意义。在某些情况下，词的意义的确定离不开词与其他词的联系。仍以 петух 为例，这个词的意义一般是按 петух 与 курица（母鸡）的语义关系加以确定的，如词典的定义：петух — самец курицы[④]。而对于 петух

① В. В. Виноградов, Основные типы лексических значений слова. Вопросы языкознания, 1953, № 5, стр. 12.

② Ю. С. Степанов, Основы общего языкознания. М., 1964, стр. 9.

③ Русский язык. Энциклопедия. М., 1979, стр. 89.

④ С. И. Ожегов, Словарь русского языка. М., 1989.

的某些意义来说，脱离语言环境，离开与其他词汇单位的组合，更是无法显现的。在这种情况下，词的意义只体现于特定的组合中或受制于一定的上下文，例如：

① вставать до *петухов*（或с *петухами*）/鸡鸣即起

Ночью мы спали плохо, я боялся проспать *петухов* и проглядеть зорю.（М. Соколов-Микитов）/ 夜里我们睡得不好，我怕听不到鸡叫，睡过头，看不到早霞。

② пустить красного *петуха* /纵火

Поссорился Пахом и с судьями и с соседями. Стали ему и красным *петухом* грозиться.（Л. Толстой）/ 帕霍姆同法官和邻居们都吵翻了。有人扬言要放火烧死他。

词与其他词在聚合基础上的联系构成词的聚合意义（парадигматическое значение），词与其他词在组合基础上的联系构成词的组合意义（синтагматическое значение）。

根据符号学理论，在同一符号体系内的符号之间的关系构成符号的结构意义，因此作为语言符号的词汇单位之间的关系可称作词汇单位的结构意义（структурное значение）。词的聚合性结构意义和组合性结构意义是组成词的结构意义的两个要素，两者紧密结合、相互制约，决定词的词汇 – 语义特性和词汇 – 句法特性。

词与语言使用者的关系是影响词义的社会心理因素。在使用语言的过程中，人们的心理状态、内心感情随着思想的表达而得到表露。因此，词的词汇意义中除词所固有的事物 – 概念意义（实义）以外，还可包含由话语主体赋予的心理情感因素。从这一关系出发，词的意义可分成两个部分：（1）词义的核心成分——实义部分；（2）词所包含的情感因素。

前者是词的“事物－物质内容”[①]，是人们据以表达思想、进行交际的基础，后者则用于在传递客观信息的同时表达说话人的主观信息。两者可分别称为词的理性意义（концептуальное значение）和情感意义（эмоциональное значение）。情感意义是附加于理性意义之上的语义成分，是言语的特点，属于语用学范畴，故也可称之为语用意义（прагматическое значение）。

“按照符号学的一般概念，可以把词的语用意义或词汇意义的语用方面定义为：说话者在言语实践中固定下来的，对所使用符号的态度以及这些符号对人们的相应作用。”[②] 词的语用意义反映着一定社会的文化观念和语言传统，是一种范围广泛的语言现象。这里只把这一问题局限在词的表情－情感意味和词的表情－评价意味方面（参见“词的情感－评价色彩”一节）。

词的表情－情感意味主要通过后缀构词法，即借助主观评价后缀，体现说话者对所指事物的感情，如 петух — петушок（指小表爱）— петушишка（指小表卑）。

① Петух покричал за стеной под ухом Дутлова. Он слышал, как куры зашевелились, как молодой *петушок* попробовал закричать ... и не сумел.（Л. Толстой）/墙外，一只公鸡就在杜特洛夫的耳边啼叫。他听到了母鸡的骚动，一只小公鸡想叫，但没叫出声来。

② На телеге стоит желтый, общипанный *петушишка* с разинутым клювом.（А. Неверов）/大车上有一只丑公鸡，黄黄的，羽毛都脱光了，

① В. В. Виноградов, Основные типы лексических значений слова. Вопросы языкознания, 1953, № 5, стр. 10.

② Л. А. Новиков, Семантика русского языка. М., 1982, стр. 99—100.

大张着嘴。

词的表情－评价意味则通过词的次生意义（转义）表示说话者对所指事物的评价，其典型表现为语义联想（参见“词的联想意义”一节）。例如，用通常称谓动物的名词表示在某个特征上与该动物相似的人（含次生情感－评价意味的词：петух — задорный человек〈好斗的人〉）。

Разве дуэли возможны? — А почему невозможны? Мужики все *петухи:* вот бы дрались. (Ф. Достоевский) / “难道会决斗吗？”“为什么不呢？庄稼汉都是好斗的公鸡，就这样斗起来了嘛。”

这里，петух（本义是公鸡 петух$_1$）通过语义联想（“好斗”的特征），用来形象地表示“好斗的人”（петух$_2$），从而成为 задорный человек 的表情－评价同义词。其语义关系可图示如下：

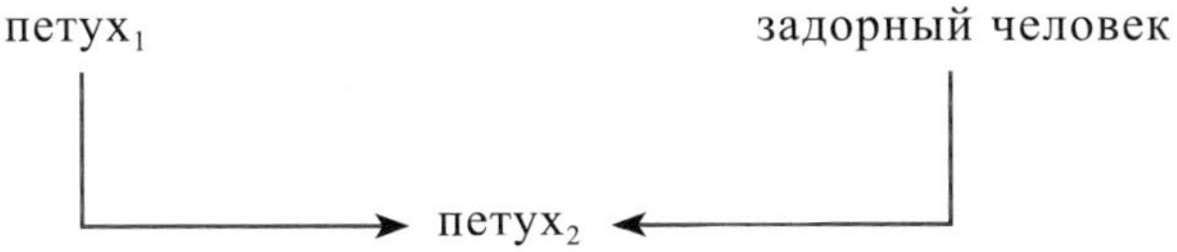

对 петух 来说，“好斗”这一特征并不是主要的特征，不直接进入词的语义结构（试比较 петух 的语义构成），但正是这一特征，作为词义的语用方面，构成了 петух$_2$ 的主要特征，并成为它的词汇意义的构成成素。参与词义演变过程的语义联想，是词汇语用意义方面的主要问题。

综上所述，词的词汇意义是一个多层次的语义范畴。词的意义反映着作为语言符号的词与语言内外各种因素的不同关系，从而形成词汇意义这一语义统一体中不同的意义方面，构成不同的意义成素。它们是：词的语义意义和指称意义、词的组合意义和聚合意义、词的理性意义和情感意义。总之，“词的意义并不是一种意义，而是若干种意义，这些意义紧密相连，共同决定着词的用法的可能性”[1]。

2.2 词的语义意义和指称意义

词的各种意义成素“以不同的内容，从不同的方面说明同一个本质，即作为对现实的独特反映形式和词汇单位内容的语言意义，它在语言中作为一个整体发挥功能，在语言分析中显示各不相同的相互制约的方面。词汇意义中一个成素的变化会引起其他成素发生相应的变化，因而也会导致词汇意义的整体变化”[2]。

在各种意义成素中，语义意义是最基本的意义方面，是词汇意义的核心，它规定词的意义内容，回答“词的意思是什么”的问题。详解词典中对词目所做的概括性的释义，就是词的语义意义的体现。例如：идти（走）— двигаться, переступая ногами（用双脚移动）; ехать（乘，坐）— двигаться куда-н. при помощи каких-н. средств передвижения（借助某种交通工具向某处移动）; лететь（飞，飞行）— нестись, передвигаться по воздуху（在空中移动）[3]。词的语义意义是客观事物的概念在语言中的反映，它的产生和形成可以有一定的理据性，但从总体来说是约定俗成的（参见“词的内部形式”一节）。词的意义内容不会因人而异，因而也是人们在交际中赖以表达思想、交流思想的基础。一般地说，如果没有必要把语义意义同其他各种意义方面对立起来，那么它实际上就是词的词汇意义（词义）。

与语义意义密切相关的是指称意义。它是词的事物意义，用来回答“词

---

① Б. И. Косовский, Общее языкознание. Учение о слове и словарном составе языка. Минск, 1974, стр. 16.

② Л. А. Новиков, Семантика русского языка. М., 1982, стр. 108.

③ С. И. Ожегов, Словарь русского языка. М., 1989.

表示什么事物（现象）”的问题。其主要功能是把具有一定意义内容（语义意义）的语言符号与客观现实中的事物（现象）联系起来，广而言之，就是把语言内容与语言情境联系起来，从而使话语取得与交际任务相适应的现实意义。语义意义是词义的内涵方面，指称意义则是它的外延方面。

词的语义意义和指称意义紧密相关，同时又有着重要的区别。在语言体系中，词与相关概念的关系是固定的，词的意义内涵反映一定的概念，与具体语言情境不直接发生关系。只是在使用语言的过程中，词与客观事物发生联系，词汇意义才表现为词与所指事物的关系。例如，мальчик 和 идти 两词分别表示“具有一定特征的一类人”（男孩）和“一种特定的动作”（走），但在 Мальчик идет.（小孩儿在走。）中，这两个词的一般意义便转化为现实意义，指“具体的一个男孩的具体的步行动作”了。

在言语中，词与所指事物的关系并不是固定的，同一事物按其不同的特征方面，可用不同的词来表示。例如，同一个男孩，说话者可根据和他的不同关系，称之为“兄弟”“儿子”“学生”等：

Мальчик (мой сын, младший брат Андрея, школьник Саша) ехал в летний лагерь. / 小孩儿（我的儿子，安德烈的弟弟，学生萨沙）到夏令营去了。

在这种情况下，所指事物（外延）相同，用词的差异并不影响话语内容的同一性，尽管不同的词在这里分别表示不同的概念（具有不同的含义）。这种所指一致、含义各异的现象是语言中同一事物获得不同称谓的原因之一，例如：Венера（金星）— утренняя звезда（启明星）— вечерняя звезда（长庚星），газ（天然气）— голубое топливо（蓝色的燃料），нефть（石油）— черное золото（黑色的金子）。

正是由于词义的这种两重性，言语中才有可能用不同的词语表达同一现象或情境，用同义重复形式加以渲染，增强话语的表现力，例如：

Перепортили, пересквернили, перепакостили! Пропал сад! Погиб сад!（А. Чехов）/ 弄得这么脏，这么乱，这么糟！这花园算完了！毁了！

或者用同义对比的方法强调同一现象或情境的不同侧面或表现形式，例如：

У актеров не руки, а руды, не пальцы, а персты, до такой степени движения их образно торжественны... Они не ходят, а *шествуют*, не сидят, а восседают, не лежат, а возлежат.（К. Станиславский）/ 演员的手不是普通人的手，手指也不是普通人的手指，一举一动，形象生动，气度非凡……他们不是一般的走，而是走台步，坐有坐的姿态，躺有躺的架势。

词的意义中包含上述两种成素，还能导致另一种语言现象：同一个词根据不同事物在某个特征方面的相似或相近（内涵一致），从一个事物指向另一个事物（所指异化），从而成为它们的共同称谓单位。试比较：Мальчик *идет*.（小孩儿在行走。）— Они *идут* на наши условия.（他们同意接受我们的条件。）— Наша страна *идет* к коммунизму.（我们的国家正向共产主义迈进。）这里，词义的转移导致了词的多义性。

词汇意义的指称方面和语义方面对词的句法功能，对词的组合和句子结构有着直接的影响。阿鲁秋诺娃（Н. Д. Арутюнова）在论及主体与述体的句法功能时指出：主体和表示具体意义的其他词项，在言语中代表现实事物，在句子中体现其指称功能，所指事物是确定的；述体则为报道的目的服务，只体现其语义的（概念的、抽象的）内容①。这种功能差异直接影响着词的组合差别。例如，属于主体的定语与名词的指称意义相关，用来指出具体事物的某一个特征，属于述体的定语则与名词的

① 详见 Н.Д. Арутюнова, Предложение и его смысл. Логико-семантические проблемы. М., 1976. стр. 10—13.

整个语义内容相关，不能用来表现其中的某一个特征。因此，在下列句子中 молодая 的意义是不一致的：

① *Молодая* хозяйка вошла в комнату. /年轻的女主人走进房间。

② Она *молодая* хозяйка. /她是一位年轻的主妇。

这里，第一个 молодая 的意思是“年轻的”，它与 хозяйка 这个具体的人（денотат）相联系，指出她的年龄特征，不论称呼她什么（如 моя сестра〈我的姐姐〉、жена Петрова〈彼得洛夫的妻子〉等），她始终是“年轻的”。第二个 молодая 却不一定指“人是年轻的”。由于 хозяйка 在句子中体现的是述谓功能，其意义内容主要表现为语义意义，молодая 便与 хозяйка 的内涵方面相联系，组成一个概念。因此，这可能是一个年纪不轻的、离职后开始操持家务的 хозяйка，而整个句子的意思应该是：Она недавно хозяйничает в доме.（她不久前才开始操持家务。）

基于上述原因，如果词的词汇意义有限制（如不能用于转义），这些词就不能在类似的句子中进入谓语结构，如可以说：В комнату вошла черноглазая (длинноносая) хозяйка дома.（房间里走进一位黑眼睛的〈长鼻子的〉女主人。），但是不能说：*Она — черноглазая (длинноносая) хозяйка дома.（她是一位黑眼睛的〈长鼻子的〉女主人。）

与此同时，在言语中词以其不同的内涵 – 指称关系或多或少地影响着对词的语义内容的理解。在论述名词与客观事物的关系时，阿鲁秋诺娃列举了如下几种关系类型[①]：

（1）名词与类属特征的关系：Этот предмет — *карандаш*.（这个物体是铅笔。）

（2）名词与一类事物中任何一个事物的关系：Дай мне *карандаш*.（给

① 详见 Н. Д. Арутюнова, Предложение и его смысл. Логико-семантические проблемы. М., 1976. стр. 204.

我一支铅笔。）

（3）名词与为说话者所知、但不为谈话对方所知的对象的关系：Вчера я встретил *одного приятеля*.（昨天我遇到一个朋友。）

（4）名词与单个的、但不确指的事物的关系：Вчера было совершено ограбление банка. *Грабитель* не пойман.（昨天银行遭抢劫。抢劫者未被抓获。）

（5）名词与确指的对象的关系：*Петя* женился на *Вере*.（彼佳与薇拉结了婚。）

（6）名词与整个一类对象的关系：*Люди* смертны.（人都是要死的。）

上述例句中，所指的差异分别赋予相应的词语以不同的含义。由此可见，研究词的指称－语义意义与分析句子的语义结构有着密切的联系。

在外语教学中，解释词义可根据词的特点，分别从词的指称意义和语义意义着手。对一些词来说，只要通过对当翻译，指出词所指的事物，其同义就清楚了，如 солнце ——太阳、комната ——房间，因为俄语和汉语对应词所指的事物完全一致。对另一类词来说，如果对应词的语义结构有异，仅仅借助词的指称意义不足以说明两者的语义差别，这时，必须依据词的语义内涵加以区别。例如，серп 和 коса 都是“镰刀”，但这两个词所指的事物与我国的“镰刀”并不完全一致。试比较词典的释义：

серп: ручное орудие в виде изогнутого полукругом мелко зазубренного ножа для срезывания хлебных злаков с корня①（收割庄稼的手工工具，由弯月状的刀制成，刀刃上有小锯齿）

коса: сельскохозяйственное орудие — длинный изогнутый нож на длинной рукоятке для срезывания травы, злаков и т.п. ②（割草和收割

① С. И. Ожегов, Словарь русского языка. М., 1989.
② 同上。

庄稼的农具，由大弯刀和长柄构成）

镰刀：收割庄稼和割草的农具，由刀片和木把构成，有的刀片上带小锯齿。①

经对比可以看到，серп 与“镰刀”的特征基本一致，不同之处只在于通常的“镰刀”不带锯齿。但 коса 与“镰刀”的差别却很大：коса 是一种“长柄的”“大的”镰刀。

又如，государство 和 страна 在一般情况下都指“国家”，两者通用，如 социалистическое государство — социалистическая страна（社会主义国家），независимость государства (страны)（国家的独立）。但前者的含义主要体现为阶级统治的工具，后者则侧重于作为自然地域的国家，因此在某些具体场合，两者不能通用，例如：возникновение и отмирание государства（国家的产生与消亡），поездка по всей стране（在全国各地的旅行）；В этих странах были успешно созданы современные государства.（在这些国家里顺利地建立起现代的国家制度。）词义比较具体的词尚且如此，表示抽象概念的词更需借助语义意义来分析词义了。

2.3 词的组合意义和聚合意义

词的事物－概念意义是词汇单位内容平面的基础，词离开了与事物以及关于该事物概念的联系，便成为毫无内容的符号。“然而，在对一定语言单位的内容平面进行语言学分析时，确定该单位与事物和概念的对应关系并不是语义研究的最终目的，它只是一个开端，须通过使用语言单位的大量典型事实使其具体化，使其充实、丰富、加确、扩大和深化。”②

①《现代汉语词典》，商务印书馆 1979 年版。

② Б. А. Плотников, Основы семасиологии. Минск, 1984, стр. 18.

在言语中，词按线性序列组合起来，使其意义得到具体体现。词与词的组合受制于词的组配性能或组配价（валентность），即词与其他词搭配的可能性。这是词汇单位最重要的结构特点之一，因为它决定着词汇单位之间的搭配类型及其分布规律。词能否相互搭配，必须遵循语义一致律（законы семантического согласования）：具有相同语义成素的单位才能相互组合，如 ехать на машине（乘汽车去）、лететь на самолете（坐飞机去）。反之，运动动词和运动工具名词在语义特征上的差异会使搭配不能成立（参见“词的语义搭配限制”一节）。

诚然，作为语言的特殊规律，词的组合并不完全取决于语义因素，有些词尽管语义相等或相近，但其组配性能却各不相同，如 коричневое платье（棕色的连衣裙）、каштановые волосы（深棕色的头发）、карие глаза（褐色的眼睛）、каурая лошадь（栗色的马）。这里，形容词与名词的组合都符合语义一致律，但形容词的组配性能与其说取决于语义特征，不如说受制于这一特征所适用的所指事物：表示“棕色的”事物时，须按事物类别分别配用不同的形容词，因此上述组合是固定的，其中的形容词不能相互替代；另一方面，同一类事物可用同一个形容词表示其颜色（“棕色的”）特征，例如：карие глаза（очи）（褐色的眼睛）、каштановые волосы, каштановая коса（прядь, челка, грива）（深棕色的辫子〈一绺头发、额发、鬃〉）。

综上所述，词的组配性能包括两个方面：（1）语义搭配性能（семантическая сочетаемость），（2）词汇搭配性能（лексическая сочетаемость）。前者以词义的语义方面为依据，后者主要取决于词义的指称方面。词汇搭配性能同样须以语义一致为前提，因此也可称作词汇－语义搭配性能（лексико-семантическая сочетаемость）。组配性能的这两个方面的差异足以说明，词的事物－概念意义是第一性的，而词的结构意义是第二性的。前者是判断词与词在语义上的异同并据以连词成句的基础，不然的话，词的组合联系便失去了客观的依据。然而，在言语中后者也能反作用于前者，有时甚至能改变其内涵。例如，在语言情境的制约下，有些词可以取得该词的常用搭配所具有的意义：

① — Ты чего? — обиделся Иван. — А ничего, вот чего! *Сколько* ты в Москве, а весточки не подал.（Ю. Нагибин）/“你怎么啦？”伊万生气地说。“没什么，可我要问你，你来莫斯科这么久，怎么不给我个信息！”

② Вспыхнула тогда мода еще на то, чтобы мужчина умел *готовить*, нацеплял бы передник и вставал бы к плите. И такие тогда мужиками изобретались кушанья, какие женщинам вовек не придумать.（Из журнала «Москва»）/那时，男人做菜烧饭风行一时，他们系上围裙，站到炉灶前。男人们别出心裁烹调出来的菜肴是女人们永远也想象不到的。

③ Его взяли под микитки и увели в *отделение*.（М. Зощенко）/他被人架着胳膊，送进了警察分局。

④ Я старый командир, сапер. Я был на *германской с четырнадцатого и на гражданской с восемнадцатого*.（А. Гайдар）/我是一个老指挥官，当过工兵，参加过1914年的对德战争和1918年的国内战争。

俄语中常见的语义现象——语义集结（семантическое стяжение）即是这种惯常用法的结果。这种现象表现为：词A（词义a）由于经常与词B（词义b）连用，逐渐吸收词义b而获得整个词组AB的意义ab，这一语义现象可示意如下：

A（a）—B（b）→ A（ab）

① девушка в *белом* (в белом платье) /穿白色连衣裙的姑娘

② Но сейчас мы должны жить сегодняшним днем. Мне надо *зарабатывать*. Я вернулся к тому, с чего начал：нищий музыкант.（Ю. Нагибин）/可我们现在得对付眼前的生活。我要挣钱谋生。我重操旧业，又当上了穷乐师。

③ Наша страна будет *производить* больше, чем другие страны (производить материальные ценности). /我们国家生产的物质财富将超过其他国家。

在言语中，词与词体现的另一种关系——聚合关系，是蕴含的、不外露的，其实质是：同一聚合体内的各个成分在同一言语模式中具有相互替代的可能性。例如，在 Наш завод выпускает высококачественную продукцию.（我们工厂生产高质量的产品。）这句话中，завод 所处的句法位置可由语义相当的其他词填补，如 фабрика（工厂）、комбинат（联合工厂）、предприятие（企业）等。句中的其他词亦然，如 выпускает（出产）——создает（创造）、производит（生产）、изготовляет（制造）; высококачественную（高质量的）——хорошую（好的）、отличную（优质的）、добротную（优良的）等。在这些潜在的、可供选择的聚合成分中，每次只能有一个进入线性组合。人们的言语过程——选择词语和连词成句总是以词语的聚合关系和组合关系为基础的。

如果说词的组合意义表现为组配价，那么词的聚合意义表现为意值（значимость）。"词汇单位的意值（它的聚合性结构意义），是该单位与同体系（一定类属）的其他单位存在某种关系的情况下所具有的内部特性，它指出该单位在体系中，在'相似/差异'关系网络中的地位，而这种异同关系是以在某方面相似的单位之间相互对立（оппозиция）的基础上确定的。”[①] 聚合体以词与词之间的共同特征为基础，这一共性决定了这些词在同一句法位置上相互替代的可能性；同时，进入同一聚合体的词相互之间又各有区别，造成聚合体内各成分的对立，使之在同一句法位置上相互排斥，不能并存。例如：завод（工厂）、комбинат、предприятие——“工厂企业”聚合体；завод、шахта（矿井）、рудник（矿场）——“企业单位”聚合体；завод、школа（学校）、магазин（商店）——“企事业单位”聚合体，等等。

从与事物－概念意义的关系来看，聚合意义和组合意义一样，也是第二性的。词与词之间的异同既可以以词义的指称方面为基础，也可以以它的语义方面为基础。前者构成表示同一类所指事物的聚合体，即类义词群（тематические группы слов），如上述 завод 的聚合体，以及 дерево（树）、куст（灌木）、цветок（花）——растение（植物），дуб（栎树）、осина（山杨）、ива（柳树）——дерево（树）等。这些词的聚合以种属划分为主要依据，而其差异则取决于所指事物本身的特性总和。后者构成与同一类概念相关的聚合体，即语义词群（семантические группы слов）。狭义的同义词即属此类，如上述 выпускать 和 высококачественный 的聚合体。这些词的异同以语义特征为依据，表示同一概念，但含不同的意义。

聚合关系和组合关系构成非同质的结构意义的两个方面，起着不同的句法作用。在言语中，同一个思想既可通过词的组合联系，也可通过词的聚合联系得到多种形式的体现，但两者的表达方式是不一样的。借助组合联系时，话语的可变性（转换）是通过相同的词汇单位，但使用不同的句子结构表现出来的，例如：Ученик читает книгу. — Книга

① Л. А. Новиков, Семантика русского языка. М., 1982, стр. 97.

читается учеником.（学生读书。）借助聚合联系时，这种可变性则是通过不同的词汇单位，但使用相同的句子结构表现出来的，如 Ученик читает книгу.（学生读书。）Школьник работает над учебником.（学生在念书。）Учащийся просматривает пособие.（学生在看教科书。）两种转换的差别在于，前者借助于词的语法形式，后者依靠的是词汇手段。

从另一方面看，聚合关系和组合关系相互作用，决定着词在言语中的语义体现。我们在确定某一个词同其他词的组合方式时，也在确定该词与另一些词的聚合关系，相反，在确定某一词的语义聚合关系时，同时也在确定它的组合特点。例如，词的聚合关系往往能决定词的组合形式。在 вода+$N_{род.}$，如 вода реки（河水）这一组合模式中，同 река（河）有聚合关系的词都可填补 $N_{род.}$ 位置：вода реки（озера〈湖水〉、канала〈沟渠的水〉、пруда〈池塘里的水〉等），而 вода 与 кран（水龙头）、стакан（杯子）等词则不能用相同的句法形式搭配，它们之间的语义关系要求使用别的句法结构，如 вода из крана（水龙头里流出来的水）、вода в стакане（杯子里的水）等。相反，一定的句法结构对词的选用也能起限制作用。 例如，在 идти в солдаты（去当兵）、взять в ученики（收为学徒）这一类"动词 + 前置词 в + 相当于复数第一格形式的第四格动物名词"结构中，只能使用为数不多的几个动词，如 идти（去做……）、попасть（当上，成为）、взять（接受）、выбрать（选为）、избрать（选举）、пригласить（邀请）、наняться（受雇）、записаться（报名，登记）等，而名词也只限于表示职业、身份等意义的人物名称。例如：

① Как жить будем, сударик? В солдаты пойдешь или в чиновники?（М. Горький）/以后怎么生活，孩子？去当兵还是做官？

② Артемий Филиппович: Эка, черт возьми, уж и в генералы лезет.（Н. Гоголь）/阿尔杰米·费利波维奇：嘿，真见鬼，还想往上爬当

将军呢。

③ И еще не знаю, как это получилось, но ее направили ко мне в ученицы.（С. Воронин）/还没弄清楚是怎么一回事，她已经派来给我当学徒了。

聚合关系和组合关系的相互制约性最明显地表现在省略句（эллиптические предложения）中。这种句子一般都省略动词谓语，然而由于上下文的作用，动词的意义能明白地显示出来。句法结构虽然并不指明究竟省略了哪个具体的动词，但能指出这是哪一个聚合体中的动词，如话语动词：

① Я о деле. /我有事要谈。

② Но шофер больше — ни слова.（Б. Можаев）/但司机再也没说一句话。

运动动词：

① Мать на работу. /母亲去上班了。

② Он к тебе. /他来找你。

③ Роса долой, и мы домой.（А. Твардовский）/露水干了，我们回家。

敲打动词：

① Смотритель разговаривать было стал, я его в зубы.（Л. Толстой）/看守正待开口，我朝他嘴上猛击一拳。

② Когда я стал утешать его, он прошептал, захлебываясь слезами: — Погоди... я его кирпичом по башке... увидит!（М. Горький）/当我安慰他时，他抽抽搭搭地说："等着瞧吧……看我拿砖头砸他的脑袋……让他等着吧！"

在分析后一类句子类型时，佐洛托娃（Г. А. Золотова）指出："一定意义的静词形式的固定组合（кто кого чем по чему 或 во что）与口语的表情语调相结合，构成‘显示’动词动作意义的语境”[①]。正是由于这个缘故，某些句子模式在句法结构上的不完整性才得以补偿，例如：Чаю!（端茶！）Врача!（叫医生来！）Карету!（备马车！）Ни шагу назад!（不许后退一步！）Целинникам — лучшие книги!（把最好的书送给拓荒者！）

2.4 词的理性意义和情感意义

情感意义是语言使用者附加于话语的情感–评价意味，它不是词语内容平面中基本的、主导的方面，而是由个人主观因素决定的、伴随词义中固有的核心成分——理性意义而存在的意义成分。在这种情况下，词的意义包含两个部分：共同的（或客观的）部分——理性意义，个人的（或主观的）部分——情感意义。共同部分取决于词义的指称方面，个人部分源出于词义的语义方面（例如，$петух_1$ 向 $петух_2$ 的词义转移是通过语义联想实现的）。词义的客观性使交际双方所使用的语言单位不仅在表达平面上是同一的，而且在内容平面上也是同一的，否则交际就不可能进行。词义的个人部分，词的情感意义只有在词的理性意义客观性的基础上才能为人们所感受、理会。在 петух、петушок、петушишка（参见“词的语义意义和指称意义”一节）这一组词中，带不同表情–情感色彩的词始终保持着与中性词 петух（$петух_1$）相同的理性意义成分，并在这个基础上发挥各自的语用功能，体现说话者对所指事物的感情，或指小表爱，或指小表卑。

一般地说，理性意义是词的意义组成的主导方面，在语言交际行为

① Г. А. Золотова, Коммуникативные аспекты русского синтаксиса. М., 1982, стр. 194.

中起着决定性的作用。然而，对情感色彩十分强烈的词来说，情感意义可取代理性意义的地位，成为主要的信息内容。例如，在修辞同义词 писака 和 писатель（作家）的词义对比中，我们可以清楚地看到 писака 中理性意义的弱化，使其具有与 писатель 相对立的特征。人们在使用这个词时并不是用它来指作家——“从事文学创作有相当成就的人”，而只是在利用它的否定内涵，以表达内在的、感情上的倾向性，例如：

① Продажный писака. /卖身求荣的文人。

② Теперь всякий посредственный писака с гордостью говорил о себе, что он литератор или поэт.（Белинский）/ 如今每一位才分平平的作者，都会扬扬自得地自诩为文学家或者诗人。

又如，$петух_2$ 来源于 $петух_1$，但作为一个新的词汇－语义单位，主要以其意义的情感方面起作用。$петух_2$ 一类词的语义特点（侧重于意义的主观评价因素），正是这些词（包括表爱、表卑形式）在句法功能上不同于 $петух_1$ 一类词的原因。它们不能像普通名词一样，在句子中充当主语或补语，而只能用作评定主语特性的谓语（参见“词的情感－评价色彩”一节）。这就是维诺格拉多夫（В. В. Виноградов）所指的功能－句法制约意义[①]（функционально-синтаксически обусловленное значение）。

由此可见，在带有情感色彩的各类词的意义结构中，理性意义和情感意义的分布并不均等，两者以一定的比率关系相结合，此长彼消，因词而异，共同决定着整个词义的性质。假如我们把中性词（如 $петух_1$）看作零情感意义的词，把感叹词（如 фу）看作零理性意义的词，并把它们纳入理性意义和情感意义比率关系的序列中去，那么“词的情感－评价色彩”一节中所分析的各类词的语义结构大致上可图示如下（图中方

① В. В. Виноградов, Основные типы лексических значений слова. Вопросы языкознания, 1953, № 5, стр. 24.

框表示词的整个词义，画线部分代表情感意义，空白部分代表理性意义，中间部分的界限不是绝对的）：

如上所述，词的情感 - 评价意义并不是所有的词都具有的。“意义的语用方面……指的是词义中依靠有标记的单位对所指做出评价的独特语言表现。”① 含有情感 - 评价意味的单位只限于带这种标记（情感色彩、评价色彩）的单位。在词语对比中这种标记能明显地表现出来，例如：

① Разговор *шел* наполовину по-русски, наполовину по-французски.（П. Боборыкин）/谈话一半是用俄语，一半是用法语进行的。

② Разговор *плелся* тихо, пополам с зевотой... толковали о том, что «от праведного труда будешь не богат, а горбат».（Г. Успенский ）/他们悠悠忽忽地谈着话，哈欠连连……谈论的话题是：靠正直的劳动不能致富，而只能当牛做马。

这两个句子中的主语 разговор 分别用谓语 шел 和 плелся 说明，其中 шел 只表现客观的“纯理性”意义（语义意义），没渗入说话者的主观因素，在情感 - 评价色彩上是中性的；плелся 则与此不同，除语义意义“（缓慢地）进行”以外，还给人一种联想，把谈话的气氛、方式同“萎靡不振、步履蹒跚的人”的形象联系起来（试比较：Он плелся вялой походкой, сгорбившись и волоча ноги.（А. Куприн）〈他拱肩缩背，步履艰难地蹒跚而行。〉），从而表现出说话者对所示情境的评价态度。因此，идти 在这里不带语用标记（零语用标记），而 плестись 是带语用标

① Л. А. Новиков, Семантика русского языка. М., 1982, стр. 100.

记的单位。而且，同一个词在不同的场合可分别表现为带标记词和不带标记词，这与词是否用于次生意义是有关的。试比较：

① Бывало, *плывем* мы с ним в лодке, я — на веслах, а он на руле.（М. Горький）/我们常泛舟湖上，我划桨，他掌舵。

② Сверкающие троллейбусы *плывут* по расширенным магистралям.（Л. Леонов）/灯光闪烁的无轨电车在拓宽的大道上浮动。

③ На бабах платья красные, У девок косы с лентами, Лебедками *плывут*.（Н. Некрасов）/妇女们穿红着绿，姑娘们辫梢飘着彩带，步态轻盈，宛若天鹅。

后两个例句中的 плыть 相当于 плавно двигаться, перемещаться（平稳地运行）和 идти плавной походкой（款步而行），带有明显的语用标记。

从上面的例子可以看到，有标记单位的语用意义是在零标记单位的映衬下体现出来的。这些词在语义意义上（客观部分）一致，进入同一个聚合体，又在语用意义上（主观部分）相对立：плестись（“步履蹒跚”含否定性质的语用意义）— идти（“步行”含零语用意义）— плыть（“飘然移动”含肯定性质的语用意义）。这类聚合体在语用意义上的差别使说话者有可能从中选择合适的成分，用以表达自己的思想，同时也表明自己对话语情境的情感－评价态度。词的语用意义包含在语言单位的聚合关系中，其功能则在组合关系中体现出来。

词义中的语用成分是由言语实践巩固下来的，为同一语言社团所接受和理解。它的主观性质并不表现为个人的任意性。在详解词典中，词的情感－评价意味通过释义和修辞注释得到体现，如 кляча (пренебр.)（驽马〈藐〉）— плохая, заморенная лошадь（瘦弱的劣马）；писака (презр.)（末流作家〈蔑〉）— писатель (обычно плохой, плодовитый)（〈多产的拙劣〉作家）；пособник (неодобр.)（帮手，同谋〈不赞〉）— ближайший помощник (обычно в дурных, преступных действиях)（亲近的助手〈一般指参与不良行为和犯罪行为的人〉)；воин (высок.)（战士〈雅〉）— тот, кто несет военную службу, сражается с врагом, воюет[①]（服兵役，同敌人战斗、打仗的人）。

某些褒贬色彩并不强烈、词典也未予注释的词，使用者仍能实际感觉到评价意味的存在，因而在一定的场合总要附加说明，予以消除，例如：

Инженер по нормированию — знающий человек. Это *в хорошем смысле слова педант*.（«Известия»）/ 定额工程师是位行家。他是一位过分认真的好人。

有时，同一个词可用不同的语调和其他非语言手段（如表情、手势等）表示不同的语用含义，但这也同样离不开语言社团的约定俗成。试比较 сокол 这一词的赞美意味和嘲讽意味：

① Вот едет на белом коне храбрый генерал Замошников. Смотрит *соколом*, грудь колесом.（А. Куприн）/瞧，勇敢的扎莫什尼科夫将军骑着白马，英姿勃勃，气宇轩昂。

② — Ага! Попал, *сокол*. Ну вот и отлично! — встретил его частный пристав в канцелярии.（М. Горький）/“啊哈，给抓住了，我的好汉！这太棒啦！”警长在办公室迎着他说。

3 语言环境与词义变异

3.1 词的所指意义和内涵意义

我们知道，词的意义是客观事物的概念在语言中的反映（参见“词

---

① 例词均引自 Словарь русского языка (в 4 Т., 2-е изд.) . М., 1981—1984.

义包含的外延关系、内涵关系和结构关系”一节)。概念是词义的基础，概念内容决定词义的内涵，因此词所包含的概念内容（见埃德曼〈O. Erdmann〉的词义三分法）是词的语义结构的基本成素、词的基本意义。借用奈达（Eugene A. Nida）的术语，我们可称之为所指意义（референтное значение），因为这是“用词语来指某一客观事物、某一思想概念时语言所获得的意义”[①]。所指意义以词与客观事物的联系为依据，因而是词义中的客观因素，词典释义所表明的意义就是词的所指意义。

另一方面，词的意义内容只反映概念的主要特征，概念所包含的其他特征在所指意义中不一定得到直接的反映。这些特征作为词的“潜在”语义特征蕴含在基本意义之中，一旦需要，会在一定的语言环境中表露出来，形成不同的含义。因此，产生含义的根本原因在于词义和概念的辩证关系。含义是人们使用语言的产物，是词义中的主观因素，但不是随意的、不受语义规律制约的因素。如果我们把词的基本意义成素称作所指意义，那么依附于基本意义的含义可称作内涵意义（коннотативное значение），因为它是包含在词的意义之内的词的内涵的一部分。

所指意义包含的主要是区别性语义特征，即能借以把一种事物同另一种事物区分开来的特征。例如，мать 的区别性语义特征是：女性、直系亲属、长辈。这三个特征构成词的基本意义内容，因为它们足以使 мать 与 отец（男性、直系亲属、长辈）或 дочь（女性、直系亲属、小辈）等表示亲属关系的其他词相区别。然而，мать 这个词所指的事物还包含“母亲”应有的其他一些特征，包括生理、心理、社会等方面的特征，如“有母性本能”“生儿育女”“儿女的亲人”“慈爱”等。但这些特征都是依附于上述主要特征而存在的因素。这些“潜在的”语义因素包孕在词

① 谭载喜编译：《奈达论翻译》，中国对外翻译出版公司 1984 年版，第 46 页。

的意义内容之中，只能在一定的语言条件下，从次要特征转化为主要特征而发展成词的语义核心。试比较下列句子中 мать 所表示的“亲人”“慈母”的象征性意义：

① Уж и есть за что, Русь могучая, Полюбить тебя, Назвать *матерью*.（И. Никитин）/强大的罗斯，你值得我们爱你，叫你母亲。

② Смело, друзья, не теряйте бодрость в неравном бою, Родину-*мать* вы спасайте, честь и свободу свою.（Песня）/朋友们，在力量悬殊的战斗中，振奋精神，勇往直前，拯救祖国母亲，捍卫自己的荣誉和自由。

在 Лень — *мать* всех пороков.（懒惰是万恶之源。）Повторение — *мать* учения.（温故而知新。）这些成语中，则可看到 мать 的内涵因素在抽象事物方面的反映（从“有生育儿女的能力”发展到“有衍生其他事物的能力或作用”）。

语言环境（上下文）揭示语义特征的作用，对于有些在语义结构中包含相容语义成分（A ∨ B）的词尤为明显。例如，перебывать 的语义特征是 побывать во многих местах（走遍〈各地〉）还是 побывать в большом числе（〈许多人〉先后来到），须在上下文中加以确定，即从词典的释义 побывать во многих местах или в большом числе[①] 中析取其一，例如：

① Он *перебыл* во всех городах Союза. /他到过苏联的所有城市。

② Все *перебыли* в Москве. /所有人都去过莫斯科。

许多带前缀 пере- 的动词都有类似的情况，例如，переболеть 和 перебраниться：

---

① С. И. Ожегов, Словарь русского языка. М., 1989.

① Он *переболел* всеми болезнями. /所有的病他都得过。

Все дети *переболели* корью. / 所有的孩子都得过麻疹。

② Он *перебранился* со всеми. /他同所有的人都吵过。

Все с ним *перебранились*. / 所有的人都同他吵过。

有些隐含的相容语义成分也能通过一定的上下文显示出来，例如：

① В сгущающихся сумерках мы заметили вдалеке *костер*. /透过渐渐变浓的暮色，我们看到远处有一堆篝火。（$костер_1$）

② *Костры* уже сложены, остается только сжечь. /烧篝火的木柴已经堆好，只等点火了。（$костер_2$）

костер 的词义可释为：горящая куча дров, сучьев, хвороста. [①]（架木柴、树枝燃烧的火堆），但 $костер_1$ 指的是正"在燃烧的篝火"，$костер_2$ 则指"备做篝火的柴堆"。

又如 портиться：

① Покровский видел везде только одни неудачи; характер его *портился*.（Ф. Достоевский）/波克罗夫斯基到处碰壁，他的脾气变坏了。（$портиться_1$）

② С Федькой у нас что-то не ладилось. До открытой ссоры дело еще не доходило, но отношения *портились* с каждым днем.（А. Гайдар）/我们同费奇卡的关系有点别扭，虽然还没闹到撕破脸皮吵嘴的地步，但关系越来越糟了。（$портиться_2$）

这里的 $портиться_1$ 是 становиться плохим（变坏）的意思，而 $портиться_2$ 却是 становиться хуже（变得较坏）。

语言大师们正是利用这种潜在的"模糊"含义，作为一种特殊的修

---

① С. И. Ожегов, Словарь русского языка. М., 1989.

辞手段，以达到一定的艺术效果，例如：

① Дроздов: Мы с вами, Катерина Ивановна, встречаемся всегда в *хорошие дни*. /德罗兹多夫：卡捷琳娜·伊万诺芙娜，我同您总是挑好日子见面。

Арсеньева: Это вы о *погоде*? / 阿尔赛尼耶娃：您这是指天气吗？

Дроздов: О ней. Не помню, чтобы встречал вас *в дождь*, *в пасмурный день*! Редко встречаемся мы.（М. Горький）/ 德罗兹多夫：是指天气。我不记得哪会儿我是在雨天、阴天跟您见面的！我们很少见面。

② Яропегов: *Как спали*, Дуня? /雅罗彼戈夫：您睡得怎样，杜尼娅？

Дуняша: *Лежа*, Виктор Павлович. / 杜尼娅莎：我是躺着睡的，维克多·帕夫洛维奇。

Яропегов: А что *во сне видели*? / 雅罗彼戈夫：梦里见到了什么？

Дуняша: Ничего не *видала*, я сплю закрыв глаза.（М. Горький）/ 杜尼娅莎：什么也没看见。我是闭着眼睛睡的。

从字面上看，前一段对话中的 в хорошие дни 隐含着不同的含义，使对话人有可能利用词语的歧义故意把话题引向别的方面，给谈话增添活泼、诙谐的气氛。后一段对话中的两句问话意思都很明确，不可能引起误解，但回话者故意予以曲解。首先利用 как 包含的不同含义——关于状态性质的询问和关于行为方法的询问（试比较：Как вы поживаете?〈您过得怎样？〉— Как вы сюда попали?〈您怎么到这儿来的？〉)，继而又把 видеть 的熟语制约性用法混同于一般的直义用法，使对话朝幽默、戏谑的方向发展。

3.2 词的联想意义

词的内涵意义往往伴有表情－情感色彩，因为含义的产生有时是通过语义对比，即借助人们头脑中的联想印象而达到的。在这种情况下，词的意义（所指意义）所包含的潜在语义特征使人们联想到在性质、功能、形状等方面相似的事物，该词的含义便获得相应的形象色彩和情感意味。上文（“词的所指意义和内涵意义”一节）所显示的 мать 的意义即属此类。在这些场合，мать 不再起称谓事物的功能，转而发展其性质特征意义，以至可用作固定的形容语，泛指“可与慈母相比的事物”，如 родина-мать（祖国母亲）、мать-земля（大地母亲）、природа-мать（大自然母亲）等。

由人们对词义的联想而产生的含义也可称作联想意义（ассоциативное значение）①。这类含义通常带有鲜明的表情－情感色彩，成为词语发展喻义的基础。试比较：

① Сестра долго *пилила* и скребла бабушку своим неутомимым языком, а я слушал ее злой визг и тоскливо недоумевал: как может бабушка терпеть это?（М. Горький）/表姐唠唠叨叨地数落、怪罪外婆，没完没了，不知疲劳。我听着她那恶狠狠的尖叫声，心里既难受又纳闷：外婆怎么忍受得了？

② Чужих и вкривь и вкось не *рубит*. — Вот я за что его люблю.（А. Грибоедов）/他对别人不妄加指责。我喜欢他的原因，就在于此。

以上两例中的 пилить 和 рубить 都有“责备别人”的意思，但两者的内涵（联想）意义迥然不同。пилить 与“拉锯”的动作相关联，给人以“没完没了，令人心烦”的印象（这种印象因句子中的另两个词 скрести 和 визг 而得到加强）；рубить 则与“挥刀猛砍”的印象相联系，突出了“直截了当，尖锐剧烈，甚至妄加指责”的含义。

① Ю. Д. Апресян, Лексическая семантика. Синонимические средства языка. М., 1974, стр. 8, 11, 25.

联想意义给词语附加的表情－情感色彩，使人们在接受语言信息时，不只注意语言的所指意义，而且还感受到情感方面的作用。上文（“词的所指意义和内涵意义”一节）所引歌词中的родина-матъ，表达了歌唱者对祖国的真挚感情，其表现力是其他词语（如любимая, дорогая родина〈亲爱的、敬爱的祖国〉）难以比拟的。上述例句中的пилить和скрести虽可用попрекать（指责）、укорять（责备）等意义相近的词取而代之，但前两个词所引起的令人烦躁、不堪忍受的情感反应却是无法代替的。

语义联想所依据的语义成分并不直接来自词的字面意义（如пилить的所指意义是“用锯锯开”，并不强调“拉锯”所特有的动作特点），是任意选择而又约定俗成的。它反映一定社会文化观念和语言传统的特点，在不同的民族语言中形成形象各异的引申、比喻。譬如，在汉语中“拉锯”只能比喻双方来回往复，如“拉锯战”，不可能产生像пилить那样的联想；而与рубить的上述比喻性用法相近的，在汉语中则是喻体不同的另一种联想，如“（欢迎大家）开炮”“弹射（时政）”等。

即使在同一民族语言中，语义联想也带有任意性，源出于意义相同或相近的词语的联想也往往各不相同。例如，俄语中的ишак与осел（驴）同义，但ишак可与“任劳任怨”的概念相联系（如работать, как ишак〈当牛做马〉; Не стану ишачить за них.〈我不再为他们当牛做马。〉)，而осел只含有“愚蠢、固执”的联想意义（如глупый, как осел〈其笨如驴〉; Довольно ослить!〈别再说蠢话了！〉)。又如，лакей和слуга（仆人）在直义上是同义词，用于转义时，由于联想意义的差别，两者相去甚远。试比较：окружить себя лакеями и подхалимами（身边全是拍马逢迎的奴才）和слуга народа（人民公仆）。

上文提到的рубить与резать意义相近，两者的基本意义可概括为：

разделить на части чем-то острым（用利器分成若干部分），而且含有相近的内涵意义："动作直截、激烈"（试比较 рубить правду в глаза — резать правду в глаза〈直言不讳〉）。但 резать 更有另一层含义，与"刺痛"的感觉相联系，而 рубить 则未发展类似的联想意义（试比较：режущая боль〈像刀割一样的痛〉; У меня в боку режет〈我肋部刺痛〉; Свет режет глаза〈光线刺痛眼睛〉; Его голос режет слух〈他的嗓音刺耳〉; Опять та же мысль... еще сильнее резала его сознание.〈那种想法再次浮现……更剧烈地搅扰他的思绪。〉）。

词的联想意义有时与词本身的意义和修辞特点并无必然的联系。在特定条件下的主观联想能改变词本身所固有的意义内涵和情感色彩，引起特殊的联想反应。阿·托尔斯泰（А. Толстой）在讽刺小说«Похождение Невзорова»（《涅夫佐洛夫的奇遇》）中描写革命风暴席卷敖德萨，旧制度代表人物仓皇逃亡的情景时，赋予 эвакуация 特殊的含义，十分形象、生动地烘托出逃亡者惊慌失措、闻风丧胆的心态[①]：

Выдумали же люди такое отвратительное слово — «*эвакуация*». Скажи — отъезд, переселение или временная всеобщая перемена жительства, — никто бы не стал, вылупив луковицами глаза, ухватив узлы и чемоданы, скакать без памяти на подводах и извозчиках в одесский порт, как будто сзади за ним гонятся львы. / 人们怎会想出这么一个令人厌恶的字眼——撤退。如果说出发、迁移或普遍性的临时变换住址，那么谁也不会瞪着双眼，抓起包裹、箱子，跳上大大小小的马车，丧魂落魄似的向敖德萨港逃去，好像有狮子在追逐他们。

«*Эвакуация*» в переводе на русский язык значит «спасайся, кто

① 转引自 Д. Н. Шмелев, Проблема семантического анализа лексики. М., 1973, стр. 248.

может»…/“撤退”这个词译成俄语的意思是：“能逃的快逃……”

这里，词的特定使用情境使词获得了特殊的含义，并因与一定的政治历史事件相联系，而给人以强烈的语感影响。

一般地说，由联想形成的语感反应，对操同一语言的人们是一致的，但由于种种主观的原因，词的情感内涵可因人而异，具有个人的主观性质，“几乎每个词汇意义都带有含义，即具有大量补充的意思，这种意思对于每一个语言使用者来说，或者是共同的，或者是个别的”①。试比较下列对话：

Дуняша: *Спекулянт* масло принес. / 杜尼娅莎：投机倒把分子把油拿来了。

Анна: Во-первых, надо говорить — *частник*, а не *спекулянт*. / 安娜：首先，应该说私商，而不是投机倒把分子。

Дуняша: Мы так привыкли. / 杜尼娅莎：我们习惯这么叫。

Анна: *Спекулянт* — обидное слово, обижать людей — дурная привычка. Во-вторых…（М. Горький）/ 安娜：投机倒把分子是令人难堪的字眼，而让人难堪是不好的习惯。其次……

这里，由于剧中人物在社会地位和文化教养上的差异，спекулянт 这个词对她们的语感产生了不同的影响，Анна 强烈地感受到了这个词的贬义色彩，主张使用在她看来不带鄙视意味的 частник。然而，有趣的是，частник 的社会政治含义却并非是中性的。例如，在下面的例句中，它与 спекулянт 一样，在当时同属必须予以“铲除”的人物之列：

В 1932 г. мы, всемерно развертывая советскую торговлю, одновременно искореняем *частника*, перекупщика и *спекулянта*.（Киров）/

① Б. Плотников, Основы семасиологии. Минск, 1984 , стр. 34.

1932年，我们全力发展苏维埃商业，同时铲除私商、私贩和投机倒把分子。

19世纪俄国知识界对外来词所持的不同观点，在某种程度上也反映了联想含义对语感的影响。对某些词语或厌恶或喜爱的态度，归根结底往往是不同思想倾向的反映。为民主主义者喜闻乐见的 республика（共和国）、революция（革命）、прогресс（进步）等词，被统治阶级的代表人物看作“危险”的词，因为这些词是与欧洲的革命风暴联系在一起的，无怪乎沙皇亚历山大二世要明令禁止 прогресс 这样的词语见诸公文了①。有些人甚至反对使用来自西方文明的其他一些词，试图用生造的俄语词加以代替，如 галоши（мокроступы）（套鞋）、биллиард（шарокат）（台球）、эгоизм（ячество）（利己主义）、инстинкт（побудка）（本能）、фонтан（водомет）（喷水池）。

然而，人们对某些词语的好恶以及这些词在他们的语感上引起的联想，有时难以用哪方面的原因加以说明。戈尔巴切维奇（К. С. Горбачевич）在论述用词规范时，提到有些作家对某些刚出现不久的词语（如 учеба〈学习〉、зачитать〈宣读〉等）的厌恶心理。譬如，费定（Л. Федин）把 боевитость（战斗性）贬成“可怕的词”，帕乌斯托夫斯基（К. Паустовский）对 приветствовать（欢迎，致敬）、боевитый（有战斗力的）等词感到“像流氓一样的可憎”②。这些例子虽然主要被用来说明新词的可接受性问题，但也能从一个侧面反映某些词可能给人的语感影响。这种影响戈尔巴切维奇称之为人们对词语的“特异反应”（лексическая идиосинкразия）。

---

① К. С. Горбачевич, Нормы современного русского литературного языка. М., 1978, стр. 56.
② 同上，стр. 41.

词的语义结构

1 词的深层语义结构

1.1 词和词汇 - 语义变体

我们在“关于词义的不同观点”一节中已经提到词的两个方面：词的物质方面和它的思想内容方面。词的思想内容方面同词作为名称所表示的事物在人们的意识中以一定的形象联系在一起。名称和它所称谓的事物之间并不存在绝对的、必然的直接联系。例如，自行车、火车、汽车在不同的语言里各有其不同的名称，俄语里相应的是 велосипед、поезд、автомобиль，英语里是 bicycle、train、car。假如这种联系是必然的，上述物体在不同的语言中的叫法就应当大体相同，或者它们的名称所包含的内部形象应基本一致。但实际情况并不是这样，不一致是绝对的，一致是偶然的。试比较：

俄语	英语
велосипед 同“快”“脚”有关	bicycle 同“双轮”有关
поезд 同“乘”“坐”有关	train 同“成串”的东西有关
автомобиль 同“自己的”“活动的”有关	car 同“马拉战车”有关

事物的名称是历史地凝固下来的，名称一般并不随事物的变化而变化。在现代生活中，人们早已不用перо（羽毛笔）写字了，但перо作为写字的工具——“笔头”的名称仍保留至今。过去人们点煤油灯照明，因此说зажигать（керосинную）лампу，现在人们用电灯照明，电灯不是点燃的，但仍可说зажигать лампу。электрическая бритва（电动剃须刀）同原来意义上的бритва（刮脸刀）差不多已失去联系，因为这已经不是通常意义上的刀，但仍未被其他词替代。在不少情况下，虽然事物本身发生了变化，但其名称的某个部分仍旧保留下来，只改变了其余的部分，如机车和轮船：паровоз（蒸汽机车）— электровоз（电气机车），пароход（汽船）— теплоход（内燃机船）。

一定的意义（思想内容）是固定在一定的语音外壳（或文字符号）之内的，两者紧密相连，意义以符号为依托，互为条件。在同一语言中，一个符号可以与几个不同的意义相联系（如多义词）；与此同时，一个意义也可以固定在两个以上的不同符号之内（如同义词）；一个符号表示一个意义的情况，在语言中数量较少。一个符号兼有两个或者更多意义的情况，在词汇体系中占绝大多数。试比较下述单义词трус和多义词труд：

词：трус { 符号：（трус）
意义：человек, легко поддающийся чувству страха（胆小的人）

词：труд
- 符号：（труд）
- 意义：1. деятельность человека, связанная с созданием чего-н.（劳动）
  2. работа, занятие（工作，活儿）
  3. усилие, направленное к достижению чего-н.（努力）
  4. результат деятельности, работы, произведение[①]（作品，著作）

由于词的多义性，由于符号与意义之间的不对应性，语言学界广泛使用词汇－语义变体（лексико-семантический вариант，简称 ЛСВ）这一术语[②]，用以表示一个符号与一个意义相对应的词汇－语义单位，以与词汇体系的基本单位——词相区别。

对于单义词来说，词汇－语义变体（ЛСВ）与词（С）相吻合。在这种情况下，词只有一个词汇－语义变体，例如：

С *трус* — ЛСВ трус_1

对于多义词来说，由于其意义差别并不相应地表现为语音（文字）外壳的差别，一个词有多少个意义，也就有多少个词汇－语义变体，例如：

С *труд* — ЛСВ, труд_1, труд_2, труд_3, труд_4

由此可见，词汇－语义变体是同一个词分别表示不同词汇意义的词汇－语义单位，但其语义差别并不体现在语音外壳上。换句话说，词汇－

① 原文释义均引自 Ожегов 词典或四卷本科学院词典，为便于分析，对某些释义做了简化或修改，下同。

② 详见 А. И. Смирницкий, К вопросу о слове (проблема «тождества слова»). // Труды Института языкознания. 1954, Т.4., стр. 36.

语义变体兼容于作为其统一体的词之内，构成同一个词的语义结构：

труд：$труд_1 \rightleftarrows труд_2 \rightleftarrows труд_3 \rightleftarrows труд_4$[①]

因此，词汇－语义变体是相应的不变体——词的组成成分，而词则是在形式上保持一致、在内容上互有联系的各个词汇－语义变体的总和。两者密切相关，但不属于同一词汇－语义层次。词是词汇－语义体系的基本单位，词汇－语义变体则是它的最小单位。即使对单义词而言，其变体与不变体虽实际上相等，但前者与后者相比，仍为低一层次的单位：它们之间的关系属包孕关系，即 ЛСВ ⊂ С。

与词一样，词汇－语义变体也是符号和意义的统一体，其物质外壳也通常体现为一系列语法形式，例如：

$$труд_2 = \frac{\text{труд [труд], труда [труда́] ... труды [труды́] ...}}{\text{“работа, занятие”}}$$

词汇－语义变体在具体的上下文中只体现其所有形式中的某一个形式，而且有的变体因受其特殊词汇意义的制约，并不具备与其相应的词的全部形式，常以其中的一个或几个形式出现。例如，$труд_3$ 一般只用单数形式，并以带前置词的第五格和第二格形式为常见形式（с трудом〈经过努力〉, без труда（不费力〉）；而 $труд_4$ 用于“丛刊”意义时，只有复数形式（труды философского института〈哲学研究所丛刊〉）。

1.2 词位和义素

综上所述，词汇－语义变体与词一样，是由符号（能指）和意义（所指）组成的。符号是它的语音（文字）外壳，通常体现为一系列语法形式，并与一定的词汇意义相对应。词汇－语义变体的这两个方面可分别称作

① 符号 ⇄ 表示词汇－语义变体在词中的语义联系（理据性）。

词位（лексема）和义素（семема）。从表达平面来看，ЛСВ 表现为词位；从内容平面来看，ЛСВ 表示的是义素。因此，ЛСВ 也可看作词位（符号）与义素（意义）的统一体，它们之间的关系可示意如下：

$$\text{ЛСВ} = \frac{\text{лексема}}{\text{семема}}$$

词位是词的某一个意义（ЛСВ）所固有的全部形式的总和。如上文所述，同一个词的不同词汇－语义变体可具有不同的形式体系，所以词位的形式体系可因词的意义不同而异，如 лес 用于“森林”意义时具有 12 个词形（单、复数各六个词形），用于“木材”意义时只具有单数形式的六个词形；вода 有 12 个词形，但是表示“水域”的词位只有复数六个形式（如 территориальные воды〈领海〉），表示“空话”的词位只有单数六个形式（如 В его статье много воды.〈他的文章中有很多废话。〉）。

除上述综合性形式外，词位的形式构成中还可有分析性形式，如动词的将来时形式（буду читать〈将读〉），含 самый 的形容词组合（самый смелый〈最勇敢的〉）以及各类熟语性组合（нанести визит〈拜访〉，зубы разгорелись〈眼红〉，железная дорога〈铁路〉，под углом зрения〈从……角度来看〉）等。因此，词位的重要标志是词汇平面的不可分割性和句法平面的独立性。上述组合的任何一个组成成分都不是独立的词汇－语义单位，都不能单独履行句法功能，因而都不是词位。

词位作为语言词汇层次的概念，与语言其他层次的概念——音位、词素、句段等相对应。从语音角度来看，词位是由一组音位构成的语音词，例如：[с]，[т]，[е]，[п]，[н]，[о]，[j]—[ст'иᵉпнój] — степной（草原的）。从构词角度来看，词位是由若干个词素所构成的，例如：степной — степной。从句法角度来看，词位以其相应的某个形式履行交际功能，如下列句子中 степной 的阴性单数第四格形式：За убеленными снегом вершинами он увидел степную равнину.（在白雪皑皑的山峰后面，他看到了一片草原。）

词位在言语中的具体体现，即它在语句中使用的一定的语法形式（如 степную），可称作词子（лекса）。这样，词位也可以说是词子的总和。

1.3 义素的语义成分

词位和义素都不是极限单位：词位可分解为词素，义素可分解为义子（сема）。

义子，又称语义成素（семантический компонент）、语义因子（семантический множитель）、语义特征（семантический признак），是最基本的语义单位——义素的结构成素，是内容平面的极限单位。如同词素——各种词缀（词根、前缀、后缀等）构成词位一样，义素是由义子构成的。

例如，ЛСВ $отец_1$（亲属关系名称）的义素是由五个义子组成的结构：（1）“男性”（有别于“女性”，如 мать〈母亲〉、дочь〈女儿〉、бабушка〈祖母〉等）；（2）“长辈”（有别于“晚辈”，如 сын〈儿子〉、дочь〈女儿〉、племянник〈侄子〉等）；（3）“直系亲属”（有别于“旁系亲属”，如 дядя〈叔父〉、тетя〈叔母〉、брат〈兄弟〉等）；（4）“血亲”（有别于“非血亲”，如 отчим〈继父〉、мачеха〈继母〉等）；（5）“第一代（长辈或晚辈）”（有别于“隔代长辈或晚辈”，如 дедушка〈祖父〉、прадедушка〈曾祖父〉、внучка〈孙女〉等）。

关于词的语义内容的综合特性，在俄语语言学中最早是由佩什科夫斯基（А. М. Пешковский）提出来的。他指出，不只是语音，而且词的意义也可分解成单独的成分①。他的观点在现代语义学中得到了广泛的采

① А. М. Пешковский, В чем же, наконец, сущность формальной грамматики? // Избранные труды. М., 1959, стр. 76.

用和发展。然而，由于词的语义结构的特殊性，人们对词义成分分析还持有保留意见。

在进行词义成分分析时，我们会碰到两种情况。一方面，俄语中确实有一些词，其语义结构比较具体、明确，语义成分容易分割。而且，更重要的是，这类词可组成相应的语义词群。它们在意义、内容上联系紧密，具有共同的语义特征，又在某些方面相互对立，语义成分重合交叉，有一定的规律。比如，就拿上面提到的 отец 一类亲属名称来说，通过语义分析和对比，我们几乎可以准确无误地列出这一词群中每一个词的语义成分以及它们之间的语义关系，例如：

	"男性"	"长辈"	"直系亲属"	"血亲"	"第一代"
отец	+	+	+	+	+
мать	−	+	+	+	+
сын	+	−	+	+	+
дочь	−	−	+	+	+
дедушка	+	+	+	+	−
бабушка	−	+	+	+	−
отчим	+	+	+	−	+
мачеха	−	+	+	−	+

表示昼夜时间名称的词的语义成分结构，也可用同样的分析方法大体上加以确定。联结这一词群的共同语义成分是"一昼夜间的时间段"，而其内部又在"开始和结束的时刻"上相互对立，例如：

утро（早晨）: от 4 до 11 часов（从 4 点到 11 点）

день（白天）: от 11 до 16 часов（从 11 点到 16 点）

вечер（晚上）: от 16 до 23 часов（从 16 点到 23 点）

ночь（夜晚）: от 23 до 4 часов（从 23 点到 4 点）

另外，如（1）река（河流）、речка（小河）、ручей（小溪）、море（海）、океан（大洋）、озеро（湖泊）、пруд（池塘）、бассейн（贮水池）、поток（水流），（2）дерево（树）、куст（灌木）、цветок（花）、трава（草），（3）береза（白桦）、ель（云杉）、сосна（松树）、кедр（雪松）、липа（椴树）、пальма（棕榈树），等等，这类词群的语义成分结构，同样可以分别进行类的分解。这些例子说明词的语义结构成分分析是可行的，实际上也是做得到的。

但是，另一方面，俄语词汇系统十分庞杂，就词的语义成分结构来说，除了许多有规律的现象以外，无规律的现象也是相当多的，这给词义的分解造成一定的困难。而且这还不是问题的根本所在，主要问题在于词的词素成分结构和词的语义成分结构有明显的不同：词素的数量是有限的，词的词素构成一般也是清楚的，可以分得出哪是前缀，哪是词根、后缀等，并且各自均有一定的表达形式。义素则是无限的，其语义成分结构缺乏严格的规定性，常常是不稳定的。虽然一个词的意义的某些成分可以同词根、后缀等对应起来，但多数成分只是隐含的，没有一定的外部表达形式。词义的内容、结构是靠词典编纂者多年积累的经验在直觉的基础上编订的，带有一定的主观任意性。因此，同一个词在不同词典里的语义分析难免有一定差别，有时这种差别带有根本的性质。例如，медведь 和 земля 在不同的词典里的定义就有明显的不同：

медведь: крупное хищное, всеядное млекопитающее с большим грузным, покрытым густой шерстью телом и короткими ногами[①]（躯

① Словарь русского языка (в 4 Т., 2-е изд.). М., 1981—1984.

体肥大、身披浓毛、四肢粗短的哺乳类杂食性猛兽）

медведь: крупное хищное млекопитающее с длинной шерстью и толстыми ногами[①]（肢体粗壮、身披长毛的哺乳类猛兽）

前一种释义含有 всеядное с большим грузным телом 等为后一种释义所缺乏的义子，而且两者对其他一些特征的描述也不尽一致，如 с коротними ногами — с толстыми ногами, покрытый густой шерстью — с длинной шерстью。

Земля: третья от Солнца, обитаемая нами планета[②]（我们居住的接近太阳的第三颗行星）

Земля: третья от Солнца планета Солнечной системы, вращающаяся вокруг Солнца и вокруг своей оси[③]（绕太阳公转并自转的太阳系中接近太阳的第三颗行星）

这两种释义的差别带有根本的性质，前者可以认为是一种朴素的说法，后者则带有术语的性质。

即使对于语义结构成分比较清楚的词来说，词位义子的划分也并不是毫无争议的。比如，在分析表亲属名称的词群时，人们对同一个词位（如 отец）可提出不同的构成成分结构，例如：“＋男性＋直系亲属＋长辈＋人”“+有子女＋成年＋男人”“(亲属)→(生育关系)+(男性)”等[④]。由此有人认为，义子的确定缺少客观的标准。

词的语义结构成分分析尽管在理论和方法上还存在问题，但是它对分析词义、确定词的语义特征、进行词义对比、辨别词义异同的积极作用，

---

① С. И. Ожегов, Словарь русского языка. М., 1989.

② Словарь русского языка (в 4 Т., 2-е изд.). М., 1981—1984.

③ С. И. Ожегов, Словарь русского языка. М., 1989.

④ 详见符淮青著《构成成分分析和词的释义》一文，《辞书研究》1988 年第 1 期，第 49 页。这里的→表示生育关系中的施动者。

是毋庸置疑的。试比较俄语中含同一语义成素“水分”的三个词位的语义结构差异：

“содержащий в себе влагу”（含水分的）— влажный

“содержащий в себе много влаги”（含大量水分的）— мокрый

“содержащий в себе ненужную влагу”（含不需要的水分的）— сырой

又如，词典对 репутация（名声）一词的释义是通过 мнение（意见）确定的，例如：репутация = создавшееся общее мнение о достоинствах и недостатках кого-чего-л.（对某人、某事产生的普遍的看法）。这样，репутация 就被解释为一种特定的 мнение。然而，通过语义结构成分分析，我们可以看到，репутация 和 мнение 的语义结构实际上是有差别的。这种差别表现为主、客体意义上的对立，相当于动词主动态与被动态（считать〈认为〉— считаться〈被认为〉，любить〈喜欢〉— нравиться〈（受）喜欢〉）的语义差别。试比较：

А считается（у них）хорошим. =А имеет у них хорошую репутацию.（А 在他们那儿名声很好。）

Они считают А хорошим. = Они имеют об А хорошее мнение.（他们对 А 评价很好。）

由此可见，репутация 和 мнение 的主、客体刚好是相反的，两者不能是同义词：对 мнение 来说，主体是第一位的（мнение Х-ов〈Х 们的意见〉），客体是第二位的（мнение об А〈对 А 的看法〉）；对 репутация 来说，客体是第一位的（репутация А = то, что об А думают〈А 的名声 = 大家对 А 的看法〉），主体是第二位的（репутация среди Х-ов=то, что Х-ы считают〈在 Х 之间的名声 =Х 们认为〉）。因此，репутация 与

мнение 的语义关系应该是：

репутация А среди X-ов — мнение X-ов об А [①]

1.4 语法义子和词汇义子

综上所述，词（词汇－语义变体）的两个方面都具有综合特性：词位是由词素组成的，义素是由义子组成的。词的词素结构（形式结构）是词法学或构词学的研究对象，语义学要研究的则是词的义子结构（内容结构）。

研究义子结构的常用方法是成素分析法（метод компонентного анализа），这是把词的意义（义素）分解成语义特征（义子），从而确定词的内容结构（义子结构）的语义分析方法。上文把词的义素分解成义子予以分析词义所使用的方法，就是这种成素分析法。

义子结构是词的微观语义结构，因为义子不是词义的基本单位，在语言和言语体系中都不能直接观察到，只有借助语义成素分析的方法才能把它从义素中分解出来。在词典里，义素表现为个别的义项（最小的意义单位），而义子只是相应释义的组成成分。

从词的义子结构本身来说，它是一种层次性的结构，其成素——义子分属不同的语义层次，概括性程度不一，按次序排列，比较具体的义子从属于比较概括的义子。

按语义层次划分，义子可分成语法义子和词汇义子。语法义子（граммема）是表示语法性一般意义的义子，语义概括性最大、最抽象。它可以概括整个词类或其中的一大部分词。

可以概括整个词类的语法义子称作范畴性语法义子（категориаль-

---

① Ю. Д. Апресян, Лексическая семантика. Синонимические средства языка. М., 1974, стр. 97.

но-грамматическая сема)，如名词的"事物性"义子、动词的"动作或行为"义子和形容词的"事物特征"义子等。这类语法义子通过另一类概括性较小的语法义子——词汇－语法义子（лексико-грамматическая сема）得到加确。这是词类内部属于同一词汇－语法类别的词所共有的语法义子，如名词中加确"事物性"意义的"动物/非动物性"义子，动词中加确"动作或行为"意义的"及物/不及物性"义子和形容词中加确"事物特征"意义的"性质/关系"义子等。

语法义子大多是由一定的形式手段表示出来的，如名词、动词、形容词的词尾和后缀等，而词汇义子多半是隐含的、潜在的。语法义子和词汇义子是两种性质不同的义子，但是一般来说，语法义子无法脱离开词汇义子，反之亦然。由于语法义子的特殊性，词的词汇意义往往会发生变化，如 заниматься *разбором* бумаг（清理文件）（动作意义），провести научные *исследования*（进行科学研究）（动作意义），ценные *исследования*（有价值的研究）（事物意义），*работа* с кадрами（培养干部）（动作意义），принести *анализ* крови（将验血报告取来）（事物意义）。总之，没有语法义子，词汇意义将是不完整的，无法在语句中发挥其功能，反之，语法义子也依附于一定的词汇义子而存在。两者相辅相成，构成词的义素。

1.5 范畴性词汇义子（超义子）

词汇义子较之语法义子要复杂得多，大体上可分为范畴性词汇义子、一般区分义子和区分义子等。

范畴性词汇义子（категориально-лексическая сема）或称超义子（архисема）的划分是十分重要的，因为整个词汇－语义系统可以说是由众多的超义子联结起来的，并构成种种错综复杂的语义关系。

研究超义子有助于揭示词的聚合关系，确定词的同义关系和反义关系，分析词与词之间的语义差异。

“超义子是反映一定单位类别的一般特征（特性）的义子。”① 它存在于一组词、一个词群之中，重复出现于一个词群中每一个词的语义结构中，是联结它们并为它们所共有的一般特征。如 идти（走）、ехать（乘〈车〉，行驶）、плыть（游，航行）、лететь（飞，飞行）、приходить（来）、прилетать（飞来）、приплывать（游来）、приезжать（〈乘车〉来到，驶来）、вести（带领）、ползти（爬）、прыгать（跳）、двигаться（活动）、перемещаться（移动）、отодвигаться（移开）等动词词群中的超义子“перемещение（移动）”；молоко（牛奶）、квас（克瓦斯）、микстура（药水）、вода（水）、влага（水分）、пиво（啤酒）、вино（葡萄酒）、лимонад（汽水）等名词词群中的超义子“жидкость（液体）”；горький（苦的）、острый（辣的）、сладкий（甜的）、кислый（酸的）等形容词词群中的超义子“вкус（味道）”等。

超义子是词汇义子中概括性最大的义子，它表示同一语义词群的词所共有的最一般的概念。因此，任何词群最终均可归结为此种义子，而词群的语义分解也到此结束。试比较：

скупить（收购，包买）— *закупить* многое, все（大量采购，全部买下）

закупить（收购，采购）— *купить* в большом количестве（大量购买）

купить（购买）— *приобрести* за деньги（用钱获得）

приобрести（获得）— *получить* в собственность（取为己有）

получить（取得，得到）— *взять*, что дают（拿到人家给的东西）

① Л. А. Новиков, Семантика русского языка. М., 1982, стр. 117.

взять（拿到）— *получить* в свое распоряжение（得到东西，为己所有）

上面提到的含超义子“жидкость”的一组词中，有的词可从释义中直接得到这一义子（如 молоко、вода），有的词则需按上述顺序分解语义结构的方法间接显示这一义子（如 микстура、влага、вино 等）：

молоко（乳汁，奶）— белая *жидкость*, выделяемая грудными железами женщин и самок животных（由妇女和雌性动物乳腺分泌出的白色液体）

вода（水）— прозрачная бесцветная *жидкость*, представляющая собой химическое соединение водорода и кислорода（透明、无色的液体，氢氧化合物）

микстура（药水）— *жидкое* лекарство из смеси нескольких веществ（由若干药物配制而成的液体药物）

влага（水分）— *вода*, содержащаяся в чем-н.（物体内所含的水）

квас（克瓦斯）— кисловатый *напиток*, приготовленный на воде из хлеба с солодом（用水浸泡面包和麦芽制成的略带酸味的饮料）

лимонад（汽水）— сладкий прохладительный *напиток* обычно на лимонном соке（通常用柠檬汁制成的甜的清凉饮料）

пиво（啤酒）— *напиток* из ячменного солода с небольшим содержанием алкоголя（用麦芽制成的含少量酒精的饮料）

вино（葡萄酒）— алкогольный *напиток*（преимущ. виноградный）（含酒精的饮料〈通常用葡萄制成〉）

напиток（饮料）— *жидкость* для питья（用作饮料的液体）

从以上分析中不难看出，микстура 中的义子“жидкость”是通过 жидкое（лекарство）显示的（жидкость — жидкое вещество），влага 是通过 вода 分解出这一义子的，而 квас、лимонад、пиво、вино 则是

借助 напиток 最终归结为“жидкость”的。

超义子是一组词共有的概括性最大的义子，但其概括程度可因词群的语义疏密关系不一而各不相同。语义结构接近的词，超义子的概括性小；语义差异大的词，超义子的概括性大。一个概括性大的词群往往可包容若干个概括性小的词群，形成梯级序列。例如，лимонад、пиво、вино、квас 等词组成以“напиток”为超义子的词群；而 напиток、микстура、вода 等词又在概括性更大的义子“жидкость”的基础上相互联系。而且 жидкость 本身还可以分解出义子“вещество”，而与其他一些词（如 газ〈气体〉等）组成概括性更大的词群。

按相同的义子联结在一起的一组词，语义学称之为语义聚合体（参见“按词义的逻辑－事物内容划分的词汇－语义聚合体”一节）。

1.6 区分义子

范畴性词汇义子（超义子）用以加确语法义子，使词的意义具体化，同时又为更具体的义子——区分义子（дифференциальная сема）进一步加确。

如果说超义子表示的是一般语义特征，是一组词所共有的语义成分，那么区分义子是词义中的区别特征，是一组词中为各个词所特有，并借以相互区别的语义成分。超义子是词的共性，区分义子是词的个性。在词的语义结构中，两者缺一不可，否则就无所谓词的具体意义。

下面，我们用移动动词的语义结构对这两种词汇义子加以说明。

идти（走）— двигаться, переступая ногами（脚交互向前移动）

ехать（乘……走）— двигаться при помощи каких-н. средств передвижения（借助某种交通工具移动）

плыть（乘〈船〉走，游〈水〉）— передвигаться по поверхности

воды или в воде（在水面上或水中移动）

лететь（飞，飞行）— передвигаться по воздуху（在空中移动）

从以上的释义来看，这些词的义子结构大致如下：

	动作范畴	动作特点	动作空间
идти	“移动”	“步行”	
ехать		“使用交通工具”	
плыть			“水面”
лететь			“空间”

由此可见，“移动”是这四个动词共有的语义特征，它指出动作所属的范畴，表示同一类动作的类概念。所有“移动”动词都具有这一特征（如 ползти〈爬〉、бежать〈跑〉、скакать〈跳跃〉等）。而“步行”—“使用交通工具”和“水面”—“空间”等则是这些动词各自特有的语义特征，属于种概念范畴，用以区别各种不同的“移动”动作。因此，从词的语义结构来说，前者是这些词的超义子，后者是这些词的区分义子。后者从属于前者，是它的下位义子。正是区分义子之间的对立，造成了这些词的语义差异。

超义子往往由若干个区分义子从不同的方面（特征）予以加确，例如：

пиво	“饮料”	“用麦芽制成”①+“含酒精”②
вино		“用葡萄制成”①+“含酒精”②
лимонад		“用柠檬汁制成”①+“清凉（饮料）”③

这里，三个词各含两个区分义子，用三种性质不同的特征说明同一个超义子：①指“原料”，②指“特性”，③指“功能”。各词以不同的义子结构表示“饮料”的品种。当然，从词的语义构成来看，这些词还

蕴含着一些潜在的语义特征，如 пиво 含义子 ③（同样具有“清凉消暑”功能），лимонад 不含义子 ②（负特征“不含酒精”），以及其他的一些次要特征，如“颜色”“味感”“酿制方法”（“含 / 不含二氧化碳”）、“烈度”（前两个词的“酒精含量”）等。这些特征同样是这类词意义内容的构成成分，但对“饮料”词群来说并不是主要的，涉及词义根本差别的区分义子（可称作一般区分义子），即使没有这些义子的参与，仅凭上述三种区分义子已足以说明上述三个词的语义内容。词的意义反映的是有关事物的基本特征（参见“词的所指意义和内涵意义”一节），所以词典对词的释义精练扼要，只以主要的、基本的义子为依据。

区分义子有主次之分，但在一定条件下其作用可相互转化。在语义区分点发生变化时，有的区分义子可能失去区别词义的作用，而潜在的义子却会成为重要的区别性特征。例如，лимонад 的区分义子是 ① 和 ③，但如与 пиво 相比，两者的区分点与其说是 ① 和 ③，倒不如说是 ②（“含 / 不含酒精”），尽管 ② 在这词中只是个潜在义子。然而，对于 пиво 和 вино 来说，② 却失掉了区分作用，因为 ② 是两者的共同点，而且以此特征为依据，可同其他一些词，如 водка（伏特加酒）、ликер（甜酒）、виски（威士忌酒）、бордо（波尔多酒）等组成“含酒精的饮料”–“酒类”词群。这类词的内部则可根据不同酒类的差异，分别按“原料”“烈度”“酿制方法”“产地”等特征相互区别，形成语义对立。因此，将语义相近的词进行对比，义子的性质和作用表现得特别明显（试比较“亲属”和“昼夜时间”名称，参见“义素的语义成分”一节）。

综上所述，词义的微观结构是范畴性语法义子、词汇 – 语法义子、范畴性词汇义子（或超义子）、区分义子、一般区分义子组成的综合性结构。词义包含的各个义子按层次排列，逐级加确，形成词的义子结构，例如：

最后须补充说明的是，这里的语义分析只涉及词汇意义内容的概念方面——词的理性意义（参见“词的理性意义和情感意义”一节）。为叙述方便，我们略去了词义内容其他方面，如情感意义（参见“词的理性意义和情感意义”一节）、内涵意义（参见“词的所指意义和内涵意义”一节）、联想意义（参见“词的联想意义”一节）等所包含的语义特征。这些特征往往是作为潜在义子，在一定的言语情境中表现出来的。

2 词的表层语义结构

2.1 词的多义性与语义理据关系

我们在“词和词汇－语义变体”一节中提到了意义和符号的不对应性：一个词可以同若干个意义相联系。词有多少个意义，就有多少个词汇－语义变体。因此，多义词是相互联系的若干个词汇－语义变体的统一体。

词汇－语义变体在形式上表现为同一个词位，具有相同的语音（字母）外壳；在内容上含有不同的义素，表示同一个词的不同意义。各个词汇－语义变体的义素按一定的语义关系相互联系，构成同一个词（多义词）的语义结构。

多义词的语义结构不同于词的义子结构（参见“语法义子和词汇义

子”一节），是词的表层语义结构。进入多义词语义结构的义素是一种语义实体，是词的最基本的语义单位。它可以被直接观察到，并作为具体的、独立的义项进入详解词典。一个词有多少个义素，词典对该词的释义就包含多少个义项。例如，按奥热果夫（И. С. Ожегов）词典的义项划分，труд 有四个义项，земля 有七个义项，вода 有八个义项。划分义项，予以释义，就是词典对词的语义结构所进行的分析、描写。

多义词的不同义素表示不同的事物，反映不同的概念，但作为同一个词的语义结构的组成成分，义素之间始终保持着某种语义上的联系，尽管这种联系有时十分微弱，须借助专门的语义分析加以揭示。试比较：

$молния_1$ — мгновенный разряд скопившегося атмосферного электричества в воздухе（闪电）

$молния_2$ — экстренный выпуск бюллетеня, газеты, книги и т. п., а также особо срочная телеграмма（快报，号外，急电）

$молния_3$ — род металлической или пластмассовой быстро задергивающейся застежки（拉链）

在 молния 的三个义项释义中似乎不存在相同的义子，但是我们还是可以从中找到把三者联系起来的语义特征：мгновенный（瞬间的），экстренный（紧急的），срочный（急迫的），быстро（快速地）。正是“快的”这一特征联想使 молния 发生词义转移，分别成为三种事物的名称。这种联想有时相当含混，只能意会，难以言明，如 $дежурный_1$（~ врач〈值班医生〉，~ милиционер〈值班民警〉）— $дежурный_2$（~ое блюдо〈常备的菜肴，客饭〉，~ые цитаты〈惯用的引文〉）。假如义素之间的联系完全丧失，多义词随之解体，分解成各自独立的同音异义词，其原有语义关系须借助专门的词源分析才能加以显示：$лихой^1$（不祥的）— $лихой^2$（剽悍的），$болтать^1$（搅拌）—$болтать^2$（闲谈），$брань^1$（战斗）— $брань^2$（骂人的话）。

多义词各义素之间的联系是一种语义上的理据关系，因为词的多义性是词的意义发展、派生的结果，各个意义按一定的规律和层次构成多种多样的语义派生联系。正是这种语义派生的理据性将内涵各异的义素组成一个整体，形成多义词的统一的语义结构。

下面，用两个具体的词例说明义素之间的理据关系。

$стол_1$ — предмет мебели в виде широкой горизонтальной доски на высоких ножках（桌子）

$стол_2$ — предмет специального оборудования（工作台）

$стол_3$ — питание, пища（伙食）

$стол_4$ — отделение в учреждении (〈机关的〉科，股，处)

如果把 $стол_2$、$стол_3$、$стол_4$ 同 $стол_1$ 做个比较，我们就可以看到，这三个词汇－语义变体以各自所特有的方式同 $стол_1$ 保持着某种联系，如“特殊装备的桌子”（$стол_2$，如 операционный стол〈手术台〉)，“(放在桌子上的）饭菜”（$стол_3$，如 мясной стол〈肉食〉)，“用以处理专项事务的桌子→处理专项事务的机关部门”（$стол_4$，如 справочный стол〈问询处〉、стол находок〈失物招领处〉)。由此可见，$стол_1$ 是 стол 的第一性意义（基础意义），其他意义（次生意义）都是由它派生而来的。它们之间的理据关系是相当清楚的。

又如，形容词 зеленый 有五个意义（根据奥热果夫词典），其中 $зеленый_5$ 表示 неопытный по молодости（年幼无知的，不成熟的），而 $зеленый_1$ 表示 цвета травы, листвы（绿色的），两者的内容似乎并无共同的语义成分，从 $зеленый_1$ 无法直接引出 $зеленый_5$。但是，$зеленый_5$ 同 $зеленый_4$ — о плодах, недозрелый（未成熟的〈指果实〉）有着语义派生关系。“未成熟的”这一特征的所指对象由“果实”及于“人物”。这样，$зеленый_5$ 通过 $зеленый_4$ 最终还是同 $зеленый_1$ 在语义上取得了联系。然而，这种语义联系明显地不同于 стол 诸义素之间的理据关系，因

为 зеленый 的某些次生意义同第一性意义的联系不是直接的，而是间接的，即：

$зеленый_1$（⇄ $зеленый_4$）⇄ $зеленый_5$

词的语义结构是一种复杂的语言现象。词义反映客观事物的特征，也反映它们之间的联系，而这种联系是千变万化、错综复杂的。因此，词义之间的联系同样不是单一型的，而是多种多样的。стол 和 зеленый 两词在语义结构上的差异，正是语义联系多样性的反映。

2.2 词的语义结构类型

根据维诺格拉多夫的观点，多义词各个义素之间的联系，它们的语义理据性，表现为内部形式的共性或顺序连续性[①]。关于词的内部形式，我们在“词的内部形式”一节中已有论述。它说明词（词汇－语义变体）是怎样反映客观事物，并在此基础上获得某种意义的。每一个词汇－语义变体都通过一定的内部形式表示相应的意义。内部形式是意义形成的依据，因此揭示词汇－语义变体的内部形式，弄清词汇－语义变体之间的语义理据关系，是分析多义词语义结构特点的中心问题。

依据词汇－语义变体的内部形式，可以确定多义词义素之间理据关系的异同，并据此划分多义词的语义结构类型。词的具体语义结构是多种多样的，但可归纳为如下几种类型：

（1）辐射型结构：多义词各义素之间的理据关系呈辐射形联系。其特点是：各个义素在共同的语义成分（内部形式的共性）基础上联成一个整体；各个次生意义具有相对的独立性，与第一性意义都有着直接的语义联系。换句话说，次生意义都是由第一性意义直接派生的。上文分析的 стол 的语义结构就是这种辐射型结构。其他例子：

① В. В. Виноградов, Избранные труды. Исследования по русской грамматике. М., 1975, стр. 48.

$серебро_1$ — драгоценный блестящий металл серовато-белого цвета（银，银子）

$серебро_2$ — изделия из такого металла（银器）

$серебро_3$ — мелкие разменные монеты из сплава с таким металлом（银币）

$серебро_4$ — посеребренные нити（银线）

$вода_1$ — прозрачная бесцветная жидкость（水）

$вода_2$ — жидкость для питья（饮用水）

$вода_3$ — водное пространство（水域）

$вода_4$ — минеральные источники（矿泉水，矿泉）

$вода_5$ — о чем-н. бессодержательном и многословном（空话，水分）

$вода_6$ — чистота окраски, блеска, прозрачности драгоценного камня（光泽度，水色）

$вода_7$ — то же, что околоплодные воды（羊水）

辐射型语义结构可示意如下：

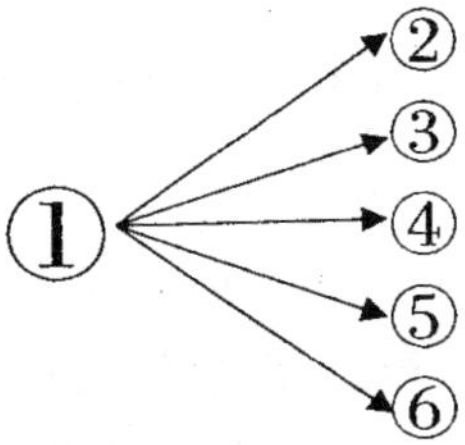

（2）链型结构：义素之间的理据关系呈链形联系。各义素只与前后的义素直接相关，由前面的义素派生，又成为后一义素的依据，逐个派生词的全部义素（内部形式的顺序连续性）。因此，在链型结构中，次生意义的地位不是均等的，它们同第一性意义的联系，除第一个次生意义外，都不是直接的联系，而是须借助中间义素的间接联系。звонок、правый 等词的语义结构即属此种类型。

звонок$_1$ — металлический колокольчик, а также прибор для звуковых сигналов（钟，铃）

звонок$_2$ — звуковой сигнал（钟声，铃声）

звонок$_3$ — телефонный разговор с кем-н.（电话）①

правый$_1$ — противоположный левому（右边的）(правый берег〈右岸〉)

правый$_2$ — в политике: консервативный, реакционный, враждебный всякому прогрессу（右派的，右翼的）(правая партия〈右翼政党〉)②

правый$_3$ — в рабочем движении: враждебный марксизму-ленинизму, оппортунистический（右的，右倾的）(правый уклон〈右倾〉)

链型结构可示意如下：

①→②→③→④→⑤

（3）辐射－链型结构，即混合型结构。纯辐射型和纯链型结构的词在俄语词汇中只占少数，大多数词的语义理据关系兼有上述两种结构的特点，例如：

зеленый$_1$ — цвета травы, листвы（绿色的）

зеленый$_2$ — о цвете лица（发青的〈指面色〉）

зеленый$_3$ — о растительности（草木葱茏的）

зеленый$_4$ — о плодах: недозрелый（青的，未成熟的〈指果实〉）

---

① 电话铃响后才能通话（含潜在义子“电话铃声”）。

② 席位在议会的右首。

зеленый$_5$ — неопытный по молодости（不成熟的，年幼无知的）

这个词的语义结构可图示为：

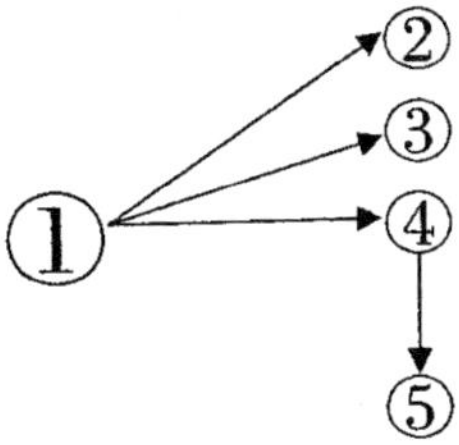

мягкий 的语义结构更复杂一些：

мягкий$_1$ — легко поддающийся давлению, сжатию (противоположность «твердый»)（软的）

мягкий$_2$ — не твердый на ощупь (противоположность «жесткий»)（软的，柔软的）

мягкий$_3$ — приятный на ощущение, не резкий（柔和的，轻柔的）

мягкий$_4$ — легко поддающийся уговорам, влиянию, кроткий（软心肠的，随和的）

мягкий$_5$ — не строгий, не суровый, снисходительный（不严厉的，宽容的）

мягкий$_6$ — теплый, приятный（温和的〈指气候〉）

мягкий$_7$ — о согласных звуках: произносимый с приближением средней части языка к твердому небу（软〈辅音〉的）

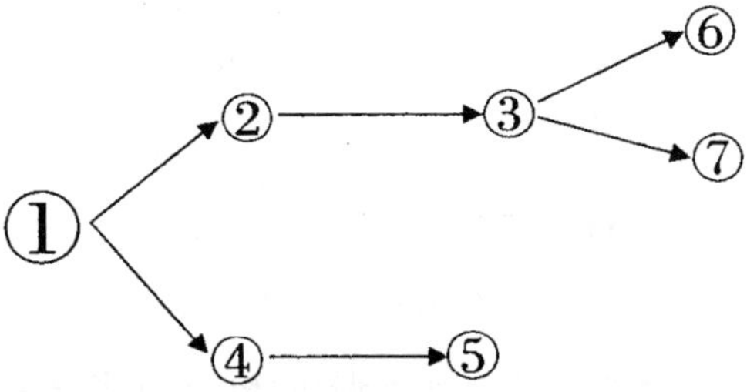

除上面所列举的三种语义结构以外，俄语中还存在另一种语义理据关系类型：多义词的所有词汇－语义变体地位相等，虽含有共同的语义成分，但相互之间不存在派生关系，各变体在语义上的共性是由派生该词的生产词赋予的，例如：

песок
- песчанка$_1$ — грызун, похожий на мышь, обитающий в песчаных равнинах и степях（沙鼠）
- песчанка$_2$ — небольшая птица, обитающая по берегам морей（三趾鹬）
- песчанка$_3$ — небольшая морская рыба, обитающая у берегов на песчаном грунте（玉筋鱼）
- песчанка$_4$ — название некоторых травянистых растений, растущих на песках（蚤缀）

这类词的语义结构可示意如下：

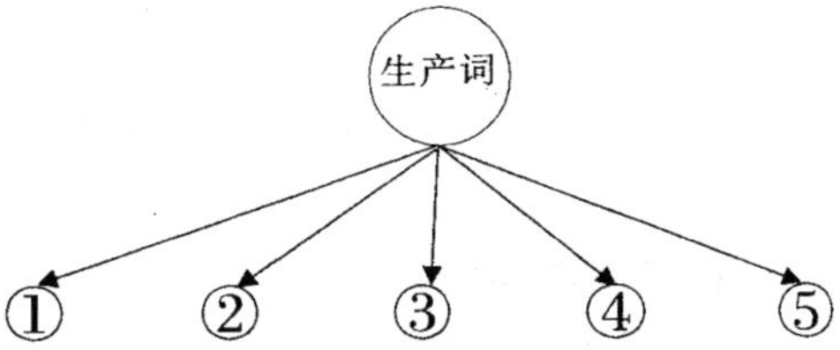

这种语义结构存在于由同一个词构成的派生词中，它近似辐射型结构，但所有变体各自独立，相互间没有理据派生关系，实际上更接近于用同一构词方法构成的同音词。正因为如此，各本词典对这类词的处理也不尽相同，如四卷本科学院词典把由 белый 派生的 белок 看作一个词的三个词汇－语义变体，即 белок$_1$（蛋白，蛋清），белок$_2$（蛋白质），белок$_3$（眼白）；而奥热果夫词典则把 белок$_2$ 独立出来，作为 белок$_3$ 的

同音词，即 $белок_1$（蛋白质），$белок_2$（①蛋白，蛋清；②眼白）。

除此以外，有些派生词的词汇 – 语义变体既与生产词保持一定的语义联系，其结构内部同时又存在一定的理据关系，因此可据此将其归入上述三种基本语义结构类型，例如：

зеркало（镜子）
- зеркальный — относящийся к зеркалу（镜子的）
- ровный, гладкий（像〈镜面一样〉平的，明净如镜的）

2.3 词义结构中意义的层次性

在上述三种基本语义结构中，任何一种结构的义素之间都存在一定的从属关系，各个义素的性质和地位均不相同。其中，第一个变体始终处于主导地位，以不同的语义理据同其他各个变体形成有层次的语义制约关系。三种结构的不同之处在于，辐射型结构是并列 – 从属关系，链型结构是顺序 – 从属关系，而辐射 – 链型结构是上述两种关系类型的混合体。

为说明词义结构中的意义层次性，语义学家提出了一般意义、主要意义和个别意义，第一性和第二性语义功能等概念。

所谓一般意义（общее значение），指的是存在于多义词所有义素中最简单、最抽象的语义成分，是各个词汇 – 语义变体所共有的语义内容，如辐射型多义词 вода（水）中的“H_2O”。对 вода 来说，“H_2O”是一个不变值，据此，一般意义也可称作不变意义（инвариантное значение），由此可衍生出词的不同意义内容。试比较“词汇函数理论”一节中提到的“词汇函数”公式 $y=f(H_2O)$：вода 的各个意义 $y_1 \dots y_n$ 随 f 值的变化而得到具体体现。

词的一般意义不仅是某个词的语义结构中的不变值（如 вода 一词各个意义所共有的最抽象的语义成分），而且也可以是一组词或整个词群，如语义场，借以聚合的依据。例如，所有“移交”动词，如 передать（转交）、вручить（面交）、выдать（发给）、подарить（赠送）、продать（出卖）、заплатить（支付）等都具有一般意义“каузировать кого-то начать иметь что-то”（使……〈开始〉具有……）。由此可见，一般意义是词义的深层结构的特性（试比较“范畴性词汇义子〈超义子〉”一节中关于超义子的概念）。

一般意义是一个有争议的概念。词的语义关系错综复杂，往往难以归结为某一种存在于所有意义之中的一般意义。波兰语言学家库里洛维奇（Е. Курилович）指出："一般意义是一种抽象，它对具体语言问题的有效性和适用性还有待今后予以解决。"与此同时，他提出了关于主要意义和个别意义的理论："我们认为，最重要的是主要意义，这是一种不受上下文限定的意义，而其他意义（个别意义）则是在主要意义的语义成分上另加了上下文的成分"①。诺维科夫对主要意义的概念做了补充，他认为："主要意义是指那种在最小程度上依赖于上下文，即处于最少受周围的词制约的位置上的意义"②。

从以上对主要意义的分析来看，他们都把词的意义在词义结构中的地位同词与语言环境（上下文）的关系联系起来，这样就把语义分析从词的深层结构（研究词的一般意义）转到了它的表层结构方面（研究词的主要意义和个别意义）。词的主要意义和个别意义不同于它的一般意义，是比较具体的，能通过上下文直接被感知的语义单位，是我们通常所指的词汇－语义问题。

根据上述理论，词的主要意义是词义结构中内容最一般、最大限度

① Е. Курилович, Очерки по лингвистике. М., 1962, стр. 246.

② Л. А. Новиков, В. В. Иванов и др., Современный русский язык. Теоретический курс. Лексикология. М., 1987, стр. 33.

不受上下文制约的意义，在词典里一般以第一义项出现，如 вода 的第一个意义“水”和 зеленый 的第一个意义“绿的”。在组合关系上，用于主要意义的词对其他词的选择具有最大的广泛性，其组配性能最少受限制。例如，$вода_1$ 能与意义范围非常广泛的形容词、动词和其他名词连用，而 $вода_4$ 只见于 В докладе много воды.（报告里废话很多。）这样的上下文中。词的主要意义是词的基本意义，体现着词的第一性语义功能，因此也可称作词的第一性意义。

词的个别意义是由主要意义派生的意义，在词典里一般列于主要意义（义项）之后。它体现词的次生语义功能，所以也可称作次生意义。个别意义是由主要意义的语义成分外加上下文成分而构成的，与主要意义相比，内涵比较丰富。它所包含的区分性语义特征（参见“区分义子”一节的区分义子）要求用于这种意义的词在组合关系上对其他词有较大程度的选择性限制。如果说主要意义是词的基本意义、核心意义的话，那么个别意义是词的边缘意义，或多或少需依托一定的上下文体现其具体内容。其中，处于最边缘的个别意义要求有最大限度的上下文制约性。例如，идти 与表示“雨、雪”等降水形式的有限词群搭配，体现其降水过程的意义：идет дождь (снег, ливень, град)（下雨〈雪、暴雨、冰雹〉）。идти 用于“供……之用”这一意义的条件，不仅在于它必须同表示“材料、资金”等名词连用，而且还要求使用一定的句法形式：Кокс идет на плавку стали.（焦炭用于炼钢。）Огромные средства идут на развитие производства.（大量资金用于发展生产。）而在 Закуски? — Идет!（“吃一点儿东西吧？”“好！”）这样的语境中，идти 只能以固定的单数第三人称形式表示“同意”的意义。

2.4 最低限度上下文

词的意义与词所处的语言环境，即通常所说的上下文，有着密切的关系。个别意义尤其须借助一定的上下文才能得到具体的体现。

所谓上下文，指的是足以用来确定某个词的词汇－语义变体具体意义的语言条件，具体地说，就是能起到区分、确定词义作用的一定语段。动词 брать 的主要意义是“захватывать рукой, принимать в руки”（拿，取），如 брать хлеб со стола（从桌上拿面包）。由此派生的其他意义在不同的上下文中显示其各自的内涵，如 брать с собой хлеб（随身带面包）、брать хлеб в булочной（在面包房买面包）、брать крепость штурмом（强攻要塞）、брать хитростью（以计取胜）等。

上下文是一个范围广泛的概念。能揭示词的具体意义的语言条件，小至词组，大至整个语境，都可起到上下文的作用。为区分 стол 的不同意义，只需形容词加以限定即可，如 письменный стол（书桌）、операционный стол（手术台）、диетический стол（病号伙食）、справочный стол（问询处）。有时，完整的句子反而会引起歧义，例如 Я очень доволен этим замечательным столом.（我对这精美的桌子〈伙食〉十分满意。）这里，句子所指的对象在一定的语境中才得以明确。

由此可见，语段的长短并不是确定词义的首要条件。在 замечательный стол 这样的搭配中，形容词的语义内容缺少足以使 стол 的不同义素明显对立的语义成分（区分义子）。在这种情况下，стол 的不同意义在语义上中和，尽管有完整的句子也不能消除歧义，须进一步通过具体的说话情境明确所指的对象究竟是什么。与此相反，операционный 等形容词含有相应的区分性语义成分，足以消除上述语义中和的问题，突出 стол 的不同义素的区分义子，从而使它的语义具体化。这种足以体现多义词个别意义的最短必要语段，称作最低限度上下文（минимальный контекст）。

上下文对词的意义有制约作用，与此同时，词也有选择语言环境的要求。有些词只同有限的几个词搭配，或者以一定的语法形式在特定的句法结构中使用，如 потупить（低下，垂下）只同 голова（头）、глаза（眼睛）和 взор（视线）连用，скоропостижный 只见于 скоропостижная смерть（猝死）、скоропостижно скончаться（溘逝）这两种组合中。在这种情况下，词的组合具有熟语的性质，而词在上下文中所体现的意义则属于非自由意义的范畴（详见“自由意义和非自由意义，熟语性黏附意义”一节）。

2.5 词的意义和意味

词的主要意义具有相当大的独立性，脱离上下文，人们也能体会它的内涵，但次生意义则不然，或多或少需在上下文中体现出来。从这个角度来分析，词的主要意义具有较大的稳定性，在不同的词典里往往会有相同或大致相同的解释。次生意义的独立性较小，语义内容的不确定性、扩散性有时表现得十分明显，因此词典的释义往往有这样或那样的差别，要准确地确定其成分结构，或者精确地划定义项，有时会有一定的困难。例如，四卷本科学院词典在 человек 词条内把“личность как воплощение высоких моральных и интеллектуальных свойств”（高尚的人）列为独立的义项；但在奥热果夫词典里却没被划为个别意义而单独分列。事实上这一意义在文学作品和政论文章中还是常见的，例如：Следует формировать человека, а не моряка, не чиновника, не офицера.（Д. Писарев）（需要培育的并不是水兵，不是官吏，不是军官，而是人。）

又如，奥热果夫词典把 дом 在 выйти из дому（从家里出来）、мы знакомы домами（我们两家很熟）等组合中体现的意义归为一个义项：“квартира, а также семья, люди, живущие вместе, их хозяйство”（住所，家庭，一家人）；而四卷本科学院词典则把它一分为二，独立成两个意义。

由于词义的扩散，有时即使在一定的上下文中，个别意义也会相互渗透，得不到“纯粹”的体现。例如，在下列句子中，дом 的意义很难说是单纯属于词典所划分的哪一个义项的：

От *дома* он окончательно отстал, это никакой ему не *дом*, не семья, а просто крытое крышей место, где стоит его кровать.（В. Панова）/ 他最终离开了家。这根本不是他的屋子，不是他的家，而仅仅是上面盖着屋顶，下面放着他的床的一个地方。

显然，这里的 дом 兼有与四卷本科学院词典划分的 $дом_2$ 和 $дом_3$ 相应的两种意义。又如：

И на скаку
Запнулась запыхавшаяся лошадь,
Уж силой ног не удержать седла,
И утлые взмахнулись толчком...
Ударился затылком о родную,
Весеннюю, приветливую *землю*...（А. Блок）
气喘吁吁的马
在奔驰中失蹄。
两腿无力夹住马鞍，
锈蚀的马镫高高抛起……
他被重重地摔下了马，
后脑勺撞上了家乡春日里亲切的大地……

这里的 земля 至少包含两个内容：①верхний слой нашей планеты（地面，大地）；② рыхлое темно-бурое вещество, входящее в состав коры нашей планеты（土壤，泥土）。

词义的扩散、兼容、不确切性，往往是作家用以丰富文字含义，使语句意味隽永，耐人寻味或者造成双关语效果的修辞手段，例如：

① Оно (лицо) у него было масленое, *жидкое*, таяло и плавало; если он улыбался, толстые губы его съезжали на правую щеку, и маленький нос тоже ездил, как пельмень по тарелке.（М. Горький）/ 他的脸膛儿油光锃亮，饱含水分，五官都会浮动、变形；他一笑，肥厚的嘴唇就移向右脸颊，小小的鼻子也会滑动，就像盘子上的饺子一样。

② Дьячок каким-то *сплюснутым* дискантом, супруга его страшно картавя, рассказывают в обгонку, что на днях у них украли часы.（А. Герцен）/教堂执事用他那像是被挤压出来的童声，同他的口齿异常含混不清的夫人一起，争先恐后地诉说，他们的钟前几天让人给偷走了。

③ Маня: Отец, скажи, пожалуйста, из-за тебя погибла хоть одна женщина?../玛尼娅：父亲，请你说说，有没有女人为你而死去？……

Караулов: Из-за меня? Из-за меня две чуть не погибли. / 卡拉乌洛夫：为我？有两个女人差点为我死掉。

Маня: Что же они застрелились, утопились? / 玛尼娅：她们是开枪自杀的，还是跳河淹死的？

Караулов: *Отравились*. Еле спасли. / 卡拉乌洛夫：是服毒。好不容易才把她们救活。

Маня: Ты не стесняйся, рассказывай, где это было. / 玛尼娅：你别不好意思，告诉我这是在哪儿发生的事？

Караулов: У нас, дома. / 卡拉乌洛夫：在我们家里。

Маня: Как же они *отравились*? / 玛尼娅：她们怎么服的毒？

Караулов: Рыбой. Я угощал.（В. Шкваркин）/ 卡拉乌洛夫：她们吃了鱼。是我请的客。

例①②中的 **жидкий** 和 **сплюснутый** 搭配异乎寻常，给人以似是而非的感觉，其含义似乎都保持着本身的意义“液态的”和“压扁的”，但又蕴含着新的意味，形象生动而又难以具体说明，让人们自己去想象、玩味。例③中的 отравиться 只是一语双关。剧中人利用该词的含义差别（“服毒”和“中毒”），有意使谈话取得幽默、诙谐的效果。

为了反映词义的丰富内涵，详解词典用在义项内部划分意味（оттенок）的方法，以显示同一义素范围内的细微差别和不同用法。四卷本科学院词典就是用这种方法处理 отравиться 的释义的。

отравиться — приняв отраву, яд, покончить с собой（服毒自杀）// заболеть или умереть в результате воздействия на организм ядовитых веществ（中毒）: ~ несвежими продуктами（食物中毒）

其他例子：

вода — ① прозрачная бесцветная жидкость（水）: речная вода（河水）// напиток или водный раствор какого-л. вещества, применяемый для утоления жажды, а также в лечебных или иных целях（饮用水，水溶液）: фруктовая вода（果汁）// пустые, бессодержательные фразы, многословие при бедности содержания（废话，水分）

② водная масса реки, озера, моря（水，水流）// водные пространства, участки морей, озер, рек（水域）: территориальные воды（领水）

词的含义界限不清的情况，给词典的释义和义项划分的确会造成一定的困难，但是从总体上来说，词的语义结构及其基本义素在词典中还是能得到充分的描写和说明的。义素的内涵并不是不稳定的、难以捉摸的，否则的话各种语言的详解词典就不可能存在。当然，活的语言表现在内容平面上的丰富含义是任何一部词典都无法予以全面、精确的反映的。

词汇 - 语义结构的系统性

1 词汇 - 语义结构的系统性概述

语言的系统性是当今语言学界一致公认的规律。作为语言体系的组成部分，语言的词汇 - 语义结构也应该具有系统性的特点。然而，事情并不如想象的那么简单。词汇 - 语义结构的系统性长期以来一直是个有争论的问题，甚至有人对这一问题持完全否定的意见，认为词汇 - 语义方面“根本不存在任何系统性”①。

否定词汇 - 语义系统性的根据主要是：(1) 词汇单位数量庞大，语义关系错综复杂，而且是开放性的体系，不断发展变化，因此不像语音、语法体系那样结构严整划一，容易找到共同的规律；(2) 词汇 - 语义的系统性充其量是客观现实中各种关系和联系的简单反映（如词义的转移主要是以事物之间的关系和联系为依据的），因此与其说是语言内部的规律，不如说是语言外部的特性。

---

① В. М. Мирмуиский, О соотношении синхронного анализа и исторического изучения языка. М., 1960.

传统的词汇语义研究未能从根本上解决词汇－语义结构的系统性问题。传统词汇学着重于对词和词义进行逐个的分析，从19世纪末到20世纪初先后使用逻辑原则、心理原则等研究方法，对词汇语义现象进行研究，探索并说明了诸如词义扩大和缩小、词义转移、词的多义现象、词与词之间的同义、反义等语义关系，建立了传统的词汇－语义分类体系。这种分类体系和研究方法推动了词汇语义研究的发展，但只说明并解决了词汇－语义结构的某些局部问题，未涉及整个体系的问题。

当代词汇语义学在承认词汇的开放性和社会制约性的同时，着重探索词汇－语义体系本身的规律，找到了普遍适用于语言各个层次（既适用于音位、词素、句法结构，也适用于词汇单位）的共同规律，从根本上论证了词汇－语义结构的系统性。这些规律表现在如下几个方面。

（1）材料与功能关系

语言从其整体来说是一个多层次的体系的体系。这些体系并不处于同一平面，而是按不同层次相互制约，构成总的语言体系。语言的基本单位类型——音位、词素、词位（词）、句子结构，与语言体系中相应的四个层次相适应，通过材料与功能关系相互联系。一方面，下一层次的语言单位是上一层次的结构材料；另一方面，上一层次的语言单位是下一层次实现其功能的依据。例如，词素（下层次）是构成词位（上层次）的材料，其意义和作用只有在词位中才能得到充分的体现：над+треснутый → надтреснутый（有裂纹的）。与此同时，надтреснутый又是包含这个词位的句子结构的下层次，其功能在相应的句子结构中得到体现。试比较该词在下面两个句子中的不同功能：Правый нижний угол доски был надтреснут.（木板的右下角开裂了。）Надтреснутый колокол пробил один удар.（有裂纹的钟敲了一下。）

（2）表达（形式）与内容关系

语言是借助一定的物质形式传达思想内容（信息）的符号体系。语言各个层次的基本单位都是物质形式和思想内容的统一体。词作为语言符号的基本单位，表现为词的外部物质形式——词位和它的思想内容（意义）——义素。词是词位和义素的统一体（参见“词位和义素”一节）。另一方面，词的形式和内容，同其他语言基本单位一样，都具有综合的特性，分别由各自的成素组成：词的组成部分——词素构成词位（如 надтреснутый），词义的成素——义子构成义素（试比较：треснутый — с трещиной〈有裂纹的〉, над- — приставка со значением неполного действия, распространяющегося на часть чего-н.〈“表示动作不充分，只及于某物一部分的前缀”〉）（参见“义素的语义成分”一节）。

（3）聚合关系和组合关系

在词汇领域中，词和词在聚合和组合关系上相互结合，组成结构复杂的词汇–语义体系。所谓聚合关系，指的是语言单位在某个方面的相似，如 учитель（教师）、врач（医生）、летчик（飞行员）构成以“人的职业”为特征的聚合体，отрубить（砍下）、отрезать（切下）、отпилить（锯下）是以“分离方法”为基础的聚合体。前者是纯语义聚合体，因为不存在相同的形态特征；后者不仅是语义聚合体，而且也是形态聚合体，因为三个词不但具有共同的语义特征，而且含有共同的形态特征——前缀 от-。此外，还有纯形态聚合体，如 снимать（摘下）和 понимать（懂得）（词根相同，词义各异），отметить（标出）和 отнять（剥夺）（前缀一致，词义各异）。

组合关系指的是词汇单位在线性序列上的组配关系，即词在句法结构中同其他词的搭配关系。这里包括词的语义搭配性能、词汇搭配性能和句法搭配性能。词与词的组合必须符合词的上述性能。例如，лететь（飞）能与 самолет（飞机）搭配，不能同 пешком（步行）或 пароход（轮船）组合（不符合语义搭配性能）；карий（褐色的）能同глаза（眼睛）连用，不能同бумага（纸）或стол（桌子）连用（不符合词汇搭配性能）；ошибаться（搞错）要求跟第五格或第六格形式的名词，如ошибаться номером（搞错号码）、в исчислениях（算错），而词义相近的путать（搞错）则要求跟第四格名词，如путать чьи-н. имена（弄错某人的名字）（取决于各自的句法搭配性能）。

（4）不变体与变体关系

语言作为符号体系是一个抽象的体系，但与此同时，又可体现为具体的言语。这一特点决定了语言单位的另一种关系——变体关系，抽象的不变体（常体）与具体的变体的关系。在词汇领域，这种关系表现为作为名称的词（称谓词）和其在言语中的现实体现（语段词）之间的关系。一个词在不同语境（上下文）中，可体现出不同的义素。这种具体的体现就是词的变体（词汇－语义变体,参见“词和词汇－语义变体”一节）。例如，найти的变体有：$найти_1$（=отыскать）карандаш（找到一支铅笔），$найти_2$（=изобрести）новый метод（发明新的方法），$найти_3$（=ветретить）сочувствие（得到同情），等等。这类变体主要表现为词在语义上的变化，词形并没改变。与此相反，另有一类变体是词在语义不变的基础上出现的词形变异。在一定的语境中，一个语义单位可用不同的词来表示，这就是通常所说的语境同义现象。试比较下述句子中的одни和только：На его долю выпали одни（或только）неприятности.（他碰到的尽是些不愉快的事儿。）

综上所述，语言的词汇－语义结构尽管体系庞杂，内容纷繁，但词汇－语义单位之间存在着有规律的联系。这种联系不仅表现为词汇－语义结构内部的多方面的关系，而且也涉及词汇－语义单位与其他语言单位之间的有机联系，以及词汇－语义单位本身结构成素之间的关系。这些不以外部因素为转移的语言内部规律使词汇－语义结构的系统性具有充分的科学理据性。

词汇－语义结构的开放性、社会制约性以及它在整个语言体系中的特殊性，并不能否定词汇语义本身的系统性，而是要求我们从词汇－语义单位的固有特性出发，从不同的角度、不同的方面，研究它的内部规律和结构机制，并从中得出正确的结论。

2 词汇－语义体系与其他语言体系的相互关系

语言是一个多层次的体系的体系，它的组成部分——语音、词汇、构词、词法、句法各成相对独立的体系，但又相互联系、相互作用，构成大一统的体系——语言体系。词汇－语义体系是这些体系中的一个体系，它有本身的特点和内部机制，同时又同其他体系保持着种种联系，具体表现在以下几个方面。

（1）语音（音位）方面

词由音位——最短的辨义单位构成，语音是词的外部形式，词是形式和内容不可分割的统一体。

（2）构词方面

词根和非派生词是构成具有不同意义的新词的基础，派生词的意义主要由生产词的词干意义加上相应的前缀和后缀表示的意义构成。同一词根的词可以组成具有相同的一般语义特征的词群。这类词群，如动词－名词、形容词－名词、名词－形容词－动词是相当普遍的现象，带有鲜明的系统性质。

（3）词法方面

属于同一词类的词具有一般语法范畴语义特征，譬如名词的“事物性”意义、形容词的“特征、特性”意义、动词的“动作、状态”意义等。它们同时也是属于同一种类型的、能发挥大体上相同功能的词群。一种词类之内，根据其不同的词法－词汇语义特征，还可分出若干次词群。

（4）句法方面

词要体现自己的词汇－语义功能，须同其他词组合起来，即在带有线型性质的词组、句子中发挥作用。词（尤其是动词、名词、形容词等实词）的搭配范围往往具有一定的相同的语义特征，因而也是一种类型的词群。

词汇－语义体系不同于语音、语法体系，后者带有单一、封闭的性质，前者则不然，它要复杂得多，要阐述它的系统性则困难得多。但从词汇－语义单位与语言其他层次之间相互制约、相互作用，以及词汇－语义层次内部各类词群的相互关系来看，它的系统性是不容置疑的。

3 按词义的逻辑－事物内容划分的词汇－语义聚合体

词汇－语义体系不同于音位、语法体系，它的系统性有自身的特点。

词汇－语义体系的系统性首先是词义逻辑－事物内容的系统性的反映。词是语音和语义，即形式和内容不可分割的统一体。决定词义的既有语言内部又有语言外部的因素（参见“决定词汇意义的语言内外诸因素”一节），这两方面的因素相互交织在一起，因此可以说，词汇－语义系统是各种非单一的因素、成分相互制约、相互联系的复杂系统。

词义反映客观事物，同时也反映一定的概念内容。一个多义词往往可以表示几种事物，相应地也反映几种概念。根据词义表示的事物和反映的概念，从逻辑－语义角度出发，所有的词可以划分成若干词汇－语义群；一个多义词以其不同的意义又可以同时进入若干不同的词汇－语义群。例如：

（1）表示亲属关系的词汇－语义群：муж（丈夫），жена（妻子），отец（父亲），мать（母亲），дедушка（祖父），бабушка（祖母），сын（儿子），дочь（女儿），внук（孙子），внучка（孙女），дядя（叔叔，伯伯），тетя（姨母，姑母），племянник（侄子，外甥），племянница（侄女，外甥女），отчим（继父），мачеха（继母），свекор（公公），свекровь（婆母），шурин（内兄，内弟），等等。

（2）表示植物的词群：дерево（树木），ива（柳树），тополь（杨树），береза（白桦），сосна（松树），кедр（雪松），груша（梨树），яблоня（苹果树），вишня（樱桃树），слива（李树），персик（桃树），абрикос（杏树）；трава（草），цветок（花）；кукуруза（玉米），пшеница（小麦），рожь（黑麦），овес（燕麦），ячмень（大麦），等等。

（3）表示动物的词群：слон（象），тигр（虎），медведь（熊），обезьяна（猴子），волк（狼），лисица（狐狸），корова（牛），осел（驴），свинья（猪），собака（狗），кошка（猫），курица（鸡），птица（鸟），等等。

（4）表示人体各个组成部分的词群：голова（头），волосы（头发），глаза（眼睛），нос（鼻），уши（耳朵），лицо（脸），щеки（面颊），рот（口，嘴），шея（脖子），руки（手），спина（背），грудь（胸），туловище（躯干），ноги（脚），колено（膝盖），пальцы（手指，脚趾），等等。

（5）表示人与人之间关系的词群：друг（朋友），приятель（友人），товарищ（同志），дружок（朋友），знакомый（熟人），доброжелатель（有善意的人），недоброжелатель（不怀好意的人），противник（对手），враг（敌人），неприятель（敌人），супостат（仇敌），соперник（敌手，竞争者），等等。

（6）表示家具的词群：мебель（家具），стол（桌子），стул（椅子），

кресло（安乐椅），кровать（床），шкаф（橱），диван（沙发），тумбочка（床头小柜），стеллаж（架子），тахта（沙发床），полка（搁架），буфет（餐橱），等等。

上列词群是根据词所表示的客观事物划分的，它们的系统性程度并不完全一样，有的严密，有的松散。

关于词群的划分，至今仍是一个值得进一步探讨的问题。事实上存在着各种类型的词群，划分的标准也不一致。

为了揭示词的系统性关系，德国学者特里耶（J. Trier）① 提出了关于划分词汇场和概念场的观点。概念场是围绕中心概念，如ум、разум（智慧，理智）组成的相互联系的概念的广泛系统。词汇场是以某一个词和它的“词族”组成的。概念场和词汇场不是相等的，一个概念场可以被几个词汇场所覆盖。特里耶把整个词汇划分为若干词场，每个词场又分成若干低一级的词场，依次划分，直至词场的极限——个别的一些词。特里耶提出的原则强调词汇与物质世界事物的联系，没从语言本身的事实出发，这一点受到了各方面的批评。另外一位德国学者波尔齐希（W. Porzig），在分析语言事实的基础上提出以“句法场”② 的原则划分词汇。他认为组成词组的各个词具有共同的语义特征，词组成分之间不但有语法联系，而且还有语义联系。他就是以词义本身所含的联系为基础来划分词场的，如брать（拿）同рука（手）、идти（行走）同нога（脚）、видеть（看见）同глаза（眼睛）相联系，说明这种词场的例子还有：

схватить（抓住，拿起）→ рука（手）

лаять（吠叫）→ собака（狗）

---

① 详见 В. А. Звегинцев, Семасиология. М., 1957, стр. 140.

② 详见 Б. И. Косовский, Общее языкознание. Учение о слове и словарном составе языка. Минск, 1974, стр. 108.

жмурить（眯起）→ глаза（眼睛）

кусать（咬）→ зубы（牙齿）

белокурые（浅色的）→ волосы（头发）

гнедая（枣红的）→ лошадь（马）

为了对词和词义进行系统性描写，一些学者编写出版了类义词典（идеографический словарь）或者词汇大全（словарь-тезаурус）。在这种词典里，词不按字母的顺序，而是根据一定的概念范围排列。这方面最引人注目的是英国学者罗热（P. M. Roget）编写出版的《英语词和词组词库》①。词库里分出了六种基本概念范围，或称六大门类：абстрактные отношения（抽象关系），пространство（空间），материя（物质），разум（理智），воля（意志），чувства（情感）。这六大门类又分出24个子类，后者进一步划分为1 000个子目，每一个子目包含由共同概念内容联结起来的意义上接近的若干词汇单位。类义词典的出版有力地说明，在概念基础上对词汇进行分类，虽然还存在某些问题，但完全是可能的，实际上也是做得到的。

霍林（P. Hallig）和瓦特堡（W. Wartburg）对词汇进行了成功的分类。这两位学者在他们编写的类义词典②中将词汇按照其所反映的概念内容分成三大类：

（一）Вселенная（宇宙）

（二）Вселенная и человек（宇宙和人）

（三）Человек（人）

三大类又分别分成若干子类。例如，第二大类分成如下几个子类：

① Roget, P. M. *Thesaurus of English Words and Phrases*. London, 1992.

② Hallig, R. und von. Wartburg, W. Begriffssysteme als Grundlage für die Lexikographie. Versuch eines ordnungsschemas. Berlin, 1952.

1.
- 1）Небо и атмосфера（天空和大气）
- 2）Земля（地球）
- 3）Растительный мир（植物）
- 4）Животный мир（动物）

2.
- 1）Наука и техника（科学与技术）
- 2）Априорные категории（先验范畴）

3.
- 1）Человек как живое существо（有生命的人）
- 2）Душа и разум（心灵和理智）
- 3）Человек как общественное существо（作为社会成员的人）
- 4）Социальная организация и социальные институты（社会结构和社会制度）

每一子类又包含若干小类和子目，例如：

3.1）Человек как живое существо（有生命的人）

①Пол（性别），②Раса（种族），③Части тела（身体部分），④Органы и их функционирование（器官及其功能），⑤Пять чувств（五种感觉），⑥Движения и положения тела（身体动作与状态），⑦Сон（睡眠），⑧Здоровье и болезни（健康与疾病），⑨Человеческая жизнь вообще（人的生活），⑩Потребности человека как живого существа（有生命的人的需求）。

3.2）Душа и разум（心灵和理智）

①Общие положения, ум, мудрость, способности（一般状况，智能，智慧，才能），②Восприятие（知觉），③Сознание, представление（意识，观念），④Память（记忆），⑤Воображение（想象），⑥Мышление（思维），⑦Чувства（情感），⑧Воля（意志），⑨Мораль（道德）。

这种逻辑－语义分类反映了人们对世界的认识，几乎可以覆盖语言中所有的词，而且对于大部分语言，特别是近亲语言，大体上是一致的。

依据逻辑－语义原则划分语义场还有另外一种方法，即根据词所反映的上下义关系进行分类。这可以说是对上述方法的一种补充。进行这种分类时，反映低一层次概念的词从属反映高一层次概念的词，即根据属与种的关系将词归纳成若干语义场。每一词场中反映一般的属概念的词，称为上义词（гипероним）；其他一系列词，依其同前者的从属关系，叫下义词（гипоним）。同一词场的下义词在地位上是相等的（都表示种概念）。例如：*животное*（动物）—— слон（象）、лев（狮子）、тигр（虎）、барс（雪豹）等；*цветок*（花）—— тюльпан（郁金香）、роза（月季）、астра（紫菀）、гладиолус（唐菖蒲）、гвоздика（石竹）、лилия（百合）、пион（芍药）、резеда（木樨）、ромашка（母菊）、хризантема（菊花）等；*сутки*（昼夜）—— день（白天）、ночь（夜里）、утро（早晨）、вечер（晚上）等；*экипаж*（马车）—— бричка（四轮轻便马车）、двуколка（两轮车）、карета（四轮轿式马车）、тарантас（四轮马车）等；*рыба*（鱼）—— щука（狗鱼）、карась（鲫鱼）、осетр（鲟鱼）等。

由上义词和一系列下义词构成的语义场中，词与词之间语义联系紧密、明显。上义词的语义成分结构简单，下义词复杂，前者的语义成分必定出现在后者的语义结构中，例如：

гриб（蘑菇）— низшее растение, не образующее цветков и семян и размножающееся спорами

шампиньон（香菇）— съедобный серовато-белый пластинчатый *гриб*

这种根据词的上下义关系划分语义场的方法，只适用于表示具体事物的词。许多表示抽象意义的词并不能归纳到这种范畴中去。

4 按不同的语义关系划分的词汇－语义聚合体

词汇－语义体系的系统性是词汇内部各种语义关系系统性的反映。在词汇体系中，各个词以各种不同的语义关系与其他词相联系，聚合成具有不同语义特征的词汇－语义群。作为语言单位的词并不是孤立的存在，而是系统性结构的组成部分。

词的语义关系不是单一的关系。它以本身所包含的各个方面的语义特性与其他词有着错综复杂的联系，具体体现为对应、对立、包孕、同义、反义、换位等不同性质的语义关系。

词有单义词和多义词之分。多义词的语义结构本身就是一个由不同词汇－语义变体组成的系统，另一方面，它又以不同的意义进入各种词汇－语义系统——同义词、反义词、换位词等词群。整个词汇就是由性质各异的各类词群组成的有机的统一体。例如，недостаток 一词是由三个词汇－语义变体构成的多义词，每个语义变体都有自己的同义词：

недостаток$_1$（缺点，缺陷）— недочет、изъян、пробел、порок、дефект、минус，例如：исправить недостатки и недочеты в работе（改正工作中的缺点），устранить дефекты в работе（消除工作中的缺点），Проект имеет много минусов（方案有许多缺点），У него много изъянов（他有很多缺点），физический недостаток（生理上的缺陷），пороки речи（言语上的缺陷），пробел в знаниях（知识上的缺陷），等等。

недостаток$_2$（贫困）— бедность、нужда、необеспеченность、нищета、нищенство，例如：В семье большие недостатки（家里很穷），жить в большой нужде（нищете）（过着极其贫穷的生活），победить бедность（нужду）（战胜贫穷），等等。

недостаток$_3$（缺少，短缺）— отсутствие、нехватка、дефицит、голод、кризис、недостача，例如：недостаток（недостача）материалов（材料短缺），отсутствие денег（缺钱），Эти товары сейчас в дефиците（这些商品目前缺货），нехватка рабочей силы（人手不够），книжный голод（书荒），жилищный кризис（房荒），等等。

与此同时，同一个词可按其不同的语义变体构成各自的反义关系序列。这样，上述同义词即能构成多组语义关系交叉对应的聚合体，例如：

家境贫困		家境富裕
недостатки (в семье)	—	зажиточность (семьи)
бедность (в семье)	—	обеспеченность (в семье)
нужда (в семье)	—	достаток (в семье)
商品匮乏		商品充足
недостаток (товаров)	—	изобилие (товаров)
нехватка (товаров)	—	обилие (товаров)
дефицит (в товарах)	—	достаток (товаров)
温和的气候		寒冷的气候
теплый (климат)	—	северный (климат)
мягкий (климат)	—	холодный (климат)
приятный (климат)	—	суровый (климат)
亲切的接待		冷淡的接待
теплый (прием)	—	холодный (прием)
ласковый (прием)	—	недружеский (прием)
радушный (прием)	—	недоброжелательный (прием)

按上述语义联系组成的各类词群还可根据其他性质的语义关系进一

步扩展、延伸，形成以一定的词和一定的语义特征为中心的词汇－语义聚合体，这类聚合体贯串整个词汇体系。可以说，词汇体系在某种程度上就是由一定的语义特征串联起来的聚合体的系统。

各个词的词汇－语义聚合体都有本身的层次结构，按语义关系的亲疏程度排列。在聚合体中处于核心地位的是同义词，其次是意义相近或有部分联系的词，而其他词，如反义词、换位词等则离核心意义较远或处于边缘的地位。例如，以 иметь 为中心，通过不同的语义联系，至少能同下列各词构成一个词汇－语义聚合体：①иметь（有），②владеть（占有），③ обладать（拥有），④ овладеть（掌握），⑤ располагать（具有），⑥ взять（拿，取），⑦ приобрести（获得），⑧ получить（得到），⑨ достать（弄到），⑩ добыть（谋取），⑪ купить（买到），⑫ скупить（收购），⑬ закупить（采购），⑭ потерять（遗失），⑮ сохранить（保存），⑯ лишить（丧失），⑰ дать（给），⑱ отдать（交还），⑲ отобрать（收去），⑳ вернуть（归还），㉑ продать（卖掉），等等。这组词之间的语义关系是多方面的，包括同义关系（如①—⑤，⑪—⑬ 等）、近义关系（试比较：приобрести=начать иметь〈获得＝开始有〉，купить=приобрести за деньги〈购买＝花钱获得〉等）、反义关系（试比较：потерять=перестать иметь〈失掉＝停止有〉，сохранить=не перестать иметь〈保存＝不停止有〉）、换位关系（试比较：продать — купить，如 Петр продал книги Андрею. — Андрей купил книги у Петра.〈彼得将书卖给安德烈。—安德烈买了彼得的书。〉）。这些词的语义关系大致可图示如下[①]：

① 这是一种简单化的图示方法，实际上，词的语义关系错综复杂，是多层次、多环节而又相互交叉、相互渗透的聚合体结构，远非简单的平面图所能概括。

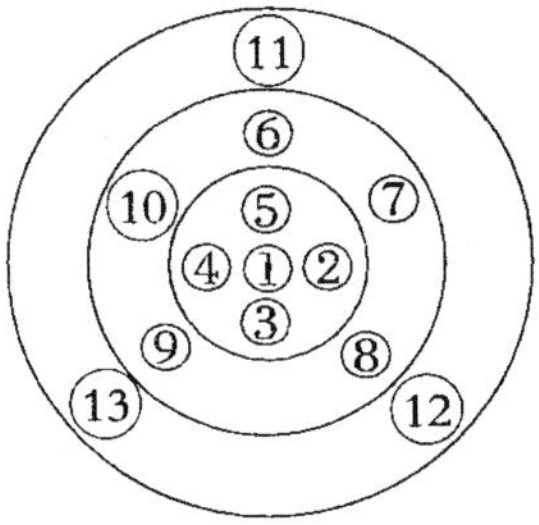

5 词的构词 - 语义派生联系

词的构词派生联系从另一个侧面显示词汇 - 语义体系的系统性。

一组由同一词根加上各种构词词缀构成的词所组成的词群，不仅在构词结构方面存在许多共同点，而且在语义上也有共同的成分。例如：писать（写），письмо（信），писание（书写），письменность（文字），писатель（作家），письменный（书面的，书写用的），писаный（手写的），писательский（作家的），писательство（写作），писанина（写出来的东西），писака（末流作家），написать（写完），записать（记下），переписать（抄写），переписаться（编入），исписать（写满），выписать（摘录），подписать（写在下面，签字），надписать（题字），запись（记录），записка（字条），выписка（摘录），перепись（登记），переписка（通信），подпись（签字），надпись（题词），等等。这些词含有共同的词根 -пис- 所赋予的语义成分：изображать какие-н. графические знаки на чем-н.（书写）。同根词分生产词与派生词，派生词的词汇意义通常以生产词的意义为基础，加上构词形式标志——词缀的意义组合而成，因此，派生词和生产词在语义上是紧密相连的。

叶尔马科娃（О. П. Ермакова）分析了派生词词汇意义形成的种种

情况，将派生词分为两大部分[1]：一部分派生词的词汇意义由生产词的意义加相应的构词形式标志意义构成，如 спаситель（救星）=спас (ти) +итель，ученик（学生）=уч (ить)+еник，защитник（保卫者）=защищ (ать)+ник（щ → т）；另外一部分派生词的词汇意义不完全等于生产词加相应的构词形式标志的意义，它们还包含一定的补充区分特征（叶尔马科娃所说的未得到形式表达的意义增生）。例如，由 петь（唱歌）派生的同根词 певец（歌手）和 певун（爱唱歌的人），形式上只有后缀的差别，但意义相近的这两个后缀（都是指人后缀）不能说明两者的语义差异：певец — тот, для кого пение является профессией（对 певец 来说，唱歌是他的职业）；певун — тот, кто любит петь（对 певун 来说，唱歌是他的爱好）。如果说 певун 中的后缀含有“склонность к действию”（倾向于某种动作）意味的话，那么 певец 包含的语义成分“профессиональность”（职业性）是这一派生词在词根和后缀意义之外增生的语义成分。类似的例子：житье（一生）— жилье（住所），житель（住户，居民）— жилец（房屋承租人），等等。

上述两部分派生词虽各有本身的语义特点，但都同各自的生产词在一定的共同语义特征上相互联系，组成贯串整个词汇体系的构词－语义系统。其中，派生关系接近的词形成逐级派生的构词链，语义联系最为密切，如上述同根词中的 писать → писатель → писательский, писать → надписать → надпись, письмо → письменный → письменность，等等。

这里，值得一提的是波兰语言学家库里洛维奇[2]提出的所谓句法派

① О. П. Ермакова, Лексические значения производных слов в русском языке. М., 1984, стр. 5.

② Е. Курилович, Деривация лексическая и деривация синтаксическая. // Очерки по лингвистике. М., 1962, стр. 62.

生词。这类派生词兼有生产词词干的意义和它本身所属的词类意义。换句话说，它的意义与生产词相等，两者的区别只在于词类属性不同，因而句法特征和功能也各不相同，如 читать（книгу）— чтение（книги）、синее（море）— синева（моря）等。这类词在俄语词汇中构成有规律的词的对偶，作为词汇－句法同义手段，参与语句同义转换，例如：

名词—动词：изучать — изучение，обвинять — обвинение，приезжать — приезд；

动词—形容词：удивлять — удивительный，смешить — смешливый；

形容词—名词：белый — белизна，высокий — высота；

形容词—副词：далекий — далеко，изумительный — изумительно等。

试比较这类对应词在句子中的作用[①]：

① Дети *гуляли* под палящим солнцем. — *Прогулка* детей проходила под палящим солнцем. /孩子们在烈日下散步。

② *Приходи* завтра. Твой *приход* всех обрадует. /你明天来吧。你的到来将使大家都感到高兴。

6 词汇－语义系统的客观性

综上所述，我们可以看到，词汇－语义体系的系统性是客观存在的。根据词汇所表示的逻辑－事物内容划分的词汇－语义聚合体（词群）或者词汇－语义场，能贯串语言的庞大词库中所有的词。但是这种分析不

① 详见倪波、顾柏林编著：《俄语语句同义转换》，上海译文出版社1991年版，第30—34页。

是纯语言性质的，而是带有超语言性质的特点。对词汇 – 语义系统性的分析只局限于一种方法是不够的，因为这种方法还不足以充分揭示语言词汇 – 语义体系的内在联系，为此必须从不同角度做深入的研究。分析词汇内部的同义、反义等种种语义联系有助于说明词汇中普遍存在的聚合和组合关系，有利于揭示语言中存在的诸多规律性的现象。对词的派生联系的分析同样也是研究词汇内在规律、分析词义结构的需要。词与词之间的派生联系是广泛存在的，其概括能力也是相当强的。从词所发挥的各种功能角度对词汇的系统性进行分析，是一种新的尝试，这是从言语平面分析词汇 – 语义体系的方法。

词汇 – 语义体系的系统性具有本身的特点，它的内部联系紧密程度不一、形式纷繁、关系复杂。除此而外，与其他语言单位相比，词汇中存在较多的反系统性现象和倾向。但从总的方面来说，这些都不能否定词汇 – 语义体系系统性的客观存在。

词的聚合关系

1 聚合关系概述

人们在使用语言时总要经历两个过程：选择词语和连词成句。选择词语是根据表达思想的需要，从语义相近或相关的一些词汇单位中挑选合适的词语。连词成句是把选用的词语按一定的语言规则连接成能表达该思想的语句。交际的另一方（受话者）同样也须经历这两个过程，只是顺序相反，即在连贯的言语中接受一定的词汇单位，同相关的词语进行对比，确定其意义，从而了解对方的思想。

这样，词作为词汇单位能同时进入两种关系：纵向聚合关系和横向组合关系。每一个词，作为称谓词，能同一定的词构成各种词汇 - 语义聚合体；作为语段词，又能同一定的词结合成表达各种信息的组合体，例如：

смелый（勇敢的）— воин（战士）, поступок（举动）…

храбрый（大胆的）— воин, поступок …

отважный（果敢的）— воин, поступок …

трусливый（胆怯的）— зверек（幼兽）, взгляд（目光）...

пугливый（怯懦的）— зверек, взгляд ...

由此可见，词作为语言的表义单位，并不是孤立地存在并起作用的。每一个词的意义或多或少受制于同它有语义联系的其他词的意义，取决于它同其他词的“伙伴”关系。词汇单位之间的语义联系，使人们有可能选用不同的词语，通过多种组合表达自己的思想，体现各自的交际目的。试比较文学作品中用不同词语表示同一动作行为的不同特点的例子：

просить（请求）— требовать（要求）— умолять（恳求,央求）— клянчить（乞求，哀求）— канючить（苦苦哀求）

① Екатерина Ивановна: Я, батюшка, не *просить* пришла, вот что! Не *клянчить*! Я своего законного *требую*!（А. Афиногенов）/叶卡捷琳娜·伊万诺芙娜：嘿，我不是来求您的，老爷！我不是来乞求您的施舍的！我是来索取我应该得到的东西！

② Вопрос решен, — сказал он, так строго глядя в молящие глаза ее, что ясно было：не потерпит он ни просьб, ни слез.（А. Фадеев）/“问题已经解决了”，他严厉地望着她那饱含祈求之情的眼睛说。很明显，对于求情和眼泪他都不能容忍。

③ — Пояс у тебя как будто со звездой был. — Был. Хороший, с портупеей. Пришлось отдать. Фотограф дивизионный *выклянчил*... Неловко отказывать как-то. Уж больно *канючил*.（В. Некрасов）/“你好像有过一根腰带，缀着一颗星的。”“是啊。一根很好的腰带，连着武装带。硬是给师部的摄影师要去了……拒绝他有点不好意思。死乞白赖地讨。”

идти（走）— плестись（慢慢地走）— тащиться（拖着步子走）— шагать（迈步）— шествовать（行进）— ступать（迈进）— выступать

（进发）

① Он лениво *плелся* по дороге и, по-видимому, раздумывал, куда идти.（А. Чехов）/他懒洋洋地在路上走着，想必在考虑往哪儿去。

② ［Андрей］не *шел*, а *тащился*, почти полз по безлюдным, нескончаемым улицам пригородов.（К. Федин）/在望不到尽头的荒凉的城郊街道上，安德烈趔趔趄趄地走着，几乎是在爬行。

③ *Шагал* и я, стараясь попадать в ногу и *идти* наравне с соседом.（В. Гаршин）/我跨着大步，尽力同旁边的人合着脚步，并肩前进。

④ Дюжилин *шел* по коридору неуверенно, как слепой... Сзади него тяжело *ступал* Пучков.（А. Перегудов）/久日林在走廊里走着，像瞎子探路似的趑趄不前，普奇柯夫踏着沉重的步伐，尾随其后。

⑤ Однажды в ясное морозное утро порог Пермского электротехнического завода переступила группа солидных посетителей. Они не *шли*, а *шествовали*. Не *шагали*, а торжественно *выступали*.（В. Борахвостов）/在一个晴朗而冷峭的早晨，一群体面的客人跨进了彼尔姆电机厂的大门。他们气度非凡，神态端庄，大摇大摆，高视阔步。

对于上述言语行为人们一般不予注意，但在需要斟酌词句或使用外国语的情况下就会感觉到了。由于不同语言的词语对应关系存在差异，使用外语时选词问题表现得尤其突出。譬如，汉语中“钟”和“表”分别用两个词表达，俄语却只用一个词 часы；可是俄语需用另一个词 куранты 表示钟楼上的“钟”，而汉语则没有与其相应的词。法语的 mouton 表示“羊”和“羊肉”，这两个概念英语需分别用 sheep 和 mutton 表达，这种情况相当于俄语中的 баран（羊）和 баранина（羊肉），корова（牛）和 говядина（牛肉）。如果不能正确理解不同语言中对应聚合体各个词在语义上的差别，不掌握外语词的词义范围有别于本族语的特点，就会造成用词不当或失误。

对于学外语的人来说，理解并掌握词语之间的意义差异和“伙伴”关系，始终是学习的难点。俄语中“外国”这一概念同 обычаи（习俗）、нравы（风俗）相连时用形容词 иноземные；同 суда（船舶）、языки（语言）相连时用 иностранные；而同 товар（商品）、перевод（汇款）相连时则用 зарубежный；паспорт（护照）可与 заграничный 和 иностранный 连用（不能同 иноземный 搭配），但 заграничный паспорт 指“出国护照”，而 иностранный паспорт 则是“外国护照”。人的脑力劳动和体力劳动可用 трудиться（劳动）和 работать（工作）表示，这两个词移用于动物，则受严格的限制，只能说：Муравьи трудятся（蚂蚁在劳动）、Лошадь работает（马在工作），动词不能互换。牧羊狗和警犬也为人们“劳动、工作”，但都是不能使用这两个词的。

丰富的语言词汇为语言大师们刻画人物、点染文字提供了广泛的可能性。在作家的文稿中，我们可以看到他们为精练文句、渲染情节而选择最富于表现力的词语的例子，例如：

Там вывел колкий Шаховской
Своих комедий пестрый рой...
在那里，尖刻的沙霍夫斯科伊
排演过一系列色彩缤纷的喜剧……

这是普希金（А. Пушкин）的 «Евгений Онегин» 中的两行诗，其中 Шаховской 的修饰语在诗稿中两易其词，用过 неутомимый（孜孜不倦的）和 острый（尖锐的）两词①。显然，这里的 неутомимый 只指出剧作者的多产，而这一特征已为下一行的 комедий пестрый рой 点明而成为多余的冗词；острый 虽能说明 Шаховской 的写作倾向，但诗人认

① 引自：Б. Н. Головин, Основы культуры речи. М., 1980, стр. 134.

为他的作品不够深刻、尖锐，而 колкий 能恰到好处地揭示剧作的讽刺特性及其不足之处。

2 语义聚合体和形式聚合体

把聚合关系和组合关系的概念应用于词义研究，是瑞士语言学家索绪尔首先提出来的。他从两个方面概括词汇单位之间的关系：(1) 词与词在言语中构成线性关系，结合成各种组合体；(2) 在语言系统内部，有着某种共同点的词在人们的记忆中产生联想，构成具有各种关系的聚合体——词群。这一基本论述后来发展成词汇－语义聚合关系和组合关系的理论。

聚合关系的研究始于形态学，然后相继应用于音位学、句法学和词汇学。形态学运用聚合关系的原则分析词形变化的类型和体系，确定词的语法类别和属性。

聚合关系指的是具有某个共同点的语言单位之间所具有的相互关系，而且有共同点的语言单位以共同的特征为基础，相互联系，构成所谓聚合体（парадигма）。每一个聚合体内既有共同点，又有不同点。从形态学方面来说，слов-о（词）、слов-а、слов-у、слов-ом、о слов-е 这一组词形的共同点是词干 слов-，不同的因素是各词形的词尾 -о、-а、-у、-ом、-е。共同的词干使这一组词形构成一个聚合体，即一个词汇单位——词位（参见“词位和义素”一节），而这个词汇单位可以根据随位变化的原则使用不同的词尾，在形式上相互对立，例如：слово предоставляется товарищу Ли（现在由李同志发言），просить слова（要求发言），прибавить к слову（补充说），等等。

在词汇领域，词与词同样能够在某个共同点的基础上相结合，构成不同性质的聚合体，如 поезд（火车）、пароход（轮船）、самолет（飞机）构成“交通工具”的聚合体；горький（苦的）、сладкий（甜的）、кислый（酸的）是表示“味觉”的聚合体；получить（得到）、приобрести（获得）、добыть（谋取）是以“取为已有”的行为为共同特征的聚合体。

词汇单位之间的共同点可表现为形式（词形）和内容（词义）两方面，或者两者兼而有之。例如，изменение（改变）、вооружение（武装）、обучение（教学）是形态上的聚合体（三者没有语义上的共同点，只具有相同的构词结构——都使用后缀 -ение）。летчик（飞行员）、читатель（读者）、бегун（赛跑运动员）没有相同的形态特征，但三者都是“施动者”，所以是语义上的聚合体。而另一组词 летчик、грузчик（装卸工）、рассказчик（讲故事的人）除共同的“施动者”特征以外，还具有相同的形式标志（后缀 -чик），而构成形式－语义聚合体。又如，отломить（折下）、отрезать（切下）、отскрести（刮掉）也是形式－语义聚合体，因为这一聚合体的各个成分既有相同的前缀 от-，又有相同的语义特征“（使）分离”。

聚合体以词与词之间的共同特征为基础，与此同时，进入同一个聚合体的词相互之间又各有区别。因此，聚合体内部包含有双重关系：同一性和对立性。决定聚合体各个成分之间的同一关系的，是上面提到的各个成分所共有的特征（包括形式特征和语义特征）；决定其对立关系的，是聚合体各个成分所特有的区别性特征（同样包括形式特征和语义特征）。例如，上面列举的聚合体中，отломить 等词的对立，在形式上表现为具有不同的词根和后缀形素，在语义上表现为“分离方法”的各不相同。

语义聚合体具有同一性的语义特征（идентифицирующий семантический признак），聚合体内的各个成分同属一个概念范围，由同一个语义主题相维系，在同一个言语模式中有相互替代的可能性，例如：

① Челкаш, оскалив зубы, приподнял голову, *огляделся* (осмотрелся) вокруг и, прошептав что-то, снова улегся.（М. Горький）/切尔卡什龇牙咧嘴，微微抬起脑袋，向四周看看，嘟哝着什么，又躺下了。

② У него был *тиф*. *Болезнь* проходила в очень тяжелой форме. / 他得过伤寒病，病得非常厉害。

另一方面，语义聚合体的各个成分又具有区别性的语义特征（дифференцирующий семантический признак），分别体现同一概念范围的不同侧面，形成各自的语义特点。这种语义差别使它们相互对立，不能并存于同一个句法位置上，例如：

① *Врача* приглашают, а *фельдшера* зовут.（А. Чехов）/医生是请来的，郎中是叫来的。

② — Милостивый государь, — начал он почти с торжественностью, — *бедность* не порок, это истина... Но *нищета*, милостивый государь, *нищета* — порок-с. В *бедности* вы еще сохраняете свое благородство врожденных чувств, в *нищете* же никогда и никто.（Ф. Достоевский）/“阁下，”他一开口就显得神情激昂，“贫非罪，这话很对……然而贫贱，阁下，贫贱就是罪行。在贫穷中尚能保持天赋的高尚情感，而在贫贱中，任何人，在任何时候都不可能如此。”

一个词可以兼有几个区别性语义特征（参见“区分义子”一节），分别在同一语义主题的相应聚合体中起作用。例如，река（河）在同一个主题（“水域”）的基础上，根据三个区别性特征同三组同样表示“水域”的词分别组成聚合体：（1）根据“大小程度”：река, ручей（溪）；（2）根据“形状特征”：река, озеро（湖）；（3）根据“形成原因”：река, канал（运河）。

聚合体内部的语义关系多种多样，但从词的词汇意义特性出发，语义聚合体基本上可分成两大类：第一类是按属与种的概念关系构成的类义词群（тематические группы слов），第二类是按纯语义关系构成的语义词群（семантические группы слов）。

归入第一种类型聚合体的是一些语义具体的词，其相互关系以各词所表示的属与种的概念划分为主要依据，如 растение（植物）— дерево（树）、цветок（花）、трава（草），дерево — дуб（栎树）、осина（山杨）、ива（柳树），等等。表示“躯体部分”“亲属关系”“昼夜时间”“生活用具”“动植物品种”等名称的词都属于这一类。这类词之间的对立取决于事物本身全部特征的差别，归根结底是受客观事物之间的关系制约的。然而，类义词群的语言外制约性往往与语言本身的规律所决定的特性交织在一起。譬如，语言内部的聚合关系与客观世界的种属划分往往不相对应，自成系统，如自然界有“阔叶树”和“针叶树”的区别，但俄语中却没有表示这两个概念的独立的单词，роща 和 бор 虽然分别表示“阔叶树林”和“针叶树林”的概念，但两者各有附加意义：роща 是“小的阔叶树林”，而 бор 是“大的针叶树林”。又如，вишня、груша、абрикос 等词既能表示相应的果树（“樱桃树”“梨树”“杏树”），又能表示这些果树的果实（“樱桃”“梨”“杏子”），唯独 яблоня（苹果树）不兼两义，其果实须由单独的词 яблоко（苹果）来表示。以上种种现象都是语言内部规律起作用的结果。因此，类义词群虽然不能看作纯语义意义上的词汇聚合体，但语言学家仍把它列入语义学的研究范围。

第二类聚合体以语义特征作为主要依据。词与词之间既具有共同的语义特征，即共同的义子（超义子），又在不同的语义特征，即区分义子的基础上相互对立，如前面举过的例子 осмотреться — оглядеться，бедность — нищета。

由于超义子的概括性程度不一（参见“范畴性词汇义子〈超义子〉”

一节），聚合体的范围可大可小。超义子概括性大的聚合体可以包含若干个概括性小的聚合体，反映不同性质的语义现象。例如，在表示同一语义主题“胖瘦程度”的聚合体 тщедушный（孱弱的）、истощенный（消瘦的）、тощий（瘦弱的）、хилый（虚弱的）、исхудалый（憔悴的）、худой（瘦的）、сухопарый（瘦削的）、сухой（干瘦的）、нормальный（胖瘦适中的）、упитанный（肠肥脑满的）、толстопузый（大腹便便的）、тучный（肥胖的）、толстый（胖的）、полный（丰满的）中，相邻的词语义差别较小，构成同义词群（如 тщедушный、тощий、худой 等），位于两端的语义对立明显，构成反义词列（如 тощий — тучный、худой — толстый 等）。

从词的聚合关系出发，有些语言学家（如阿普列相）认为，把同义词和反义词放在一起分析，有助于正确解释词的词汇意义，如在分析 помогать（帮助）和 способствовать（促成）之间的词义差别时，可以同它们的反义词 мешать（妨碍）— препятствовать（阻碍）放在一起通盘考虑，因为这四个词所包含的区分义子是相互对应的。这四个词的语义对应关系可以用下列公式表达：

помогать：способствовать=мешать：препятствовать

只要正确剖析公式中任何一词项的意义，其他各词项的释义就可迎刃而解了。譬如，如果把“A（某甲）мешает B（某乙）в X-е（做某事）”这一模式中的 мешать 解释为：A затрудняет для B выполнение X-a（A 使 B 难以完成 X），那么其他三个词可相应解释为：

A облегчает для B выполнение X-a（помогать）（A 使 B 便于完成 X）；

A затрудняет для B ряд действий, без выполнения которых невозможно достижение X-a — цели B（препятствовать）（A 使 B 难以完成

非得完成才能达到其目的 X 的某些事）；

A облегчает для B ряд действий, без выполнения которых невозможно достижение X-а — цели B（способствовать）（A 使 B 便于完成非得完成才能达到其目的 X 的某些事）。

从这里可以清楚地看到这四个词的共同语义特征和相互之间的区别，以及同义词和反义词之间的相互关系。

3 词的对立关系类型

聚合关系的最低限度体现形式是词的对立（словесная оппозиция）。这是在某种成分上相似，同时又在某种成分上相异的一对词之间的对立。这种对立根据对应成分是形式上的对应还是语义上的对应，分成三种类型：形式对立（формальная оппозиция）、语义对立（семантическая оппозиция）和形式－语义对立（формально-семантическая оппозиция）（参见“语义聚合体和形式聚合体”一节）。因此，词的对立应该从两方面进行分析：从形式上分析词位之间的对应关系和从语义上分析义素之间的对应关系。

词的对立，不论是形式对立还是语义对立，又可按对应成分的对应关系特点，归结为三种基本对立关系：恒等对立、包孕对立和交叉对立。

（1）恒等对立（оппозиция тождества）是两个词在某个平面（形式或内容平面）完全相同的对应关系。这种对立关系以相应成分的等同为基础，所以也可称作零对立（нулевая оппозиция）。形式平面的恒等对立是形式结构一致的词汇单位之间的对应关系，如：ключ^1（钥匙）— ключ^2（泉源），мешать^1（妨碍）— мешать^2（搅拌），这两对词（词位）的词素结构是完全相等的（如 меш-а-ть），但在语义上没有任何共同之处。内容平面的恒等对立是意义结构相同的词汇单位之间的对应关系，如 лингвистика（语言学）— языкознание、возвратить（归还）—вернуть、пояснительный（说明的）— объяснительный。这三对词在词素结构上各不相同，但其意义（义素）结构却是一致的（如 лингвистика 和 языкознание 含有相同的义子“语言”和“科学”）。

由此可见，恒等对立概括地说是具有相同结构（词素结构或义素结构）成分的词汇单位之间的对应关系。如果我们用 X 和 Y 表示相应的词汇单位，用 a 和 b 表示它们的结构成分，那么恒等对立可示意为：

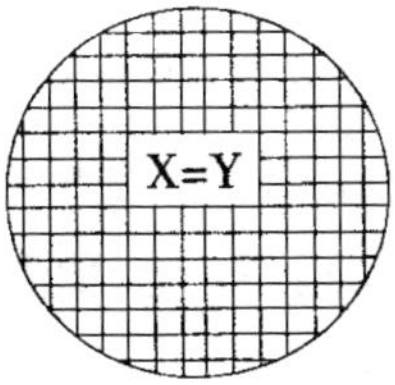

X（ab）= Y（ab）

（2）包孕对立（оппозиция включения）是一个词（X）的结构成分包含在另一个词（Y）的结构中的对应关系。在这种情况下，X 的结构（ab）和 Y 的部分结构成分（ab）相同，但 Y 的结构中另有 X 所缺少的结构成分（c），从而形成 X 和 Y 的对立。包孕对立的特点是对立词项“有 / 缺”某个结构成分的关系，所以也可称作表缺对立（привативная оппозиция）。这种对立可示意为：

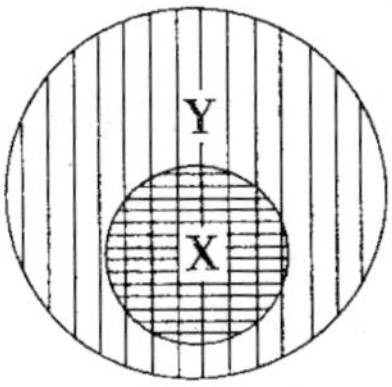

X（ab）⊂ Y（abc）

包孕关系主要体现为语义对立和形式 – 语义对立。例如，быстрый

（快的）— стремительный（急速）的对立是语义对立：**быстрый** 的整个意义内容“обладающий большой скоростью”包含在 **стремительный** 的语义结构中，而后者除此以外还含有表示快速程度的义子“**очень**”（стремительный — *очень* быстрый）。后者的语义结构要比前者复杂、丰富。其他例子：хороший（好的）— прекрасный（**优良的**）（прекрасный — *очень* хороший），бедность（贫穷）— **нищета**（**赤贫**）（нищета — *крайняя* бедность），погасить（熄灭）— **задуть**（**吹灭**）（задуть — *дунув*, погасить），гореть（燃烧）— **пылать**（炽燃）（пылать — гореть, *ярко освещая*, *издавая сильный жар*）。

语义包孕对立常体现在由属种关系相联系的词汇单位的对应关系中：表示属概念（родовое понятие）的词的全部特征包含在表示种概念（видовое понятие）的词的内涵中，这是两者的共同点和对立的基础。除此之外，表示种概念的词另有专门的、使属概念具体化的特征，例如：болезнь（疾病）— тиф（伤寒）（заразная болезнь, **характеризующаяся** сильным лихорадочным состоянием），**напиток**（**饮料**）— **лимонад**（柠檬水）（сладкий прохладительный **напиток, обычно на лимонном** соке），сутки（〈一〉昼夜）— день（〈一〉天）（**часть суток от утра** до вечера），等等。

形式－语义上的包孕对立，主要是具有构词派生联系的词汇单位之间的对应关系，例如：переводить（翻译）— **переводчик**（**译员**）（тот, кто переводит），переправиться（渡过）— переправа（**渡口**）（место, где переплавляются на другой берег），купить（买）— **покупка**（买到的东西）（купленная вещь），белый（白的）— **белеть**（**变白**）（становиться белым），глаза（眼睛）— глазастый（大眼睛的）（с большими глазами)，等等。在上述例子中，对应词在形式和内容方面都有一定的共同成分和不同成分，形成相应的形式和语义包孕对立。生产词的形式和内容结构包含在派生词的相应结构中，与此同时，派生词的构词形式标志使其词干有别于生产词词干，并赋予派生词不同于生产词的语义成分，试比较：бел-ый — белеть，глаз-а — глаз-аст-ый。

纯形式的包孕对立只见于词源上有联系的词汇单位之间。这是在词源上有派生联系，但在现代俄语中已无语义联系的极少数词：стол（桌子）— столица（首都），пасти（放牧）— спасти（拯救），слоняться（徘徊）— прислоняться（靠近）。

（3）交叉对立（оппозиция пересечения）是既有相同的结构成分，又分别具有不同的结构成分而相互对立的词汇单位之间的对应关系。假如我们把对立词项各自所具有的区别性结构成分分别用 c 和 d 表示，那么这种对立可示意为：

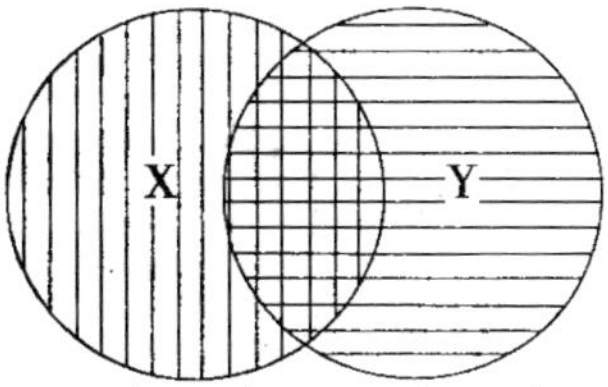

X（abc）∩ Y（abd）

交叉对立的特点是：X 和 Y 部分重合，部分相异，任何一个都包括不了另外一个，两者的关系不是从属关系，而是对等关系，因此交叉对立也可称作均等对立（эквиполентная оппозиция）。

交叉对立主要是语义对立和形式－语义对立。纯语义对立是语义结构相似又各有区别性语义成分的词汇单位之间的对立，如：алый（鲜红色的）— розовый（浅红色的）。两者具有相同的义子“красный”（红的），但又各有对立的区别性义子，试比较：алый — *ярк*о-красный，розовый — *бледно*-красный。其他例子：ливень（暴雨）（*сильный* дождь）— изморось（毛毛雨）（*очень мелкий* дождь），друг（朋友）（тот, кто связан с кем-н. *дружбой*）— товарищ（同志）（человек, близкий кому-н. *по общности взглядов, деятельности*），лететь（飞）（передвигаться *по воздуху*）— плыть（漂）（передвигаться *по поверхности воды*），рыдать（大哭）（*громко*, судорожно плакать）— всхлипывать（哽咽）（плача, судорожно *вздыхать*），медленный（慢的）（совершающийся *с небольшой скоростью*）— быстрый（快的）（совершающийся *с большой скоростью*），будущий（未来的）（такой, который *следует за настоящим*）— прошедший（过去的）（такой, который *предшествует настоящему*）。

如果说包孕对立体现为属－种概念的对立，那么交叉对立是同一属概念的不同种概念之间的对立，即种－种概念的对立。试比较下面两组词：

болезнь（疾病）　　　　　　сутки（昼夜）

тиф（伤寒）— туберкулез（肺结核）　　день（白天）— ночь（黑夜）

这里，各组词之间的纵向联系都是属－种概念之间的对立（包孕对立），而横向联系都是种－种概念（不同疾病和不同时段）之间的对立（交叉对立）。

形式－语义上的交叉对立，主要是由同一构词模式构成的派生词之间的对应关系，例如：переводчик（翻译）— перевозчик（搬运工），белеть（变白）— желтеть（变黄），глазастый（大眼睛的）— носастый（大鼻子的），等等。这几对词在形式上分别都有相同的构词形式标志（后缀 -чик，-е- 和 -аст-），同时又各有不同的词干；另一方面，在语义上也可分离出各自的同一性语义成分（各对词的同一后缀表示的构词意义）和区别性语义成分（不同词干包含的意义成分），因而同时在形式和语义平面上形成交叉对立。

在形式－语义交叉对立中，对词汇－语义体系具有重要意义的是保持着语义联系的同根词，即词根相同，构词形式标志相异，但意义相近的词，如前缀不同的同根词：надводный（水上的）— подводный（水下的），перейти（越过）— обойти（绕过），ввоз（输入）— вывоз（输出）；后缀不同的同根词 масленый（油浸的）— маслянистый（含油的），белеть（变白）— белить（刷白），певец（歌手）— певун（爱唱歌的人）等。

假如我们把形式－语义平面的交叉对立同包孕对立做个比较，那么不难看出，这两种对立的区别可归结为构词层次上的差别，即包孕对立是生产词与派生词之间的对立，而交叉对立是派生联系一致的派生词之间的对立，试比较下面两组词：

белый（白的） петь（唱）

белеть（变白）— белить（刷白） певец（歌手）— певун（爱唱歌的人）

这里，各组词之间的纵向联系都是派生关系，在形式和内容上形成包孕对立（如 белый 和 белить — *красить* белым，петь 和 певец — тот, кто *умеет* петь），而横向联系都是同一生产词干用表示不同意义的后缀构成的派生词，在形式和内容上形成交叉对立（试比较 белить 和 белеть — *становиться* белым，певец 和 певун — тот, кто *любит* петь）。

纯形式上的交叉对立与相应的包孕对立一样，在现代俄语中也不起大的作用，如带黏附词根的动词 принять（接受）— понять（懂得），наградить（奖赏）— преградить（阻挡）。

4 词的对立与范畴性词汇－语义关系

词汇－语义词群中的词以同一性特征相联系，同时又以区别性特征相对立。维系词群的同一性特征为一类词所共有，是抽象于各个词个别具体意义的概括性意义，可称作范畴性词汇－语义意义。如上文所述，这种意义的概括范围是多层次的，如运动动词的“运动空间”“运动工具”“运动方向”等范畴性意义。与此同时，同一词群中的各个词又以各自的区别性特征相对立，形成词与词之间特殊的词汇－语义关系。这种关系也是同一类词汇单位之间的词汇－语义关系，所以可称作范畴性词汇－语义关系。

词（指它的词汇－语义变体）按其范畴意义的性质，与性质相同的其他词聚合成具有一定范畴性词汇－语义关系的词群（或称词列）。因此，范畴性词汇－语义关系是划分相应词群的基础。

词群的词汇－语义关系划分与词的对立类型相对应，可具体体现为同义关系、反义关系、换位关系、上下义关系、形似关系、同音关系等基本词汇－语义关系。按这些词汇－语义关系聚合的词即是同义词、反义词、换位词、上义词、下义词、形似词、同音词等。下面从词的对立关系类型（参见“词的对立关系类型”一节）出发，对上述词汇－语义关系做一些简单的分析。

同义关系是意义相等或相近的词（词汇－语义变体）之间的范畴性词汇－语义关系。从词的对立关系来说，意义相等是语义上的恒等关系。处于这种关系的词在内容平面上完全一致，构成语义零对立的绝对同义词。在词典中，这些词的释义相同，并可交叉互释，如 правописание（общепринятые правила письма，орфография〈正字法〉）— орфография（то же, что правописание），дорога（路）— путь（то же, что дорога），бросать（抛）— кидать（то же, что бросать），зреть（成熟）— спеть（зреть, созревать），везде（到处）（во всех местах, всюду）— всюду（во всех местах, везде）。

上述同义词之间的关系是纯语义性对立关系。除此以外，绝对同义词还可以有形式－语义类型的对立关系。在这种情况下，语义相等的词具有近似的形式，这一般是词素结构有异的同根词，如 мотоцикл（摩托车）— мотоциклет，подогрев（加热）— подогревание，скудость（贫乏）— скудность，стыть（冷却）— стынуть，достичь（达到）— достигнуть，гримироваться（化装）— загримироваться，лебединый（天鹅的）— лебяжий，стрекозий（蜻蜓的）— стрекозиный，носатый（大鼻子的）— носастый，等等。这些词在语义上恒等对立，但在形式上分别属于包孕对立（如 мотоцикл — мотоциклет）和交叉对立（如 лебединый — лебяжий）。这类同义词有别于词的变体（варианты слов），即同一个词的形式变体，如 номер（号码）— нумер，туннель（隧道）— тоннель，строгать（刨）— стругать，запасной（备用的）— запасный，чтобы（为了）— чтоб，等等。

另一些同义词意义相近，不构成语义上的恒等对立。这些词即所谓准同义词（квазисинонимы），各自的语义结构中总含有不同于其他词的特殊成分，分别属于包孕对立和交叉对立。前者如 вымыть（洗）— умыть（洗干净）（вымыть кому-н. лицо, шею или руки），жалость（怜悯）— сострадание（同情）（жалость, вызванная чужим страданием），плохой（坏的）— ужасный（非常糟糕的）；后者如 пронестись（传布）（в одном направлении）— разнестись（传遍）（в разных направлениях），нападение（侵犯）（долговременное и стремительное нападение）— налет（袭击）（кратковременное и стремительное нападение），алый（鲜红色的）（ярко-красный）— багровый（深红色的）（красный густого, темного оттенка）。

语义上交叉对立的词，如区别性成分属直接对立的两端，即构成反义词，如 опустить（放低）（переместить в более низкое положение）— поднять（抬高）（переместить в более высокое положение），прошлое（过去）（предшествующее время）— будущее（未来）（последующее время），дорогой（贵的）（покупаемый или продаваемый по высокой цене）— дешевый（便宜的）（покупаемый или продаваемый по низкой цене）。

上述反义词在形式结构上没有共同之处，属纯语义的交叉对立。有些反义词（同根词）可构成形式上的对立，如包孕对立：алкогольный（含酒精的）— безалкогольный（不含酒精的）；моральный（合乎道德的）— аморальный（不道德的），демократический（民主的）— антидемократический（反民主的）；交叉对立：засекретить（保密）— рассекретить（不再保密），единогласие（意见一致）— разногласие（意见分歧），закрытый（关着的）— открытый（开着的），等等。

语义交叉对立的另一类词是换位词（конверсивы），如 выиграть（赢）— проиграть（输），продать（卖）— купить（买），выдать（给）— получить（收受），等等。换位词表示同一情境，只是情境参与者的关系相反：Он *одолжил* мне пять рублей.（他借给我五个卢布。）— Я *занял* у него пять рублей.（我向他借了五个卢布。）这两个句子所指的情境完全一样（表示借贷关系），但第一句两个主体之间的第一主体是 он（贷方），句子从贷方出发，说明他的述谓性特征；第二句的第一主体是 я（借方），句子说明的是借方的行为，贷方则转化成第二主体。因此，换位关系虽然同反义关系一样，是意义相反的词（词汇－语义变体）之间的范畴性词汇－语义关系，但这种关系只表现为同一情境参与者关系的对立，而且换位词之间的对应关系必须通过方向相反的句法结构体现出来。换位关系必然伴有句法上的语句同义转换。很多词的换位关系也只能在表示同一情境的相应语句结构中得到显示，例如：①Бушующее море *поглотило* катер.（汹涌的大海吞没了快艇。）— Катер *погрузился* в бушующее море.（快艇淹没在汹涌的大海之中。）②Он является *владельцем* этого дома.（他是这所房屋的产权人。）— Этот дом является его *собственностью*.（这所房屋是他的私人财产。）③Вы *моложе* меня.（您比我年轻。）— Я *старше* вас.（我比您年纪大。）

交叉对立如体现在内容和形式两个方面，可以形成另一种词汇－语义关系——形似关系（паронимия）。由形似关系聚合的词——形似词（паронимы）是意义相似的同根词，如 надеть（穿上）— одеть（给……穿上），адресант（寄件人）— адресат（收件人），человеческий（人类的）— человечный（人道的）。这些词在形式上具有相同的词根形素和不同的词缀形素，在语义上具有与词根相应的共同义子，同时又有与词缀相应的不同语义成分，例如：белить（刷白）（делать белым）— белеть（变白）（становиться белым），вдох（吸气）（отдельное вдыхание）— вздох（呼吸，叹息）（вдох и происходящий вслед за ним выдох），соседний（邻近的）（находящийся по соседству）— соседский（邻居的）（принадлежащий тем，кто живет по соседству）。

在词汇－语义体系中反映属－种范畴对立关系的是上下义关系。表示属概念的词是上义词，表示种概念的词是下义词。下义词是上下义关系词群中的有标记词，在语义结构上比上义词复杂、具体，包含区别于上义词的特殊语义成分，两者构成包孕对立，如 рабочий（工人）— каменщик（砌砖工）（рабочий по кирпичной кладке），месяц（月份）——январь（1月）（первый месяц календарного года），кушанье（食品）——мясное（肉食品）（кушанье из мяса），等等。如果对立的词表示同一属概念的不同种概念，那么这些词是同一个上义词的不同下义词，彼此构成交叉对立，例如：каменщик — штукатур（抹灰工），январь — февраль（2月），мясное — рыбное（鱼制食品），等等。

在词汇－语义体系中占有一定地位的纯形式对立，只有同音关系，这是语义上没有联系，但在形式上具有恒等对立关系的词之间的词汇－语义关系，如：брак^{1}（婚姻）— брак^{2}（废品），кран^{1}（水龙头）— кран^{2}（起重机），топить^{1}（生火）— топнть^{2}（熔化）— топить^{3}（使沉没），газовый^{1}（瓦斯的）— газовый^{2}（薄纱的），等等。

5 语义对立的中和

聚合体各词汇单位之间的语义对立是以语义特征的同一性为基础的，因此在一定的上下文条件下，在一定的句法位置上（参见“词在上下文中的强位和弱位”一节），它们之间的语义差别可以消失，并在不影响语句整体意义的前提下有条件地相互代替或并用，以达到不同的修辞目的。对此，我们在“聚合关系概述”一节中已有所论述。

词的语义对立的消失（具体地说，是词汇单位之间语义差别的消失），可称作语义对立（或差别）的中和。

中和（нейтрализация）原先是音位学的概念，是指某些位置上音位对立的消失。例如：俄语中清浊对偶辅音之间的对立（试比较 напор — набор）在某些位置上（如在词尾）消失：клу | п |（клуб）— тру | п |（труп）。这种在一定位置上音位区分性特征对立的消失，称为中和。

在音位学以外，中和这一概念也同样得到使用。例如，某些语法形式的中和：带否定词 не 的完成体动词原形与完成体单数第二人称形式，在一定位置上（一定的上下文中）除了动词本来所具有的意义（词汇意义和范畴意义）以外，可以获得“不可能做到，不可能进行”这一补充意义。此时这两种形式（动词原形和人称形式）的差别所表示的“人称性与非人称性”的对立就会消失，例如：

① Право, даже уж и слов-то *не подберешь*, как благодарить вас!（А. Островский）/真的，我找不到合适的字眼儿来表达对您的感谢！

② В этой близости она поняла, что былого *не воротить*.（А. Герцен）/在这种接近中，她明白，过去的事情已无法挽回了。

这里，第一句中的 не подберешь 可以用非人称形式 не подобрать 来替代，第二句中的 не воротить 也可以用人称形式 не воротишь 来替代，它们的基本意义是一致的（不排除一定含义上的差别）。这是语法形式对立中和的一种。

又如，名词单、复数形式的对立也可中和，例如：служил солдатом — служил в солдатах（当过兵），метил стать начальником — метил в начальники（想当官），пошла нянькой к кому-то — пошла в няньки к кому-то（到某人家里去当保姆）。在这些场合，单数和复数的对立是非本质性的，失去了单、复数形式通常所具有的不同意义，其差别得到了中和，获得了“当什么、做什么”的补充意义。

词汇语义领域也使用中和这一概念，但词汇－语义方面的中和较之音位和语法形式的中和要复杂得多。与音位中和相比，词汇－语义中和有如下几个主要特点。

（1）音位学中清、浊音位区分特征的中和是完全、纯粹的中和。清、浊辅音在一定的条件下（如在词尾），区分性特征完全中和，但词汇方面完全的中和却是不常见的。我们都知道 молчание（沉静）和 тишина（寂静）是一对同义词，两者都表示“没有声响”这一意义，但不同的是，前者表示“没有人发出的声响”，后者表示“没有（一般的）声响噪音”，“人发出的声响”与“(一般）声响噪音”构成两者语义上的对立。试比较下面两个句子：

Все легли спать. Кругом царило *молчание*. — Все легли спать. Кругом царила *тишина*. / 大家都躺下睡觉了，周围一片寂静。

在这两个句子中，молчание 和 тишина 两词的差别消失，语义对立得到中和。但这种中和并不是完全的、纯粹的，不是在一切场合下都是这样的。其差别在特定的语境中依然存在。譬如，在描写森林中的寂静环境时，Кругом царила тишина. 表示没有人声或其他噪音，并不排除鸟的鸣声和树叶的沙沙声等，而 Кругом царило молчание. 却表示“绝对的寂静”，没有任何声响（这可能是在无风的炎热的中午或暴风雨前的短暂的沉寂）。因此，语义中和不但取决于词在句子中的位置，而且更重要的是取决于一定的语境（广义的上下文）。例如，在 У девочки образовалось омертвение *мизинца*, и *палец* пришлось ампутировать.（В. Вересаев）（小姑娘的小指坏死了，因此这一指头得截去。）这个句子中，мизинец 和 палец 的属种概念的对立消失是由语境制约的。这种中和是有限的，不是在一切场合都能实现，例如：У мальчика отняли один палец.（小孩儿的一个指头被截去了。）这里 палец 就不能用 мизинец 代替，因为 палец 的所指是不明确的。

（2）音位体系是确定的、封闭性的，词汇 – 语义系统则是开放性的。这就决定了语义对立中和具有多方面的特性。譬如说，词的词汇意义有本质性特征和非本质性特征之分，因此语义的中和也可分本质性语义区分特征的中和和非本质性语义区分特征的中和。本质性区分特征的中和

可见于 Он не спал три дня. 这一例子中。这个句子的实际意义相当于：Он не спал три ночи.（他一连三夜未睡觉了。）день（白天）与 ночь（黑夜）在本质性语义区分特征上相互对立，但在这个句子中这种对立被中和了：день 在这里并不指"从早上到晚上"这段时间，由于 спать（睡觉）的制约而获得了与 ночь 相等的含义。在其他场合（区分性上下文），这种中和是根本不可能的，例如：В Шанхае зимой *день* короткий, а *ночь* длинная.（上海的冬天日短夜长。）

非本质性语义区分特征的中和是常见的，例如，поезд 和 состав 都表示"列车"（本质性特征），差别只表现在非本质性特征上：前者指"带有机车的"列车，后者指"带有或者不带有机车"的列车。因此，在情境明确，不强调有无机车时，两词可以相互替代，其差别就可中和，例如：

Они поспели к прибытию *поезда* и немедленно потребовали, чтобы *состав* не пропускали дальше.（В. Саянов）/ 他们在列车驶进车站前及时赶到，当即要求列车不再继续前进。

又如，рыться（刨，翻寻）和 копаться（翻掘，翻寻）的意义基本相同，但 рыться 强调行为的目的性（"要找到某个东西"），而 копаться 则没有这个特征，所以只要语境中指明或隐含这种目的性，它们之间的差别就可以中和，通用于相同的词组中，例如：рыться в комоде — копаться в комоде（在五斗橱里翻寻），рыться в бумагах — копаться в бумагах（在书信文件中翻寻）。试比较下列句子：

① — Тебе кто позволил *копаться* в моих вещах?!（Л. Пантелеев）/ "谁叫你翻我的东西？！"

② Двое перелистывали и осматривали книги. Двое *рылись* в чемоданах, в шкафах, в вещах. / 两个人在翻查书本。另外两个人在翻箱倒柜，在家什器具里搜寻什么。

一般地说，词的本质性语义区分特征被中和的情况比较少见，而词的非本质性语义区分特征的中和是常见的、为数众多的。词的语义差别越小，区分特征越不明显，则中和的可能性越大，中和的场合越多。

（3）音位区分特征在一定位置上的中和是单一的，如 д 的清化（д → т）、б 的清化（б → п）等，而且有一些硬性的规定。而词义的中和，由于词的多义性、词与词之间语义联系的错综复杂等情况，实现的条件要复杂得多，并无一定规则可循。譬如，грызть（啮，啃）和 глодать（啃，咬）在基本语义上存在着中和的可能，如 грызть — глодать кость（啃骨头），但两者同时又具有不同的组合特性，如 грызть семечки、орехи（嗑瓜子，吃核桃）中，грызть 不能用 глодать 代替。尽管如此，在转义用法上，这两个词却获得了共同的语义特征，产生了相互替代的可能性，试比较：

① Людмила：По нем-то

В глухой тиши полночной снов горячка

Томит меня, а днем *грызет тоска*.（А. Островский）

柳德米拉：在寂静的深夜，

痴情的梦折磨着我，

而白天对你的思念撕碎了我的心。

② — Распря с отцом гнетет меня, *гложет тоска*...（В. Костылев）/ 与父亲的不和使我感到压抑、苦闷……

在这两个句子中，这两个动词原来具有的不同特征（грызть — раскусывать зубами что-н. твердое; глодать — грызть, объедая, обкусывая мякоть зубами）变得不明显了、模糊了，在原有意义形象化的基础上出现了新义——“（某种思想、感情）折磨（某人）”。这实际上不仅仅是一种中和，而且是词义的富化、深化。

又如，синий 和 голубой 的词义有一定的区别，它们分别表示不同的概念（синий〈蓝色的〉，голубой〈浅蓝色，蔚蓝色的〉），但这两种颜色在现实生活中比较接近，可以交替使用，从而促使这两个词的语义特征中和，例如：голубое небо — синее небо（蔚蓝色的天空），голубое море — синее море（蓝色的大海）。与此同时，蓝色的天空和大海常常在人们的脑海中引起一定的联想，从而把 синий 和 голубой 在本义上的中和扩展到其他场合，都可用来表示“明朗的，纯洁的，愉快的”意思，例如：

① Мне весело и хорошо оттого, что день, *подсиненный* безоблачным небом, тоже весел и хорош; оттого, что на душе вот такой же *синий* покой и чистота. Мне радостно и больше я ничего не хочу.（М. Шолохов）/我感到愉快、舒畅，因为蓝蓝的天空万里无云，是那样的美好、悦目，因为心里也像这蔚蓝的天空，一片宁静、明净。我心情欢快，别的一无所求。

② Уплывали перед закрытыми глазами Григория степные гребни, хутора, станицы... А за валами гребней, за серой дорогой — сказкой *голубая* приветливая страна и аксиньина в позднем мятежном цвету, любовь на придачу.（М. Шолохов）/在闭着双眼的葛利高里面前，草原、山脊、村庄悠悠飘去……在山峦的那一边，在灰色道路的那一方——有一个神话般美好、亲切的世界，还有阿克西妮娅来迟的疯狂的爱情。

在上述用法中，синий — голубой 的语义的中和同语义的富化（产生新义）联系起来：голубой — чистый、ясный，радостный — синий。但是这种语义的中和离不开一定的上下文（如 Мне весело...；день, подсиненный безоблачным небом..., весел и хорош..., синий покой），否则会造成错误或引起歧义。

6 词汇单位语义差别中和的基本类型

以上我们将词汇平面和音位平面的两种中和做了对比，说明了两者不同的特点。我们这里所说的中和，主要是指言语层次上同义词、近义词和准同义词之间语义差别的中和。词的语义差别中和是同词的语义结构成分相联系的。据此，语义差别中和可分如下几种基本类型。

（1）有一类对应词之间的语义关系是这样的：X=ab или c，Y=ab。X 的语义结构中包含三项语义特征（ab 或 c），其中第三项 c 前有析取符号（или），即带有选择性质，而 Y 则只有其中的两项（ab），X 与 Y 在前两项语义特征上相同，而在 c 这一特征上相对立。为使两词的语义差别中和，必须使 X 失去 c 项，或者使 Y 增加 c 项。下面举例说明：

рыть — разрыхлять орудием *или органом*（用工具或者器官掘松）

копать — разрыхлять орудием（用工具掘松）

由于 рыть 具有 c 项（орган），所以在 Лиса роет нору.（狐狸在挖洞穴。）中 рыть 与 копать 对立，后者不能代替前者；但是如果 рыть 语义结构中的析取成分（или органом）被去掉，рыть 只处于使用工具的情况下，两者即可中和，例如：Я доложил, что батальон *роет* ходы сообщения. Панфилов приостановился. — Чем вы *копаете*? — Как чем? Лопатами, товарищ генерал.（А. Бек）（我报告说，全营战士正在挖战壕。邦菲洛夫停了一下。“你们用什么挖？”“怎么用什么挖？用铁锹挖，将军同志。”）

исправиться — стать лучше *или хорошим*（变得较好或〈完全〉变好）

улучшиться — стать лучше（变得较好）

这两个词包含“好”这一语义特征，不同之处在于前者既可表示这一特征的完全程度“完全变好”，也可表示这一特征的非完全程度“变得较好”，而后者只能用来表示“好”的非完全程度。由于这一差别，улучшиться 只能同表示非完全程度的副词 немного（不多）、слегка（稍微）等组合，而 исправиться 既可同上述副词组合，也可同表示完全程度的副词 абсолютно（完全，绝对）、совершенно（完全）、совсем（完全，充分）等搭配。譬如，可以说 Его поведение немного улучшилось.（他的行为有些变好了。）或者说 Его поведение немного исправилось.（他的行为有些改好了。）这里 исправиться 的另一特征 стать хорошим 被略掉，语义差别被中和。与此相反，可以说 Его поведение совсем (или вполне) исправилось，但不说 *Его поведение совсем (или вполне) улучшилось，因为在 стать хорошим 这一特征上两者是对立的。

（2）有一类同义词或近义词的语义成分存在如下的差别：X=ab+c，Y=ab。它们的相同成分（ab）占主导地位，不同点（c）是次要的、附加的。在一定的上下文中，因受语境的制约，或者通过附加含有语义成分 c 的词语，使 Y 的语义结构“富化”，对应词 X 和 Y 可得到中和，例如：

рыдать — плакать, судорожно вздрагивая, сотрясаясь всем телом（抽搐、哆嗦、全身颤抖地大哭）

плакать — проливать слезы (от боли, горя и т. д.), обычно издавая при этом нечленораздельные голосовые звуки（〈由于疼痛、悲痛而〉流泪，通常伴有呜呜咽咽的声音）

先看下面的例句：

① Она сидела на подоконнике и... *рыдала* шумно и громко, как плачут несправедливо обиженные дети.（Б. Полевой）/她坐在窗台上，放声大哭，活像一个平白受屈的孩子。

② А как он потом *плакал* на похоронах! Галя даже не подозревала, что взрослый мужчина может *рыдать* так безутешно, так громко, сотрясаясь всем телом.（Ю. Сальников）/后来，在安葬死者时，他哭得可伤心呢！加莉娅没想到一个男子汉会如此放声痛哭，整个身子抽搐着，凄然哀号。

根据词的语义特征，плакать 是指“一般的哭”，рыдать 不仅表示“哭”，而且附加“抽搐地、全身颤抖地哭”这一特征，这两个词的差别是明显的，但由于上下文的制约，上述句子中的 плакать 包含了 рыдать 的全部含义，取得了新的语义内容，从而促成了这两个词的语义特征中和。

потребовать — вызвать кого-либо путем приказа, категориального предложения（以命令、坚决要求的方式召唤某人）

вызвать — в форме просьбы, приказа, предложения и т. п. сообщить о необходимости явиться куда-либо, к кому-либо（以请求、命令、建议等方式告知对方必须去某处，去见某人）

这两个词的意义相近，第二个词用得广泛，泛指“叫……来”；第一个词也表示同样的意义，但口气坚决，一般带有命令的意味，但在一定的语境里（如下面第一句中的 ночью, разбудили... срочно），它们之间的差别可以中和：

① Ночью старшего зоотехника разбудили: директор срочно *вызвал* в контору.（В. Авдеев）/夜里主任畜牧师被人叫醒了，场长叫他立即到办公室去。

② Сорокин вернулся на станцию и *потребовал* к себе командиров колонн.（А. Толстой）/索洛金回到车站，命令各纵队指挥员到他那儿去。

（3）有一类意义相近的词的语义关系可以这样表示：X=ab，Y=ab+（обычно）c。X 和 Y 在两项或者更多项语义成分上一致（ab），所不同的是后者还含有可能出现的、非绝对必需的语义成分（c）。这一成分在详解词典里通常附带注释 обычно（一般）、часто（往往）、преимущ.（多半）等。这种隐含在词的基本意义内的语义差别，在适当的语境或其他语言因素的作用下也可得到中和。例如：

прекратиться — кончиться, перестать（停止，中止）

кончиться — пройти к концу, прекратиться, обычно завершиться чем-нибудь（停止，终止，结束）

кончиться 一般指行为达到极限，强调行为的完成，而 прекратиться 则通常指未达到极限的行为，实际上是行为的中止，因此 работа (занятие, поход) прекращается（工作〈学习、行军〉停止）和 работа (занятие, поход) кончается（工作〈学习、行军〉结束）这两种说法隐含着一定的差别（"工作停止"和"工作结束"）。但是，同样两个词用于表示自然现象时，这种隐含的语义差别就消失了：Дождь прекратился (кончился) еще с утра.（雨早上就停了。）Дождь быстро проходит и кончается (прекращается).（雨很快就过去了，已经停了。）这里的语义中和是由语义差别的非必然性决定的：在同 дождь（雨）、снег（雪）、ливень（阵雨）等只要求说明停止与否，并不要求指明完成与否的名词搭配时，кончиться 所包含的行为极限含义失去作用，而有别于 прекратиться 的语义区分特征可不表现出来。

перебраться — перейти, переправиться через что-либо（越过，渡过）

переправиться — переехать, перейти (обычно через реку, на комчем-либо)（越过，渡过〈一般指用某种交通工具渡河〉）

这两个词的语义对立从俄语释义中可以看得很清楚：перебраться 泛指"渡过，越过"，而 переправиться 则一般指"渡河"，并指明完成这一动作的工具。因此在使用 перебраться 时指明使用的工具，增加一定的语义特征，就能使它同 переправиться 在语义上中和。与此同时，如果加确 переправиться 的工具组配项，那么即使非“渡河”，在上下文中它也能同 перебраться 交替使用，例如：

① Моторизованная пехота стала *перебираться* на лодках на ту сторону реки. /摩托化步兵开始乘船渡河向对岸进发。

② Он благополучно *переправился* на волах через снеговые горы. /他坐着犍牛拉的车顺利越过雪山。

（4）有一类意义相近的词在语义结构上的差别，表现为对应词含有或不含有一定的限定语。它们的关系大体上可以这样表示：X=ab，Y=ab+Q[①]。这类近义词中，不带限定语的词使用广泛，带限定语的词使用范围受到限制，也就是说两者具有不同的组合能力。例如：

бездна — неизмеримая, чрезвычайная глубина чего-либо（моря, провала, впадины на земной поверхности и т.д.）（不可估量的异常深的深渊〈海、陷坑、地平面的凹处等〉）

пропасть — слово более конкретное и употр. преимущ. по отношению к чрезвычайно глубоким провалам, впадинам, имеющим отвесные или крутые края（词义比较具体，主要用于表示具有陡峭边缘的异常深的陷坑、凹处）

пучина — чрезвычайная водяная глубина（水中的深渊）

这三个词都是指“深渊”，区别是：第一个词指一般的深渊，第二个词多指“又深又陡的”山谷和悬崖下的深渊，第三个词是指“水中的”深渊。使用时，如果相应地增加一定的限定语，它们的语义差别就能中和，例如：

① Q — qualified.

① Из голубой *небесной бездны* на землю низвергался ледяной холод.（Е. Катерли）/九天之上，一股冰冷的寒气直泻大地。

② Облака сплетаются, пропадают, возникают вдруг и вновь из темно-голубой *небесной пропасти*.（Д. Фурманов）/云彩相互交织着，时而消失，时而又突然显现在高不可测的碧空。

③ Разрезая волны, зарываясь в *водяные пропасти*, «Аризона» уходила от острова.（А. Толстой）/阿里卓娜号劈风斩浪，不时隐没在海浪的深渊中，驶离了海岛。

④ Всюду по ходу лодки была одна и та же — одинаково бездонная, синяя *водяная пучина*.（Н. Никандров）/小船经过的水面，到处都是深不可测的湛蓝色的深渊。

（5）有一类同义词和近义词的差别主要表现为组配性能和句法联系的对立。这种关系可以用这样的公式表示：X=ab，Y=abi → s[1]。例如：

запасти — заготовить впрок（储备）

запастись — запасти для себя（〈为自己〉储存，储备）

这两个词的差别主要表现为：запасти 泛指“储备”，而 запастись 则是“为自己储备”，因此在一定场合，只要在 запасти 后面加上 для себя，这种差别就可中和，如 запасти для себя дрова, муку на зиму — запастись дровами, мукой на зиму（为自己储备过冬的木柴和面粉）。

каждый — всякий, любой из себя подобных（全体〈相同个体〉中的任何一个，每个）

всякий — то же, что каждый（任何一个）

这两个词在意义上并没有什么差别，但前者既可表示确指的事物，又可表示非确指的事物。后者一般只能表示非确指的事物。因此，当句

① i — индекс синтаксической связи.

子突出“确指”这一特点时，两者对立：Каждый（不能用 всякий！）год отец приезжает в деревню.（父亲每年来农村一次。）Каждый（不能用 всякий！）из нас знает, что положено и что не положено делать.（我们每个人都知道什么事能做，什么事不能做。）但在表示“非确指”的每个事物时，两者中和，可以交替使用：Каждый (всякий) имеет право на труд и на отдых.（每个人都有劳动和休息的权利。）

（6）有一类同义词或近义词带有不同修辞、语体标记，对应词所具有的鲜明的修辞特色，往往使它们成为对立的同义手段。然而，在一定的语境中，它们的修辞色彩可以相互影响、相互渗透、相互限定，以至于中和。例如：

зайти — идя, по пути побывать где-нибудь, посетить кого-нибудь, вообще прийти к кому-нибудь（顺路在某处逗留、看望某人，或一般指去某人处）

забежать (разг.) — близкое по значению к слову зайти, но употр. в обиходно-разговорной речи（意义与 зайти 相近，但常用于日常口语中）

试比较下面两句例句：

① К тебе *заходил* сосед портной, и здешний будочник *забегал*.（А. Пушкин）/做裁缝的邻居来找过你，这里的岗警也来过你家。

② Елизавета Ивановна: Вы не *зайдете* перед отъездом? /埃莉扎维塔·伊万诺芙娜：“动身前您到这儿来吗？”

Дуся: *Забегу*. Письмо готовьте.（Л. Малютин ）/ 杜夏：“我会来。您把信准备好。”

обмануть — совершить обман, поступить недобросовестно, нечестно（进行欺骗，干不诚实、不道德的勾当）

провести (разг.) — очень хитро, ловко обмануть（狡猾地、巧妙

地欺骗〈口语词〉)

这两个词存在修辞色彩上的对立，在一定的语境条件下也能得到中和，例如：

① Почти у всех во всем один расчет:
Кого кто лучше *проведет*,
И кто кого хитрей *обманет*.（И. Крылов）
几乎任何人干任何事都心怀叵测：
看谁比谁的欺骗手段更高明，
谁比谁的欺骗手段更狡猾。

② Ленские хитрецы *провели* его, а он возьмет да *обманет* Трапезникова, тоже надутого лендами.（В. Саянов）/连斯克的狡猾之徒欺骗了他，而他却又去坑害同样受到连斯克人欺骗过的特拉彼兹尼柯夫。

（7）有一类词的语义对立表现为：X=abm，Y=abn，其中 a 和 b 是相同的语义成分，m 和 n 是对立的语义成分。这种交叉对立的中和条件是：去掉 m 和 n，使 X 和 Y 在一定的上下文中都只体现 a 和 b 的意义。例如：

общий — принадлежащий, свойственный всем（公有的，为全体人员所共有的）

общественный — принадлежащий обществу（属于社会的，公有的）

两词具有共同的语义成分“公有的”，但 общий 的“公有”指“为全体人员所共有”，而 общественный 的“公有”指“为全社会所共有”。试比较：общая кухня（公用厨房），общее собрание（全体会议）；общественное мнение（社会舆论），общественное имущество（公共财产）。然而，在强调两者共同点的上下文中，上述语义差别可消失，例如：

Каждый должен беречь *общее* (*общественное*) имущество. / 每个人都应该爱护公共财产。

повиноваться — подчиняться чьим-н. приказам, беспрекословно

слушаться（服从，听从）

подчиниться — покориться чьей-н. силе, оказаться под властью кого-чего-н.（服从，屈服）

两词都表示“服从”，但 повиноваться 侧重于“听话”，而 подчиниться 则侧重于“听命于某种势力”。如 повиноваться родителям（听从父母），повиноваться любопытству（受好奇心驱使）；подчиниться силе оружия（屈服于武力），подчиниться чужому влиянию（受别人的影响）。在不强调这种语义对立的语句中，两词可互换，例如：

Не *подчиняться* (*повиноваться*) указаниям и свое личное мнение ставить превыше всего; требовать от организации заботы о себе, но не признавать дисциплину организации... Все это — проявление либерализма.（Избранные сочинения Мао Цзэдуна）/ 命令不服从，个人意见第一。只要组织照顾，不要组织纪律……所有这些，都是自由主义的表现。

这里须附带提一下由于词语本身的发展而形成的一种中和现象：两个对应词，其中一个是通用词或日常生活用词，另一个词属科技用语，但随着科学技术的日益发展和普及，后者逐渐进入日常生活（包括社会生活），专业术语特点慢慢消失，在词汇体系中取得与相应的常用词几乎相等的地位。下面举几个例子加以说明。

заразный, инфекционный (мед.) — о болезни, передающейся другим（传染的，感染的）

原先属于医学术语的 инфекционный 目前已经得到广泛使用，有的词典已去掉注释中的“мед.”标记，例如：

① У него *заразная* (*инфекционная*) болезнь. / 他得了传染病。

② Болезни, вызываемые микробами, называются *заразными*, или *инфекционными*. (А. Кабанов) / 由细菌引起的疾病称为传染病。

отнять, ампутировать — удалить операционным путем конечность или часть ее (动手术截去肢体或肢体的某一部分)

ампутировать 原系医学术语，但已广泛使用。例如：

① В Тихорецкой ему *ампутировали* раздробленную ногу. (М. Шолохов) / 在季霍列茨卡亚，他那被砸烂的脚被截去了。

② Ступню ему *отняли*, но молодой офицер не пожелал увольняться из армии. (Б. Полевой) / 他的脚掌被截去了，但年轻的军官不想离开军队。

由于科技事业的发展，科技术语大量进入日常生活，很多专业术语获得转义，用于表示非专业的概念，并同日常词语构成新的同义对应，使用范围的差别在转义基础上中和：

орбита — о направлении деятельности, пути развития чего-либо (指活动的方向、范围，发展的道路，题材，栏目)

由于宇航学的发展，这一词得到广泛使用，取得与 путь、сторона 相同的意义，在某些方面甚至有取而代之的趋势，例如：на орбите рекордов (在创造新纪录的道路上), на кинематографической орбите (电影艺术领域), на турнирной орбите (比赛栏目), на футбольной орбите (足球比赛), полтора месяца на подводной орбите (在水下一个半月)。

Герой либо замыкается в собственной скорлупе, либо совершенно теряется, становится своего рода «лишним» человеком, как только появляется необходимость выйти на самостоятельную *орбиту*. (И. Кузьмичев) / 主人公要么囿于自己的小天地中，要么在必须走上独立的生活轨道之际张皇失措，而成为某种“多余的人”。

词的组合关系

1 词的组合关系概述

在“词的组合意义和聚合意义”一节里，我们论述了词的两种结构意义：组合意义和聚合意义。这两种意义是根据词在词汇体系中的非线性关系和词在实际使用中与其他词的线性关系确定的。

词在上下文中完成一定的功能，体现自己的某种意义，与周围的词按一定的规则和一定的顺序排列，形成一定的语义关系，从而表达一定的意思、传递一定的信息。这种关系体现为词在其不同意义上的搭配，在言语中与其他“伙伴”的联系，这就是词的组合关系。从形式上看，它是线性的。研究词的组合关系的始发单位是词组、句子和超句体。

词的组合关系和聚合关系是在词的两种不同地位基础上划分的。我们已经知道，词有两重地位：（1）称谓词；（2）语段词。作为称谓词，即在语言平面上，词是一定意义或一系列意义的潜在载体。在语言平面上，作为语段词，词体现自己的一个意义，此时词的多义性问题就不存在了。例如，глаз（眼睛）是一个多义词，但在言语平面上，在上下文中，它只体现自己的一种意义，例如：

Если Алешу исключат, то будет он сидеть дома. И нужен будет за ним *глаз*.（Б. Федоров）/ 假如阿廖沙被开除，他将待在家里。还得有人照管他。

在这个句子里，глаз 既不是以“眼睛”，也不是以“视力、目力”，而是以“照料、监管”这一意义出现的。它的意义是确定的，不存在多义，也不会引起歧义。глаз 在句中与其他词形成一定的关系——组合关系，这种关系使词的搭配特性（接格关系 за ним）和具体意义得以表现出来。

词的组合关系和聚合关系贯串整个词汇－语义体系，两者既有联系，又有区别。下面仍以 глаз 为例，分析它在不同意义上同其他词组合的广泛可能性。

（1）правый, левый глаз（右眼，左眼），карие, черные, голубые глаза（褐色的、黑色的、蓝色的眼睛），большие, красивые, косые, узкие глаза（大眼睛，美丽的眼睛，斜眼，细小的眼睛），прищурить, зажмурить глаза（眯缝眼睛），вытаращить, сомкнуть, закрыть глаза（睁大、合上、闭上眼睛），видеть собственными глазами（亲眼看到），встретиться глазами（目光相遇），поднять, опустить глаза（抬起、低下眼睛），отвести глаза от кого-л.（把目光从……移开），провожать кого-л. глазами（目送），окинуть, поводить глазами（扫视，环视），уставиться глазами, устремить глаза на кого-л.（盯着，注视）。

① Большие темные, прикрытые ресницами глаза смотрели так, как смотрят только глаза человека, который не может забыть тяжкой боли, испытанной им.（М. Горький）/一双被睫毛遮掩着的深色大眼睛张望着，只有经受沉重的痛苦而不能忘怀的人才有这样的目光。

② Все танцующие остановились и с любопытством устремили

глаза на новую пару.（А. Куприн）/所有跳舞的人都停下舞步，好奇地注视着新的一对。

（2）близорукие, дальнозоркие глаза（近视眼，远视眼），опытные, верные, острые, наметанные глаза（有经验的、准确的、尖锐的、老练的眼力），глаз знатока（内行的眼力）。

① Мартышка к старости слаба глазами стала.（И. Крылов）/ 猴子年老眼花了。

② Одарка глазом знатока осмотрела сапог. — Латать его мой мужик не будет.（Н. Островский）/奥达尔卡用行家的目光察看靴子后说："我男人不修这靴子。"

（3）хозяйский, женский глаз（主人的照顾，女人的照料）。

① У семи нянек дитя без глазу.（Пословица）/七个保姆照料不了一个孩子。/三个和尚没水吃。

② — В детских учреждениях, в общежитиях и столовых недостает женского глаза и заботы.（В. Ажаев）/"在儿童福利机构里，在宿舍和食堂里，缺少女人的照料和关心。"

从以上的例子可以看到，глаз 一词在不同意义上具有不同的搭配能力。表示人的视觉器官"眼睛"时，它可以同一切能够描述眼睛外部特征、动作的词发生联系，构成一定的语义关系；用于"视力、目力"意义时，它的搭配能力是有限的；而它的"照料、监管"意义只能出现在有限的语句中。另一方面，我们也可以看到，只有同相应的词按一定的规则组合在一起，глаз 才能表示这种或者那种意义。词并不是杂乱无章地任意同随便什么词组合，而必须受语言外部和语言内部诸多因素的制约。在一般情况下，词的组合能力取决于它所表示的一类外界事物的特性，如"眼睛"本身的大小、颜色、特征，以及睁开、闭合动作等。同时词与词的联系又受语言内部规则支配，如表示“褐色的眼睛”，则说 карие глаза，而不说 коричневые глаза。最后，глаз 的实际使用还受语法规则的限制，如要求一定的接格关系等。

一个多义词可与相当数量的词搭配，有时这种可能性几乎是无限的。与某一个词搭配的所有的词，相互之间存在着复杂的语义联系，构成反映词之间各种聚合联系的词汇－语义词群。如表示视觉器官（глаз ）外部特征的词群：большой（大的），огромный（大大的），маленький（小的），узкий（细小的）；красивый（美丽的），некрасивый（不好看的）；голубой（蓝色的），темный（深色的），черный（黑色的）；等等。表示评价意义的词群：опытный（有经验的），верный（准确的），зоркий（敏锐的），проницательный（有洞察力的），наметанный（老练的），меткий（准确的）。表示与眼睛动作有关的词群：открыть（睁开），закрыть（闭上），поднять（抬起），опустить（低下），раскрыть（睁开），прищурить（眯缝），устремить（把〈视线〉集中到……），окинуть（扫〈视〉）。与此同时，这些词意义相同或者相近，一部分构成包孕对立的语义关系（большой — огромный〈大的〉，открыть — раскрыть〈睁开〉，верный — меткий〈准确的〉）；另一部分构成交叉对立的语义关系，如反义关系（близорукий〈近视的〉— дальнозоркий〈远视的〉，правый〈右面的〉— левый〈左面的〉，большой〈大的〉— маленький〈小的〉）。所有与 глаз 搭配的词可以组成一个语义范围广泛的大的聚合体，勾画出 глаз 一词的全部组合关系的特点。

2 词在上下文中的强位和弱位

词在一定类型的上下文中只体现自己的某一种意义，它可以与具有一定意义的数量不等的词构成伙伴关系，因此一个多义词有几种意义，就可能有几种类型的上下文，有几种不同特点的组合联系。

描述词的组合关系的重要概念是位的概念。位的概念（позиция）来自音位学，譬如音位［г］和［к］在元音前处于强位，能最大限度地表现其区分特征，执行其区分功能。同一对音位在词尾时，处于弱位，其区别消失，得到中和（参见“语义对立的中和”一节）。试比较：

год（年）— кот（猫）：［гот］—［кот］

音位学中关于强位与弱位的概念已为大家所熟悉，现今这一概念在语义学中也得到应用，以阐述词在词组、句子中的组合联系，确定词的现实意义。不过这两种情况不完全一样。

词在词组或者句子中占有一定的位置，并依据其所处的位置体现自己的某种意义。词汇单位的“位”表现为它在上下文中与其他词的关系和所处的位置。离开上下文，离开与其他词的关系，词仅是一定词汇意义的潜在载体。将词孤立起来看，我们只能大体上知道它具有哪些意义，而且多半是最常见的意义。至于转义、不常见的意义，则总是同其一定的“伙伴”和所处的位置联系在一起的。

能充分体现词的一定意义（或者换句话说，能确定词的某个词汇－语义变体的意义）的位置，就是该词用于该意义的强位。例如，名词 врач（医生）处于强位的上下文可以是：лечащий врач（看病的医生），глазной врач（眼科医生），врач принимает больных（医生给病人看病），консилиум врачей（医生会诊），врач делает операцию（医生在做手术）。此类上下文能突出 врач 的语义结构中最主要的区分性特征（врач — человек, обладающий профессиональной подготовкой в области медицины и правом лечить людей〈受过专门的医学教育、有资格给人看病的人〉），能充分体现词的个性，并能使相关词所含主要义子得到必要的重复，达到语义上的一致。

强位的概念对区别多义词的不同词汇－语义变体尤为重要。例如：

$земля_1$（地球）— орбита Земли（地球轨道）

$земля_2$（陆地）— увидеть с корабля на горизонте землю（从船上看到地平线上出现了陆地）

$земля_3$（土地）— колхозная земля（农庄的土地）

$земля_4$（国土）— родная земля（祖国）

земля 在上述不同的位置上（都是强位），分别体现了其不同的意义。这些上下文能最大限度地将形式上相同的词汇－语义变体区分开来，突出它们各自的不同点。

又如，动词 использовать（利用）的释义中最主要的区分义子是 польза（利益）和 цель（目的）（использовать — воспользоваться кем-чем-л., употребить с пользой〈利用某人、某物，以取得某种利益〉），因此，在同 целесообразно（适当地）、рационально（合理地）、плодотворно（有成效地）、максимально（充分地）、случай（机会）、опыт（经验）、природные ресурсы（天然资源）等词一起构成的上下文中，动词处于强位，能充分地体现词的基本意义。

如果说强位是能充分区分一定词汇－语义变体，突出词义个性，体现词的一定意义的位置的话，那么弱位是不能充分区分词的词汇－语义变体，突出其词义个性的位置的。词处在弱位时，其词汇－语义变体的意义差别往往不明显，在一定情况下可以得到中和，或为其他意义相近的词所替代（参见“语义对立的中和”一节）。如仍以上述三词为例，那么 врач 处于弱位的上下文是：лучший врач（优秀的医生），опытный врач（有经验的医生），консультация врача（医生的咨询），работа врача（医生的工作），приглашать врача（请医生）。这类上下文不能突出 врач 一词的最主要的语义特点，即其语义结构中的区分性特征（“受过专门的医学教育”和“有资格给人看病”）。这样的上下文同样适用于同一聚合体（“某方面的专家”）中的其他一些词，如инженер（工程师）、химик（化学家）、агроном（农艺师）等，因为这些词都具有与врач相同的非区分性语义特征“受过（某种）专门教育”和“有（某种）资格”，而这些一般特征在上述上下文中都是协调一致的。

名词земля处于弱位时，由于上下文表示的意义、界限难以划分，往往可含有两种以上不同的意思。例如：

видеть землю：①看到陆地；②看到地球

объездить（нашу）землю：①走遍（我们的）地球；②走遍（我们的）国家

защищать землю：①保卫祖国；②保护土壤

размеры земли：①地球的面积；②田地的面积

这类上下文不足以突出具体词汇－语义变体的语义个性，其现实意义须借助更确切的上下文，使词处于强位，才能予以确定。例如：видеть Землю из космоса（从太空看到地球），видеть землю с корабля（从船上看到陆地）；Он объездил всю нашу землю: побывал на всех материках.（他走遍了全球：到过所有的大陆。）Он объездил всю нашу землю: был во всех уголках Китая.（他走遍了全国：到过中国的所有角落。）有时，某些词组的意义要放到整个篇章中才能得到恰当的解释（参见“最低限度上下文”一节）。

动词использовать（利用）同样有处于弱位的情况，例如：использовать тему（选用题目），использовать шлюпку（利用舢板），использовать карандаш（使用铅笔）。

3 语义一致律

在表达一定意思的语句中，词与词的组合是严谨的，不是任意的。词在语句中相互影响，其联系是受一定规律制约的。支配语句中词与词联系的主要规则是语义一致律（закон семантического согласования）。这一原则在许多语义学、词汇学著作中都有论述，我们在“词的组合意义和聚合意义”一节中也提到过。所谓语义一致律，指的是词汇单位的组合必须符合语义成素相互协调一致的原则。任何句子或语段都有自己的语义中心，其基本意思的形成是同多次重复出现的相同义子有联系的。例如，подойти к окну（走到窗前）中两次出现义子“移近”，вращаться вокруг оси（围绕轴心转）中两次出现义子“围绕”，Птица летает（鸟在飞）中两次出现义子“飞行”。在 Но плотная толпа покупателей медленно несет меня вдоль длинных рядов коробейников.（可是，密集的顾客的人流，使我沿着长长的小贩们的摊位，慢慢地向前移去。）这一句子中，六次出现同一个义子“众多”：плотный — большое количество кого-чего-л. в малом пространстве（密集的），толпа — скопление людей（人群），покупатели — много людей, которые покупают что-л.（许多顾客），длинный — имеющий большое протяжение（距离长的），ряд — немалое количество（很多），коробейники — много торговцев（许多摊贩）；四次出现义子“人”：толпа, покупатели, я（меня），коробейники；两次出现义子“趋向”：нести — мчать, толкать куда-л.（推着……走），вдоль — в направлении длины чего-л.（沿着……）。

这里说的不是语义成分的简单重复，而是语句中词与词在语义上的相互渗透、相互协调、共存相容的关系。从广义上讲，语句、语段中共同成分的重复是一种相当普遍的现象。例如，читать книгу（看书）中“阅读”意味着看由文字记载的东西，而“书”是文字著述的读物；писать письмо（写信）中“写”是用笔在纸上做字，而“信”是写上字给人家看的纸；лечить больных（给病人治病）中“治病”和“病人”中都含有义子“疾病”；пить воду（喝水）中“喝”和“水”都含有义子“液体”；птица прилетела к гнезду 中“鸟——飞禽”中的义子“飞”与动词 прилететь（飞来）的语义相一致；змея подползла к норе 中“蛇——爬行动物”的义子“爬”与动词 подползти（爬近）的语义相一致；услышать собачий лай 中“狗”和“吠声”一致，因为 собака 会叫，лай 一定是指狗叫，而“听”指感受某种声音。

这种语义成素的多次重复所造成的语义上的充裕性在大多数情况下是完全必要的，它能确保语句意思的严谨、准确。但在不违反语义一致律的前提下，有时也允许对语句结构进行“简化”。在这种情况下，两种表达方法可以并用，如 услышать собачий лай — услышать собаку（听到狗叫声），читать произведения Пушкина — читать Пушкина（阅读普希金的作品），стол, сделанный из красного дерева — стол красного дерева（红木桌子），жить тяжелой жизнью — жить тяжело（生活艰难），улыбаться ласковой улыбкой — улыбаться ласково（亲切地微笑）。

值得指出的是，这种部分意义或语义成分的重复应恰到好处地符合语句意思完整的需要，合乎语言使用的习惯，而会导致语句冗赘的情况应当切实避免，例如，不能说 *старый старик、*военный солдат、*неженатый холостяк、*высокий верзила 等。

词在语句中相互作用、相互制约，达到语义一致。这方面要特别强调的是，词与词的组合应相互协调、相互关联，避免在语义上相互矛盾、相互排斥，以致造成表达上的错误。譬如，根据语义一致律，可以说 простуженный человек（伤风的人），但不能说 *простуженный камень（伤风的石头），因为只有人才会伤风。在前一词组中存在“人”这一语义成分的协调、关联；在后一词组中这种协调、关联并不存在，词组的两个部分在语义上互不相容、相互排斥。

语义上的相互排斥主要是由于词的搭配与词的指物规定性和语言的逻辑性相矛盾所致。例如，мчаться（飞驰）是指快速的运动，因而不能同 медленно（慢慢地）搭配；сидеть（坐）是同 стул（椅子）联系在一起的，而 сидеть на сейфе（坐在保险箱上）这种搭配如果能成立，也只是指在异乎寻常的情况下发生的不合常规的行为；говорить（说话）只能是有生命的人，而 дерево, гора, земля говорит（树、山、大地说话）只有在事物人格化，即赋予无生命的事物以生命的特征的情况下才是可能的。

在言语中，有时也可遇到似乎是不符合语义一致律的搭配，这种情况需从语言的国情背景和语言内部因素中去找原因。例如，“喝汤”在俄语中说 есть суп（意即“吃汤”），但“喝茶”则说 пить чай，“汤”“茶”同属液体，搭配规则却不一致（参见“词的语义搭配限制”一节）；在我国南方，有些地方也有说“吃茶”的，同俄语的 есть суп 搭配相似。又如，在一般情况下可以说 Он пишет прозу（他写散文）（指单个作品），但不能说 *Он пишет поэзию，因为 поэзия（诗歌）这一词并不含“一首诗”或“几首诗”的意义，正确的说法应该是 Он пишет стихи（他写诗歌）；可以说 есть с большим аппетитом（胃口很好），但不说 *есть с маленьким аппетитом，这种不一致只能从言语习惯上去找原因；после войны（战后）、прочитать книгу за неделю（一周内读完这本书）、во время урока（上课时）、рано утром（一大早）完全合乎语义一致律，但不能据此类推构造如下的搭配：*после дома，*читать книгу за неделю，*во время школы，*рано днем。类似的搭配似乎并不矛盾，但实际上不符合语义一致规律。

另外一种情况是，意义原先不协调的搭配通过一定的语义转化过程，从语义成分的不一致最终达到一致。说明这种情况的例子有：Птица приблизилась к гнезду（鸟飞近鸟巢），Идет дождь（下雨），Машина бежит（车在奔驰），Самолет садится（飞机降落），Время летит（时光飞逝），等等。在这些例子中，相关词的语义成分似乎不相关联，譬如приблизиться一般指人、物体的靠近、移近，而鸟应是飞的，但由于词的相互影响，一部分语义成分"淡化"或者"消失"，另一部分语义特征得到"富化"或者"增殖"，词义渗透、转移，从而使相关词的语义成分协调、融合，达到表达上的完全一致。上述情况大多出现在词的转义使用上，例如：

Этот сплав знаний, мастерства, дерзания, отваги дал возможность раздвинуть границы возможного в космонавтике, пойти дальше в познании нашей планеты и тайн Вселенной.（«Правда», 21 августа 1979）/ 这种智慧、高超技艺、敢作敢为的大无畏精神的结合，使我们得以拓宽航天领域的研究范围，深入探索我们的星球和宇宙的奥秘。

сплав原指"合金"（соединение двух или нескольких плавких твердых тел, преимущественно металлов）。它所包含的主要语义成分是"固体（主要是金属）"的"熔合物"，常见的搭配有：легкий алюминиевый сплав（轻铝合金），сплав меди с золотом（铜和金的合金）。这些词组中均有语义成分"熔合"和"金属"的重复，因此它们在语义

上是一致的。但 сплав знаний、мастерства 等则是另一种情况，原先并不一致的语义成分通过感染引申，在新的基础上产生了新义“结合”，从而使词组在语义上达到一致。这是词义的隐喻性转化。这种转化往往有一个过程，开始可能是一种随机性的用法，含有强烈的形象性，久而久之，形象性会淡化甚至消失。譬如，звездная болезнь（明星病）这样的搭配，开始可能使人难以理解，觉得这种搭配语义上不协调。实际上它同 звезда（星）的另一意义“明星”有关，用来形象性地表示明星的自高自大。

在词组、语句中词与词相互感染、相互渗透的过程中，要特别注意中心词的作用。在很多情况下，句子中重复出现的语义成分有几组，而决定整个词组、语句意思的中心词的语义成分并不重复，或者复现率并不高。在这种情况下，如何确定词与词之间的语义联系和句义的关联性？试看如下的句子：

За лесочком зеленели кукурузные поля, а вдали светилась *широкая река* подсолнечника... / 林子那边是一片绿油油的玉米田，远处是一望无际的金灿灿的向日葵……

句中斜体词的语义成分 большой（широкий——большой в поперечнике〈宽的〉)、река（большое количество, масса〈大量〉）重复两次，而 подсолнечник 的语义成分并没有重复。然而，这里的 река 并不用于直接意义（“河流”)，而是用在转义（“大量”）上，这种转义的用法可指众多的事物，如 река крови（血流成河）、река народа（人流）等。这样，река 和 подсолнечник 在语义成分“大量”的基础上达到一致，подсолнечник 限定语段中 река 的所指，起着中心词的作用。

由此可见，中心词能帮助我们确定句子或者语段中的词究竟用于何种意义，表达什么意思，试比较：выйти в море（出海）— море людских голов（人山人海），бурный поток（急流）— поток телеграмм（源源而来的电报），людской поток（人流），необозримая равнина（一望无际的平原）— равнина моря（海平面）。

4 词的语义搭配限制

连词成句须遵循语义一致律，这就是说，词的搭配是受其本身的语义制约的。两个词语义协调，具有共同的语义成分才能相互组合。词在组配性能上的这种制约性称作词的语义搭配限制（семантическое ограничение на сочетаемость слова）。

语义搭配限制决定词与词的组合在语义上是否能够成立的问题，这种限制实际上是客观现实中各种关系和联系的本质反映。一般地说，符合现实关系的搭配可以成立，不符合的不能成立。假如某些行为只能由有限的，甚至个别的主体或客体来完成，那么表示这些行为的动词的搭配范围必然有严格的限制，例如 зажмурить 只能同 глаза 搭配（“眯缝眼睛”），екнуть 只能同 сердце 搭配（“心悸”）等。由于事物关系的复杂性，词的搭配所反映的语义关系也是多种多样的。下面仅以动词为例，分析一下支配词（动词）与被支配词（名词）之间常见的几种语义关系（包括动词与主体的关系）。

（1）支配词的语义结构所包含的语义特征同被支配词的一定语义成分相协调、相吻合，联系十分紧密。这类词同它们所表示的事物、现象有直接的相关性。例如，рубить（砍，劈）必定同 топор（斧子）相关（топор — орудие для рубки），косить（刈，割）必定同 коса（镰刀）相关（косить — срезать косой），пахать（耕〈地〉）必定同 земля（土地）、плуг（犁）、трактор（拖拉机）等联系在一起。假如撇开 язык

（舌头），就无法想象 лизать（舔）和 лакать（舔）的意义。科谢利乌（Э. Косериу）认为这类依从关系是一种内在一致现象。[①] 受这种内在一致的影响，表示动物叫声的动词一般都要求同特定的主体搭配，如 ворковать（〈鸽子〉咕咕叫）、чирикать（〈鸟〉吱吱叫）、ржать（〈马〉嘶）、мычать（〈牛〉哞哞叫）、блеять（〈羊〉叫）、мяукать（〈猫〉叫）、кукарекать（〈公鸡〉喔喔啼）、лаять（〈狗〉吠叫）等。

表示由人的器官或肢体完成的行为的动词，必然隐含着这些器官或肢体的存在及其功能，如 смотреть（看）、видеть（看见）（глазами〈眼睛〉）、слушать（听）、слышать（听见）（ушами〈耳朵〉）、думать（想）（головой〈头脑〉，мозгами〈脑子〉）、жевать（嚼）、кусать（咬）（зубами〈牙齿〉）、говорить（说话）（языком〈舌头〉）、нюхать（嗅）（носом〈鼻子〉）、топать ногами（跺脚）、махать рукой（挥手）等。除最后两例外，这类动词在实际使用时一般不需指明与相应器官或肢体的联系，除非有语言表达方面的特殊需要，如强调语气：видеть своими глазами（亲眼目睹），слышать собственными ушами（亲耳所闻）；或者附加特殊的说明：посмотреть большими глазами（用大眼睛看了看），укусить острыми зубами（用尖利的牙齿咬下）。

（2）有些动词具有较为广泛或异常广泛的搭配范围，被支配词所表示的外界事物可分别从不同的角度归纳为一类或几类带有相近特征的事物。例如，动词 пить（喝）和 есть、кушать（吃），如从行为目的角度分析，那么通常为了解渴人们才 пьют，为了充饥人们才 едят。因此，凡是表示能解渴的食物的词，均可与动词 пить 搭配，凡是表示能充饥的食物的词，都可以与 есть 搭配。正因为 бульон（清汤）、суп（菜汤）主

① Э. Косериу, Лексические солидарности. // Вопросы учебной лексикографии. М., 1969, стр. 99.

要用于充饥，不属饮料，在俄语里只能说 есть бульон 或 суп, молоко（牛奶）一般用 пьют，但在农村里往往用 едят。尽管如此，有时动作完成的方法也影响词的搭配。如果 бульон 放在杯子里喝，则不用 есть，而用 пить（выпить стакан бульона〈喝一杯汤〉)。在使用 пить 和 есть 时，жидкое/нежидкое（液体 / 非液体）这一特征同样是重要的，жидкое 通常用 пьют，нежидкое 通常用 едят。由此类推，凡是会飞的东西（птица〈鸟〉, моль〈蛾〉, самолет〈飞机〉等）都能 летают；会爬的东西（змея〈蛇〉，червь〈蠕虫〉，крокодил〈鳄鱼〉等）都能 ползают；气体（воздух〈空气〉，запах〈气味〉，пар〈蒸气〉）都能被 вдыхают（吸入）；鱼类（рыба〈鱼〉，щука〈狗鱼〉，сом〈鲇鱼〉）都能被 удят（钓）。

俄语中有大量的词搭配范围相当广泛，有的几乎是无限的，但受其支配的词仍可按类归纳出某种共同的语义特点。如前面已经提到的动词 читать 和 писать，还有 лечить（治疗）(больных〈病人〉, болезни〈疾病〉), варить（煮）(капусту〈菜〉, картофель〈马铃薯〉, рис〈大米〉, мясо〈肉〉，суп〈汤〉) — все то, что можно варить（一切可以煮的东西）, шить（缝制）(обувь〈鞋〉, одежду〈衣服〉, платье〈连衣裙〉) — все то, что шьют（一切缝制的东西），等等。

（3）动词的语义结构所包含的动态或静态特征是某一类外界事物所固有的物理特性，动词只能同具有这一特征的事物名词搭配。例如：сыпаться（撒落）指“颗粒状物质”: зерно（谷粒）, песок（沙子）, снег（雪），мука（面粉），камешки（石子）; литься（流淌），течь（流）指“液体”: вода（水），вино（酒），пиво（啤酒），лимонад（柠檬水），река（河），ручей（小溪）; бить（打），разбить（打碎）指“易碎物体”: стекло（玻璃），чашка（碗），ложка（匙子），миска（钵），тарелка（盘子），посуда（器皿）; 等等。

（4）动词所包含的特征、性质恰好与搭配“伙伴”所包含的特征相反。试比较：чистить（делать чистым〈弄干净〉）— все то, что грязно（一切脏的东西），сушить（делать сухим〈弄干〉）— мокрое（湿的东西），мочить（делать мокрым, влажным〈弄湿〉）— сухое（干的东西），удлинять（делать длиннее〈弄长些〉）— короткое（短的东西），расширять（делать более широким〈弄宽些〉）— узкое（狭窄的东西），опьянить（сделать пьяным〈使……醉〉）— трезвого（清醒的人），вытрезвить（сделать трезвым〈使酒醒〉）— пьяного（喝醉酒的人），等等。

（5）有一些词组的深层结构贯串着换位关系（конверсное отношение，参见“词的对立与范畴性词汇－语义关系”一节），制约词的搭配。例如：получать то, что дают（接受人家给的东西）（получать〈收到〉— давать〈给〉），получать то, что посылают（收到寄来的东西）（получать〈收到〉— посылать〈寄出〉），покупать то, что продают（购买出售的东西）（покупать〈购买〉— продавать〈出售〉），брать то, что дают（拿人家给的东西）（брать〈拿〉— давать〈给〉），принимать то, что предлагают（接受别人提供的东西）（принимать〈接受〉— предлагать〈提供〉），принять то, что подарили（接受别人赠送的东西）（принять〈接受〉— подаритъ〈赠送〉），等等。这类动词（换位词）具有相同的组配性能，其搭配范围基本上是一致的。

（6）有些动词要求同指明时间、地点、评价、状态等参数的客体搭配。例如：

时间：动词 вспоминать（回忆）、мстить（报仇）、раскаиваться（后悔）要求表示已往事件的客体（вспоминать свое детство, о войне〈回忆自己的童年，回忆战争时期〉，мстить за нанесенное оскорбление〈为

遭受侮辱而进行报复〉, раскаиваться в своих проступках〈为自己的过失而后悔〉)；动词 надеяться（期望）、ожидать（期待）、бояться（怕）要求表示将要发生的事件的客体（надеюсь, что все уладится〈希望一切顺利〉, весна ожидается поздняя〈春天将姗姗来迟〉, бояться опоздать на поезд〈怕耽误上火车〉)。

地点：动词 скучать（思念）要求表示不在当地的客体（скучать по близким, родным〈思念朋友、亲人〉)；动词 любоваться（观赏）、наслаждаться（欣赏）要求表示处在眼前的客体（любоваться на восход солнца〈观赏日出〉, наслаждаться чудесной природой〈欣赏美丽的自然景色〉)。

评价：动词 раскаиваться（后悔）、бояться（怕）要求表示得到否定评价的客体（раскаиваться в своей грубости〈后悔自己太粗鲁〉, бояться, что с ним случится беда〈担心他会出事〉)；动词 гордиться（骄傲，自豪）、завидовать（羡慕）、надеяться（期望）要求表示得到肯定评价的客体（гордиться достигнутыми успехами〈为取得的成就骄傲〉, завидовать остроумию друга〈羡慕朋友的机智〉, надеяться на полную удачу〈希望会得到圆满成功〉)。

状态：有些动词要求能体现其状态变化的主体（погода улучшилась/ ухудшилась〈天气变好 / 变坏〉; зрение улучшилось / ухудшилось〈视力变好 / 变坏〉)。

5 词的词汇搭配限制

词的组合必须遵循语义一致律，只有语义成分协调一致的词有可能相互搭配。但是，这并不是说，凡是语义一致的词都能连用。前面已经

举过 пить чай（喝茶）和 есть суп（喝汤）的例子，说明语义结构类似的词的组合，采用的却是不同的搭配形式，同样包含有“液体”特征的 суп 一反常规，选用动词 есть 作为自己的搭配“伙伴”。在一般情况下，这种选择缺乏语义上的理据性，往往是语言使用习惯的结果。词组 полный идиот（十足的白痴）和 круглый дурак（大傻瓜）的情况也是如此。在这两个词组中，形容词的选择与其说是词在语义上的要求，不如说是词在长期使用中所形成的习惯组合，因为从语义上看，полный、круглый 表示的意思是一致的（“完全的、达到极限的”），但是从它们的实际使用来看，在上述词组中两者是不能相互取代的。与 круглый 搭配的另外一些词组，如 круглый невежда（不学无术的人）、круглый сирота（父母双亡的孤儿）等，同样具有相当的固定性，其组合不是自由的，带有一定的熟语性。这类组合往往不取决于词的语义关系，更多的是词对搭配伙伴的特殊要求在起作用。

这种由一个词（词组中的主导词）决定选用哪一个词或哪几个词为其搭配伙伴的组合性能，称作词的词汇搭配性能。这样，词在组合关系上除受语义和句法搭配限制外，还必须考虑到词的词汇搭配限制（лексическое ограничение на сочетаемость слова）。受词汇搭配限制制约的词组，组合结构严密，搭配范围狭窄，具有熟语词组的性质，如 жгучий брюнете（深黑色头发的男子）、кромешная тьма（漆黑）、дремучий лес（密林）、закадычный друг（挚友）、трескучий мороз（酷寒）、стоячая вода（死水）、лежалые товары（滞销商品）等。

阿鲁秋诺娃在«Предложение и его смысл»[①]一书中将融合性程度不同的熟语都归入受词汇搭配限制的组合，例如：без году неделя（没几

① Н. Д. Арутюнова, Предложение и его смысл. Логико-семантические проблемы. М., 1976, стр. 83.

天），как в воду опущенный（垂头丧气），как снег на голову（突如其来），тихой сапой（暗中），отводить душу（倾吐），первая скрипка（第一把手），с бору да с сосенки（七拼八凑）。这些熟语性短语是现成的语言材料，并非在句子中临时组配而成，一般不允许用近义词和同义词替代其中的组成成分，否则会引起理解上的困难。例如，既不能将 без году неделя 改成 *без году месяц、*без году день，也不能将 он не бросает слов на ветер（他说话算数）说成 *он не бросает речей своих на вьюгу（或 на бурю、на метель）。尽管在一定的限度之内，这类短语也可以有一定的变体，例如：как снег на голову（на лысину, на макушку）（突如其来），как будто с луны（с неба）упал（如从天而降），гора（тяжесть, бремя）свалилась（свалилось）с плеч（如释重负），лицо к лицу（в лицо）（面对面），смотреть（глядеть）в оба（特别留神）。

俄语中有为数众多的“动词 + 普通名词 / 动名词”词组，这些词组的结构有较大的稳定性，在词汇搭配选择上有较多的限制。在句法关系上是动词支配名词，后者依附于前者，但从语义上看，动词的使用取决于名词或动名词。两者的语义负荷也是不均等的：动词的词汇意义往往不全部体现出来，多半用来表示词组的语法范畴意义（人称、时、体等），而名词则表示词组的中心语义。属于这类词组的有 оказывать влияние（影响），производить впечатление（产生印象），поднимать скандал（挑起事端），учинять допрос（审讯），вести следствие（侦查），иметь намерение（企图），завязывать отношение（建立关系），вступать в контакт（接触），играть роль（起作用），заключать перемирие（签订停战协议），приходить к соглашению（达成协议），выносить решение（做出决定），принимать участие（参加），наводить тоску（引起忧伤），заниматься анализом（分析），одержать победу（战胜），наносить оскорбление（侮辱），подвергаться критике（批评），окружать любовью（爱护），питать уважение（尊敬），等等。上述词组往往是相应动词的同义词，用作变换说法的手段。试比较：оказывать помощь — помогать（帮助），принимать участие — участвовать（参加），вести борьбу — бороться（斗争），дать совет — посоветовать（劝告），заниматься анализом — анализировать（分析）。

这类词组中的动词有严格规定的搭配范围，例如，оказывать 能同 влияние（影响）、помощь（帮助）、воздействие（作用）、сопротивление（抵抗）、прием（接待）组合，但不能与 впечатление 搭配；可以说 играть роль（起作用），但不能说 *играть значение（应该说 иметь значение〈有意义〉）；приходить к решению（做出决定）、к выводу（得出结论）符合语言规范，但 *приходить к перемирию 不符合规范（正确的搭配是 добиться перемирия〈达成停火〉）；поднимать 能同 скандал（争吵）、вопрос（问题）搭配，但不能同 допрос 搭配（正确的搭配是 вести допрос〈进行审讯〉）；可以说 выдвинуть предложения（提出建议），但不能说 *выдвинуть совет（应该说 дать совет〈劝告〉）等。

除上述词组以外，受词汇搭配限制的还有搭配相对固定的惯用语。惯用语的组合固定性也是语言使用习惯的产物，语义上也缺乏足够的理据性，如 выйти в свет（出版）、гонка вооружений（军备竞赛）、трудовая вахта（劳动岗位）、служба быта（生活服务）、турнирная орбита（球类比赛栏）、вносить вклад（做出贡献）、желать крепкого здоровья（祝身体健康）、творческий подъем（创作激情）、дом отдыха（休养所）、соблюдать чистоту и порядок（保持清洁和秩序）等。这类词组与 оказывать помощь 一类词组的不同之处，在于词组的组成部分在语义上是均等的，词组的意思基本上由其组成部分合成，在搭配性能上具有相对自由的组合可能性。譬如，既可以说 выйти в свет、желать крепкого здоровья、вносить вклад，又可以说 выйти из печати、желать сильного здоровья、вносить лепту 等。

6 同时受词汇、语义因素制约的词的组合

词的词汇搭配限制和语义搭配限制之间的界线并不十分明确，常常对词的组合同时起着作用。因此，在分析词的组配性能时，还需注意词的词汇－语义搭配限制（лексико-семантическое ограничение на сочетаемость слов）问题，这是词的组合关系问题中介于词汇搭配限制和语义搭配限制之间的课题。

如上所述，受词汇搭配限制的词组是熟语词组，一般地说，结构固定，组成成分语义上不均等，有主次之分，搭配伙伴的选择取决于主要成分（中心词）。受语义搭配限制的词组则是自由词组，一般地说，结构不固定，组成成分语义上均等，各自独立，搭配伙伴的选择取决于言语内容发展的需要。词汇搭配关系的中心问题是词的组合必须符合语言习惯，语义搭配关系的中心问题是词的组合必须符合语义一致律。

受词汇、语义搭配限制的词组，是介于熟语词组和自由词组之间的词的组合。对于这类词组的构成，词的语义特征和语言使用习惯两方面的因素都在不同的程度上起着作用。在这种情况下，搭配“伙伴”的选择既不完全取决于中心词在选词上的特殊要求，也不纯粹是自由组合的词在语义上相互协调的需要。仍以表示物体颜色特征的形容词聚合体 коричневый、каштановый、карий、каурый 为例，这组词在语义上基本相同（“棕色的”），只有色调不同的差别，但在组配性能上是各不相同的。

其中，коричневый 的组合联系相当自由，可按语义一致律的要求，同语义范围广泛的词连用，如 коричневый костюм（棕色的服装）、грунт（棕色的土壤）、берег（棕色的河岸）、сапоги（棕色的靴子）、обложка（棕色的封面）、занавеска（棕色的窗帘）等。而其他三个词的组合联系都是有限制的，如只能说 каштановые волосы（棕色的头发）、карие глаза（棕色的眼睛）、каурая лошадь（棕色的马）等。这种限制一方面取决于这些词在组合联系上的特殊要求（必须由中心词——名词决定选用其中的哪一个形容词做其限定语），因而属于词汇搭配限制的范畴。另一方面，这种限制并没有完全失去语义上的理据性，三个形容词分别适用于表示同一类所指事物的名词：каштановый 指毛发，所以能同 волосы（头发）、коса（辫子）、прядь（一绺头发）、челка（额发）、шерсть（毛）、шкура（毛皮）、грива（鬃）等词连用；карий 指眼睛：карие глаза（очи）；каурый 则专指马的毛色，如 каурая лошадь 或 лошадь каурой масти。这样，词的搭配限制同词的聚合关系保持着一定的联系：同一聚合体的词可进入同一类组合结构，词的所指范围在一定程度上决定了词的组配范围。这应该说是语义因素对词的搭配限制所起的作用（参见“词的组合意义和聚合意义”一节）。

这种同时受语言使用习惯和语义因素影响的搭配限制，是介于熟语词组和自由词组的中间现象，是词的组配性能方面的普遍属性，可见于语义范围广泛的各类词的组合联系。例如，动词 арендовать 和 снимать 属于同一语义聚合体“租用”，但两者的搭配范围却随“租用对象”的不同而异：租用土地、水域或建筑物用 арендовать（如 арендовать земельный участок〈租一块地〉, лес с пашней〈租用林中耕田〉, озеро〈租用湖泊〉, заводское помещение〈租用厂房〉, клуб〈租用俱乐部〉, зал〈租用礼堂〉），而 снимать 只适用于租赁房屋（如 снимать комнату

〈租房间〉, дачу〈租别墅〉, склад〈租用仓库〉)。与此同时，这两个词对建筑物、房屋的适用范围并无明确的界限，如“租下一幢房屋”既可说 арендовать дом，也可说 снимать дом；而且两者都不能用于租赁动产。试比较：взять мебель напрокат（租用家具）, фрахтовать пароход（租用轮船）。

这种按所指事物的适用范围选择搭配伙伴的组合联系，是学习外语的难点之一，因为它既不像熟语词组那样有硬性的搭配限制，又不能像自由词组那样完全按语义规律组词造句。词的搭配范围没有明确的界限，缺乏足够的理据性，往往会使我们在可以搭配和不可以搭配之间犹疑不定。例如，смелый 和 храбрый 语义相近（勇敢的、大胆的），在句法结构中的分布规律也一致，一般都能相互代替；但 смелый 具有 храбрый 所缺少的含义，可强调所指特征对象的“理智和主动性”，由此产生如下的组合：смелый исследователь（大胆的研究人员）, смелое решение（大胆的决定）, смелый проект（大胆的设计）, смелый поступок（大胆的举动），等等。然而，храбрый 也不是绝对不能构成类似的搭配，如 храбрый поступок（勇敢的举动）、храбрая мысль（大胆的想法）等。而且上述含义不是在所有场合都必须得到体现，例如：

Он был *храбр* и хорошо знал те острые минуты боя, когда командиру для решающего хода нужно пошутить со смертью.（А. Толстой）/他英勇善战，深知到了战斗的紧要关头，指挥官必须为决定性的一举甘冒生命危险。

一般地说，несчастливый 的特征所指范围小于 несчастный（两者都表示“不幸的”），通常只指人或人的群体，如 несчастливый охотник（不走运的猎人）、несчастливая семья（不幸的家庭）；несчастный 则可指人，也可指事物，如 несчастный человек（不幸的人）、несчастный день（不吉利的日子）、несчастный случай 或 несчастное происшествие（不幸的事故）、несчастная любовь（不幸的爱情，一厢情愿的爱情）、несчастная жертва（不幸的牺牲品）。但在实际使用中，这种适用范围的划分也不是确定不移的。试比较 несчастливый 的下列用法：

① Выдался нынче *денек несчастливый*: Даром в болоте промок до костей.（Н. Некрасов）/今天真是个倒霉的日子：白白在沼泽地里弄得浑身湿透。

② Вот и я очень любил, только моя *любовь* оказалась *несчастливой*, — задумчиво сказал Александр. — Ничего из этой любви не вышло.（В. Закруткин）/“我也深深地爱过，只是我的爱情很不幸，”亚历山大若有所思地说，“这次爱情没有什么结果。”

表示人的情感名称的词一般具有相仿的组配性能，但往往又带有各自的特殊性，而且不一定有充分的理据性可依循。例如，很多情感名词（多指不愉快的情感）可与 брать 连用，表示“某种情感感染（某人）”之意，如 страх берет（〈感到〉恐惧）、тоска берет（忧伤）、досада берет（〈感到〉懊丧）、злость берет（〈感到〉气愤）、раздумье берет（陷入沉思）、охота берет（感兴趣）等；радость（高兴）、восторг（欣喜）、наслаждение（喜悦）等则不能同 брать 搭配。这种搭配限制显然是从情感的性质特征（“愉快的／不愉快的”）为依据的，然而这一依据并没有普遍的适用性，在语义结构与上述组合相似的词组中，同一些词却不一定有上述搭配限制，试比较下列词组：приходить в ужас（感到恐怖），приходить в негодование（感到愤怒），приходить в отчаяние（感到绝望），приходить в недоумение（感到疑惑），приходить в смятение（惊慌失措），приходить в восторг（感到非常高兴），ирюсодить в экстаз（神魂颠倒）。在这类词的形象性组合中，词的组合联系与其聚合联系更少有理据的关系，词汇搭配限制起着更大的作用，词的组合可能性只局限在很小的范围内。如 гореть желанием（любовью，ненавистью）（希望〈爱情、仇恨〉之火在燃烧），гореть энтузиазмом（满腔热情）；可以说 облить презрением（表示极度的鄙视），但 жалость（怜悯）、сострадание（同情）等都不能组成类似的结构；在 выпить（испить 或 осушить）чашу страданий（历尽艰辛）中，чаша 可被 кубок、бокал 代换，但不能为 чашка、рюмка、стакан、кружка 等词取代。

词汇单位的语义演变机制

1 词义的发展变化

词的语义结构并不是一成不变的。词在使用过程中，意义逐步得到发展变化。在语言内外因素的影响下，许多词的某些意义发生变化或者消失，与此同时更多的词获得了新的意义。词义的演变、新义的产生，是语言词汇－语义体系不断丰富、发展的一种表现。

词义演变主要体现为三种语义过程：

（1）词义扩大（расширение значения слова）——词的意义所指范围延伸，概括程度扩展。例如，оружие（武器）一词在古俄语中是指用作“武器”的木棍，但在现代俄语中可泛指任何武器，包括最先进的现代化武器；动词 стрелять（射击）原与 стрела（箭）有联系，表示“射”箭（стрелять из лука），随着枪、炮的出现，使用范围扩大，开始表示用枪炮射击：стрелять из ружья（放枪），стрелять из пушки（开炮）；名词 чернила（墨水）来自形容词 черный（黑色的），因为原先的墨水是黑色的（试比较汉语的“墨”字），但后来不论什么颜色的墨水都统

称 чернила，如 красные чернила（红墨水）、симпатические чернила（隐显墨水）等，名词一旦离开了原来特定的颜色，意义概括范围就扩大了。

（2）词义缩小（сужение значения слова）——与词义扩大相反，指词的意义所指范围由广泛转为比较具体。例如，пиво 原先泛指饮料（试比较 пить〈喝〉，напиток〈饮料〉），现专指"啤酒"，意义范围缩小；名词 порох 在古俄语中用来表示"粉末"（试比较 порошок〈粉末〉，ни синь пороха〈一点儿也没剩下，一无所有〉），后来词义的概括范围缩小，专指"用作爆炸物的粉末"，即"炸药"；муж 和 жена 的今义"丈夫"和"妻子"也是词义缩小的结果，因为这两个词的原义分别是"男人"和"女人"（试比较：муж〈丈夫〉— мужской〈男人的〉，государственный муж〈国务活动家〉；жена〈妻子〉— женский〈女人的〉，женственный〈女性所特有的〉）。

（3）词义转移（перенос значения слова）——原先表示某一事物的词转而表示与其相关的另一事物，词的意义发生变化。例如，горшок（瓦罐）的语义演变过程可示意为："烧制瓦器的炉子"→"烧制成的产品"（试比较 горн〈炉缸〉）。又如，неделя 原表示"休假日"（来源于 не делать，即"不工作"），这一意义后由 воскресенье（星期天）表示，неделя 转而表示"周、星期"；形容词 красный（红色的）原先的意义相当于现在的 красивый（美丽的）（因此 Красная площадь〈红场〉的原义应该是 красивая площадь〈美丽的广场〉），这一意义还保留在固定词组和谚语中，如 красная девица（美丽的少女）（试比较汉语的"红颜少女"）、красная жизнь（美好的生活）、долг платежом красен（好借好还，再借不难）等。

2 概念联想与词义演变

语言是随着社会的发展而演变的。词义的发展，如同新词的产生一样，也起因于社会的发展。社会生活的变革，科学技术的进步，人们对客观事物和现象的认识深化和概念更新，是促使词汇单位意义内容发生变化的主要原因。然而，词汇语义的发展变化，不能简单地归结于超语言的因素，词汇－语义体系本身所特有的规律对词义的演变和新义的产生，同样起着重要的作用。语义发展的外部原因总是通过语言内部机制而起作用的。

客观事物的名称是以事物的一定特征为依据的。作为第一个事物定名依据的某个特征，可能同样是第二个事物的特征之一，或者两个事物的特征之间有着某种联系，那么第二个事物可借用第一个事物的名称来命名。这样，一个词可同时成为几个相关事物的语言符号，表示不同的意义。例如，俄语把鸟、兽住的“窝”称作 гнездо，同时又用它来比喻人们居住的“家”，如 родное гнездо（家园）、устраивать свое гнездо（经营自己的安乐窝）；若用于贬义，又可喻为坏人聚居的“巢穴”，如 воровское гнездо（贼窝）。与此同时，由于鸟、兽聚于一窝，因此 гнездо 又可借指一窝鸟、兽，如 волчье гнездо（一窝狼），并由此而转指“家族”“一家人”，例如：

Ольгердов племянник Боброк на Дмитриевой сестре женат. Они все в родстве. Все — из одного гнезда.（С. Бородин）/ 奥里盖尔特的侄子鲍勃洛克娶德米特里耶夫的妹妹为妻。他们都是亲戚，是同一个家族的人。

上述词义演变是由两种因素造成的。一方面，词作为语言单位，同客观事物相关，而客观事物之间的联系必然会反映于词的意义内容之中。这是词义演变的物质基础。另一方面，人们在认识世界的过程中，对相关的概念产生联想，使事物之间的联系影响词的意义变化。这是词义演变的认识论基础。事物之间的客观相关性，就是通过各种联想在语言的内容平面得到反映和体现的。

由于概念之间的联想，词作为一个事物的名称转而表示另一事物。这种名称的转移必然伴随着词原有的一部分语义成分“淡化”，甚至消失，而另一部分得到加强、突出，由“富化”而出现新义。试看下面一段文字：

— Ну, ты, Воздвиженский... поди к карте и покажи мне, сколько частей света. /“你，伏兹德维任斯基，到地图跟前去指给我看，世界有几个部分。”

Воздвиженский подходит к висящей на классной доске ландкарте, берет в руки кий и начинает *путешествовать* по европейской территории. / 伏兹德维任斯基走近挂在教室黑板上的地图，拿起木棍儿，开始沿欧洲巡行。

— Ну, *поезжай*, мой друг. /“嗯，走下去，我的朋友。”

— Европа, — начинает друг. /“这是欧洲”，学生开口说。

— Раз, — считает учитель. /“一 ”，教师数着。

— Азия. /“亚洲。”

— Два, — считает учитель...（Н. Помяловский）/“二”，教师继续数着……

这里的 путешествовать（旅行）和 ехать（поезжай）（行驶）指的是在地图上“移动”位置。这种把看地图比作长途旅行，沿一定路线行驶的形象用法，只保留了动词原有的“按一定方向移动”这一语义成分，其他成分不复存在，从而在特定的上下文中产生了新的意思。

概念间的联想为词义的转移提供了广阔的可能性。在口语中，在文学作品中，词的意义经常在联想的基础上得到引申，产生新的用法。意义的引申并一定导致新义的形成，为语言所接受，这种比喻性用法形象、生动，往往能达到很强的修辞效果。试比较阿布拉莫夫（Ф. Абрамов）的小说 «Дом» 中有关酒的一些比喻：

А то ведь что за друзья-товарищи пошли в Пекашине? Пока ты их *горючее* заправляешь, из бутылки в хайло льешь, везде для тебя зеленая улица, а карманы обмелели — и расходимся по домам. / 可是，佩卡什诺的朋友、伙伴都成了什么模样啦？你给他们加燃料，往他们嘴里灌黄汤，那到处会给你开绿灯，但等你口袋干瘪，大家就各回各的家。

这里，горючее 用作“酒”的代名词，与其本义相去甚远，但比拟来自生活（出自司机之口），妥帖自然，毫无牵强附会之嫌，反而使语言风趣幽默。

— А нам все равно, скажите, девки, хоть свой, хоть чужой：не проходи мимо! А нет — *бутылку* ставь! / “对我们来说都一样，姑娘们，不管是自己人还是外乡人都不准过去！要不——拿酒来！”

— Околей ты со своей *бутылкой*! — на Маню-коротышку — это она отпечатала — обрушились все разом. /“你跟你的酒都见鬼去吧！”大家冲着矮子玛尼娅嚷嚷，刚才是她开的腔。

— *Бутылка*-то вишь до чего довела. Страда, а у нас вся деревня в лежку. / “这酒把咱们害到怎么个地步，眼下正当大忙季节，可咱们村的人都躺倒了。”

随着语句的发展，这里的 бутылка 由“一瓶酒”（多少保留着“瓶子”的意义）转变为“酒”的代用语（失掉了“瓶子”的意义），完成了词义的转移。这种用法在口语中流传广泛，以至于词典中也有所反映，如奥热果夫词典收了俗语词组 в бутылку заглядывает 和 не враг бутылке（好喝酒）。

更有甚者，由于外形上的相似，“酒瓶”还可比作“炸弹”，从而使 бомба 也获得了“酒”的意义，比之 бутылка 的用法更形象、更诙谐，例如：

① Мир всякий раз восстанавливали с помощью «*бомбы*». Совсем неплохое, между прочим, винишко, понравилось Егорше：и с ног напрочь не валит и температуру нужную дает. /借助于“炸弹”的力量，每次总能言归于好。应该说，这酒确实不错，叶戈尔沙很喜欢喝：不会叫你烂醉如泥，又能给你必需的热量。

② А у меня, мужики, супружница попервости ни в какую：сперва службу сослужи, а потом *бомбу*. /伙计们，我的夫人开头说什么都不干：先办事，后喝酒。

这类源自联想的词义转移是一种活跃的词义演变机制，在语言发展的各个阶段都起着积极的作用。在各种新词新义词典里我们可以看到近年来俄语词汇语义发展的大量实例，例如：*хождение* за опытом（取经），«*утечка*» способных игроков（优秀运动员流失），«*бородатый*» объект 和 стройка «*с бородой*»（“胡子”工程），спортивного *кроя* парень（身材像运动员的小伙子），лучевое оружие（激光武器），*фирменные* джинсы（名牌牛仔裤）。[①]

上述词义转移如为语言所吸收，原来的词便产生新义，成为事物和概念的新的表达手段，并逐渐被详解词典收录。例如，下列各词的新义或新的用法已进入奥热果夫词典：работать в сверхсекретном «*ящике*»

---

① 以上例子均取自：Новое в русской лексике. Словарные материалы-81. М., 1986。

（在绝密单位工作），*барометр* общественного мнения（社会舆论的晴雨表），*династия* сталеваров（炼钢工人世家），претендент на *золото* на дистанции 400м.（400 米金牌的竞争者），первоклассный *бомбардир* волейбола（第一流的排球扣球手），*прогноз* событий（事件的先兆），дикий турист（自费旅游者），*причесанная* фраза（通顺的句子），от испуга ноги стали *ватные*（吓得腿都软了），оставьте мне свои *координаты*（请把你的地址留给我），совать（行贿），голосовать（招手要求搭车），торпедировать（破坏）。

这种基于词义转移而产生的新义，往往只存在于一些固定的搭配中，形成新的熟语词组，例如：духовный *вакуум*（精神空虚），политическое *убийство*（政治上的自杀），с полной *отдачей*（全力以赴），дать в *лапу*（行贿），брать в *лапу*（受贿），устроить *базар*（吵闹），взять *старт*（开始），спустить на *тормозах*（减速），взять на *вооружение*（采用），*голубой* экран（荧光屏），в *рабочем* порядке（在工作过程中），бюро *добрых* услуг（生活服务站）。

3 词义的换喻性转移

从以上的分析可以看到，词义演变的实质在于词义的转移：词作为事物的名称，从一个所指转向另一个所指，其结果是同一个语言符号同时成为不同事物的名称。

这种语义过程，按概念联想的性质，可归纳成两类：根据接近联想实现的换喻性转移（метонимический перенос）和根据类似联想实现的隐喻性转移（метафорический перенос）。

接近联想（ассоциация по смежности）基于事物在语言意识中的

相关性（相近、相邻），使词作为一个事物的名称转而指称另一事物，如 театр 作为“剧院”的名称，可用于指称剧院中的“观众”（театр рукоплескал〈整个剧场都在鼓掌〉)。这是用意义相关的词代替另一个词的替代说法（театр → публика〈观众〉)，因而称作换喻性转移。上文提到的 бутылка 的用法也是一种换喻性转移（бутылка вина〈一瓶酒〉→ вино〈酒〉)。

类似联想（ассоциация по сходству）是根据事物在某些特征上的相同或相似而实现的名称转移（如 яблоко〈苹果〉→ глазное яблоко〈眼球〉)。这种转移以事物特征的对比为基础，故称作隐喻性转移。上文提到的 горючее 和 бомба 即属此类（горючее〈燃料〉→ вино〈酒〉，бомба〈炸弹〉→ бутылка〈酒瓶〉)。

词义的转移是有规律的语义过程，同一词汇－语义聚合体的词往往具有相同的语义演变模式。例如，俄语中大部分表示果树的词都有两种意义：① фруктовое дерево（果树）；② плод этого дерева（果实）。

абрикос	вишня	груша	каштан	кокс
①杏树 ②杏子	①樱桃树 ②樱桃	①梨树 ②梨	①栗子树 ②栗子	①椰子树 ②椰子

果树名称中只有少数词是例外，果树和果子不是同一个词，如 яблоня（苹果树）— яблоко（苹果）。

表示声乐声部的名词也如此，除个别词外，均具有三种意义：①指声部；②指歌手；③指乐器。例如：

бас	баритон	альт	тенор	сопрано	дискант
①男低音 ②男低音歌手 ③低音乐器	①男中音 ②男中音歌手 ③上低音号	①女中音 ②女中音歌手 ③中音乐器	①男高音 ②男高音歌手 ③次中音号	①女高音 ②女高音歌手	①童高音 ②童高音歌手

属同一词汇－语义群的动词，也往往按一定的模式发展其词义。例如，表示“连接”动作的动词一般都具有“用这种方法制成物品”的次生意义。试比较：связать разорванную веревку（把断掉的绳子结起来）— связать джемпер（结绒线衫），склеить листы（把几张纸粘在一起）— склеить конверт（粘信封），сшить края раны（缝合伤口）— сшить платье（缝制衣服），сколотить половицы（钉木板）— сколотить пол（钉地板）。

上述词义发展实例说明，词的语义演变类型“在语言体系中是重复出现的、典型的、有规律的”[①]，同一词汇－语义聚合体的词，一般具有相同的语义演变模式。以名词为例，常见的换喻性转移模式有以下几种：

（1）“动作”⇄“动作的结果”

заниматься вышивкой（从事刺绣）— вышивка на подушке（枕头上的刺绣），сделать выписки из газет（从报纸上摘录）— газетные выписки（报纸摘录），способ записи лекции（记录讲课的方法）— магнитофонная запись лекции（讲课的磁带录音），сочинение рассказов（编写故事）— школьное сочинение（学生的作文），владеть рисунком（掌握绘画）— карандашный рисунок（铅笔画），бой посуды（打破餐具）— стеклянный бой（碎玻璃），заниматься шитьем（缝制）— древнерусское шитье（古俄罗斯的绣品）。

① А. И. Смирницкий, Лексикология английского языка. М., 1956, стр. 162.

这类名词，一方面可在一定的上下文中借助辅助动词或半辅助动词（заниматься、делать、вести、добиться 等）表示动作、行为，另一方面也可表示该动作、行为的结果意义。例如：

① Дядя учил его *рисунку*. /叔叔教他绘画。

② Я узнал вас по автопортрету — помните, такой маленький карандашный *рисунок*?（К. Федин）/我根据那幅自画像认出了您。您还记得那幅小的铅笔画像吗？

（2）"动作" ⇄ "动作地点（有时也可表示动作时间）"

подъезд к реке（驶近河边）— парадный подъезд（正门），подготовиться к зимовке（准备过冬）— покинуть зимовку（离开过冬的地方）— всю зимовку сидеть без выезда（整个冬季闭门不出），остановка поезда тормозом（用制动器使火车停下来）— трамвайная остановка（电车站）— всю остановку молчать（整站时间不说话），вход войск（部队进驻）— стоять у входа（站在入口处），выход на сцену（出场）— запасной выход（太平门），переправа войск длилась четыре часа（部队渡河延续了四个小时）— речная переправа（渡口），помещение в больницу（送进医院）— жилое помещение（住房）。

这些从动词派生而来的名词所兼有的动作地点和时间意义是由动词的语义及其组配特点决定的，在一定的上下文中，可以分别表示动作、运动和动作地点（时间）意义。例如：

① Вчера был наконец дворянский бал. С шести часов начался *подъезд* экипажей.（А. Пушкин）/贵族舞会终于在昨天举行。从六时起一辆辆马车陆续驶来。

② Вот парадный *подъезд*. По торжественным дням, Одержимый холопским недугом, Целый город с каким-то испугом Подъезжает к заветным дверям.（Н. Некрасов）/这就是正门。在喜庆的日子里，全城的人像得了奴才病，诚惶诚恐地涌向众人仰望的大门。

（3）“动作” ⇄ “动作主体”

командование полком（指挥一团人马）— командование полка（团〈指挥〉部），руководство революционной борьбой（领导革命斗争）— доложить руководству（向领导汇报），начальство над учреждением（对机关的领导）— новое начальство（新首长），смена руководства（更换领导）— наша смена（我们的接班人），контроль над производством（对生产的监督）— поставить контроль у входа（在入口处设置检查人员），охрана порядка（维持秩序）— вооруженная охрана（武装警卫队），личная охрана（私人卫队），погоня за бандитами（追捕土匪）— погоня выехала（追缉队出发了）。

这种换喻性的转移现象并不多见，因为表示动作主体，通常借助词干加后缀的方法，如 руководитель（领导）、любитель（爱好者）、учитель（教师）等。动作主体意义的体现一般需借助其他动词，并在很大程度上受上下文的制约。试比较：

① Табун стоял в загоне, под *охраной* вооруженных табунщиков.（А. Кожевников）/马群圈在畜栏里，由武装的牧人守护着。

② Когда из города... прискакала на завод *охрана*, в цехах не было ни души.（В. Бахметьев）/当卫队从城里骑马赶来时，各车间里已空无一人。

（4）“动作” ⇄ “动作客体”

стройка гидроэлектростанции（建造水电站）— новая стройка（新的建筑），сооружение высотного здания（建造高层大楼）— великие сооружения（伟大的建筑工程），любовь к Родине（对祖国的爱）—

моя любовь（我的爱人），чтение чертежей（看图纸）— интересное чтение（有趣的读物），воспоминание о детстве（对童年的回忆）— приятные воспоминания（愉快的回忆），работа над научной темой（研究学术课题）— опубликовать научную работу（发表学术著作）。

这里，名词的动作意义和动作客体意义同生产动词的语义有直接联系，除了由动词直接派生的动作意义以外，客体意义可体现为动作的对象、直接的成果。例如：

① Это была... артистка-декламаторша, выступившая в московских клубах с *чтением* классических произведений.（К. Каверин）/ 这是一位朗诵演员，曾在莫斯科的各个俱乐部里朗诵经典作品。

② Я вам скажу, что это преинтересное *чтение*! Иное письмо с наслаждением прочтешь.（Н. Гоголь）/ 我告诉您，这是非常有趣的读物！有的信读起来真是一种享受。

（5）"动作" ⇄ "动作材料"

зажигание света（点灯）— включить зажигание（开点火电门），освещение деревни электричеством（使农村用电照明）— провести электрическое освещение（安装电灯），смазка колес（给轮子上油）— смазка для колес（车轮用的润滑油），производить штукатурку стены（抹墙）— приготовить штукатурку（和灰浆），эмалировка ванны（给澡盆涂搪瓷）— эмалировка потрескалась（搪瓷开裂了），побелка здания（粉刷房屋）— побелка облупилась（白色的涂料脱落了），лакировка мебели（油漆家具）— лакировка сошла（漆脱落了）。

具有这种语义结构的词多半是表示具体动作（作业）的动词，其材料意义是从动词本身要求的材料组配项发展而来的。例如：

① Полным ходом идет работа по *освещению* здания. / 给大楼安装

电灯的工程正在加紧进行。

② В кабинете не было электрического *освещения*, и каждый вечер прислуга наливала керосин в зеленую лампу.（В. Саянов）/书房里还未装上电灯，每天晚上女仆往绿色的煤油灯里加油。

（6）“抽象特征”⇄“具体事物或具有该特征的人”

глупость вопроса（愚蠢的问题）— сказать глупости（说蠢话），подлость поступка（行为卑鄙）— сделать подлость（做卑鄙的事），колкость замечания（言语尖刻）— говорить колкости（说话带刺），дерзость взгляда（目光放肆）— допустить дерзости（粗鲁行事），бестактность поведения（没分寸的举动）— допустить бестактность（做没分寸的事），несправедливость приговора（判决不公正）— не терпеть несправедливостей（不能容忍不公正的事）。

这类由性质形容词派生而来的名词既可以表示抽象的特征，又可表示具体的言语、行为等（大多含有否定的意味）。试比较：

① Имейте в виду, я никогда не забуду *колкости* вашей брани. /请注意，我永远不会忘记您的尖刻的责骂。

② Я отпускаю по его адресу *колкости*, заставляющие краснеть жену и Лизу.（А. Чехов）/我对他说了一些尖刻的话，使妻子和莉扎的脸都红了。

这类名词中，有一些词除表示抽象的特征外，还可用来说明具有相应特征的人，如 юность（少年时代—少年），молодость（青年时代—青年一代，年轻人），старость（老年—老年人），бездарность（平庸—无能之辈），посредственность（平庸—庸才），ничтожность（渺小—小人物）等。例如：

① В изображении черкешенки（в«Кавказском пленнике»）особенно выказалась вся незрелость, вся *юность* таланта Пушкина в то время.（В. Белинский）/在对切尔克斯女性（《高加索的俘虏》）的描写中，特别充分地显示出，当时普希金的才华还不成熟，才初露锋芒。

② И растет альпинистов семья, Старым *юность* приходит на смену.（Н. Тихонов）/登山运动员的队伍在成长，年轻的一代正在接替年老的一代。

（7）“地点”⇄“人”

все народы страны（全国各族人民）— вся страна（全国人民），все жители города（城里的所有居民）— весь город（全城居民），жить в деревне（居住在农村）— вся деревня（全村的人），большая комната（很大的房间）— вся комната（全房间的人），слушать доклад в зале（在礼堂里听报告）— весь зал（全礼堂的听众），сидеть в аудитории（坐在教室里）— вся аудитория（全教室的人）。

地点名称除表示相应的空间、处所外，还可表示处于该空间、处所的所有的人，用于这一意义时，名称前多半加 весь（вся, все）。这种换喻性用法是一种常见的有规律的现象。试比较：

① Орловская *деревня*... обыкновенно расположена среди распаханных полей, близ оврага, кое-как превращенного в грязный пруд.（И. Тургенев）/奥尔洛夫的村庄一般都坐落在开垦的田地中间，靠近由沟壑粗粗改建的肮脏的池塘。

② Вся *деревня* хлынула на улицу встречать дорогих гостей. / 全村的人都涌上街头，迎接尊贵的客人。

（8）“材料”⇄“成品”

стекло（玻璃—玻璃器皿），бронза（青铜—青铜器，铜质奖章），золото（金子—金器，金质奖章），серебро（银子—银器，银餐具，银质奖章），фарфор（瓷—瓷器）。

这种换喻性转移并不适用于所有表示材料的词。这种用法多见于口语和新闻报道中，例如：

① Был у меня медальончик, в *золото* оправленный.（Ф. Достоевский）/我有过一只镶金的挂件。

② Реально может бороться за *золото* финка Кайя Мутонен, спортсменка с великолепной техникой бега. /芬兰女运动员卡叶雅·穆斯托宁有实力争夺金牌，她的跑步技术极佳。

（9）“容器、器皿”⇄“所盛之物”

бочка（圆桶——一桶），стакан（杯子——一杯），чайник（茶壶——一壶），чашка（碗——一碗），рюмка（酒杯——一杯〈酒〉），бутылка（瓶子——一瓶），тарелка（盘子——一盘）。

当我们说 чайник кипит 或者 он выпил второй стакан 时，指的是 чайник 里面的水开了或者喝掉了 стакан 里面的酒或其他饮料。这种换喻性的转义多见于口语和文学作品中。例如：

① У меня был большой медный *чайник*. Уже давно употреблял его вместо самовара и кипятил в нем воду.（Ф. Достоевский）/我有过一只大铜壶。很早以前就把它用作茶炊煮开水了。

② Костер из сухих стеблей быстро перегорал, а *чайник* все не хотел закипать.（К. Паустовский）/篝火里的干麦秆很快就烧光了，但壶里的水还没烧开。

（10）“部分”⇄“整体”

这是换喻的一种——提喻（синекдоха），包括以下几种情况：①植物果实⇄植物，如 груша（梨—梨树），вишня（樱桃—樱桃树），клубника（草莓〈果实—植物〉）；②花⇄植物，如 роза（玫瑰〈花—植物〉)，тюльпан（郁金香〈花—植物〉)；③动物皮毛 ⇄ 动物，如 соболь（紫貂皮—紫貂），лиса（狐狸皮—狐狸）；④家禽肉 ⇄ 家禽，如 утка（鸭肉—鸭子），курица（鸡肉—鸡）；⑤嗓音 ⇄ 歌手，如 бас（男低音—男低音歌手）。

以上是几种较为典型的例子，使用范围较广。试比较：

① В саду растет *вишня*. /花园里有棵樱桃树。

② Мать готовит варенье из *вишни*. /母亲在做樱桃果酱。

③ Он хитрый как *лиса*. /他像狐狸一样狡猾。

④ Ехали к нам профессора, солидные дамы в *лисах*, — говорили мне недавно в одном крымском городке, — а теперь кто у нас только не бывает!（Литгазета, 25 апреля 1984）/“从前到我们这里来的是教授、穿狐皮大衣的贵夫人”，不久前，在克里米亚的一个小城里，有人这么对我说，“可现在还有谁不到我们这里来呢！”

（11）“整体” ⇄ “部分”

这是另一种提喻：машина（机器—汽车），светило（天体—太阳）。试比较：

① Ученый изучает небесные *светила*. /科学家研究天体。

② Погасло дневное *светило*. /太阳落山了。

③ *Москва* решила вывести свои войска из Афганистана. /莫斯科决定从阿富汗撤军。

④ 7–го ноября в *Москве* на Красной площади состоялись демонстрация и военный парад. /11月7日，在莫斯科红场上举行了游行和阅兵式。

这里的 Москва，前一句代表国家，后一句代表首都。

形容词与名词相比，换喻性转移的种类较为简单，主要表示使役和目的关系，具体如下：

（12）“具有一定特性的”⇄“促成这种特性的”

бодрый（精神振作的—使人振作的），спокойный（平静的—〈令人〉安定的），нервный（神经质的—令人神经紧张的）。

这种类型的语义联系比较常见，试比较：

① Он вернулся с юга таким *бодрым*, с новым запасом сил, точно молодел на несколько лет. /他从南方回来，精神饱满，精力充沛，像是年轻了几岁。

② С моря повеяло *бодрой* свежестью. /从海上吹来沁人心脾的清新的风。

（13）“表示一定特性、状态的”⇄“引起这种特性、状态的”

печальный（忧伤的—令人伤感的），веселый（快乐的—使人高兴的），скучный（烦闷的—令人感到无聊的）。

这类意义大都同人们的情感有关，试比较：

① Семен Семенович сделался *скучен*. Уныло ходил он целые дни по кабинету, заложив руки за спину и грустно покачивая головой.（М. Салтыков-Щедрин）/谢苗·谢苗诺维奇闷闷不乐。整天无精打采地在办公室里走来走去，反背着手，忧伤地摇着头。

② Какой *скучный* разговор! /多么无聊的谈话！

（14）“处于某种状态的、属于某种性质的”⇄“用作……的”

сидячий（坐着的—供坐的），праздничный（节日的—节日用的），возданный（空气的—气动的）。

这类意义所指的事物特性、特征范围比较广泛。试比较：

① Мальчик стрелял в *сидячую* птицу. /小孩儿打栖落着的鸟。

② Зрителей на *сидячих* местах немного. /座位上的观众不多。

（15）“表现一定性质（特性）的”⇄“具有这种性质（特性）的”

грубый человек（粗鲁的人）— грубые манеры（粗鲁的举止），скромный ученый（谦虚的科学家）— скромное поведение（谦虚的行为）。

试比较：

① Фенечка застенчивая и *скромная*，никогда не ласкалась к нему в присутствии третьего лица.（И. Тургенев）/费涅奇卡是腼腆的、端庄的，在别人在场的时候对他从不表示亲热。

② Выражение лица ее было просто, *скромно*, чуждо кокетства.（Н. Чернышевский）/她脸上神情纯朴、端重，没有丝毫娇媚之态。

动词中大多数由换喻性转移衍生的词汇－语义变体，表示结果、后果关系。具体包括以下几种情况：

（16）“作用于一定的物体”⇄“形成一定的结果”

копать землю（挖地）— копать колодец（挖井），точить нож（磨刀）— точить ось（旋轴），рыть песок（挖沙）— рыть картофель（刨土豆）。

这类语义结构是常见的，使用的范围也比较广泛。试比较：

① Петя и Саша *копали* огород. /彼佳和萨沙在菜园子里挖地。

② Рабочие *копали* канаву. /工人在挖水沟。

（17）“对物体进行加工”⇄“产生一定的成果”

валять（擀毡）— валять（擀成），варить кофе（煮咖啡）— варить пиво（酿啤酒），вышивать подушку шелком（用丝线绣枕头）— вышить портрет（绣像）。

这类动词既可表示对物体、材料以一定方法进行加工，又可表示通过这种加工形成的结果。试比较：

① Несколько плечистых рабочих *валяют* войлок. /几个腰圆膀粗的工人在擀毡。

② Два молодых парня *валяли* из шерсти валенки. /两个年轻小伙子在用毛擀毡靴。

（18）“对物体进行加工”⇄“消除后果”

заштопать чулки（织补袜子）— заштопать дыру（织补破洞），лечить больного（医治病人）— лечить от кашля（治咳嗽），править корректуру（改校样）— править ошибки（改正错误）。

这类动词既可表示有确定目标的行为和行为过程，又可表示行为达到的直接结果。试比较：

① Старуха всякими снадобьями *лечила* больного. /老太婆用各种草药给病人治病。

② Послушай, я твои *лечила* раны, моя рука была в крови твоей.（М. Лермонтов）/听着，我医治你的创伤，我的手沾满了你的血。

（19）“作用于整个物体”⇄“作用于物体的局部”

закрыть сундук（关上箱子）— закрыть крышку（盖上盖子），отвязать собаку（把狗放开）— отвязать веревку（解开绳子），приколоть портрет кнопками（用图钉把画像钉住）— приколоть значок к груди（把纪念章别在胸前）。

这类动词所表示的行为作用于一定物体（以整体形式出现）或者直接承受其作用的那一部分。试比较：

① Выйдя из комнаты, я плотно *закрыл* ее. /走出房间后，我紧紧地关上了门。

② Не забудьте *закрыть* дверь. /不要忘记关门。

（20）“动作与动作主体”⇄“动作与动作客体”

народ бунтует（人民起来造反）— бунтовать народ（鼓动人民起来造反），лекарство капает（药水向下滴）— капать лекарство（滴药水），вода плещет на пол（水溅到地板上）— плескать воду на пол（把水泼到地板上）。

这类动词的主要特点是，既可用作不及物动词，又可用作及物动词，分别表示不涉及客体的动作和涉及客体的动作。试比较：

① И *капают* горькие слезы из глаз на холодный песок.（М. Лермонтов）/从眼里涌出的痛苦的泪水滴到冰冷的沙地上。

② Андрей дрожащими руками *капал* из стекляшки лекарство в рюмку. /安德烈用颤抖的手将药水从玻璃瓶里滴进酒杯。

（21）“运动” ⇄ “使一定物体运动”

повозка катит（马车在行驶）— катить тачку（推小车），самолет рулит（飞机在滑行）— рулить самолет（使飞机滑行），машина тормозит（汽车刹车）— тормозить машину（刹住车子）。

这类动词的特点与前一类动词相似，不同之处在于这些动词都是运动动词。试比较：

① С телеги, когда она *катила* мимо лавки, спрыгнул старый работник.（А. Чехов）/当大车驶过店铺时，从上面跳下一个上了年纪的工作人员。

② Женщина *катила* коляску, в которой лежит ребенок. /一位妇女推着躺着小孩儿的童车走去。

4 词义的隐喻性转移

隐喻性转移是依据事物与事物之间的类似联想而实现的词义转移，

其主要模式如下：

（1）形状、外表、所得印象的相似

$слон_1$（象）⇄ $слон_2$（象，相），$лента_1$（带子）⇄ $лента_2$（带状物）⇄ $лента_3$（传送带）⇄ $лента_4$（〈电影〉胶片），$пасмурный_1$（阴暗的）⇄ $пасмурный_2$（忧郁的），$красный_1$（红色的）⇄ $красный_2$（面红耳赤的）。试比较：

① Настало *пасмурное*, холодное, настоящее сентябрьское утро. / 这是一个阴晦、寒冷的，真正的9月的早晨。

② Молодой человек был очень молчалив и *пасмурен* в течение всего вечера. / 整个晚上，年轻人默默无言，闷闷不乐。

（2）所处位置的相似

$нос_1$（鼻子）⇄ $нос_2$（〈鸟〉喙）⇄ $нос_3$（〈壶〉嘴）⇄ $нос_4$（〈车、船的〉头），$номер_1$（号数）⇄ $номер_2$（号，期）⇄ $номер_3$（尺码），$поле_1$（田野）⇄ $поле_2$（场地）⇄ $поле_3$（范围）⇄ $поле_4$（底子）。试比较：

① Заяц выскочил из лесу и побежал *полем*.（А. Пушкин）/ 兔子从树林里蹿出来，朝田野里跑去。

② Перед нами раскрылось широкое снежное *поле*. / 在我们前面展现出一片雪原。

③ Нам нужен был энтузиазм, перед нами было широкое *поле* деятельности.（Н. Чернышевский）/ 我们需要激情，我们面前有着广阔的活动天地。

④ Китайский флаг — пять пятиконечных золотых звезд на красном *поле*. / 中国国旗是红底上五颗金色的五角星。

（3）动作结构的相似

$поддержать_1$（搀扶）⇄ $поддержать_2$（援助）⇄ $поддержать_3$（拥

护）⇄ поддержать$_4$（维护），опереться$_1$（支着）⇄ опереться$_2$（依靠），открыть$_1$（打开）⇄ открыть$_2$（开放）⇄ открыть$_3$（拆封）⇄ открыть$_4$（露出）⇄ открыть$_5$（发现）⇄ открыть$_6$（坦白）。试比较：

① Вологдина поскользнулась. Доронин *поддержал* ее за руку.（А. Чайковский）/伏洛格琪娜脚下一滑。德罗宁扶住她的胳膊。

② ［Вы］продали все, чтобы *поддержать* меня и не пускать в больницу.（Ф. Достоевский）/（您）为了帮助我，不把我送进医院，将所有的东西都卖光了。

③ Шенснович провозгласил тост за нового командующего. Все его дружно *поддержали* и стали подходить к Макарову с бокалами в руках.（А. Степанов）/申斯诺维奇提出为新司令举杯祝贺。所有在座的人异口同声地表示赞同，并一个个举着酒杯走到马卡洛夫身边，向他祝酒。

④ Праздничное возбуждение уже проходило, и чтобы *поддержать* его Анна Акимовна села опять за рояль.（А. Чехов）/节日的热烈气氛已接近尾声，为了保持这种气氛，安娜·阿基莫芙娜又坐下来弹钢琴。

（4）特征、特性的相似

глубокий$_1$（深的）⇄ глубокий$_2$（深邃的）⇄ глубокий$_3$（深刻的），сильный$_1$（强壮有力的）⇄ сильный$_2$（马力大的）⇄ сильиый$_3$（刚强的）⇄ сильный$_4$（强大的）⇄ сильный$_5$（强烈的），пустой$_1$（空的）⇄ пустой$_2$（空洞的）。试比较：

① Увидевши возле них *пустой* стул, он тотчас его занял.（Н. Гоголь）/他看到他们旁边有一只空着的椅子，马上就坐了上去。

② И все чаще Илья думал о том, что его торговля — *пустая* трата времени.（М. Горький）/伊里亚愈来愈认为，他做的买卖是白白浪费时间。

（5）品性、特点的相似

фокусник$_1$（魔术师）⇄ фокусник$_2$（诡计多端的人），дипломат$_1$（外交家）⇄ дипломат$_2$（善于处世的人），коновал$_1$（兽医）⇄ коновал$_2$（庸医），золото$_1$（黄金）⇄ золото$_4$（有卓越才干的人），соль$_1$（盐）⇄ соль$_3$（精华），петух$_1$（公鸡）⇄ петух$_3$（好斗的人）。试比较：

① *Актер* обязан на каждом спектакле творчески обогащать свою роль.（Н.Черкасов）/演员在每演一个剧目时，都应创造性地丰富自己的角色。

② Ты всегда был немножко *актер*.（И. Канчаров）/你在任何时候总是有点像在演戏。

（6）功能上的相似

крыло$_1$（翅膀）⇄ крыло$_2$（机翼），дворник$_1$（扫院子的工人）⇄ дворник$_3$（〈汽车前玻璃的〉雨刷），полотер$_1$（地板打蜡工人）⇄ полотер$_2$（地板打蜡机），могильщик$_1$（掘墓穴的工人）⇄ могильщик$_2$（埋葬虫）。试比较：

① *Дворники* в синих рубахах подметали мостовые.（А. Толстой）/身穿蓝衬衫的清洁工在清扫马路。

② Кабина осветилась, стала ясно видна стрелка «*дворника*», бегающая взад и вперед по стеклу.（Ю. Крымов）/车内亮起来了，可以清楚地看到雨刷的箭头在玻璃上甩来甩去。

5 组合平面上的词义演变

对客观事物相关特征的联想（包括接近联想和类似联想），是促使词汇单位语义演变的语言外因素，但不是唯一的因素。语言内部单位的相关性，即词在组合联系上的相关性，对词本身的语义变化也起着重要的作用。

词的组合联系影响词本身的意义问题，在“词的组合意义和聚合意义”一节论述词的结构意义时已有所涉及。这是经常搭配使用的词在组合联系中相互作用而产生的语义现象。如果说换喻性转移是基于接近联想的词义演变，那么这种词义演变是语言单位本身在线性序列中经常接近的结果。例如，дремучий 原来的意义是“昏昏欲睡的”（试比较现用于这一意义的 дремлющий、дремотный），后因受比较固定的搭配 дремучий лес（密林）、дремучий бор（茂密的针叶林）的影响，感染其搭配伙伴的含义，改变了词义，并在这个基础上发展了转义，如 дремучая борода（浓密的胡子）、дремучая невежда（蒙昧无知）。

类似的变化也出现在 кромешный 的意义结构中，这个词的原义为“外部的、遥远的”（试比较 кроме〈除……以外〉），后因固定词组 тьма кромешная（地狱）的影响，意义向两个方面演变。其一与“地狱”相关，作为它的固有特征（“阴森可怖”），用以加强 тьма（阴间）的语义，并在此基础上产生新的词组：ад кромешный（〈阴森的〉地狱）（转义为“难以忍受的痛苦境地”），кромешная мука（不堪忍受的痛苦），кромешная жизнь（水深火热的生活）。其二与 тьма 的另一意义“黑暗”有关（тьма кромешная 的另一意义为“漆黑一片”），作为 тьма（黑暗）的特征，逐渐感染其语义成分而发展新的含义，试比较：кромешный мрак（黑漆漆）和 кромешная ночь（黑沉沉的夜）。

上述两词都是词在组合平面受搭配伙伴的语义感染而发展其词义的例子。词的组合关系影响词义的另一种情况是：词组中的一个成分吸收搭配伙伴的意义内容，从而由一个成分表示整个词组的意义。这是一种语义凝聚现象，词组的意义集结于单个词组成分之中（参见“词的组合意义和聚合意义”一节）。

语义凝聚是语言趋向简化、精炼的规律所致，始终伴有语言材料的简略，在口语中是常见的，例如：создать условия（创造条件）（условия = надлежащие условия），жаловаться на давление（抱怨血压高）（давление =повышенное давление крови），без четверти два（两点差一刻）（два = два часа）。这种在组合关系的基础上产生的词义变化，如被语言所吸收，便进入词的语义结构，成为词的一个词汇－语义变体，并为词典收录，例如：（народные）массы（群众）（单词 массы 具有 народные массы 的意义），разрядка（напряженности）（缓和），парочка（влюбленных）（情侣），тройка（лошадей）（三驾马车），（воинская）часть（部队），выходной（день）（假日），в（интересном）положении（怀孕），быть в курсе（дела）（熟悉情况），борьба за（высокое）качество（为质量而斗争），дать слово（чести）（允诺），у него（повышенная）температура（他发烧）。

6 非派生意义和派生意义

词在使用过程中，语义结构逐步得到发展，一部分词逐步改变本身的意义，另一部分词从单义扩展成多义，当然也有一些词的某些意义由于各种原因而逐渐消失。一般地说，新的词义和用法首先出现在言语中，然后随着使用范围的扩大而成为语言事实，进入词汇－语义体系。

从历时分析的观点来看，词的语义结构的形成是各种语义演变过程的结果。词的各个意义之间存在着不同的理据关系（参见“词的多义性与语义理据关系”一节），词义与词义之间的联系，词义与所指事物之间的对应关系，词义在整个语义结构中的地位和性质，是各不相同的。据此，词的意义分别属于不同的词汇意义类型，它们是：(1)非派生意义和派生意义；(2)直接意义和非直接意义；(3)称名意义和非称名意义；(4)自由意义和非自由意义。

非派生意义和派生意义是根据意义产生的语义理据性划分的：从语言发展的现阶段来说，在语义上保持着理据（派生）关系的若干个意义中，最初出现的原始意义是非派生意义，其后产生的非原始意义，即以非派生意义为理据而派生的次生意义，是派生意义。词的原始意义只有一个，因此多义词的非派生意义只有一个，除非派生意义以外的各个意义都是派生意义。例如，золото 的原始意义“金子”是非派生意义，而在这一意义基础上通过换喻性转移而产生的成品意义“金器”“金质奖章”，以及通过隐喻性转移而产生的比喻意义“有卓越才干的人”，都是派生意义。

由于词的意义结构是一个发展的范畴，词在产生后会经受各种语义演变过程，所以非派生意义和派生意义的概念是相对语言发展的现阶段而言的，对某些词来说并不反映词的语义发展的历史面貌。例如，在俄语词典中，жажда 一词的“口渴”意义一般都列为第一个意义，即原始意义，而另一意义“渴望”则是第二意义，似乎是由“口渴”派生的。然而，根据什梅廖夫的意见，语言事实并非如此：жажда 的原始意义应该是“渴望”，而“口渴”则是由抽象意义向具体意义发展的次生意义。他指出，在古代文献中，жажда 的古词形 жажа 经常与 водный 连用，说明该词的“口渴”意义“并不是本义，或者至少反映该词从前具有更为广泛的意义”①。他认为，同样的情况还可见于 шататься 的语义发展中。该词的语义结构中，比较古老的意义“徘徊”在现代俄语中被看作词义

① Д. Н. Шмелев, Современный русский язык. Лексика. М., 1977, стр. 108.

隐喻性转移的结果，即 шататься$_1$（摇摆），шататься$_2$（徘徊）。试比较：

① Пришла буря：камыш *шатался*, мотался, до земли сгибался. （Л. Толстой）/暴风雨来了：芦苇摇曳摆动，弯向地面。

② Ему теперь скучно, и он *шатался* из угла в угол, не знает, чем развлечься. （Н. Помяловский）/眼下他感到烦闷无聊，从一个角落踱到另一个角落，不知如何消遣解闷。

另一方面，词的非派生意义与派生意义之间的理据关系有直接和间接之分，这是由多义词的语义结构类型决定的（参见“词的语义结构类型”一节）。例如，вода 的各个派生意义（包括按换喻性模式和隐喻性模式转移的意义）都与其原始意义“水”有着直接的理据关系，即都是由这一非派生意义直接派生的意义：

вода$_1$（水）
- вода$_2$（饮用水）
- вода$_3$（水域）
- вода$_4$（矿泉水）
- вода$_5$（空话，废话）

然而，звонок（钟，铃）的派生意义，除第一个派生意义“钟声，铃声”以外，同原始意义没有直接的理据关系，而是由相应的派生意义再次派生的：

звонок$_1$ → звонок$_2$ → звонок$_3$
（钟，铃）（钟声，铃声）（电话）

除上述存在于词的语义结构内部的理据关系之外，有些语言学家还把非派生意义和派生意义的关系与语言的构词派生关系联系起来，认为派生词的意义都以生产词干的意义为理据，所以都是派生意义。例如，什梅廖夫在对比 земля（土地）、земной（土地的）、наземный（地上的）、земляк（同乡）等词的意义时指出，“派生词具有在派生关系上‘受制约’的意义，而原始词则具有相对‘自由’的意义”[①]。从这个观点出发，非派生词的意义（单义词的意义和多义词的原始意义）都是非派生意义，而派生词（如上述由 земля 的某个意义派生的 земной 等词）只具有派生意义。

与构词理据相关的派生意义大体上有如下两种情况：

（1）一部分词的派生意义等于其构成成分（词素）意义加在一起的意义，也就是说，词的派生意义只局限在词素意义的范围之内，没有任何附加的意义。例如，учитель（教师）的派生意义由“учи-（词干）+ -тель（后缀）”两部分构成，词干的意义等于生产词 учить（教学）的意义，后缀则表示“从事某种职业、活动的人”；столик（小桌子）的意义由 стол（桌子）和 -ик（小）的意义派生而来。类似这样的词是相当多的，大多数句法派生词和一部分带“指小”“指大”后缀的词等均属此类，如 ученик（学生）、освободитель（解放者）、спасатель（救星）、покупатель（顾客）、продавец（售货员）、домик（小房子）、шкафчик（小柜子）、сапожище（大靴子）、человечище（巨人）等。

（2）另一部分词的派生意义，与其构成成分加在一起的意义总和并不相当，也就是说，这类词的派生意义，除构成这些词的词素意义以外，还带有其他语义成分。譬如，дневник — запись, ведущиеся изо дня в день（日记）一词的意义就不仅限于词干 дневн- — дневной（白天的，一天的）加后缀（-ик）的意义，因为无论是 дневн-（表示“白天，一天”）还是 -ик（表示物体）的意义，都不包含 запись（记录）的语义成分。又如，синяк 一词是由生产词 синий（蓝色的）和表示物体意义的后缀 -ак 构成的，但它并不表示任何“蓝色的物体”，而是指 кровоподтек

---

① Д. Н. Шмелев, Проблемы семантического анализа лексики. М., 1974, стр. 194.

синего цвета（青紫块）。具有这种派生意义的词比前一种多，如 белок（蛋白）、желток（蛋黄）、дошкольный（学龄前的）、утренник（早场戏）、вечерник（夜校学生）、дождевик（雨衣）、писатель（作家）、вздыхатель（钟情者）、противнике（敌人，对手）、снеговик（雪人）、подорожник（上路带的饼）等。

派生词的意义以相应的生产词为理据，但它本身也可派生新的意义，这同非派生词的派生意义可以派生新的意义是一样的，例如：учить（教）→ учитель（教师→导师），сахар（糖）→ сахарный（糖的→含糖的→甜蜜的→谄媚的）。

7 直接意义和非直接意义

直接意义和非直接意义是根据词的称名方法，即词的意义与客观现实之间的联系性质划分的。直接指向事物和现象，即与一定概念或其特征直接相关的词所具有的意义，是直接意义（прямое значение），简称直义；通过联想、对比，由直接指称事物或现象转而指称另一事物或现象而产生的意义，是非直接意义（непрямое значение）。例如，вода（水）是对“无色、无味的液体”的直接称名，故其意义是直义，而该词的派生意义“空话，废话”，是在上述直义的基础上，通过名称转移的方法派生的（“水”→“多余的水分”→“空话，废话”），与所指概念只有间接的联系，故而是非直接意义。

非直接意义是以直接意义为媒介，借助换喻或隐喻的方法产生的引申意义，含有鲜明的形象、比喻色彩。如果说直接意义是词的本义的话，那么非直接意义是词的转义（переносное значение）。试比较：

облако$_1$（云）（直义）— облако$_2$（阴影）（转义）

① Над лесом, над белыми березами двигались с востока на запад низкие серые *облака*. （Г. Березко）/在树林上空，在白桦树上方，一团团灰色的、低沉的云从东方向西边移动。

② Его добрые, выразительные глаза подернулись *облаком* грусти.（А. Куприн）/他那双和善的、富有表情的眼睛为愁云所遮掩。

крутиться$_1$（旋转）（直义）— крутиться$_2$（转悠）（转义）

① Одна из пуль волчком *крутится* у моих ног, ударившись о что-то твердое.（В. Некрасов）/一颗子弹撞在什么硬的东西上面，在我脚边像陀螺似的旋转着。

② Младшему из них, двенадцатилетнему Гришке, больше всего нравилось *крутиться* около нас, зрелых комсомольцев.（Ф. Гладков）/他们中间最小的孩子，12岁的格里什卡比谁都喜欢围着我们这些成熟的共青团员们转。

在词汇－语义体系中，转义是一个不固定的相对的概念。由词义转移，特别是隐喻性转移产生的非直接意义，在意义形成之初，一般都带有鲜明的形象性，但在得到广泛应用之后，其形象性逐渐消退、淡化，甚至消失。这样，词不再需要经过中间环节的联想而直接成为一定事物或现象的名称，其意义便转化为直接意义。因此，从词汇－语义的共时分析角度来看，可以认为词的直接意义既可以是非派生意义，也可以是派生意义。非派生意义一定是直接意义，因为非派生意义作为无理据词，只能是有关事物和现象的固有名称。与此同时，派生意义中只有至今仍保持其形象鲜明性的词义，才是转义，而已失掉形象性特点，获得直接称名功能的派生意义，则由转义转化为直义。试比较下列各词的不同意义的性质：

直接意义 （非派生意义）	直接意义 （失去形象性的派生意义）	非直接意义—转义 （含形象性的派生意义）
нога человека （人的腿）	*нога* стола （桌子的腿）	
грозовая *туча* （雷雨云）		*туча* комаров （一大群蚊子）
крыло птицы （鸟的翅膀）	*крыло* самолета （机翼）	крыло фантазии （幻想的翅膀）
любить *плавать* （喜欢游泳）	*плавать* матросом на пароходе（在船上当水手）	*плавать* на экзамене （考试时胡乱答题）

上文所举的例词 облако 和 крутиться，如用于下列语句中，其意义虽是派生意义，但也不再是转义：

① С востока дул сильный порывистый ветер. Бурное *облако* песчаной пыли закрывало горизонт.（М. Шолохов）/强劲的阵风从东方席卷而来，扬起棕色的沙云，遮住了天际。

② Береза, вся в белом, роняет легкие, *крутящиеся* в морозном воздухе хлопья.（И. Соколов-Микитов）/白桦树浓妆素裹，撒落轻盈的雪花，在凛冽的寒空中飘悠。

另外，从转义和直义的可转换性来看，派生词的第一个意义应该是直义，而在此基础上派生的其他意义，则同非派生词的派生意义一样，需视是否含形象性特点而定，如 золото（金子）→ $золотой_1$（金的）（直义）→ $золотой_2$（金黄色的）（直义）→ $золотой_3$（卓越的）（转义）。试比较：

① У нее на левой руке *золотые* часы. /她左手上戴着金表。

② У мальчика были большие ласковые глаза и красивые *золотые* кудри. /小孩儿有一双大大的温存的眼睛，一头美丽的金色的卷发。

③ — Это — премилый и удивительно добрый человек, сердце у

него *золотое*.（Л. Толстой）/“这是一位非常可爱、异常善良的人，心肠特别好。”

由此可见，转义和直义是两个相对的概念，两者的界限是可变动的、不确定的。不同的词典对直义和转义的划分往往采用不同的标准。例如，四卷本科学院俄语词典把 идти в техникум（进中等技术学校）、идти к коммунизму（向共产主义迈进）、идут проценты（生利息）等结构中的 идти 的意义列为转义，而在奥热果夫俄语词典中，除 идти 的个别用法外，都未注转义标记。

8 称名意义和非称名意义

称名意义和非称名意义是根据词义的功能性质划分的。用于表示事物、现象、性质、动作的词所具有的意义，是称名意义（номинативное значение）。含有这类意义的词直接与一定的概念相对应，成为该概念的名称，在其语义结构中不含任何附加的含义（如情感意义、内涵意义），如 глаза（眼睛）、лошадь（马）、идти（走）、говорить（说）、белый（白的）等。

与称名意义相对的非称名意义（неноминативное значение），同概念没有直接的对应关系，具有这类意义的词需通过相应的含称名意义的词与客观事物或现象相联系，其意义内容主要由感情－评价特征构成。因此，具有非称名意义的词，实际上是相应的独立称谓事物或现象的词的修辞同义词，而其意义也可称作修辞同义意义（экспрессивно-синонимическое значение）。从语义的角度分析，所有带修辞同义意义的词都是以相应的中性词的存在为前提，并依附于它的。例如，下列各词都必须凭借相应的中性词以显示其感情－评价意义：

око（眼睛）— глаза（устар., поэт.）

кляча（驽马）— плохая лошадь（пренебр.）

плестись（〈步履蹒跚地〉走）— идти медленно, вяло（ разг.）

болтать（扯淡）— говорить много, быстро, а также о чем-л. незначительном или то, о чем не следует говорить（разг.）

беленький（白白的）— белый（ласк.）

具有称名意义的词是事物或现象的名称，所以称名意义都是直接意义。但是，这不等于说，非称名意义就是非直接意义（转义）。事实上，上述带修辞同义意义的词所表示的意义都是相应词的非派生意义，因而也是一种直接意义，只是其意义内容不同于一般的、具有称名功能的直接意义，需通过其他词体现出来。

9 自由意义和非自由意义，熟语性黏附意义

自由意义和非自由意义，是根据具有某种意义的词的搭配能力、组合关系的特性划分的。如果词的搭配范围广泛，与其他词的组合联系比较自由，那么这类词的意义就是自由意义（свободное значение）。这种自由是相对的，它受词义所反映的概念和事物－逻辑关系的制约。例如，любить 一词的基本意义是 испытывать любовь к кому-чему（爱，喜爱），从事物－逻辑角度来看，可以用于对待任何人、任何事物：любить девушку（姑娘），писателя（作家），лошадь（马），птицу（鸟），книгу（书），Родину（祖国），страну（国家），место（地方），деревню（农村），город（城市），гулять（散步），петь（唱歌），等等。但是，超越词义所反映的概念、所指的一类事物时，这种自由就变成不自由了（参见“词义的换喻性转移”一节）。具有自由意义的词既可以是非派生

词，也可以是派生词，这既可能是单义词，也可能是多义词的一部分意义。

与自由意义相对的是非自由意义（несвободное значение），即词的搭配有限制的意义。根据搭配限制的性质，非自由意义可分为熟语性黏附意义和句法性制约意义。

如果词的意义由于受语言内部因素而不是受事物－逻辑关系的制约，并且只能与固定范围内有限的词汇单位连用（通常组合成熟语性词组）时才能得到体现，那么这种意义称为熟语性黏附意义（фразеологически связное значение）。维诺格拉多夫认为[①]，熟语性黏附意义“失去了深刻的、稳定的概念核心。意义的一般事物－逻辑核心不像在自由意义里表现得那样突出”。这种意义不能单独体现，必须在一定的词组中形成。词的搭配范围是封闭的，有时是十分狭窄的。例如，动词 пробудить 在体现 породить, вызвать появление чего-л.（引起，激起，使产生……）这一意义时，只能同数量相当有限的几个词连用，如 пробудить интерес（引起兴趣）、ненависть（激起憎恨）、желание（使产生愿望）、страсть（激起热情）、любовь（使热爱）、жажду（使渴望）等。从这一意义所包含的概念内容，从它所表示的动作，从逻辑角度来看，它的使用范围似应更广泛些，但是事实上并非如此，它的使用范围是固定的、狭窄的，例如，不能同 радость（高兴）、злоба（凶狠）、обида（委屈）等词连用。

此类词组不同于一般的自由词组。自由词组通常有一个语义中心，譬如 читать книгу（读书）、писать письмо（写信）、рисовать дерево（画树）、строить дом（建筑房屋）等，其中心在动词上，因为如果去掉与其搭配的名词，动词同样可以表达一个独立、完整的意思。试比较：Я читаю книгу（我读书）— Я читаю（我在读）；Рабочие строят дома

① В. В. Виноградов, Основные типы лексических значений слова. Вопросы языкознания, 1953, № 5, стр. 12.

（工人造房屋）— Рабочие сгроят（工人从事建筑）。熟语性黏附意义与此相反，其意义分散于词组的构成成分中，词组的结构是紧密的、整体性的。熟语性黏附意义的这一特点是由语言的内部规律、词汇－语义体系的内部联系、词义本身的语义结构决定的（参见“同时受词汇、语义因素制约的词的组合”一节）。

熟语性黏附意义常见于形容词和动词的语义结构中。这种意义既可以由词的直接意义表示，如 гнедой（конь）（枣红色的〈马〉）、карие（глаза）（棕色的〈眼睛〉）、дремучий（лес）（茂密的〈森林〉），也可以由词的转义表示，如 щекотливый（вопрос）（微妙的〈问题〉）、впадать（в уныние）（陷入〈沮丧〉）。

形容词中，由性质形容词构成词组，表示熟语性黏附意义的情况比较常见。这种意义往往同构词意义没有联系，其中有的在语义上是派生的（词的转义），如 залихватское（пение）（热情奔放的〈歌声〉）、бравый（вид）（威武的〈样子〉）、закадычный（друг）（挚友）、отъявленный（негодяй）（臭名昭著的〈坏蛋〉）、чреватый（опасностью）（孕育着〈危险〉的）、заклятый（враг）（不共戴天的〈敌人〉）、круглый（дурак）（大傻瓜）、отпетый（негодяй）（十足的〈坏蛋〉）、безвыходное（положение）（走投无路）。由关系形容词构成词组，表示熟语性黏附意义的例子为数不多，只有少数词的转义具有熟语性质，如 собачий（холод）（酷寒）、волчий（аппетит）（狼吞虎咽）、медвежья（услуга）（帮倒忙）、лошадиное（здоровье）（健壮如牛）。

动词方面，熟语性黏附意义较多见于常用的非派生动词和派生动词，例如：брать，взять，бить，бросать (-ся)，питать，иметь，оказать，держать，владеть，делать，играть，вести，прийти，войти，впасть，вгонять，вступать，等等。

词的熟语性黏附意义一般表示对所指事物的评价以及特征和动作（行为）的强烈程度等。包含评价意义的，例如：заклятый（враг）（死敌），отъявленный（мошенник, мерзавец）（臭名昭著的〈骗子，恶棍〉），телячьи（нежности）（过分的亲昵），собачья（должность, жизнь）（低贱的职务，猪狗般的生活）。

① — Должность наша — *собачья*, люди смотрят на нас — довольно скверно! Тихонько проговорил он ［сыщик］.（М. Горький）/“我们官小职卑，人家可瞧不起我们啦！”他（暗探）小声说。

② Это был Калашников, *отъявленный* мошенник и конокрад.（А. Чехов）/这是卡拉什尼柯夫，臭名昭著的骗子和盗马贼。

表示事物特征、动作（行为）强烈程度的，例如：скоропостижная（смерть）（猝死），надтреснутый（голос）（颤抖的声音），безвыходное（положение）（走投无路），закадычный（друг）（挚友），собачий（холод）（酷寒），олимпийское（спокойствие）（泰然自若），смертный（грех, тоска）（罪恶滔天，极端忧郁），волчий（аппетит）（狼吞虎咽），трескучий（мороз）（酷寒），нерушимый（союз）（牢不可破的联盟）；наотрез（отказать）（断然拒绝），до упаду（смеяться, плясать）（笑得前仰后合，跳得快累死），до зарезу（требуется, нужно）（迫切需要），до отвала（наесться）（吃得撑肠挂肚），наглухо（забить）（钉死），до отказа（набить）（塞得鼓鼓囊囊）。

① — Это мой *закадычный* приятель, прекраснейший человек.（И. Тургенев）/“这是我的挚友，一个大好人。”

② ［Дьякон］смеялся от каждого пустяка до колотья в боку，*до упаду*.（А. Чехов）/执事为每一件小事笑得前仰后合，肋部生痛。

10 句法性制约意义

句法性制约意义（синтаксически обусловленное значение）是词在句子中履行某种特定功能时所体现的意义（大多为转义）。我们知道，名词的一般句法特点是在句子中发挥主语、补语以及定语的功能，它们的格的形式也大多能得到体现（如 Инженер конструирует здание〈工程师设计房屋〉，чертеж инженера〈工程师的图纸〉，помогать инженеру〈帮助工程师〉，видеть инженера〈看见工程师〉，советоваться с инженером〈与工程师商量〉，говорить об инженере〈谈论工程师〉）。但是，有些词汇单位（主要是某些名词和形容词）在句子中只能发挥有限的功能，其格的形式也不能全部体现出来。它们一般不用作事物的名称，只表示主观评价意义，而且只适用于与其评价意义相应的特定句法位置，如 молодец（好样的，真行）、петух（好寻衅的人，好斗的公鸡）、дуб（愚钝的人）、дурак（傻瓜）。

① Она у нас *молодец*! /她在我们这儿是好样的！

② *Молодец*, что хорошо сдал экзамен! /真行，考得很好！

③ Вот так *петух*! /真是一个好斗的家伙！

具有句法性制约意义的词大体上有下列两种类型：

（1）具有隐喻性转义的非派生词，用于品评意义，说明事物（主要是人物）的特征，一般具有否定的评价意味，有的还带有粗俗的语体色彩，如 ворона（马大哈）、петух（好寻衅的人）、змея（毒蛇）、свинья（肮脏的人，下流胚）、осел（愚笨的人，蠢驴）、собака（畜生）、тряпка（窝囊废）、тюфяк（萎靡不振的人）等。

（2）由性质形容词派生的，一般以直接意义说明表人物性格、品行、外表特征的名词，如 хитрец（狡猾的人），ленивец（懒汉），счастливец（幸运儿），глупец（笨蛋），гордец（傲慢的人）；умник（聪明人），озорник（淘气的孩子），развратник（淫荡的人），скромник（谦虚的人）；смельчак（大胆的人），добряк（和善的人），здоровяк（身体健壮的人），толстяк（胖子）；глупыш（傻孩子）；крепыш（结实的人）；лихач（剽悍的人），ловкач（机灵鬼）；миляга（讨人喜欢的人），бедняга（不幸的人）；等等。

上述两类词的语义功能主要是品评功能，其词义也有非称名意义的特点。与 око 一类词（参见“自由意义和非自由意义，熟语性黏附意义”一节）不同的是，它们具有特殊的句法功能，即在句子中主要起谓语、同位语的作用。它们的意义只有在这种句法条件下才能得到充分的体现。例如：

① Не человек, *змея*!（А. Грибоедов）/他不是人，是毒蛇！

② Сердитый на вид, он был *добряк* в душе.（А. Фадеев）/他样子很凶，内心却是一个善良的人。

③ Он его пропьет, *собака*, в первом кабаке.（А. Пушкин）/这畜生会在遇到的第一个酒馆里把它喝掉的！

这类词有时也可能在句子中起主语的作用，但需有一个条件：主语是指上文中已经提到的事物，并且往往要同指示代词连用。例如：

① Были у него два сына: один умный, другой — *дурак*. Вот поехал раз дурак за дровами. /他有两个儿子：一个很聪明，另一个是傻瓜。有一天这个傻瓜去砍木柴。

② Сафронов — большой шутник. Этот *шутник* одним анекдотом развеселил всех гостей. /萨弗洛诺夫是一位爱开玩笑的人。他讲了一个笑话就把客人们都逗乐了。

除此而外，这类词如果与肯定代词 такой，不定代词 какой-нибудь、какой-то、некий 等一起使用，还可以起主语或者补语的作用，例如：

① Нашелся такой *подлец*./有这样一个卑鄙的家伙。

② Вот так петух. Другого такого *петуха* не найти! /瞧这个好斗的家伙。找不到第二个如此好斗的人了！

综上所述（第 6 节“非派生意义和派生意义”至第 10 节“句法性制约意义”），词的意义类型是根据三种基本关系，即词与概念 - 事物之间的关系、词与词之间的关系和词义之间的理据关系划分的。分析词义的类型有利于深入剖析词的语义结构，理解词义内部的有机联系，有利于语言手段的掌握和使用。

词的意义的基本类型可以图示如下：

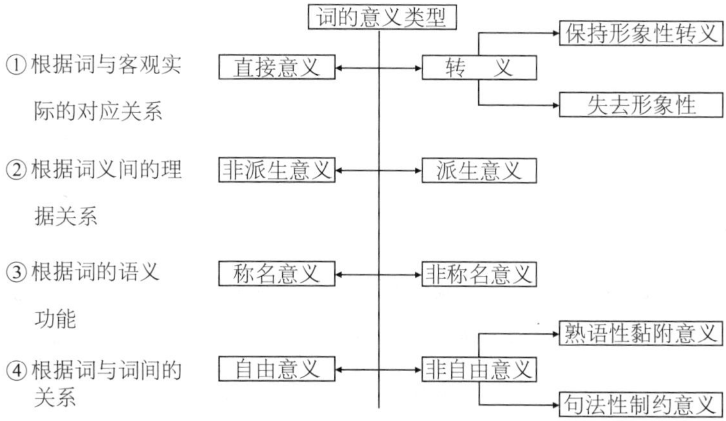

预设与语句的语义结构

1 语句的显示内容和隐含内容

句子的意义和语句的意义是从不同层次进行研究的问题。句法研究的对象是句子（предложение），而语句（высказывание）是从言语层次探讨的课题。句子离开了言语环境，就无法认定其所述内容的真实与否，只有将句子放在具体言语中，纳入一定的上下文，才能确定句子的具体所指和所含信息内容。为了说明这一问题，可以举一个简单的例子：Мальчик читает книгу.（小孩儿在看书。）光凭这样一个孤零零的句子，既无法确定 мальчик 是指哪个小孩儿，也不能判断他在看书的真实性以及在看什么书的问题。假如我们将这一句子放到上下文中去，上述问题就可能得到准确的答案。例如：У окна сидит мальчик. Он мой брат. Он читает книгу «Зоя и Шура».（窗边坐着一个小孩儿，他是我的弟弟。他在看《卓娅和舒拉》这本书。）

语句是我们日常交际的单位。要理解语句的内容，并不是只需了解语句中所有词的意义后就能做得到的。一般来说，语句的内容可分为两部分：显示的内容（эксплицитное содержание）和隐含的内容（имплицитное содержание）。显示的内容是通过用于一定意义的词和相应的语法手段表达的内容，简言之，即句子的字面意义。例如，Сейчас июль, но идет снег. 这个句子所显示的内容是："现在是 7 月，但下雪了"。如果听话者将句子内容仅仅理解为这一简单事实的报道，那是不全面的，或者说还未触及句子的真实含义，因为这一语句还有另一层意思，即隐含的内容："7 月份不应当下雪，天气很反常"。另外，说话者可能还有一点未言明的意味："不敢相信，7 月会下雪"。

语句的隐含内容很重要，有时它可能构成语句的全部内容。且看这样一个句子：Вы надеетесь на мою помощь?（您指望我给您帮助吗？）这看上去是问句，实际上，在一定的语境中，它很可能表示坚决的回绝，或否定的回答——"别指望我会给您什么帮助"。上述句子只是表达这一真实意图的隐含形式。

在交际中，隐含形式的使用可能出于如下一些原因：

（1）出于交际需要。有一些意思，说话人认为直说了反而不能达到预期的目的，或者从具体情况来看，采取"迂回"的方法更为合适。说话者以隐而不露的方式表达自己的思想时，试图给听话者以思考、回味的机会，使其领会话语的真正所指和目的所在。

（2）隐含形式可能是一定范畴的说话者和听话者常用的表达思想的方法，是一定社会条件和活动场合所要求的。譬如，在外交场合或在具有一定文化修养的人们之间进行的对话，就带有这种特点。

（3）一般来说，不是所有的思想、所有的意图都可以直接表达出来、直接加以显示。人的表达能力、语言的手段都可能有一定限制，因此，非得采用隐含的形式。

2 语句的预设

通过交际活动，通过人们的思维活动，语句中未知的隐含的内容可以变成已知的语义成分。除此以外，语句中还有另一种已知的语义成分，即不需要直接表达出来语义成分，这就是语句的预设（пресуппозиция высказывания）。

预设与语句的隐含成分是不同的两个概念。隐含的语义成分是语句所表达的全部内容的一部分，而预设则不包括在语句所报道的内容之列。在“你要我跟你走，除非铁树开花，公鸡下蛋”这一句子中，隐含的内容是十分明显的：“我绝对不会跟你走”。为什么要如此理解？因为这个句子对说话者和听话者来说，存在着一个共同的预设，即“铁树不会开花（或者很少开花），公鸡也不会下蛋”。再分析一例：Мальчик не был бы так несчастен, если бы была жива его родная мать.（孩子的生母要是还活着，他就不会这么不幸。）根据上下文，语句具有这么一种预设，即“小孩儿有一个继母”。这种预设为当事人所知，是理所当然的事情。从这一预设出发，可以认为，继母对待小孩儿不好，这就是语句的隐含内容。预设虽然不包括在语句的报道内容之内，但同语句的显示内容和隐含内容是密切相关的。预设的基础是交际各方所拥有的对语言、周围世界、传统习俗、交际情境特点所共有的知识，也可以说是当事人各方的一种预先的“默契”。预设可以认为是语句语义的“一般知识的储备”。

预设这一概念进入语言学领域的时间并不长，不过现在已成为句法学和语义学研究的重要范畴之一。这一概念出自一些逻辑学家、哲学家关于句义的一系列论述中。弗雷格[①]认为，必须将语句中肯定的东

① Г. Фреге (G. Frege), Смысл и денотат. // Семиотика и информатика. Вып. 8. М., 1977.

西和构成这一判断的前提（предпосылка）区别开来。前提不被纳入语句的意思之中，但构成肯定或者否定某一事物的前提。斯特劳森（P. Strawson）[1] 对这一问题做了进一步的研究。他在分析 Король Франции мудр.（法国国王是英明的。）这一句子时认为，句子以隐含的方式指出了“Существует король Франции.”（有一位法国国王。）这一事实。这种特殊的隐含，以后他就称之为预设。

预设的概念，在这些逻辑学家、哲学家的著作中，一方面被用来确定句子意义的真假，另一方面被用来区分句子与句子之间的各种不同的逻辑关系。斯特劳森等学者认为，判断 P 称为判断 S 的语义预设，假如 S 的真或 S 的假都不影响 P 的真。换言之，假如 P 是假，那么 S 既不是真，也不是假。例如，Человек, стоящий у окна, мой знакомый.（站在窗前的那个人是我的熟人。）这一语句的预设是：“窗前站着一个人，而且只有一个人”，如果当事人双方都看到这样的事实。假如窗前没有任何人，那么预设根本不存在，就谈不上语句内容的真或假。

逻辑学家和哲学家们还将预设与语句间的其他关系区分开来，如逻辑推断与隐含的关系、隐含与预设的关系。逻辑推断的特点在于：一个命题的真或者假制约另一个命题的真与假。例如，从 Все сыновья Джека моряки.（约克的儿子都是海员。）可以推断出 Младший сын Джека моряк.（约克的小儿子是海员。）这一结论。同样，Ложно то, что сыновья Джека моряки.（约克的儿子们是海员的说法是不真实的。）的逻辑推断是：Ложно то, что младший сын Джека моряк.（约克的小儿子是海员的说法是不真实的。）Все сыновья Джека моряки. 的预设是：У Джека есть сыновья.（约克有几个儿子。）假如在前一句中加入否定词

[1] П. Стросон (P. Strawson), О референции. // Новое в зарубежной лингвистике. Вып. XIII. М., 1982, стр. 55—86.

не（如 Сыновья Джека не моряки.〈约克的儿子们不是海员。〉），也不必对后一句（预设）进行相应的改动。从这一点可以看出，预设的基本特性（与句子所报道的内容相比）在于它的稳定性。不管将句子改成否定句、疑问句，也不管加进情态词或者改成从属句，都不影响预设的稳定性。让我们将 У Ивановых двое детей.（伊万诺夫家有两个孩子。）这一语句进行相应的改动，看一看其中的预设和隐含成分的对比情况：

语句	隐含成分	预设
（1）У Ивановых двое детей. （伊万诺夫家有两个孩子。）	У Ивановых только два ребенка. （伊万诺夫家只有两个孩子。）	У Ивановых есть дети. （伊万诺夫家有几个孩子。）
（2）У Ивановых детей не двое. （伊万诺夫家的孩子不止两个。）	У Ивановых больше, чем два ребенка. （伊万诺夫家的孩子多于两个。）	
（3）У Ивановых двое детей? （伊万诺夫家有两个孩子？）	（根据具体情况确定）	
（4）Я знаю,что у Ивановых двое детей. （我知道，伊万诺夫家有两个孩子。）	У Ивановых только два ребенка. （伊万诺夫家只有两个孩子。）	
（5）У Ивановых всего двое детей. （伊万诺夫家只有两个孩子。）	У Ивановых только двое детей, не больше,это не много. （伊万诺夫家只有两个孩子，没多于两个，这不算多。）	

对上述命题相同的一系列句子来说，预设始终不变，但隐含成分却不稳定，在问句中尤其如此。在具体的交际情境中，随着语调的变动，有“伊万诺夫家只有两个孩子”，也可能有“伊万诺夫家不止两个孩子”等意思。

预设的稳定性和隐含内容的不稳定性是两者的根本差别所在。与这一根本差别紧密相关的是：隐含的成分可能会消失，而预设则不然。假如给上列第一个句子改变一下上下文，说成 **У Ивановых двое детей, если не больше.**（*伊万诺夫家少说也有两个孩子。*）或者 **У Ивановых двое детей, а может быть, и больше.**（*伊万诺夫家有两个孩子，可能还不止。*）其隐含的成分“**У Ивановых только два ребенка**”即会消失。相比之下，预设则不会因上下文的影响而被去除。预设与隐含成分的另一重要区别是：前者具有一定的规约性，正像以上所指出的那样，它为当事人所共知。缺乏共同的预设，人们就无法谈到一起。与此相反，隐含成分依附于语句所报道的内容，脱离不开上下文，受交际中信息量的充足性所制约。上下文不同，隐含成分也可能不同，由此就产生了隐含的非规约性。

根据杜克罗特（O. Ducrot）的观点，“预设似乎同代词 Nous（我们）和先于句中所述的时间相呼应，句中所肯定的内容则与代词 Je（我）和说话时刻相关。除了这两种概念以外，还有关于意味的概念。意味同代词 Tu（你）和紧跟说话后的时刻相联系。意味是指说话者让谈话对方自己得出的结论”①。

这一论述将语句的预设和句子所肯定的内容以及隐含成分（所指意味）这三者之间的关系，说得非常清楚。预设先于话语，同谈话的双方有关，句中所述内容同说话者和说话时刻相对应，而隐含的内容（意味）则是由听话者在听到话语后自己得出的结论。例如，**Вождь племени не слишком красив.**（*部族首领不怎么漂亮。*）这句话的预设是 **У племени есть вождь.**（*部族有一首领。*）句子中肯定的内容是“他不怎么好看”，而隐含成分则是“直截了当地说，他是丑陋的”。

① O. Ducrot, Presupposes et sousentendus. *Langue Francaise*, 1969, № 4, pp. 34—36.

有些语言学家将预设用在描述发问上。① 人们在发问时，总有一个出发点（预设），例如：①Кто видел Павла?（谁见到过巴维尔？）②Кто опоздал?（谁迟到了？）这两个问题都有各自的预设（①是 Кто-то видел Павла〈有人见到过巴维尔〉；②是 Кто-то опоздал〈有人迟到了〉）。预设是对问题的各种可能回答的基础。例如，对②的可能的回答有：Петр опоздал（彼得迟到了）；Несколько студентов опоздало（有几个学生迟到了）；Мои друзья опоздали（我的几个朋友迟到了）；Точно еще не знаем, кто опоздал（还不清楚是谁迟到了）；等等。当然，也可能有这样一些回答：Никто не опоздал（谁也没迟到）；Все здесь（大家都到了）。出现这种情况，可能是由于问题提得不恰当，不符合实际情况，即缺乏共同的预设。

关于预设概念的理论还有许多未解决的问题，在这方面逻辑学家、哲学家和语言学家研究的出发点也各不相同。在有关这一问题的论述中，有两种不同的预设，即语义预设和语用预设。语义预设是指句子构成成分之间的关系，语用预设关系到说话人的知识和信念。语用预设也可以说是命题设定（命题的主体则是说话人）。可以将语用预设与交际双方化成一个公式：S（A）—P（A，B）—S。说话人（A）肯定某种内容（S）或将这一内容报告对方（B），说话人以 P 为预设，认为这是不言而喻的，同时也认为 P 为听话者（B）所知。

斯托尔奈克尔（P. C. Столнейкер）认为，“语用预设和语义预设并不是矛盾的。这两种概念是类似的现象，它们是有区别的，虽然是相互联系的”。总的来说，一定上下文所表示的命题的语义预设，对这一上下

① Katz, J., Postal, P. *An Integrated Theory of Linguistic Descriptions*. Cambridge, Mass, 1964, pp. 115—117.

文参与者而言同时也是语用预设。预设对语境的进程起着十分重要的作用。为了达到交际双方的相互理解，在进行任何一种对话时，拥有共同的预设是至关重要的。

在正常的语境中，人们至少坚信自己预设的真实性。但是有时也有这样的情况：人们怀疑预设中的命题的真实性，甚至认为它是假的。这多半出现在进行欺骗的情境中。说话者将听话者认为真实的某个内容作为预设设定，但说话者本人心里明白这是谎言。另外，有时在无关紧要的情况下，说话者也使用一些不真实的东西作为预设，以增加交际的轻松气氛。

3 预设概念的实际运用

语句语义成分（其中有一部分同预设相吻合）的分布有一定的规则。从广义的上下文来分析，放在前面的句子，可以成为后面陈述的预设，假如顺序颠倒了，就会出现错误。例如，У Ивана есть брат. Он служит в Красной армии.（伊万有一个弟弟。他在红军中服役。）如顺序相反，就不合逻辑了：*Брат Ивана служит в Красной армии. У Ивана есть брат.

关于预设的概念，同样可用于分析复合句的语义结构。弗雷格认为，诸如时间一类从句的内容，并不包括在语句所肯定的内容之中，前者仅构成后者不可缺少的前提。① 在主从复合句中，只是其中一部分表示肯定的内容，而另外一部分则构成所肯定内容的预设。试比较下面三个例子：

① G. Frege, On Sense and Reference. In *Translation From the Philosophical Writings of Gottlob Frege*. Oxford, 1952, p. 71.

① Если Иван опять провалится на экза мене, 假如伊万再考不及格， 预设：Иван по крайней мере один раз провалился на экзамене.（伊万至少有一次考试不及格。）	то он не будет больше сдавать. 他就不再考了。
② Учитель сказал ученикам, 教师对学生说：	что даже он с трудом понял эту теорему. 连他自己也伤透脑筋才弄懂了这一定理。 预设：Эта теорема оказалась трудной.（这个定理很难懂。）
③ Когда началась война, 战争爆发后， 预设：Война опасна для детей и пожилых людей.（战争对小孩儿和老人是危险的。）	дети и пожилые люди эвакуировались. 孩子和老人们都疏散了。

关于预设的概念不仅用于分析句子的意义，而且还可用于词义的结构成分分析，譬如，холостяк（单身汉）一词的语义成分一般分成四项：“人”“男性”“成年人”“未婚和从未结过婚”。这些成分在交际过程中所占的地位是不同的。如果我们说：Петр Иванович холостяк.（彼得·伊万诺维奇是单身汉。），其中强调的是“此人没有妻室”。холостяк 在执行述谓功能时，如用于否定（Он не холостяк.〈他不是单身汉。〉）或发问（Он холостяк?〈他是单身汉吗？〉），承受影响的只是该词的第四项语义成分（“未婚和从未结过婚”），而其他三项语义成分则不承受任何影响，因为它们是该词的预设部分。对 сирота（孤儿）、вдова（寡妇）等词同样可做类似的分析。另外，像 обвинять（指责，控告）、осуждать（判罪）一类词的语义结构也可分成预设和肯定成分两个部分。以 осудить（осуждать）为例，其第一个意义是：признав виновным, вынести обвинительный приговор（定罪，判决）。释义分两部分：确定罪行（预

设部分）和实行判决（肯定部分）。

对表示人物品性、特征，通常起述谓作用的词（如 бездельник〈游手好闲的人〉、разиня〈粗枝大叶的人〉、скупец〈吝啬的人〉、мот〈好挥霍的人〉等），同样可将其意义切分成预设和肯定部分。这类述谓名词的语义结构类似句子，其预设与主体所显示的一定语义特征相对应、相一致，而叙述特征则构成述谓部分的基本意思。

预设概念的运用还有一个重要方面，即用于言语行为理论。这一理论的核心部分是关于话语的语境或者语用预设的问题。这里，预设可以理解为一定的前提和预定条件，或者叫作“合适的条件”。它们不是语句的语言意义的构成部分，而只是语言意义使用的基础，达到交际目的的先决条件。预设的存在为交际双方所默认，它能使人们正确理解话语，使交际得以顺利进行。例如，Открой дверь!（请打开门！）这一请求能得以完成的条件是：交际双方的关系允许一方对另一方提出请求，而且对方知道是哪扇门，并有可能去实施这一请求。[①] 预设不存在，或者弄错了，或者不为对方所接受，或者对方听后莫名其妙，无所适从，交际便告失败。

预设概念还用在词的组合性能的研究上。这里指的是词汇 - 语义单位在上下文中同时出现，即词与词之间的组合联系的相互制约性，或者叫作“语句中词间的预设关系”。例如，施事名词与动词之间的预设关系（如可以说 Птица летит，рыба плывет〈鸟儿飞，鱼儿游水〉，不能说 *Птица плывет, а рыба летит）；动词与客体名词之间的预设关系（可以说 есть суп〈吃汤〉，пить чай〈喝茶〉，而不能相反）；动词与工具名词之间的预设关系（可以说 резать ножом〈用刀割〉，пилить пилой〈用

① Fillmore, Ch. *Types of Lexical Information*. London, 1951, pp. 120—121.

锯锯〉，рубить топором〈用斧子劈〉）；等等。

4 语句的语义结构

隐含内容、显示内容和预设都是语句语义结构的成分。其中，隐含部分还含有暗示的成分。隐含部分与上下文的关系是弱联系，而其中的暗示则与上下文存在强联系。仍以上文使用过的句子 Мальчик не был бы так несчастен, если бы был жива его родная мать. 为例，其中，隐含的内容是“小孩儿失去了生母”。假如从上下文可以看出小孩儿有一个继母（预设），那么语句内容就包含着暗示：“继母虐待小孩儿”。

语句的语义结构是一种多层次的结构。如果以 X 表示预设，以 Y 表示显示的内容，以 Z 和 Z' 分别表示隐含和暗示，那么语句语义结构的层次可图示如下：

X 预设：У мальчика нет матери, у него мачеха.

Y 显示的内容：Если бы мальчик не потерял мать, он не был бы несчастен.

Z 隐含的内容：Он несчастен, у него нет матери.

Z' 暗示：Мачеха плохо с ним обращается.

再举一例：Будь у меня деньги, я все бы на путешествия потратил.（要是我有钱，我会全部用来旅游。）这一句子可进行同样的剖析：

X 预设：На путешествие нужна немалая сумма денег. / 旅游需要花不少钱。

Y 显示的内容：Говорящий хочет путешествовать, ему нужны деньги. / 说话者想出外旅游，他需要钱。

Z 隐含的内容：Говорящий большой любитель путешествовать, но

он беден. / 说话者非常喜欢旅游，但他很穷。

Z' 暗示：Говорящий беден, нерасчетлив. / 说话者很穷，他花钱不节俭。

这种分层次剖析语句语义的方法，有助于深刻揭示语句的含义。语句语义结构的层次等级是不同的。预设在语句的语义结构中占据最高层次，它既是显示的语义成分，同时又是隐含的语义成分的基础。预设还不受否定的影响。假如预设与语句显示的内容发生矛盾，那就得对语句内容进行不同于字面意义的另外的解释。例如：У него нет жены.（他没有妻子。）这一语句的预设应该是：Он мужчина, должен иметь свою жену.（他是男人，应有自己的妻子。）因此该句显示的内容是：У него должна быть жена, но ее нет.（他应有妻子，但没有。）如果实际情况或者上下文告诉我们，他是有妻子的，但夫妻不和，长期分居，那么这句话就得另做解释："他没有一个好妻子，夫妻关系只是形式上的"。这样的解释并不影响预设的存在。当然，由于具体的语境不同，这一语句还可以做其他一些不同的解释。譬如："他实际上是有妻子的，但不在身边"，"他有妻子，但妻子已经离他而去（虽然并未离婚）"，等等。

上述语句分析告诉我们，假如不将句子放在具体的语境中去理解，那么一个句子就可能有几种不同的语义结构。话语有选择语义的功能，只有符合实际语境的切题的选择，才能对语句做出正确的解释。语句的预设还可能出现这样一种情况：预设在语句中没保留下来。这时，"预设不是被取消，而是失去自己原来的地位。预设的内容转到隐含层次，从不含信息转为含有一定的信息"[1]。例如，Если бы я не опоздал на поезд, я бы мог вернуться вовремя.（假如我没耽误上火车的时间，我就

① Хоанг Фэ, Семантика высказывания. // Новое в зарубежной лингвистике. Вып. XVI. М., 1985, стр. 403.

能按时回来了。）一句中的预设为：①Я опоздал на поезд（我未赶上火车）；②Я не вернулся вовремя（我未按时回来）。假如将这一语句看作对问句“Вы вернулись вовремя?（您按时回来了？）”的回答，那么预设②就失去自己的地位而转移到隐含内容层次：Я не вернулся домой вовремя（так как опоздал на поезд）.（我未按时回来〈因为我未赶上火车〉。）

5 预设的基本类型

预设的概念范围很广，可有各种不同的内涵、不同的所指，其基本类型有如下几种：

（1）预设可能是与语句意义实际上不相关的成分。例如，В нашем лесу нет ландышей.（我们这儿的森林里已经见不到铃兰了。）这个句子的预设是：“森林里一般应有铃兰”。

（2）预设是说话人关于事件之间逻辑联系的概念。例如，Сейчас декабрь, но жарко как в июле.（现在已是12月了，可热得像在7月里一样。）这个句子中存在逻辑性的预设：“12月里应当冷，不应当热”。

（3）言语行为取得预期效果的条件以及与词的语用意义有关的预设，即语用预设。第一种语用预设见“Открой дверь”的例子。与词的语用意义有关的语用预设的例子是很多的。例如，Гость молчал, и хозяин тоже молчал.（客人不说话，主人也沉默不语。）这一句中有与тоже一词有关的语用预设：“除了主人，还有某某人不说话”。

（4）说话人关于话语对象有关情况的熟悉程度的概念，即交际预设。譬如在对话、问答中，人们在提出诸如“Кто сегодня отсутствует?”（谁今天缺席？）这类问题时，首先得考虑对方对实际情况是否了解，而且当时确实有人缺席（作为预设），否则问题就无从提起。

（5）一个词或者语句对另外一个词或者语句在上下文中的制约，即组合预设。例如，相关的词在上下文中需共同出现，一个词制约另一个词的使用（Самолет летит〈飞机在飞〉; Змея ползет〈蛇在爬〉; Рубят топором〈用斧头劈〉; Режут ножом〈用刀切〉）。

（6）有一种预设可称为篇章预设。这种预设能保证词或上下文对事物、现象的确指。例如：У меня на Оке был друг садовник Матвей. Он большой души человек.（在奥卡河边我有一个当园林工人的朋友马特维。他是一位豁达大度的人。）篇章的第一部分指明了第二部分指的是哪一个人，是怎样的一个人。

以上的分析告诉我们，语句有不同的预设，预设同语句的关系往往也是不同的。有时一句语句可能同多种预设相关，也可能几种预设交叉在一起。例如：Ему не было еще сорока, но у него была уже дочь лет двенадцати и два сына-гимназиста.（他还不到40岁，但已有一个12岁左右的女儿，两个已上中学的儿子。）这里至少有两种预设：存在预设——“他有孩子，而且不止一个孩子”和语用预设（与 уже 有关）——“他很早结婚，已是多子女的爸爸”。

同义词

1 同义词研究概述

对同义词这一词汇语义现象，语言学界的研究由来已久，这一问题引起了学者们的广泛注意，围绕这一专题发表过大量的文章。总的说来，这是一个研究得较深、阐述得较详尽的题目。尽管如此，对同义词的性质、定义和功能等等问题，至今仍未取得完全一致的意见。

对于同义词的性质，基本上有两种代表性的观点：（1）一种观点认为，含有相近的、但多少又有区别的意义的词是同义词；（2）另一种观点认为，含有恒等意义的词是同义词。除此以外，还存在另外一些补充上述两类观点的不同看法，如有的学者认为，在所有上下文中不改变整体意义，可以相互替代的词可称为同义词；另一部分学者把同义词作为语言的修辞描述手段来研究。这几种观点虽有明显不同，但相互关联。大多数学者都强调同义词是含同等意义的词，因而可以在上下文中相互替代。然而也有学者根本否认同义词的存在，只承认语言中有意义相近、带有不同修辞色彩的词。布拉吉娜（А. А. Брагина）[①] 的看法与第一类观点相近，她说："同义词是由意义的相近联结在一起的，但在发挥功能时，其主导作用属于意义中用以识别－区分的含义"。她还说："一组同义词是用来描述包含种种可能的含义的概念"。传统的较为普遍的看法是：绝对的同义词是不存在的，同义词总含有种种不同的含义。这种看法随着语言科学，尤其是语义学的发展，已经显得陈旧而被动摇了。语言实际说明，绝对的同义词是存在的，例如，языкознание — лингвистика，Совтский Союз — СССР，бросить — кинуть，гасить — тушить，глядеть — смотреть，зреть — спеть, осьминог — спрут，фига — кукиш，сухощавый — худощавый，везде — всюду。现在大部分学者趋向于承认绝对同义词的存在，但对同义词划分的原则、界线等问题，仍有着不同的观点。关于同义词问题，阿普列相提出了一个饶有新意的观点，他扩大了绝对同义词的范围，并提出了确定同义词的三项原则[②]：

（1）同义词在词典里应有相同的释义，例如，языкознание，лингвистика 在奥热果夫词典里是这样解释的：языкознание — «наука о языке»，лингвистика — «наука о языке, языкознание»；其他例子：бросить — «выпустив из руки（с размахом），заставить или дать полететь и упасть»，кинуть — «то же, что бросить»。

（2）同义词所具有的强语义组配项的数目、次序和作用应当是相同的。以 строить 和 сооружать 这组同义词为例，它们的语义组配结构（这两个词各自要求的情境主要参与者）是这样的：

---

① А. А. Брагина, Синонимы и их толкования. Вопросы языкознания, 1978, № 6, стр. 65, 69.

② Ю. Д. Апресян, Лексическая семантика. М., 1974, стр. 220—224.

строить

1（субъект）	2（объект）
Sим	Sвин

сооружать

1（субъект）	2（объект）
Sим	Sвин

这两个词均有两项强语义组配项，作用也一致，都是主体 1 和 客体 2。

（3）同义词应属同一词类（就深层结构而言），这里包括单词之间的同义词、由描写性词组和单词组成的同义词（несгораемый шкаф — сейф）或由词组与词组构成的同义词（испытывать влияние — подвергаться влиянию）。

词的释义相同，语义组配结构相同，属相同词类，这就是阿普列相给同义词所下的定义。同时他还认为，确定两个以上的词是不是同义词，并不要求它们的搭配能力和修辞特性完全或者部分相同。阿普列相认为，只要具备上述三个条件，两个词就是同义词。

然而，既然要求同义词的释义和语义组配结构相同，但又不要求它们的组合关系相同或部分相同，这实际上是矛盾的。事实上，像 глядеть — смотреть、зреть — спеть、громадный — огромный 等同义词不但具备上述三个条件，而且它们的组合关系也大体相同或部分相同，例如：глядеть — смотреть на прохожих（на мчащийся поезд, на улицу, в окно, во двор, в глаза кому-нибудь, в бинокль）; зреть — спеть（яблоки, ягоды），громадный — огромный город（успех, площадь, здание）; 等等。当然，要求同义词有完全相同的搭配，也不符合语言的客观实际。同义词的搭配有差别，与某些词的使用习惯和其他超语言因素有关，但这不会导致词义的不同。例如，языкознание — лингвистика 是一对绝对同义词，它们的搭配几乎一致，再如：общее языкознание

— общая лингвистика, русское языкознание — русская лингвистика, структурное и прикладное языкознание — структурная и прикладная лингвистика, сопоставительное языкознание — сопоставительная лингвистика, современное языкознание — современная лингвистика, традиционное языкознание — традиционная лингвистика, проблемы языкознания — проблемы лингвистики, диссертация по языкознанию — диссертация по лингвистике, заниматься языкознанием — заниматься лингвистикой。但有些场合只能使用其中的一个词：сравнительно-историческое языкознание, «Вопросы языкознания»（杂志），лингвистика речи, лингвистика текста, «Новое в лингвистике»（不定期的语言学论文集）。путь — дорога 也是如此，谁也不会怀疑这是一对同义词。它们意义相同，搭配也基本一致，如：собираться в дорогу — собираться в путь, заходить к кому-нибудь по дороге — заходить к кому-нибудь по пути, продолжать свою дорогу— продолжать свой путь, устать（отдохнуть）с дороги — устать（отдохнуть）с пути, Дорога ведет в гору — Путь ведет в гору, Дорога началась — Путь начался, дорога к справедливому миру — путь к справедливому миру, творческая дорога — творческий путь, дальняя дорога — дальний путь, накатанная дорога — накатанный путь, Это лучшая для меня дорога — Это лучший для меня путь。但在表示某些抽象概念和组成某些特定搭配时，只能用 путь，如 жизненный путь、путь борьбы、путь наступлений、санный путь、зимний путь 等。这种搭配上的不同不能归结于意义上或修辞上的差别。与此相反，有一些词的意义虽然并不相同，但其搭配在大多数情况下却是一致的。尽管这样，这些词并不是同义词，如 историк、географ、математик、физик、химик、романист、 новеллист、очеркист、фельетонист 等。这说明同义词组合关系的一致性是以其所表示概念、所含意义和语义组配结构的一致性为前提的，离开这个前提就谈不上同义词搭配上的异同。把词的搭配一致和它们在上下文中相互替代的性能作为确定同义词的唯一或者主要标准是不足为凭的，它只是同义词的次要特性。在表示属－种关系时，这些词（ученый — химик, писатель — романист）才可做同义词使用，例如：Он — писатель；Он — романист。

随着词汇语义学的发展，人们对同义词和同义手段又有了新的认识，若尔科夫斯基（А.К. Жолковский）和梅利丘克（И. А. Мельчук）扩大了同义手段的范围，提出了关于词汇参数的理论：一些意义本不相同的词在某些动词－名词词组中部分地失去了原来的意义，获得了较为抽象化、概念化的典型意义，从而成为同义词或者同义手段，例如：*испытывать* влияние — *подвергаться* влиянию — *находиться* под влиянием；*питать* любовь — *окружать* любовью。这里的 испытывать、подвергаться、находиться，以及 питать、окружать 等动词的意义各不相同，其搭配也有根本的区别，但在上列词组中却分别获得了相同的典型性意义，成了同义词或同义手段。

同义手段和同义词这两个概念不完全相同。同义手段的概念范围比同义词广，同义手段可以出现在语言中的各个平面上，如词法同义手段、句法同义手段、词法－句法同义手段等，而同义词只是指词汇方面的同义手段。

综上所述，我们认为，同义词的主要标准应该从下述几个方面考虑：

（1）同义词应表示同一个概念，其意义完全相同或大部分相同；

（2）同义词应具备相同的语义组配结构；

（3）同义词应属同一个词类；

（4）有一些同义词虽表示同一个概念，但含有不同的修辞色彩；

（5）有一些含不同含义的词，在一定的上下文中或在其他因素作用下，其语义差别可被中和，成为同义手段。

2 同义词的功能

关于同义词的功能，语言学界也存在着两种不同的观点。一部分学者认为同义词的主要功能是区分功能，用来表达、强调所表示概念的不同含义，进一步明确并修饰语句。这一观点的出发点是：没有相同意义的同义词，更不存在绝对的同义词。另一部分学者认为存在一定数量的绝对同义词，强调同义词是一种非常重要、非常有效的同义手段。我们认为，在研究同义词的功能时，片面强调哪一点都是不对的，同义词在语义上的共性和差别不能偏废，应该全面地看待同义词的功能问题。总的来说，同义词的功能可以归纳为以下几种：

（1）含不同含义的同义词可以用来准确地表达、强调同一个概念的差别或细微的意义色彩，使语言生动、确切，例如：

① Должно быть, только на обильных кубанских просторах могла возрасти женщина такого богатырского сложения... с такими огромными карими *глазами*, к которым больше подходило слово «*очи*». （А. Гончаров）/看来，只有在肥沃的库班原野上才能生长出体魄如此魁伟的妇女……一双大大的、深棕色的眼睛，称之为明亮的“眸子”才比较恰当。

② Объектив не мог заглянуть ни в холодные *глаза* фашиста, ни в пустые, дохлые *зенки* предателей-полицейских. （С. Злобик）/镜头既不能看清法西斯匪徒的阴森森的眼睛，也不能看清伪警察空虚、呆滞的

贼眼珠子。

（2）利用同义词这一丰富、多样的语言手段，人们在表达这种或那种意思时，可以根据主客观需要，从中选择一种或多种表达方法，使语言丰富多彩，例如：

① Дарья Александровна *погрузилась в заботы* дня и потопила в них на время свое горе.（Л. Толстой）/达莉娅·阿列克山德洛夫娜沉浸在日常琐事中，暂时把自己的忧伤掩埋其中。

② Из Севастополя я уехал в Харьков, где сразу же *окунулся в работу*.（Н. Ходотов）/我从塞瓦斯托波尔来到哈尔科夫，并马上投入了工作。

③ И, даже не отдохнув с дороги, Темляков *окунулся в колхозные дела*.（М. Жестев）/捷姆利亚柯夫风尘仆仆，未及休息，就投身到集体农庄的工作中去了。

④ Она целиком *ушла в хозяйство*, жадно отдаваясь прелести новизны иметь свое, распоряжаться своим.（А. Серафимович）/她悉心管理产业，贪婪地沉醉于拥有自己的财产、支配自己的财产的新鲜美妙的感受之中。

⑤ Взявшись за это заманчивое дело, он *ушел в него с головой*.（К. Федин）/一旦接触到这一诱人的事业，他便全心全意地投身其中。

（3）同义手段可以丰富语言的表达方法，在同一个句子、同一语段中，避免毫无必要地重复同一个同，使语言不致单调、枯燥，例如：

① Не страх смерти должен *определять* нашу жизнь... как у людей умирающих классов, а наоборот — жизнь *обусловливает* характер смерти.（Ф. Гладков）/不是像垂死的阶级所认为的那样，该由死的恐惧决定我们的生活，相反，是生活决定死的性质。

② В кабинете обе шторы были *спущены*, — я их не *опускала* сегодня.（А. Толстой）/办公室里的两张窗帘都低垂着，可是我今天并没有把窗帘放下来。

③ Все *вопросы* войны, мира, будущего, все *проблемы* послевоенного устройства — все это Аничка рассматривала теперь в свете дальнейшей жизни ее ребенка.（Э. Казакевич）/有关战争、和平、未来的所有问题，有关战后安排的所有问题，这一切阿尼契卡现在都是从她孩子今后的生活这一角度加以考虑的。

3 同义词的语义关系

根据同义词之间在意义上的共性和差别所组成的不同关系，同义词的语义关系可归纳如下：

（1）恒等关系

具有相同意义和相同搭配关系的词汇单位（词与词、词与词组等）之间的语义关系称为恒等关系（отношение тождества）。具有恒等关系的词在语义上是等价的，它们之间的关系可示意为：

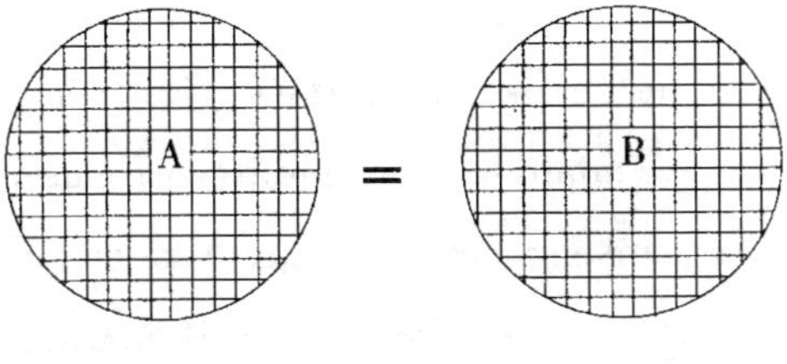

A 与 B 的意义和搭配相等。从内容方面来说，A 与 B（或 B 与 A）的语义成分相同，如 бегемот（河马）（a，b，c，d）= гиппопотам（a，b，c，d）（生长在热带淡水区域的〈a〉大的〈b〉偶蹄目〈c〉哺乳〈d〉

动物）；从搭配方面来说，这两个词的搭配也相同（有些同义词在搭配方面虽有所不同，但不会引起语义结构的变化）。具有这种语义关系的词还有：орфография — правописание，языкознание — лингвистика，ежедневный — каждодневный，глазница — орбита，век — столетие，возвратить — вернуть，вслепую — втемную，вздор — ерунда，дорога — путь，аллегория — иносказание，等等。

（2）包孕关系

语义结构接近的 A，B 两个词汇单位，其中 A 的意义包含在 B 的语义结构之中，而 B 比 A 多一个语义成分，换句话说，它们的语义结构关系可归纳为多 / 少一个语义成分，这种关系称为包孕关系（отношение включения），可示意为：

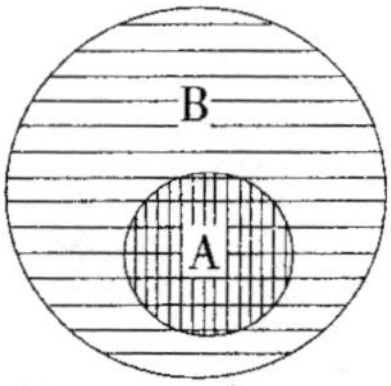

试看下面的例子：

① — Милостивый государь, — начал он почти с торжественностью, — *бедность* не порок, это истина... Но *нищета*, милостивый государь, *нищета* — порок-с. В бедности вы еще сохраняете свое благородство врожденных чувств, в *нищете* же никогда и никто.（Ф. Достоевский）/“阁下，”他几乎有些得意扬扬地说，“贫非罪，这话很对…… 然而贫贱，阁下，贫贱就是罪行。在贫穷中尚能保持天赋的高尚感情，而在贫贱中，任何人，在任何时候都不可能如此。”

② Этот *страх* обратился в *ужас*, когда я стал замечать, что я заблудился, сбился с пути.（А. Чехов）/当我发觉自己走错了路，迷失了方向，害怕变成了恐惧。

③ Из вас, несомненно, получится *хороший* скрипач, *прекрасный* скрипач.（К. Федин）/您毫无疑问能成为一位好的提琴手，一位优秀的提琴手。

例句中的 бедность 和 нищета 意义相近，后者与前者相比多了一个语义成分：нищета — крайняя бедность，表示状态的强烈程度（贫穷—赤贫），страх — ужас, хороший — прекрасный 也是一样。除此以外，有一些同义词的差别主要在于其中的一个词含有指明行为方法、工具或动作范围的语义成分，如 гасить — задувать（后者多了一个指明“使停止燃烧的方法”的语义成分），перебраться — переправиться（后者大多指骑马越过或乘船渡过），перегородка — загородка（后者多指不高的、不到天花板的间隔）。

在使用这一类同义词时要注意两点：

第一，在一定的上下文中，它们的语义差别会发生中和，因而消失或者变得不明显，例如：

① *Пылали* дома и заборы, *горели* сады, и дощатые тротуары, и тумбы, *горело* имущество, вытащенное на улицы.（Н. Телешов）/房子和篱笆在燃烧，花园和木板人行道在燃烧，火焰吞噬着木柱和拖到路上的家什财物。

② Видно было, что его *раздражение* ему самому понравилось и что он, пройдясь по полку, хотел найти еще предлогов своему *гневу*.（Л. Толстой）/看来，他对自己好动肝火还挺满意，因而在巡视全团的时候还想找碴儿发泄怒火。

第二，在区分性质的上下文中，这些差别被突出而成为话语的焦点，例如：

① Это не *бедность*, а *нищета*. /这不是贫穷，而是极端的贫困。

② Заговорили оба, но князь вдруг закричал, как бы в сильном *раздражении*, доходившем до *бешенства*. （Ф. Достоевский）/ 两人说起话来，但公爵突然大声喊叫，激动异常，近乎发疯的程度。

（3）交叉关系

具有共同的（一致的）语义成分，同时又具有非共同的（不一致的）语义成分的词汇单位之间的语义关系，称为交叉关系（отношение пересечения）。这种关系的特点是：同义单位之间的逻辑关系不是从属关系，两者是对等的，任何一个也包括不了另外一个。这种关系可示意为：

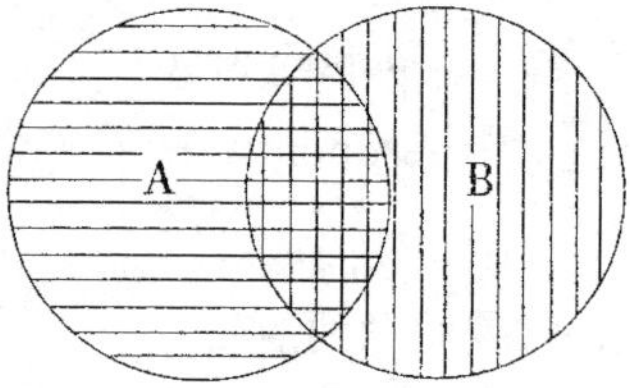

这类同义词有：друг — товарищ，лететь — плыть，пробираться — протискиваться，встретиться — столкнуться，гнести — давить，ощущать — чувствовать，борец — боец，густой — частый，долгий — длинный，область — район，等等。

例子中的 друг — товарищ 含有共同的语义成分："关系亲近密切的人"，因此在一定的条件下可以相互替代，例如：

① Больше Андрей не чувствовал себя одиноким в этом новом для него мире. Рядом был старый хороший *товарищ, друг*, с которым ничего не страшно. （А. Гранин）/在这个对他来说是新的世界里，安德烈不再感到孤独。他身边有了一个好伙伴、好朋友，同他在一起什么都不怕了。

② Я не знаю, где граница
Меж *товарищем и другом*.
Мы с тобою шлялись долго,
Бились дружно, жили наспех. (М. Светлов)
同志和朋友的界线
我不知怎样划分。
我们一起走过漫长的路，
协力战斗，匆匆生活。

但是，这两个词又各有不同的地方：товарищ 多指因“社会方面的关系”“共同的社会活动生活条件”“共同的政治观点”“同属某一社会政治组织”而有联系的人；而 друг 多指因“密切的私人方面的关系”“个人之间的依恋、好感”而有关系的人。如果强调各自的不同点，这两个词就不能互相替代，例如：— А что, вы *друг* ему? — *Друг* не *друг*, а *товарищ*. (Ю. Семенов)（“怎么，您是他的朋友吗？”“朋友不是朋友，是同志。”）除此以外，这两个词既有相同的搭配：плохой, хороший, близкий, верный... товарищ / друг；совет, просьба, помощь, поддержка... товарища / друга；внешность, характер, поведение... товарища / друга；приобрести, найти в ком-нибудь, потерять, лишиться... товарища / друга。又有不同的搭配：товарищ по работе, по службе, по институту, по экспедиции, по оружию, товарищ Иванов, товарищ капитан；давний, преданный, закадычный друг, неразлучные друзья。

4 同义词在语句转换中的作用

诺维科夫在《俄语语义学》一书中指出：“当属于同一词类的在意义上相同或者相近的词，在相同的位置上，为了一定的目的，以这种或者那种形式相互替代时，才会出现真正的同义现象。”他还说：“在评定同义词时，决定的因素不是把语义上相近的词做抽象的对比，而是看它们在上下文中的现实的相互作用，以发现语义差别的中和领域。”① 他的观点说明，研究同义词仅仅从语义上进行对比还远远不够，主要还要看它们在上下文中的相互作用，指出在哪些情况下可以相互替代，在哪些情况下它们的语义差别会发生中和，从而有可能参与语句的同义转换。

根据同义词的语义结构和它们在上下文中的作用，同义词可参与下列各种语句转换：

（1）意义上完全相同，搭配上也大致相同的同义词，在语句中可以完全相互替代（譬如说，为了在意义相近的语句中避免重复使用同一个词）。这里有以下几种情况：

1）缩写词和与其语义相等的复合名称：СССР — Советский Союз, ВУЗ — высшее учебное заведение，СЭВ — Совет экономической взаимопомоши。

2）单词和动－名词组：загудеть — дать гудок，победить — одержать победу，ударить — нанести удар，обманывать — водить за нос, помогать — оказывать помощь。

3）词、词组和熟语：чемпион по боксу — первая перчатка，телевизор — голубой экран。

4）意义相同、搭配大致相同的同义词：перекладина — поперечина, вздор — ерунда, вслепую — втемную, возвратить — вернуть, век — столетие，откупорить — раскупорить，осуществить — реализовать, глазница — орбита，ежедневный — каждодневный，месяц — луна, гасить — тушить, заходить — садиться, оранжевый — апельсиновый,

① Л. А. Новиков, Семантика русского яеыка. М., 1982，стр. 226—227.

осмотреться — оглядеться, осел — ишак, здесь — тут, затихнуть — стихнуть, жаль — жалко, земельный — аграрный, закрыть — затворить, воспоминания — мемуары, дорога — путь, везде — всюду, бросать — кидать, бюрократ — формалист, бондарь — бочар, достаточно — довольно, аллегория — иносказание, общественник — активист, допустим — положим, обыватель — мещанин, осьминог — спрут, азбука — алфавит, дефис — черточка, балерина — танцовщица。

这些词在绝大多数场合都可相互替代，例如：

осмтреться — оглядеться

① Гаврила *осмотрелся* кругом. Трактир помещался в подвале.（М. Горвкий）/加夫里拉环视周围。饭店是在地下室里。

② Челкаш, оскалив зубы, приподнял голову, *огляделся* вокруг и, прошептав что-то, снова улегся.（М. Горький）/切尔卡什龇牙咧嘴，微微抬起脑袋，向四周看看，嘟哝着什么，又躺下了。

азбука — алфавит

① Преимущество русской *азбуки* состоит в том, что всякий звук в ней произносится, — и произносится, как он есть.（Л. Толстой）/俄语字母的优点在于所有的字母都能读出来，而且是什么就读什么。

② Нет таких слов, которыми можно было бы передать все, — и слов нет, и даже букв в *алфавите* недостает.（Д. Мамин-Сибиряк）/没有能表达一切的词，这样的词是不存在的，字母表里甚至缺少足够的字母。

затихнуть — стихнуть

① Пулемет *затих*. Теперь работал только пулемет Ньюстэда.（К.

Паустовский）/机枪声沉寂了。现在只有纽斯泰德的机枪还嗒嗒响着。

② Пулемет *стих*. Раздался последний одинокий выстрел.（К. Паустовский）/机枪不响了。传来最后一声枪响。

воспоминания — мемуары

① Хочу каждый день писать хоть понемногу *воспоминания*.（Л. Толстой）/我想每天写回忆录，哪怕写一点点也好。

② Иные пишут свои *мемуары* потому, что в них много интересного в историческом отношении; другие потому, что им еще раз хочется пережить счастливые молодые годы.（В. Гаршин）/有的人写回忆录，是因为从历史的观点来看，往事中有许多有趣的东西，另外一些人则是因为他们想重温年轻时代的幸福经历。

откупорить — раскупорить

① Ксения Михаиловна: Доигрывайте, господа, и пожалуйста по бокалу шампанского... Петя, *откупорьте* бутылку.（Б. Ромашов）/克谢尼娅·米哈依洛芙娜：请继续下去，先生们，大家来一杯香槟酒。彼佳，开酒瓶。

② Еще у пристани пришлось *раскупорить* бутылку и угостить старых перевозчиков.（К. Паустовский）/还在码头上的时候就得开瓶斟酒，招待老搬运工人。

заедать — закусывать

① Я выпивал у стойки рюмку водки, *заедал* круглым сочным пирожком с мясом.（В. Вересаев）/我站在柜台前慢慢地喝了一杯伏特加，吃着鲜美的肉馅儿圆饼。

② Флаг-капитан отхлебывает глоток ［чая］и *закусывает* хрустящим Бисквитом.（Б. Лавренев）/旗舰参谋长喝了一口茶，嚼着松

脆的饼干。

аграрный — земельный

Но мы безусловно обязаны, как партия пролетариата, выступить немедленно (в апреле 1917 г.) не только с *аграрной (земельной)* программой, но и с проповедью немедленно осуществимых практических мер в интересах крестьянской *аграрной* революции в России.（В. Ленин）/ 毫无疑问，我们作为无产阶级的政党，不仅必须立即（于 1917 年 4 月）提出土地纲领，而且必须宣传为俄国农民土地革命的利益立即可以实现的实际措施。

应当指出，这种替代在某些场合会引起一些细微的差别，带来某种不同的信息，如 Л. Н. Толстой — автор романа «Война и мир»，Л. Н. Толстой 是一位伟大的俄罗斯作家，他的影响和作用是这本书所概括不了的。又如 телевизор — голубой экран，后者带有形象化意义。另外，上面所列举的同义词中，一部分存在使用范围广与狭的差别，另一部分带有口语、书卷语、日常用语的性质。如 ежедневный（каждодневный）、жаль（жалко）、активист（общественник）等词比括号里的同义词用得较多、较广；тут（здесь）、глазница（орбита）、кидать（бросать）等词具有口语或日常用语词汇的性质；而 реализовать（осуществить）则具有书卷语性质。最后还需指出，有些同义词在搭配关系上有某些差别，如上面已经提到的 языкознание — лингвистика、путь — дорога，以及 аграрный — земельный、луна — месяц、гасить — тушить 等。试比较：аграрный / земельный кризис，аграрная / земельная реформа（революция, программа,политика），аграрный / земельный закон（кодекс），аграрное /земельное законодательство。但是通常只说 земельный участок、аграрные страны。луна — месяц 在文学作品、日常生活

中可以相互替代，只是在需要强调“新月”和“满月”时才用于不同的搭配，如 полная（круглая）луна，молодой（новый）месяц；但是做术语使用时，只能用 луна（полет на Луну, затмение Луны）。гасить — тушить 一般无使用范围的限制，如可说 гасить / тушить огонь（пламя, костер, свечу, лампу, папиросу, свет），但是对 пожар 来说，最好用 тушить。

（2）意义相近或基本一致，搭配部分一致、部分不一致的同义词，在上下文中可以相互替代或者部分替代，这类同义词有：обменять — поменять，безнравственный — аморальный，безуспешный — безрезультатный，великан — исполин，гражданский — штатский，годиться — подходить，врач — доктор，восстанавливать — воссоздавать（возрождать），вместимость — емкость，далекий — дальний，обобрать — обокрасть（обворовать），выпасть — достаться，высота — вышина，думать — полагать（считать），область — сфера，болезнь — заболевание，выдаваться — выступать，изойти — истечь，общественный — социальный，ива — ракита（ветла），естественный — природный，есть — кушать，единый — один，отложить — отнести（отодвинуть），отправиться — пуститься（тронуться），острый — чуткий，отделать — разделать，остановиться — стать，остальной — прочий，особа — персона（лицо, фигура），等等。

обменять — поменять

① Они изо дня в день, целых две недели, ходили на толкучку, где сдают и *обменяют* комнаты.（Е. Кутузов）/整整两个星期，他们天天都到出租和交换住房的交易市场去。

② Бабушке пришлось переселиться к сыну, а ее комната пустовала, пока не удалось, благодаря счастливому случаю, *поменять* ее на освободившуюся комнату в их же доме. （В. Ажаев）/奶奶只得搬到儿子那儿去住，而她的房间空着，直至碰到了一个好机会才换到了他们那幢楼里空出来的一间房间。

гражданский — штатский

① Яша был одет в серенькую рубашку с расстегнутым воротом ... —Ты совсем стал *гражданским* человеком, Яша. （А. Первенцев）/亚沙穿着敞领灰色衬衫……“你完全成了老百姓了，亚沙。”

② — Бетман был человек *штатский*. Он проходил службу, поднимаясь очень быстро со ступени на ступень, исключительно по *гражданской* части. （С. Сергеев-Ценский）/贝特曼是一位文职人员。就任以来，他在文官阶梯上飞黄腾达，步步高升。

врач — доктор

Николай Петрович Шаповаленко, ученик академика Павлова, физиолог-экспериментатор, стал лечащим *врачом*... Какой-то влиятельный человек, у которого вылечен был младенец, оказал *доктору* протекцию.（Б. Шкловский）/ 尼古拉·彼得洛维奇·沙波瓦连柯是科学院院士巴甫洛夫的学生，生理学实验师，后来成了治病的医生。……有一个要人的小孩儿被他治好了，于是大夫从他那儿得到庇护。

восстанавливать — возрождать, воссоздавать

① Взвод ее сейчас не воевал. Он был занят мирной работой. Они *восстанавливали* Сталинград. （Б. Полевой）/她的一排人现在不打仗了。在进行和平劳动。重建斯大林格勒。

② Сто шестьдесят миллионов, составляющие великий народ... в труде героическом и напряженном *возрождали* разрушенное войной народное хозяйство.（Н. Островский）/ 1.6亿伟大的人民……在英勇和紧张的劳动中复兴被战争破坏的国民经济。

③ Долго ты будешь залечивать свои раны, долго твои сыновья... будут своими золотыми руками *воссоздавать* разрушенное.（К. Симонов）/你将旷日持久地医治自己的创伤，你的儿女……将用自己的灵巧的双手重建被破坏的一切。

далекий — дальний

① С глубоких озер поднимаются караваны гусей, лебедей и уток и направляются в *далекий* путь.（Г. Марков）/从湖泊的深幽之处飞起一群群大雁、天鹅和野鸭，开始了遥远的路程。

② — Вы издалека приехали, Прасковья Петровна? — Дорога *дальняя*. Из-за Омска.（В. Дягилев）/“您是从远方来的吧，普拉斯柯维娅·彼得洛芙娜？”“可远哪。从鄂木斯克来。”

небесная высота — небесная вышина

① Одно за другим засветились в *небесной высоте* облака.（А. Толстой）/在高高的天空中，一朵朵白云逐渐明亮起来。

② Спокойно все, луна сияет
Одна с *небесной вышины*
И тихий табор озаряет（А. Пушкин）
四周静悄悄的
只有如水的月亮
照亮宁静的帐篷

область — сфера

Оба［студента］обладали несомненным талантом：Федька — в *области* пейзажа. Васька — в *сфере* серьезной жанровой живописи.

（А. Куприн）/ 两人都具有无可怀疑的天赋：费季卡在风景画方面，瓦斯卡在严肃的风俗画方面。

выдаваться — выступать

① Он глядел на берег, *выдавшийся* мысом, у которого Днепр заворачивал к луговому разливу.（А. Толстой）/他遥望楔入水面的河岸，第聂伯河就在这里弯向为水淹没的草原。

② Правый низменный берег *выступал* вперед мысом.（В. Арсеньев）/右边的低低的河岸向前突出，形成一个尖角。

исходить — истекать

① Ему жгло голову; он чувствовал, что он *исходит* кровью.（Л. Толстой）/他头上一阵剧痛；他感到他在流血。

② На Праценской горе, на том самом месте, где он упал с древком знамени в руках, лежал князь Андрей Болконский, *истекая* кровью.（Л. Толстой）/在普拉岑斯卡山上，就在他手握旗杆倒下的地方，躺着安德烈·包尔康斯基公爵，身上淌着血。

единый — один

① Все для мечтательницы нежной

В *единый* образ облеклись

В *одном* Онегине слились（А. Пушкин）

在满怀柔情和幻想的少女心里

他们化成一个美好的形象

融汇在奥涅金一个人身上

② — Века все смелют,

Дни пройдут,

Людская речь

В *один* язык сольется... (С. Есенин)

岁月将磨灭一切差别，

时光流逝，

人们的言语

将融成一种语言……

отделанный — разделанный

① На трибуне, *отделанной* под дуб, стоял юркий человек. (Ф. Гладков) /在装饰成橡木条纹的讲台上，站着一个动作麻利的人。

② По обе стороны коридора шли двери, *разделанные* под дуб. (С. Антонов) /走廊两边有两扇缀着橡木条纹的门。

стать — остановиться

[Командир] вновь обернулся и *стал*. Все его спутники тоже *остановились*. (А. Федин) / (指挥员) 又一次转过身子，站定了。他的随行人员也站住了脚步。

остальной — прочий

Брак основан на пристрастном предпочтении одной женщины всем *остальным*, одного мужчины — всем *прочим*. (А. Герцен) / 婚姻是建立在偏爱一个女人胜过其他女人，偏爱一个男人胜于其他男人的基础之上的。

这种在相近意义上的替代或部分替代是在一定的上下文中进行的。在相近的意义范围内，某些词仍保留各自特有的搭配和用法。如 далекий — дальний 这一对同义词中，只能说 (вернуться) из дальнего плавания, (поездка) дальнего следования，而不用相应的同义词 далекий；与 вместимость 相比，емкость 多半指器皿、容器的容量而言；гражданский — штатский 中通常只说 гражданская авиация （служба）；есть — кушать 意义相近，但在请别人吃东西或叫小孩儿吃东西时，只用 кушать（如 кушайте, пожалуйста），此外，第一人称不用 кушать，只用 есть：я ем, ел；общественный— социальный 构成一系列术语词组，其中大部分吻合，但有一部分词组习惯上只能使用两者之一：общественный / социальный процесс（жизнь, условия, положение, преобразование, развитие, движение, отношения, науки），但通常只说 общественное производство（разделение труда, сознание, бытье, классы, организации） — социальные институты（болезни, обеспечение, страхование）。有些词同样也有使用范围广与狭的区别：безнравственный（аморальный）、безуспешный（безрезультатный）、великан（исполин）等词比括号里的同义词用得较多、较广；изойти 与 истечь 相比，多用于口语中；сфера（область）、воссоздавать（восстанавливать）、исполин（великан）多用于书卷语和文学语言中。

（3）一部分意义交叉的同义词在一定的上下文中可以相互替代或者部分替代，如：передумать — раздумать，опускаться — спускаться，ответить — отозваться，изучать — исследовать，одинаковый — равный，оставить — бросить，блестеть — сверкать，борец — боец，вызвать — потребовать，пароль — пропуск，выздороветь — поправиться，докладывать — доносить，густой — частый，защитник — заступник（адвокат），опубликовать — напечатать，долгий — длинный，союз — объединение，общий — совместный，круглый — полный，безнадзорный — беспризорный，скорый — близкий，выпускать — спускать，безлюдный — пустынный，вертеться — вращаться，беззаботный — беспечный，верхушка — вершина（макушка），впадаться — вливаться，время — пора，приниматься — браться，等等。

上列同义词在使用时，大体存在如下几种情况：

1）一部分语义成分交叉的同义词可在上下文中相互替代或部分替代，另外一部分的语义成分相互排斥、不能互代，例如：

① Санников говорит, что он, может быть, еще *передумает* насчет летной школы и пойдет в китобои.（В. Панова）/萨尼柯夫说，他可能改变去航空学校的想法，而到捕鲸船上去。

② Она, кажется, что-то хотела спросить, но *передумала* и умолкла.（Н. Чуковский）/她似乎想问什么，但改变了主意，一声未响。

③ Думали ехать в Крым, да *раздумали*: и далеко, и дорого, и много хлопот.（Д. Мамин-Сибиряк）/本想去克里米亚，但还是打消了这个念头：太远了，太花钱了，而且还会有不少的麻烦。

这里的 передумать 和 раздумать 在表示“改变原来的想法、计划、决定”意义上一致，可以互换；但除了这一基本意思外，передумать 还含有“采取新的想法、计划、决定”的意思，因此第③句的替代是困难的。

① В последний раз я видел его в 1902 г. в Ялте, куда я приехал для разговора об одном *общем* заявлении.（В. Короленко）/我最后一次看到他是在1902年，在雅尔塔，我到那里去同他讨论发表一个共同声明的事儿。

② Ну, одного, одного только человека дай. А помощников я уж своих выделю. *Общее* же дело, не мое, не личное.（В. Некрасов）/给我一个人，只要一个人。助手由我选派。这是大家的事，不是我个人的私事。

③ Оба полковника были на «ты», почти ровесники, уважали друг друга за правильное, честное отношение к работе... И тому, и другому казалось, что они свыклись за год *совместной* работы.（Емельянова）/两位上校以“你”相称，他们年龄相仿，对工作竭诚认真，因而相

互尊敬……两人都感到，一年的共事使他们彼此熟悉了。

这里的 общий 与 совместный 在表示“共同进行的工作、活动，共同采取的措施”上意义一致，但除此以外，后者还强调“紧密协作，团结一致地去完成某件事，实现某种措施”，从这个角度看，②句中的 общий 可以用 совместный 替代，③是唯一恰当的说法。

除了上面所分析的几对同义词以外，还有 беспокойный — хлопотливый（后者另含“奔忙”意义），долгий — длинный（后者大多用于指“一段时间、一个时期”），безнадзорный — беспризорный（后者还含有“失去父母”的意思），вызвать — потребовать（后者多用于指“液体”），выпускать — спускать（后者还含有“命令”“坚定”两层意思），блестеть — сверкать（后者大多用于“闪烁”意义），оставить — бросить（后者还含有“激烈、突然”的意思），одинаковый — равный（后者还含有“对比、比较”的意思），изучать — исследовать（后者多指“较深入”的研究）。上述几对同义词在不强调其不同点时，在一定条件下可以互代。

2）有些语义交叉的同义词虽能在一定的上下文中互相替代，但各自含有不同的内部形象，因而语义上有细微的差别。例如：

① На заводский двор *опускаются* ранние сумерки.（Е. Катерли）/工厂的院子里薄暮初降。

② Наступал вечер; на землю *спустились* сумерки.（М. Салтыков-Щедрин）/时近黄昏，暮色降临大地。

这里的 спуститься 与 сумерки、ночь、тишина 等词连用含有“自上而下降临”的形象，опуститься 与 сумерки、туман、мгла 等连用则含“降下、弥漫”的形象。

① На палубе загудел гудок. Снизу, из-за переката, ему *ответил* другой, ленивый, низкий.（К. Паустовский）/甲板上响起了汽笛声。下面，在浅滩的那一边，另一只汽笛懒洋洋地、轻轻地随声应和。

② В дверь постучали. — Ну! — хрипло *отозвался* Кружан.（Б. Горбатов）/有人敲门。"进来！"克鲁然嗓音嘶哑地应声说。

③ Никто не *отзывался* на мои сигналы, и я побрел дальше.（Г. Линьков）/没人回答我的信号，于是我继续探路走去。

这里的 ответить 是以 спросить — ответить 情境为基础的，而 отозваться 则使人联想到 позвать, крикнуть — отозваться 的情境，从这一角度来看，①句可以由 отозваться 代替 ответить。

3）某些语义交叉的同义词，虽然在一定范围内可相互替代，但仍存在某些搭配上的差别。例如，время — пора，既可以说 утреннее（ночное, летнее, зимнее）время，又可以说 утренняя（ночная, летняя, зимняя）пора。但一般来说，пора 常与表示较长的时间、时期的词连用（летняя, зимняя пора）；приниматься / браться 都可与 за работу, за учение, за чтение, за дело, за книгу, за письмо 搭配，但只能说 приниматься хохотать, браться за весла（за иглу, за оружье, за перо, за руль）；полный / круглый 都可与 сирота 连用，但只能说 круглый（不能说 полный）дурак；скорая / близкая 都与 встреча 连用，但只能说 до скорого（不能说 близкого）свидания。

4）某些有包孕关系的同义词，由于受一定语境和上下文的影响，强弱程度的差别可以被中和而实现替代。但是，这种替代需具备两个条件：一是意义相近，强弱程度差别不大；二是语体相同或者相近。这一类同义词有：плакать — рыдать，бежать — мчаться，бушевать — свирепствовать，неистовствовать，обидеть — оскорбить，бурлить — клокотать（кипеть），страх — боязнь（ужас），бояться — страшиться （пугаться, ужасаться, трусить），беднота — нищета，изречение — афоризм，гнев — раздражение（ярость），беспорядок — хаос，отпечаток — печать，бесцветный — бледный，бурный — буйный，громадный — огромный（гигантский），болезненный — хилый，поддельный — фальшивый，等等。

① Она сидела на подоконнике и... *рыдала* шумно и громко, как *плачут* несправедливо обиженные дети.（Б. Полевой）/她坐在窗台上……放声大哭，活像一个平白受屈的孩子。

② Отчего это я стала так *бояться* смерти? Ведь еще так недавно я совсем ее не *страшилась*.（А. Чаковский）/为什么我变得如此怕死？可就在不久以前我对死还毫无惧色呢。

③ Ночь ненастная настала;
На него *боязнь* напала,
И со страхов наш мужик
Закопался под сенник.（П. Ершов）
雨夜来临；
庄稼汉为恐惧所袭，
胆战心惊
钻进了干草棚。

④ Его *боялись* все, даже сам дед *трусил*; как бы этот сердитый старик не навредил ему.（Ф. Гладков）/谁都怕他，甚至祖父对他也有所畏惧，担心这个暴躁的老头儿会触犯他。

在区分性质的上下文中，强弱程度表现得十分明显，这类同义词相互替代是不可能的，例如：

① Этот *страх* обратился и *ужас*, когда я стал замечать, что заблудился, сбился с пути.（А. Чехов）/当我发觉自己走错了路，迷失了方向时，害怕变成了恐惧。

② Надо, чтоб люди *испугались* той вражды, которая назрела в них, чтоб она обнажилась до конца и — *ужаснула*.（М. Горький）/应当使人们对在他们心中酝酿成熟的仇恨感到可怕，让这种仇恨暴露无遗，以使他们不寒而栗。

这类同义词往往可以并列使用，使特征、行为更为突出、强烈，例如：

① Ах, не *плачет* мать и не рыдает,
имена родные повторяет.（Я. Смеляков ）
咳，母亲不哭也不叫，
只把亲人的名字念叨。

② Из-за меня каждого из этих мальчишек и девочек унизительно обыскивали, подозревали в воровстве. Из-за меня их *оскорбили*, *обидели*, ранили.（В. Солоухин）/为了我，人们对这些小男孩、小姑娘一个个进行侮辱性搜身，怀疑他们偷了东西。为了我，他们受到了凌辱、委屈和伤害。

③ Словно *страх* да *ужас* на меня напал, словно тянет, сосет все мне сердце!（М. Салтыков-Щедрин）/似乎恐惧和惊骇攫住了我，牵动、揪扯着我的心！

④ В Ветошном ряду теснились солдаты и рабочие, вокруг кипело, как в котле, и все, что здесь происходило, на первый взгляд выглядело *хаосом, беспорядком*.（Л. Никулин ）/在旧货市场上，士兵和工人熙来攘往，周围人声鼎沸，像是煮沸了水的锅，乍看之下，这里所发生的一切乱糟糟的，混乱不堪。

5）由于现代社会生活的发展，人类活动、交往频繁，由于科技知识的普及，语体差别的范围缩小，语体中性词和带有一定修辞色彩、通常只用于一定语体（口语、书卷语、俗语、科技用语等）的同义词，在一定的上下文中可部分替代，例如：

зайти — забежать（后者带有口语性质）

К тебе *заходил* сосед портной, и здешний будочник *забегал*.（А. Пушкин）/ 做裁缝的邻居来找过你，岗警也来过你家。

вопрос — проблема（后者常用于书卷语）

Все *вопросы* войны, мира, будущего, все *проблемы* послевоенного устройства — все это Аничка рассматривала теперь в свете дальнейшей жизни ее ребенка.（Э. Казакевич）/ 有关战争、和平、未来的所有问题，有关战后安排的所有问题，这一切阿尼契卡现在都是从她孩子今后的生活这一角度加以考虑的。

обмануть — провести（后者常用于口语），надуть（俗语）

① Почти у всех во всем один расчет:

Кого кто лучше *проведет*,

И кто кого хитрей *обманет*.（И. Крылов）

几乎所有的人都在盘算：

谁把谁欺骗得更巧妙，

谁把谁蒙哄得更狡诈。

② Ленские хитрецы *провели* его, а он возьмет да обманет Трапезникова, тоже *надутого* лендами.（В. Саянов）/连斯克的狡猾之徒欺骗了他，而他却去欺诈同样受连斯克人蒙骗的特拉佩兹尼柯夫。

падкий（口语）— охочий（俗语）

Семидольцы — народ дотошный, до сплетен *падок* и *охоч*.（К.

Федин）/ 谢米多尔茨人精明诡诈，爱好并热衷于造谣生事。

заразный — инфекционный（医学用语）

Болезни, вызываемые микробами, называются *заразными*, или *инфекционными*.（А. Кабанов）/ 由微生物引起的疾病，叫作传染病。

ампутировать（常在医学用语中出现）— отнять，отрезать（口语）

① В Тихорецкой ему *ампутировали* раздробленную руку.（М. Шолохов）/在季霍列茨卡亚，他那被砸烂的手被截去了。

② В Чите сказали Гурко, что ноги ему придется *ампутировать* — отрезать обе ноги чуть ниже колен.（И. Егоров）/在赤塔，人们对古尔柯说，他的腿要做截肢手术——两条腿齐膝盖以下都得截去。

这类同义词与上面分析过的其他同义词一样，只能在非区分性质的上下文中，作为多样化的同义手段相互替代，或并列使用，带有加强语气的性质；但在区分性质的上下文中，它们之间的区别被突出，因而这种替代无法实现，例如：

① Но теперь я отчетливо вижу,
Различаю все четче и четче,
Как *глаза* превращаются в *очи*,
Как в *уста* превращаются *губы*.（Л. Мартынов）
现在我可看得清，
越辨越分明，
双眼似秋波，
嘴巴如樱唇。

② Почему обязательно нужно осложнять всякие ошибочки и *вопросики* и превращать их в трагические *проблемы*?（Ф. Гладков）/

为什么非得把各种各样的小错误、小问题复杂化，使之变成悲剧性的大问题呢？

5 准同义词

意义上大体相近、存在共同的语义成分，但语义差别较大的词，称为准同义词（квазисинонимы）。准同义词同样应属同一个词类，具有相同的语义组配结构。在大多数情况下，它们之间的语义差别难以中和，但在非区分性质的上下文中，在词义被限定的情况下，可以作为一种同义替换手段来使用。

准同义词中常见的是表示属种关系的词，语义学中称之为上下义关系词，例如：

在顶线位置上的词叫作上坐标词（гипероним），在底线位置上的词叫作下义词（гипоним）。上坐标词和下义词是相对而言的，上坐标词的意义比较概括，下义词的意义比较确定、具体。从语义关系来看，它们之间的关系是包孕关系，即上坐标词的意义包括在下义词之中，例如：

красный = цвет крови 红色的

алый = ярко-красный 鲜红色的

розовый = бледно-красный 浅红色的

багровый = красный густого, темного оттенка 深红色的

这些词的共同点在于，它们都含有 красный 这一语义成分（非区分

性成分），同时又各含区分性的语义成分。其他的例子如下：

животное — слон, бегемот, тигр, лев, барс...

цветок — тюльпан, роза, астра, гладиолус...

экипаж — бричка, двуколка, карета, тарантас...

сутки — день, ночь, утро, вечер...

наука — физика, химия, математика...

писатель — романист, новеллист, очеркист, фельетонист...

болезнь — туберкулез, воспаление легких, рак...

болеть — саднить, жечь, ломить, ныть, резать, сверлить, стрелять...

只有在为数不多的上下文中，准同义词的差别才能得到中和或者变得不明显。但这里必须具备这样一个前提，即准同义词在上下文中的意义一定是确指的、限定的，例如：

красный — алый — багряный

Полнеба разгоралось и *рдело*; *красные* лучи били вскользь по лугам, бросая *алый* отблеск даже на тенистую сторону оврагов... Было что-то призывное в этом пылающем золоте вечернего воздуха, в *багряном* блеске неба и земли.（И. Тургенев）/ 半个天空像在燃烧，红彤彤的；火红的霞光洒遍草地，映红了幽深的峡谷……在金乌西坠、夕晖灿烂的空间，在红艳艳的天空和大地之间，有什么东西在召唤。

двое суток — два дня

Долго вам ехать на поезде? — *Двое суток*. — Значит, через *два дня* и на месте будете. /“您得坐很长时间的火车吧？”“两天两夜。”“这么说，两天以后您就能到达目的地啦。”

роза — цветок

Хозяйка очень любит *розу*. Этот *цветок* цветет круглый год. / 女主人喜欢月季花。这种花一年四季都开花。

заболевание — воспаление легких

Петр Первый умер от *воспаления легких*. Сейчас смерть от этого *заболевания* редчайшее явление. (В. Дягилев) / 彼得大帝死于肺炎。现在因患这种疾病而致死是罕见的现象。

бричка — экипаж

Когда *бричка* подъехала к гостинице, встретился молодой человек в белых канифасовых панталонах ... Молодой человек оборотился назад, посмотрел *экипаж* ... и пошел своей дорогой. (Н. Гоголь) / 马车驶近旅馆时，碰到一位穿着白色条纹裤的年轻人……年轻人回过头来，朝马车看了一眼，继续走自己的路。

这种同义词的互换只限于一定的上下文，离开一定的语境不能说 цветок 就是 роза，болезнь 就是指 туберкулез。在区分性上下文中，这种同义词是不能互代的，例如：

① С испугом увидел я тогда его *красное*, почти *багровое* лицо и налившиеся кровью глаза. （Ф. Достоевский） /我骇然看到了他那红通通的、几乎是绛紫色的脸和充血的眼睛。

② У меня поясница не *болит*, а прямо *ломит*. /我的腰不仅痛，而且简直像断了一样。

换位词

1 换位词概述

在叙述某个特定的情境时，从不同的情境参与者（актант）出发，同一个内容可用不同的语句表达出来，例如：

① Новичок выиграл матч у чемпиона. / 新手在比赛中赢了冠军。

② Чемпион проиграл новичку матч. /冠军在比赛中输给了新手。

句子①和②讲的是同一个客观事实，但①句中的 новичок（A）是前项(антецедент),表示动作的主体,чемпион(B)是后项(консеквент),用作客体，整个句子的出发点是 A；②句中 A 和 B 互换位置，主客体关系恰与①句相反，句子的出发点转为 B。①句转换为②句后所指的客观事实不变，两者互为同义结构。这两句句子的转换可示意如下：

→ выиграл（у）→

A ———————————— B

← проиграл ←

或：

A выиграл（у）B ⇔ B проиграл A

由此可见，句子①和②之所以能同义转换，其主要因素在于相应的谓语部分 выиграл（X）和 проиграл（Y）：X 和 Y 分别从不同的角度说明同一情境，表示方向相反的主客体关系。具有这种功能的词在语言中是大量存在的（而且不限于动词），试比较：

① Он сдал дела новому работнику. — Новый работник принял дела у него.（A сдал B ⇔ B принял у A）/他将工作移交给新的工作人员。——新的工作人员从他那儿接下了工作。

② В течение десяти лет я был его учеником. — В течение десяти лет он был моим учителем.（A ученик B ⇔ B учитель A）/10年来我一直是他的学生。——10年来他一直是我的老师。

③ Дерево выше стены. — Стена ниже дерева.（A выше B ⇔ B ниже A）/树比墙高。——墙比树低。

④ Максим — дядя Петра. — Петр — племянник Максима.（A дядя B ⇔ B племянник A）/马克西姆是彼得的叔叔。——彼得是马克西姆的侄儿。

这种在同义结构中表现出来的相反的主客体关系叫作换位关系（конверсия），而表示这种关系的对应词就叫作换位词（конверсив）。

换位词与同义词、反义词等词汇语义单位一样，是语言体系中客观存在的词汇语义范畴，但是换位词作为专门的语义学研究课题，还只有一二十年的历史。俄语术语 конверсив 来自英语 converse，英国语义学家莱昂斯（J. Lyons）在 1968 年出版的 *Introduction to Theoretical Linguistics* 一书中首次使用了 converse terms 这一术语，指的是“具有对立联想意义的一对词项。如 buy（买）和 sell（卖），husband（丈夫）和 wife（妻子）”。《语言与语言学词典》把这一术语译作“对立词项”[①]

---

① R. R. K. 哈特曼，F. C. 斯托克：《语言与语言学词典》，黄长著等译，上海辞书出版社 1981 年版，第 81 页。

或“相反的词”[①]。我们考虑到这两种译法不能充分体现这一术语的实质，而且容易和反义词相混淆，故取其主客体互换位置这一关系特征，权且称之为换位词，而把换位词所表示的这种关系称作换位关系。

2 换位词的特点

语言单位之间的换位关系最明显地表现在句法领域。例如，态的对立关系主要体现为动作主体和客体之间的相互关系，句子的主动结构和被动结构作为同义手段，从相反的方向表示同一意义内容：Рабочие строят дом. ⇔ Дом строится рабочими.（工人盖房子。）Колхозники обрабатывают землю. ⇔ Земля обрабатывается колхозниками.（集体农庄庄员在种地。）这是纯粹用语法形式表示的换位关系。因此，换位关系最初是作为句法同义手段加以研究的，后来学者们扩大了研究范围。从大量语言材料中可以看到，除了动词态的形式以外，各种词类的词都可组成换位的同义关系，如上文提到的 сдать — принять（动词），ученик — учитель（名词），выше — ниже（形容词）。这些对应词作为词汇手段，起着与态的对应形式（строить — строиться）相类似的作用。这样，换位关系的研究范围相应扩大，并从句法领域转入词汇范畴。

根据诺维科夫的意见，词汇换位词是“表示情境参与者（关系项）A 和 B 之间相反关系的词：A старше B ⇔ B моложе A, A включает в себя B ⇔ B входит в（состав）A, A учитель B ⇔ B ученик A，换位词的义子允许这些单位在表达同一情境，即具有同一外延意义的相反

① R. R. K. 哈特曼，F. C. 斯托克：《语言与语言学词典》，黄长著等译，上海辞书出版社 1981 年版，第 24 页。

的表述（语句）中表示主体－客体关系”[①]。有些语言学家把非主客体换位的语句转换也归入换位关系，如阿普列相[②]提出的 A = $Conv_{132}$（B）（1 位不变，2 位和 3 位互换：Он$_1$ мажет хлеб$_2$ маслом$_3$. — Он намазывает масло на хлеб.〈*在面包上抹黄油*〉; Они$_1$ освободили комнату$_2$ от лишней мебели$_3$. — Они$_1$ убрали из комнаты$_3$ лишнюю мебель$_2$.〈*他们将房间里多余的家具搬走了*〉)。

这里根据诺维科夫的定义，把这一类转换排除在换位词范畴之外，因为这一类转换实质上是第一客体和第二客体的换位，并没涉及主客体的关系变化。

俄语中有一些词，其词义本身就包含着换位关系，可适用于双向的句法结构，如 равняться（A равняется B ⇔ B равняется A）。

这一类在词汇意义和句法结构上都对称的动词（дружить、ссориться、разговаривать、шептаться、видеться、соглашаться 等）和名词（брат、сестра、товарищ、сверстник、коллега、сослуживец、соавтор、соотечественник 等），可以说是“内在的”换位词：

① Валерий *дружит* с Леной. — Лена *дружит* с Валерием. /*瓦列里和列娜要好。——列娜和瓦列里要好。*

② Петров — *соавтор* Смирновой. — Смирнова — *соавтор* Петрова. /*佩特洛夫是斯米尔诺娃的合作撰稿人。——斯米尔诺娃是佩特洛夫的合作撰稿人。*

这些词没有对应的另一词项，换位关系包含在同一个词的词义结构内，当然也不属于换位词的研究范围。

换位词有如下一些特点：

---

① Л. А. Новиков, Семантика русского языка. М., 1982, стр. 179, 214.

② Ю. Д. Апресян, Лексическая семантика. М., 1974, стр. 267.

（1）换位词 X 和 Y 的对应关系必须通过方向相反的句法结构表现出来。用 X 取代 Y 时必然引起句法转换（синтаксическая трансформация），伴随有相应的支配关系和词形的变化，例如：

① Петр *продает* книги Андрею. — Андрей *покупает* книги у Петра.（продавать кому — покупать у кого）/彼得将书卖给安德烈。——安德烈买彼得的书。

② Народные массы *поддерживают* Партию. — Партия *опирается* на народные массы.（поддерживать кого-что — опираться на кого-что）/人民群众支持党。——党依靠人民群众。

③ Он *попал* в грозу. — Его *захватила* гроза.（попасть во что — захватить кого）/他遇到了雷雨。

在句法转换中，情境参与者 A 和 B 互换位置，改变功能（A 由主体转为客体，B 由客体转为主体，或相反）。

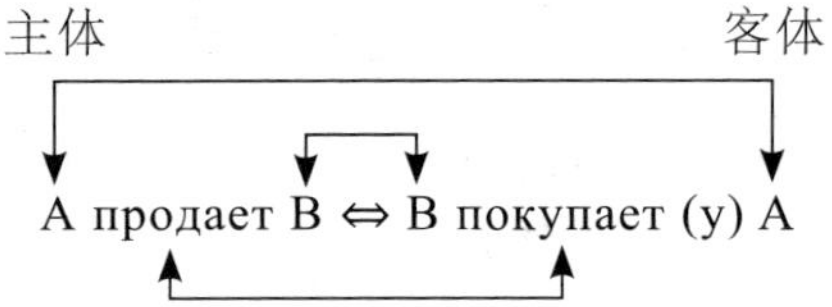

在这方面，换位词与同义词有着本质的区别。同义词也用于表示同一情境，但情境参与者的位置和功能不变，例如：Я волнуюсь о твоем здоровье. ⇔ Я беспокоюсь за твое здоровье.（我为你的健康担忧。——我为你的健康不安。）

试比较换位词参与的语句换转：Я волнуюсь о твоем здоровье. ⇔ Меня волнует твое здоровье.（我为你的健康担忧。——你的健康使我担忧。）

而且，一般地说，换位结构必须具备相反的前、后两项（A купил

новые книги у В — В продал новые книги А）；而对同义词来说，则不需要这个先决条件：Он приобрел новые книги в Пекине.（与换位结构相比，缺少 В 项。）

（2）换位词 X 和 Y 分别从“正”和“反”的角度表达同一情境，两者词义往往相反（А покупает у В ⇔ В продает А，然而 покупает ≠ продает），但构成“正”“反”一致的动作。在“买卖”这一情境中，不论是“正”说还是“反”说，А 总是买方，В 总是卖方，而买卖的对象（货物）一定是从 В 转移到 А，始终不变。这样，“买”和“卖”的同义虽然对立，但在“转移”这一概括意义上却又统一起来。因此，换位词实质上是语义相反（在“正”“反”意义上），而又具有共同点，能用以表示同一情境的同义手段。试比较在“转移”这一概括性语义上统一起来的其他换位词：А передает В ⇔ В получает от А，А одалживает В ⇔ В занимает у А，А преподает у В ⇔ В учится у А，А сообщил В ⇔ В узнал от А。

换位词之间的语义相反，在这一点上与反义词相似。但是反义词也与同义词一样，一般只具有单项的结构。在这一方面，形容词原级和比较级的差别表现得最为明显：Вы молоды, а я стар.（您年轻，而我年事已高。）（молодой — старый 是反义词）；Вы моложе меня. — Я старше вас.（您比我年轻。——我比您年纪大。）（моложе — старше 是换位词）。

（3）换位词构成的句法同义结构，在所指情境一致的基础上存在着细微的语义差别。这种差别表现在表述的逻辑侧重点和语句的实义切分（从“已知的”“确定的”到“未知的”“不定的”）等方面。如果我们说 Свод опирается на колонны.（拱顶是由圆柱支撑着。），那么一般来说，话是从 свод 说起的，колонны 可能是第一次提到；如果用 Колонны поддерживают свод.（圆柱支撑着拱顶。），那么情况可能相反，колонны

包含着“确定的”因素，而 свод 则是“不定的”。Новичок выигрывает у чемпиона.（新手赢了冠军。）这一结构强调的是 новичок 技艺高超（竟能战胜冠军），相反，Чемпион проигрывает новичку.（冠军输给了新手。）则侧重于 чемпион 竞技状态不佳（因而输给了新手）。

如果换位结构之间的语义差别超过上述范围，两者的含义不完全相符（当然以不破坏同义结构为限），对应词项 X 和 Y 就不是纯粹的换位词，例如：

① Он вырос из платья. /他长得连衣服都嫌小了。（衣服小的原因是人长高了）

Платье стало ему мало. / 这衣服他穿着小了。（原因未指明，可能是洗涤后缩水）

② Ученый совет института состоит из заведующих кафедрами. / 院学术委员会由教研室主任组成。（纯粹由教研室主任组成）

Заведующие кафедрами входят в ученый совет института. / 教研室主任是院学术委员会的成员。（除教研室主任外，可能还有其他人参加）

③ Поле поросло травой. /田里长满杂草。（包含“遍布”意义）

Трава выросла на поле. / 田里长了草。（无“遍布”意义）

④ Враг подверг нас обстрелу. /敌人向我们射击。（有意的行为）

Мы попали под обстрел врага. / 我们遭到了敌人的射击。（无意的行为）

这种在语义上具有非本质性区别（否则不能组成对应的换位关系），而其差别能在一定条件下得到中和（消失）的对应词项，称作准换位词（квазиконверсивы）。

（4）组成换位词的词汇单位 X 和 Y 属于同一词类。这里的词类同一性不仅指表层结构上的词类对等（如同属动词或名词等），而且还包括深层结构上的对等性，即语义－句法功能上的一致性。因此词类不同、功能一致的词也能构成换位词。试比较表层结构对等的换位词（例①②③）和深层结构对等的换位词（例④⑤⑥）：

① Он *преподает* у нас русский язык. — Мы *учимся* у него русскому языку. /他教我们俄语。——我们向他学俄语。

② Он — *автор* этой картины. — Эта картина — его *создание*. /他是这幅画的作者。——这幅画是他的作品。

③ Петр бежал *быстрее* меня. — Я бежал *медленнее* Петра. /彼得比我跑得快。——我比彼得跑得慢。

④ Он меня *лечит*. — Я — его *пациент*. /他给我治病。——我是他的病人。

⑤ Эта работа ему не *по плечу*. — Он не *справится* с этой работой. /这一工作他力所不及。——他不能胜任这一工作。

⑥ План никому *не известен*. — О плане никто *не знает*. /计划无人知道。——对计划谁都不清楚。

（5）换位词表示相反的主客体关系，从总体上说，义子相互排斥，因此不能同时出现在同一语句中。在一般情况下，一个换位词作为可能替换的对应词总能被联想到，只要改变表述的侧重点，就能用于一定的上下文中，所以换位词可以有条件地相互替换，但不能同时并用，例如：

① Я восхищаюсь подвигом солдата. /对战士的功勋我很钦佩。

Меня восхищает подвиг солдата. / 战士的功勋使我钦佩。

② Ужас леденил его сердце. /恐惧使他的心都停止了跳动。

Его сердце леденело от ужаса. / 由于恐惧他的心都停止了跳动。

③ Он был слева от меня. /他在我的左边。

Я был справа от него. / 我在他的右边。

在这一方面换位词与同义词、反义词都不一样，后两者的特点恰恰是能同时应用于一个语句中。试比较：

① Какое же оно ［море］серое? Оно лазурное, бирюзовое, изумрудное, голубое, васильковое! Оно синее-пресинее! Самое синее на свете! /它（海）怎么是灰色的呢？它是蔚蓝色的，碧绿碧绿的，绿宝石色的，天蓝色的，矢车菊色的！它是蓝的，蓝蓝的！是世界上最蓝的色彩！（同义词）

② Слова умеют плакать и смеяться, приказывать, молить и заклинать. /词会哭、会笑，会命令、会央告、会恳求。（反义词）

3 换位词的类型和语句转换

换位词的研究历史不长，至今还没有完善的分类体系。目前一般都从其结构和语义特征两方面进行分类。

结构型分类法以对应词在换位结构中的功能和词类属性作为划分换位词的依据。由于换位词一般在句子中起谓语作用，因此从词类属性来说，换位词主要是动词，但名词、形容词等其他词类都可构成换位词。

3.1 动词性换位词有如下一些类型：

（1）动词 – 动词（对应词项都是动词）

1）动词态的对应形式（纯语法性类型）

обдумывать — обдумываться

Автор тщательно *обдумывает* проект. — Проект тщательно *обдумывается* автором. / 作者仔细考虑方案。——方案经作者仔细考虑。

создавать — создаваться

Общественное богатство *создается* самими рабочими, крестьянами и трудовой интеллигенцией. — Сами рабочие, крестьяне и трудовая интеллигенция *создают* общественное богатство. / 社会财富是由工人、农民和劳动知识分子创造的。——工人、农民和劳动知识分子创造社会财富。

строить — строиться

Рабочие *строят* мост через реку Янцзы. — Мост через реку Янцзы *строится* рабочими. / 工人建造长江大桥。——长江大桥由工人建造。

2）对应的双向动词

удивлять — удивляться

Всех *удивляла* поразительная тонкость его осязания. — Все *удивлялись* поразительной тонкости его осязания. / 他的感觉异常灵敏，使大家都感到惊奇。——大家都为他那异常灵敏的感觉而感到惊奇。

опьянить — опьянеть

Успехи *опьянили* его. — Он *опьянел* от успехов. / 成就使他陶醉了。——他为成就所陶醉。

одолжить — занять

Он *одолжил* мне пять рублей. — Я *занял* у него пять рублей. / 他借给我五个卢布。——我向他借了五个卢布。

（2）动词 – 动词性词组（对应的一项或两项是词组）

вздумать — взбрести в голову

Он *вздумал* прокатиться. — Ему *взбрело в голову* прокатиться. / 他想坐车去玩一会儿。——想坐车出去走走的念头出现在他脑海里。

радоваться — вызывать радость

Все *радовались* этому сообщению. — Это сообщение *вызвало радость* у всех. / 大家都为这一消息高兴。——这一消息使大家都感到高兴。

заткнуть за пояс — в подметки не станет

Он *заткнет за пояс* Петра. — Петр ему *в подметки не станет*. / 他远远胜过彼得。——彼得比他差远啦。

стоять еле на ногах — ноги подкашиваются

Я *еле на ногах стою* от усталости. — У меня *ноги подкашиваются* от усталости. / 我疲劳得站都站不住了。——由于疲劳我两腿发软。

（3）动词－静词性词组（对应的一项是动词或动词性词组，另一项是句法功能相当的“系词 быть 或其他助动词＋静词”结构）。

учиться русскому языку —（есть）преподаватель по русскому языку

Мы *учимся* у него русскому языку. — Он наш *преподаватель* по русскому языку. / 我们向他学习俄语。——他是我们的俄语老师。

изучать —（есть）предмет изучения

Мы *изучаем* математику. — Математика — *предмет* нашего *изучения*. / 我们研究数学。——数学是我们的研究对象。

（быть）на волосок от смерти — смерть смотрела（кому）в глаза（в лицо）

Он *был на волосок* от смерти. — Смерть *смотрела* ему в *лицо*. / 他差一点儿没死。——死神威胁着他。

3.2 名词性换位词一般以“系词быть（或其他动词）＋名词”的形式出现，例如：

① Роман «Война и мир» — *произведение* Л. Толстого. — Л. Толстой — *автор* романа «Война и мир». /小说《战争与和平》是列·托尔斯泰的作品。——列·托尔斯泰是小说《战争与和平》的作者。

② Он является *владельцем* этого дома. — Этот дом является его *собственностью.* /他是这所房屋的产权人。——这所房屋是他的私人财产。

3.3 形容词性换位词（包括性质副词）以相应的比较级形式出现，例如：

① Он *старше* меня на пять лет. — Я *моложе* его на пять лет. /他比我大五岁。——我比他小五岁。

② Петр бежал *быстрее* меня. — Я бежал *медленнее* Петра. /彼得比我跑得快。——我比彼得跑得慢。

3.4 虚词性换位词（包括起前置词作用的实词）必须与动词连用，例如：

① Он пришел *до* меня. — Я пришел *после* него. /他是在我之前到的。——我是在他之后到的。

② Я сидел *справа* от него. — Он сидел *слева* от меня. /我坐在他右边。——他坐在我左边。

语义型分类法以词的语义特征作为划分换位词的依据。这里所说的语义特征指的是概括性的意义类型（如上文提到的“转移”），用以表示客观事物和现象之间的各种联系、对比、空间和时间关系、相互作用和制约性等。语义型分类法和结构型分类法是并行不悖的两种分类方法，两者出发点不同，并不相互排斥。换句话说，同一对换位词可按其结构和语义特征使用两种分类方法。下面举几个常见的语义类型为例：

（1）“拥有、具有”

① Наша страна *обладает* богатыми природными ресурсами. — В нашей стране *имеются* богатые природные ресурсы. /我们国家拥有丰富的自然资源。——我们国家自然资源十分丰富。

② Она *имеет* хороший голос. — У нее хороший голос.（零位）/她有一副好嗓子。——她的嗓子很好。

（2）“获得、积累”

① Слово *приобретает* новое значение. — У слова *появляется* новое значение. /词获得新的意义。——词产生新的意义。

② *Он накопил* немало денег. — У него *накопилось* немало денег. /他积蓄了不少钱。——他钱积蓄了不少。

（3）“丧失、消耗”

① У противника *вышли* все боеприпасы. — Противник *расходовал* все боеприпасы. /敌人的弹药全用完了。——敌人消耗了全部弹药。

② *Он лишился* рассудка. — Рассудок *покинул* его. /他失去了理智。

（4）“转交、转移”

① Бригадир *дал* всем задание. — Все *получили* от бригадира задание. /队长给所有的人布置了任务。——所有人都从队长那里得到了任务。

② Я *заразил* брата гриппом. — Брат *заразился* от меня гриппом. /我把流行性感冒传染给了弟弟。——弟弟从我这儿感染上了流行性感冒。

（5）“充满、充实”

① Бутылка *вмещает* два литра бензина. — В бутылку *входит* два литра бензина. /这瓶子能装两公升汽油。——两公升汽油能装进这瓶子。

② Работа *заняла* весь день. — Весь день *ушел* на работу. /工作占去了整整一天。——整整一天的时间都花在工作上了。

（6）“吸收、吞没”

① Бумага *пропускает* чернила. — Чернила *проходят* сквозь бумагу. /纸张吸墨水。——墨水渗进纸张。

② Бушующее море *поглотило* катер. — Катер *погрузился* в бушующее море. /汹涌的大海将快艇吞没了。——快艇淹没在汹涌的大海之中。

（7）“空间或时间的位置”

① Лампа *висит* над столом. — Стол *стоит* под лампой. /灯挂在桌子上面。——桌子放在灯下面。

② В этом отношении они *оставили за собой* всех нас. — В этом отношении все мы *отстали* от них. /在这方面他们将我们所有的人都抛在后面。——在这方面我们大家都落后于他们。

（8）“因果、制约关系”

① Успех работы *зависит* от степени нашей подготовленности. — Степень нашей подготовленности *определяет* успех работы. /工作的成败取决于我们的准备程度。——我们的准备程度决定着工作的成败。

② Торопливость *порождает* ошибки. — Ошибки *проистекают* из-за торопливости. /匆忙会造成错误。——由于匆忙发生了错误。

（9）“情绪和精神状态”

① Я *обижаюсь* на твое невнимание. — Меня *обижает* твое невнимание. /由于你态度冷淡我很难受。——你态度冷淡使我难受。

② Работа *утомляет* его. — Он *устает* от работы. /工作使他感到疲乏。——由于工作累他感到很疲乏。

（10）“思想活动”

① Я никогда не *думал* об этом. — Мне это никогда не *приходило в голову*. /我从来没这么想过。——这个想法我脑子里从来没有过。

② Я *считаю* это мужеством. — Это *представляемся* мне мужеством. /我认为这是勇敢。——依我看这是勇敢。

换位词的研究时间不长，还有一些理论问题需做进一步探讨。但是我们认为，把换位词作为词汇语义教学的一个方面引进我国俄语教学，可以扩大词汇工作的范围，使词汇练习的形式多样化，有助于把单词的语义分析同句法转换和变换表达方法结合起来，从而达到丰富学生的词汇、提高语言表达能力的目的。因此，换位词的研究不仅具有理论上的价值，而且还有一定的实践意义。

反义词

1 反义词及其语义类型

反义词是常见的语义现象，但对于反义词的研究还远不如对同义词那样深入详尽。从大部分关于反义词的文献来看，研究反义词主要从其聚合关系和组合关系方面着手。从聚合关系来说，反义词并不相互排斥，它们有共同的语义联系，属于同一个聚合体。如 высокий — низкий 可以算作一对反义词，但它们同 средний、большой、огромный、громадный、великий、высотный、приземистый、маленький 等又有共同的语义聚合特征，指物体、事物的“大”或“小”；отец、мать、сын、дочь、дед、дядя、племянник、внук、тетя、племянница、бабушка、зять、теща、свекор、свекровь、муж、жена 等是一个大的聚合体，说明人与人之间的亲属关系。这个聚合体中的词可以构成多层次的成对的反义词（отец — сын、муж — жена、дед — внук、дядя — племянник 等）。从组合关系来说，反义词的两方在搭配上大致相符，经常同时出现在同一语境中，在一定条件下可以相互替代，例如：Он хотел быть умным. = Он не хотел быть глупым.（他想成为一个聪明的人。——他不想成为一个愚笨的人。）Он всегда получал хорошие отметки. = Он никогда не получал плохих отметок.（他总是得好分数。——他从未得过坏分数。）基于这一点，可以说一部分反义词也是一种同义手段，可以参与语句的转换。

阿普列相认为，反义词具有对立的或者相反的，但并不矛盾的意义。① 他从解释这三个概念着手，对反义词进行了系统的分析。

（1）对立意义（противоположность）。如果 A 与 B 对立，那么 A 处在对称轴的一边，而 B 处在轴的另一边，A 与 B 离开轴中心的距离是相等的。这一解释适用于物体，也适用于物体的特征。这主要用于表示物体刻度（高低、大小、长短、上下、左右等）的词。在这一方面，反义词表示刻度的两个极，两个极之间必有一个中心，也可说是一个标准，在标准以上、以下，以左、以右，而处于两极位置的就是反义词。举例来说，有三个人，一个是高个子，另一个是矮个子，第三个是中等个子，这第三者就成了确定其他两人是高是矮的标准：高于第三者的是高个子，低于第三者的是矮个子。例如：высокий —（средний）— низкий, толстый —（нормальный ）— худой。

（2）相反意义（обратность）。这是“顺序”和“倒序”的关系。譬如说，语言实践中有“直说的话”和“反说的话”，例如：Если начнется война, то войска будут мобилизованы.（假如战争开始，士兵将被动员。）Если войска будут мобилизованы, то начнется война.（假如士兵被动员，战争即将开始。）第一句的原因等于第二句的结果，第二句的原因等于第一句的结果。“顺序”是 1，2，3，“倒序”是 3，2，1。关于相反意义，阿普列相下了这样一个定义：“X 与 Y 相反，也就是说，X 的开端成分相

① Ю. Д. Апресян, Лексическая семантика. М., 1974, стр. 286—288.

同于 Y 的结尾成分，X 的结尾成分相同于 Y 的开端成分”。以 испарять 和 конденсировать 为例：испарять 表示把水变成蒸汽，而 конденсировать 则是把蒸汽变为水。两个过程正好相反，前者的开端是后者的结尾，后者的开端是前者的结尾。把这一定义加以延伸，那么，还可以泛指 X 和 Y 的开始和结尾在时间、地点等方面相符。例如：входить — выходить 分别表示“开始进入某一地点”和“终止在某一地点的停留”，也就是说，входить 的终点和 выходить 的起点相符；соединять — разъединять 表示“使物体开始连接在一起”和“使物体终止连接状态”。“开始”和“终止”是这些词共有的义子，概括了相当数量带前缀 в- — вы-、при- — от-、с- — раз-、за- — раз- 等的动词和少量形容词反义词。阿普列相把这类反义词的语义区别归纳为：“начинать”和“переставать R”（= начинать не R）。

（3）矛盾意义（противоречивость）。这是指肯定与否定、存在与不存在的行为、特征，如 влажный — сухой、живой — мертвый、зрячий — слепой、соблюдать — нарушать、наличие — отсутствие。这类反义词不同于含对立意义的反义词，后者在对立的双方之间存在一个中间地带（молодой — немолодой — старый），含矛盾意义的反义词一般是肯定一方面就等于否定另一方面，没有什么中间状态，влажный 指“含水分的”，而 сухой 则指“不含水分的”。

这三种意义可以概括大部分反义词，但是对含第三种意义（矛盾意义）的词是否可称为反义词，是个有争论的问题。

诺维科夫[①] 把反义词归结为“语言中对立的表达”“同一实质的对立”，同时他又把这种对立分成以下几类：（1）相对性对立（контрарная противоположность），如 молодой —（немолодой, пожилой）— ста-

① Л. А. Новиков, Семантика русского языка. М., 1982, стр. 245.

рый、холодный —（ нехолодный, теплый ）— горячий。对立的两个成分之间存在着中间成分，这同阿普列相所说的对立意义是一致的。（2）互补性对立（комплементарная противоположность），如 живой — мертвый、истинный — ложный、можно — нельзя。对立的两个成分达到极限，不存在任何中间成分，这同上面所说的矛盾意义是相符的。（3）向量性对立（векторная противоположность），如 подниматься — опускаться、входить — выходить。这是行为、运动、特征在不同方向上的对立。

以上这两种观点相互补充，并不矛盾。根据这两种观点，从反义词的语义结构来看，可把它们分为如下几类：

（1）$Anti_1$ 类型

这主要包括上文所述含相反意义和向量性对立意义的反义词，如 испарять — конденсировать、включить — выключить、влететь — вылететь（из гнезда）、впихнуть — выпихнуть（из вагона）、входить — выходить（из комнаты）。这类反义词都含有“开始处于某处”—“停止处于某处”的对立，简单地说，也就是“开始”与“停止”的对立，如 влететь в A = “飞着，开始处于 A 的内部”，вылететь из A = “飞着，停止处于 A 的内部”；впихнуть A в B =“推着，使 A 开始处于 B 的内部”，выпихнуть = “推着，使 A 停止处于 B 的内部”；等等。这类反义词为数甚多，例如，①表示“开始—停止处于物体内部”的词：влить — вылить，войти — выйти，впустить — выпустить；②表示“开始—停止处于物体上部”的词：взбежать（на гору）— сбежать，взвалить（мешок на спину）— свалить，подняться（на пятый этаж）— спуститься；③表示“开始—停止处于物体表面”的词：набить（обруч на кадку）— сбить，надвинуть（шапку на лоб）— сдвинуть，нахлынуть —

схлынуть；④表示“开始—停止存在于空间某一点”的词：привести（ребенка в школу）— увести，прийти — уйти，приехать（в город）— уехать，притащить（вещи на площадь）— утащить；⑤表示“许多人开始—停止存在于空间某一点”的词：сбежаться — разбежаться，съехаться — разъехаться；⑥表示“开始—停止物体的连接、联系”的词：прилипнуть — отлипнуть（Глина отлипла от подошв），натолкнуть — оттолкнуть（от столба）；⑦表示“开始—停止某种行为”的词：вкдючиться（в работу） — выключиться，включить — выключить，включить — исключить（кого-нибудь из списков），входящий — исходящий（номер），забарабанить — отбарабанить，зазвонить — отзвонить, зацвести — отцвести，полюбить — разлюбить，зажить — отжить。还有一部分反义词也含有“开始”—“停止”的语义对立，不过需经过语义分解才能发现，如 здороваться — прощаться，因为人们问好时总要走到一起或相互走近，分别时总要彼此走开。近似的例子有：анализировать — синтезировать（текст），замерзать — оттаивать，анализ — синтез，дедукция — индукция，等等。

归于 $Anti_1$ 的还有表示“促成某种结果”—“消除这种结果”的反义词，这也是一种相反的对立，如 сшить— расшить 和 завязать— развязать：сшить =“把东西缝制在一起”，расшить=“把缝制好的东西拆开”；завязать =“把东西结好、扎住”，развязать =“把结好、扎住的东西解开”。简单地说，就是“促成”与“消除”某种结果之间的对立。

组成这类反义词的主要是为数相当多的同根动词，例如，①“促成—消除某种物体”：заплести — расплести（косу），склеить — расклеить（коробку），собрать — разобрать（домик из стандартных деталей），сформировать — расформировать（полк）；②“促成—消除某种外部

状态”：забинтовать — разбинтовать（руку），завернуть — развернуть（покупку），навьючить — развьючить（осла），нагрузить — разгрузить（машину）；③“促成—消除某种内部状态”：заморозить — разморозить（мясо），запутать — распутать（пряжу），настроить — расстроить（рояль），согнуть — разогнуть（медный пятак）；④“促成—消除某种现象”：засекретить — рассекретить（изобретение），зашифровать — расшифровать；⑤“促成—消除某种联系”：зажать — разжать，замуровать — размуровать（стену），застегнуть — расстегнуть（пальто），наколоть，приколоть — отколоть（цветы от шляпки），наклеить，приклеить — отклеить（марку от конверта），нацепить，прицепить — отцепить（саблю от пояса），соединить — разъединить（провода），сцепить — расцепить（вагоны）。

还有一些非同根动词反义词，也属这一类：вывихнуть — вправить（руку），зажечь — потушить，заключить — расторгнуть（договор），ломать — чинить，назначить（кого-нибудь на должность）— отстранить，освободить — поработить，принять — отменить（решение），приобрести — утратить（ценное свойство），родиться — умереть，ссориться — мириться，сесть（на поезд）— сойти。

（2）$Anti_2$ 类型

这主要包括含互补对立或矛盾对立意义的反义词，如 влажный — сухой、соблюдать — нарушать、с — без（с деньгами — без денег）。$Anti_1$ 和 $Anti_2$ 的不同之处，在于前者只否定相应反义词的一部分意义，而后者则否定相应反义词的全部意义，或者说，一个词的意义是对另一个词全部意义的否定。例如，входить — выходить 的主要语义成分是“位移”和“位移的方向”，выходить 并不否定 входить“位移”的动作，只表示“位移的方向”与其相反，而且 выходить 的“位移”起点和 входить 的“位移”终点是相同的。然而 влажный — сухой 则不同：влажный =“含水分的”，сухой =“不含水分的”，后者正好是前者整个意义的否定。又如：измена 是对 верность（супружеская）的否定，ложь 是对 правда 的否定等。

属于 $Anti_2$ 的反义词有：наличие — отсутствие，покой — движение，соблюдать — нарушать，тождество — различие，живой — мертвый，занят — свободен，здоровый — больной，зрячий — слепой，истинный — ложный，подлинный — фальшивый，слитный — раздельный（написание），факультативный — обязательный，допускать — исключать（возможность невыполнения плана），оправдать — обмануть（доверие），попасть — промахнуться，присутствовать — отсутствовать，разрешить — запретить，сдать — провалить（экзамен），совпадать — расходиться，等等。

在 $Anti_2$ 类型中，占有相当地位的是带否定意义前缀的反义词，如：логичный — *а*логичный，моральный — *а*моральный，алкогольный — *без*алкогольный，платный — *бес*платный，штатный — *вне*штатный，единоверец — *ино*верец，единогласие — *разно*гласие，рациональный — *ир*рациональный，гласный — *не*гласный（судопроизводство），летный — *не*летный（погода），равнозначный — *разно*значный，лингвистический — *экстра*лингвистический。

（3）$Anti_3$ 类型

这主要是表示参数意义的形容词（параметрические прилагательные），即表示事物、现象某一种性质的量的形容词。它们大部分是含相对对立意义的反义词，如 большой — маленький、высокий — низкий、 широкий — узкий、частый — редкий、толстый — тонкий、глубокий — мелкий、быстрый — медленный；还有副词 много — мало、часто — редко、всегда — никогда 等。其语义区别可以概括为“某种特征的大—小”，即“больше — меньше”，因为 большой =“больше нормы”（大于标准），маленький =“меньше нормы”（小于标准），высокий =“имеющий высоту больше нормы”（具有大于标准的高度），низкий =“имеющий высоту меньше нормы”（具有小于标准的高度），широкий =“имеющий ширину больше нормы”（具有大于标准的宽度），узкий =“имеющий ширину меньше нормы”（具有小于标准的宽度），等等。这里的 норма 是指生活中人们习惯上对事物大小、高低、上下、宽狭等的一种衡量尺寸（不是严格的科学尺度）。这些参数形容词的两极之间一般都有一个中间状态：高—低和不高不低，大—小和不大不小，胖—瘦和不胖不瘦，快—慢和不快不慢，这种中间状态就可以称作 норма。норма 以上就是大、高，норма 以下就是小、低，大于 норма 就是胖，小于 норма 就是瘦，依次类推。

$Anti_1$ 与 $Anti_3$ 有近似之处，一些词既可以归为 $Anti_1$，又可以归为 $Anti_3$，主要取决于从什么角度分析。上面已经说过，$Anti_1$ 主要是“开始—停止”意义上的对立，如 накачивать воду в бассейн 表示“抽水，使水开始流入水池”，而 выкачивать воду из бассейна 则意味着“抽水，使水停止在水池中的存在”，从“开始—停止”这个角度来看，这两个动词可以称作 $Anti_1$；而从把水“抽入—抽出”的结果来看，一个是使水逐步增多（становиться больше），一个是使水逐步减少（становится меньше），那么又可以把它们归为 $Anti_3$。这同样适用于 набивать（цену）— сбивать（цену）、прибывать（в полк）— убывать（из полка）这一类反义词。

$Anti_3$ 主要包括下列几类反义词：

1）表示尺寸、面积及其变化的反义词：великан — лилипут, громадина — малютка（лодка）, исполин — пигмей, большой — маленький, высокий — низкий, глубокий — мелкий, толстый — тонкий, длинный — короткий, крупный — мелкий, широкий — узкий, крутой — пологий, напухать — опадать（об опухоли）, прибавить — убавить（огня）, увеличиваться（=расти, возрастать） — уменьшиваться（=сокращаться）; 有一些构词手段也属这一类：высоко- — низко-, крупно- — мелко-, макро- — микро-, макси- — мини-。

2）表示数量及其变化的反义词：излишек — недостаток, густой — редкий（волосы）, частый — редкий（плетень）, плотный — редкий（население）, жирный — постный（ветчина）, много — мало, пруд пруди — наперечет, копить — тратить, накинуть — скинуть（несколько рублей）, прирезать — отрезать（земли）, расти — сокращаться（поголовье скота）。

3）表示距离及其变化的反义词：ближний — дальний, близкий — далекий, отъехать — подъехать, отплыть — подплыть, оттянуть — подтянуть（резервы）, оттолкнуть — привлечь（кого-нибудь）。

4）表示速度、温度、压力、价格、重量和泛指强度、紧张度的反义词：гипертония — гипотония, жара — мороз, тепло — холод, быстрый — медленный, горячий — холодный（кофе）, дорогой — дешевый, жесткий — мягкий, резкий — постепенный（рост цен）, сильный — слабый, темный — светлый, тяжелый — легкий（ящик）, яркий — тусклый, греть — остужать（=охлаждать）, ползти — лететь（время）, прибавить — убавить（шагу）, рассвести — стемнеть, спешить —

отставать（часы），нарасти — спасть（напряжение），ускорить — замедлить（строительство）。

5）表示抽象数量、程度的反义词：сложный — простой，суровый — мягкий（приговор），трудный — легкий（задание），очень — слегка，слишком — недостаточно，затруднить — облегчить，превосходить — уступать（кому-нибудь в остроумии），препятствовать — способствовать，преувеличить — преуменьшить，пылать — тлеть（дрова），развернуть — свернуть（соревнование）。

上述三类反义词概括了大部分反义词。除此之外，还有几种数量不多的反义词类型，由于它们所表示的概念和语义上的特点，很难归入哪一类，有的兼有两类或两类以上的特点，有的需归入另类。按其所表示的意义可分以下几种：

（1）表示空间定向的反义词：восток — запад，север — юг，попутный — противный（ветер），наветренный — подветренный（борт），левый — правый（рука），внутренний — внешний，вогнутый — выпуклый，внутри — снаружи，верх — низ（шкафа），перед — зад（телеги），нос — корма，передний — задний，верхний — нижний。

（2）表示颜色的反义词：белый 和 черный，从它们的直义来看是 $Anti_1$，但从转义来看是含互补对立的反义词，即 $Anti_2$，如 выдать черное за белое 和 назвать белое черным（颠倒黑白）。

（3）表示味觉的反义词：人们通常把 сладкий — горький 看成一对反义词，但很难将它们归入哪一类。

（4）表示性别和血缘关系的反义词：мужской — женский，мужчина — женщина，мальчик — девочка，отец — мать，дядя — тетя，патриархат — матриархат，полигамия — полиандрия，кобель — сука， жеребец — кобыла，кот — кошка。

（5）表示人的情感、智力特征及其关系的反义词：гордость — стыд，щедрый — скупой，смелый — робкий，храбрый — трусливый，умный — глупый，любить — ненавидеть，уважать — презирать，-фил — -фоб。

（6）还有一些具有其他对立意义的反义词，如：прежде — теперь，производитель — потребитель，теоретический — практический。

2 反义词的功能

诺维科夫认为："反义词是形式上由不同词（词汇－语义变体）表示的相对立意义的语义关系，这些词在上下文中实现对比功能以及与其有关的其他功能。"[①] 这个定义包括了词的聚合关系和组合关系两个方面。相对应的反义词应属同一个聚合体，构成聚合体的两极（легкий〈вопрос〉—〈нетрудный, средней трудности, нелегкий〉— трудный）。反义词是一种语言现象，它们的对立是意义上的对立。从逻辑上来说，反义词所表示的区别是同一本质内的区别，是同一个统一体（质量、特性、行为、状态关系等）的两个对立的方面，相互之间存在着不可分割的联系。如 живой — мертвый 是生死的对立，истина — ложь 是是非的对立，влететь — вылететь 是运动方向的对立。反义词并不相互排斥，相反，它们的语义结构达到高度的相似，其区别只表现为区分性特征的差别：день = часть суток с утра до вечера（一昼夜中从早上到晚上的一段时间），ночь = часть суток с вечера до утра（一昼夜中从晚上到早

① Л. А. Новиков, Семантика русского языка. М., 1982 , стр. 247.

上的一段时间）；дорогой = продаваемый и покупаемый по цене выше нормы（高于标准价格出售和购买的），дешевый = продаваемый и покупаемый по цене ниже нормы（低于标准价格出售和购买的）。这两对词的语义就其相应的语义结构模式而言完全一致，所不同的是相应的区分性特征，如 день、ночь 都是指昼夜的一段时间，不过前者指从早上到晚上这段时间，而后者则指从晚上到（第二天）早上这段时间。

反义词所表示的区别是达到极限的区别，表示的否定是完全的否定，并不是一般的加 не- 的否定，例如：хороший — нехороший，быстрый — небыстрый 并不是反义词，因为 нехороший ≠ плохой，небыстрый ≠ медленный。但是有一些加 не-（也包括加 без-）的词是反义词，因为有些带 не-（без-）的词表示的否定达到了极限意义：живой — неживой（= мертвый），довольный — недовольный，зрячий — незрячий（= слепой），женатый — неженатый（= холостой），удачный — неудачный，способный — неспособный，серьезный — несерьезный（= легкомысленный），вежливый — невежливый（= грубый），сильный — бессильный（=слабый）。从上述例子来看，带 не-（без-）的反义词也可能有同义词，形成聚合体中的变体。

反义词在构词结构上存在不同的情况，有含相同词根的反义词（партийный — непартийный，вносить— выносить），有含不同词根的反义词（друг — враг, высокий — низкий, все — никто）。由同一个词的不同词义构成的反义词为数甚少，例如：одолжить кому-нибудь денег（借钱给别人）— одолжить у кого-нибудь денег（向别人借钱）。

从组合关系来说，反义词的双方有相近的搭配，因为反义词属同一词类，在语义组配结构上大体相似。反义词往往不单独使用，而同时出现在一定的上下文中，例如：

① Земелька *черная* хлебец *белый* родит.（Пословица）/土地是黑的，长出的面包是白的。

② Когда деньги *говорят*, правда *молчит*.（Пословица）/钱能通神。

③ Как мне быть? Как мне жить? И в какие края выбрать путь одинокому: *близкий* или *дальний*?（В. Федоров）/我怎么办？我怎么生活下去？我孤独一人，选择哪一方的道路：就近的还是遥远的？

反义词之间的语义联系和语义组配关系决定了反义词的功能。一般来说，反义词具有区分性和非区分性功能。区分性功能包括对比、选择，非区分性功能是交替、包孕、相等、替代。

（1）区分性功能。区分性功能表现为强调某种特征、事物，突出与对立特征、事物的差别。

① *Мириться* надо, а не *ругаться*.（С. Антонов）/应当和好，而不是吵闹。

② Самолюбивый, он должен был переламывать себя, смирять гордыню... и не очень-то это получалось, и я тут была не *помощью*, а *помехой*.（В. Кетлинская）/自尊心很强的他必须克制自己，去掉傲气……但结果并不尽如此，在这方面我帮不上忙，只会碍事。

③ *Расстаться* казалось нам трудно, Но *встретиться* было трудней!（М. Лермонтов）/离别是困难的，而相见更困难。

这里表达的是对比意义，通常以“（не）X, а Y; X, а（не）Y; вместо X, Y; X, но Y”等形式出现。

① Ты *румян*, как маков цвет, я, как смерть, и тощ и *бледен*.（А. Пушкин）/你脸色绯红像罂粟花，而我面如土色，又瘦削，又苍白。

② В душе я трус какой-то жалкий; мне *честь*, *бесчестье* — все равно.（Н. Некрасов）/从我的本性来说，我是一个可怜的胆小鬼，荣

誉不荣誉的问题我无所谓。

这里表达的是并列对比意义，反义词之间不用任何连接词，主要靠语调表达，可用“$\acute{X} \| \acute{Y}$”，“$\overset{\frown}{\acute{X} \| \acute{Y}}$”的形式表示。

① Что мне теперь лучше, *смелость* или *робость*?（Ф. Достоевский）/如今我该如何是好，应该勇敢还是胆怯？

② Что бы вы ни говорили или ни писали о Леопарди, *молодом* или *старом*, *богатом* или *бедном*, очень *крепком* или *слабом* телом, я убежден, что вы найдете, если уже не нашли, настоящий ответ на заглавие вашей книги.（Л. Толстой）/不管您关于列奥帕尔季说了些什么或者写了些什么，不管他是年轻的还是年老的，是富有的还是贫困的，身体强壮的还是瘦弱的，我坚信，您一定会找到有关您的书的书名的真正答案，假如您还未找到的话。

这里表达的是选择性意义，可用“X или Y”的形式表示。

（2）非区分性功能。这里是指对立双方的对立特征弱化以至中和，或者从对立的双方说明同一事物。

① Огонь то *вздымался* так, что отблески его мережили текучую быстроту Дона, то *ниспадал*, клонился на запад, с жадностью пожирая строения.（М. Шолохов）/火焰一会儿高高升起，映照着顿河的急流，一会儿低下来，斜向西边，贪婪地吞噬着建筑物。

② Парень то нагибался *вперед*, то откидывался *назад*, сильно подвигая лодку при каждом движении.（В. Гаршин）/小伙子一会儿俯身向前，一会儿仰身向后，一俯一仰，奋力划动小船。

这里表达的是交替意义，可用“то X，то Y”的形式表示。

① За один день пережил все, от *трусости* до *геройства*.（В. Быков）/一天之内我体验到了一切，从胆小如鼠到英勇无畏。

② Летом с *восхода* до *заката* солнца ［он］сиживал на завалинке, чертил костылем землю, угнув голову.（М. Шолохов）/夏天，从太阳升起到太阳落山，他一直坐在土台上，低着脑袋，用拐杖在地上划来划去。

这里指的是包孕关系，兼容对立两方的意义，常以“от X до Y；с X до Y”的形式出现。

① Все вдруг стало *сложным* — самое *простое*.（А. Толстой）/骤然间一切最简单的事情都变得复杂了。

② В руках людей *прекрасные* явления становятся *уродливыми*.（А. Виноградов）/在人们手中，美好的现象会变成畸形的东西。

③ В борьбе враждебной *выигрыш* одного есть *проигрыш* другого.（П. Ершов）/在敌对的斗争中，一方的胜利等于另一方的失败。

这里指的是相等关系，从一个对立面转化成另一个对立面，可用“X → Y, X=Y”的形式表示。

Он три *дня*（=*ночи*）не спал.（他三天三夜未睡过觉。）Мы против *войны*. Мы хотим *мира*.（我们反对战争。我们要和平。）Ветер дует со стороны *востока*. Ветер дует в сторону *запада*.（风从东方吹来。风向西面吹去。）

这里显示的是替代功能，在一定的场合下，其相互替代的作用，可用“X⇔Y”的形式表示。

3 准反义词

反义词应与准反义词区别开来。准反义词也是语义对立的词，但准反义词的语义对立并不完全对称。

试比较下列三个词：волновать — успокаивать — бесить。其中，

волновать — успокаивать 是反义词，它们的语义结构相互对称，构成纯粹的语义对立（“使人情绪激动”—“使人情绪不激动”）。而另一对词虽也构成语义对立，但两者的含义并不对称，бесить 是“使人情绪强烈激动”，比与 успокаивать 一起构成纯反义词的 волновать 多了一个语义因素（激动程度）。因此，бесить 与 успокаивать 的关系是准反义词关系。如果把这两个词的语义结构分解为：бесить ——“促使进入强烈的情感状态”，успокаивать ——“促使从某种情感状态解脱出来”，那么，我们可以通过下表把两者的语义差别表示出来：

	相同的成分	对立的成分	相同的成分	不对称的成分
бесить	促使	进入	情感状态	强烈
успокаивать	促使	解脱	情感状态	

准反义词之间的差别也可表现为修辞色彩上的差别，如 водвориться — выехать 这两个词在语义结构上完全对应，但 водвориться 带有较强的口语色彩，这是 выехать 所缺少的。从这一意义上说，выехать 的纯反义词是 въехать，而 водвориться 只能是它的准反义词。

综上所述，具备下列条件的词 A 与 B 可以称为准反义词：（1）A 与 B 同属一个词类；（2）A 与 B 在意义上有较多的共同之处；（3）A 与 B 之间存在不完全对称的语义对立。如 вешать — класть（纯反义词是：вешать — снимать），вычеркнуть（кого-нибудь из списков）— включить（纯反义词是：включить — исключить），мстить — прощать（纯反义词是：мстить — дружить ），гигантский — низкий（纯反义词是：высокий — низкий），хороший — нехороший（纯反义词是：хороший

— плохой), умный — неумный（纯反义词是：умный — глупый），высокий — низенький（разг.）。

准反义词的语义差别大体上可分以下几种：

（1）程度上的差别：бодрость — утомление, бодрость — истощение, каша — порядок, крах — победа, нищать — богатеть, железный — слабый（здоровье），крепкий — хилый（здоровье），бездонный — мелкий, беспробудный — чуткий（сон），бешеный — малый（скорость），буйный — слабый（ветер），допотопный — современный（транспорт），лютый — легкий（мороз），молниеносный — медленный, нескончаемый — короткий（спор），разбитый — бодрый, стремительный — медленный（рост），наотрез — нерешительно（отказаться），завалить（кого-нибудь работой）— освободить（кого-нибудь от работы），разинуть — закрыть（пасть），разойтись — утихнуть（дождь），раскалить — охладить（атмосферу），распахнуть — закрыть（дверь），распустить — подтянуть（класс）。还有一部分 X — не X 的形容词性准反义词也属此类，其中 не- 表示不强烈的程度：высокий — невысокий, глубокий — неглубокий, далекий — недалекий, широкий — неширокий, глупый — неглупый, плохой — неплохой, робкий — неробкий, умный — неумный, подробный — неподробный。

这一类准反义词还包括对立词项表示饱和程度的动词性准反义词：завалить（весь стол книгами）— убрать（книги со стола），забить（заколотить）（окна досками）— отбить（отколотить）（доски от окон），завешать（стены коврами）— снять（ковры со стен），залепить（стену объявлениями）— отлепить（объявления от стены），заселить（домжильцами）— выселить（жильцов из дома）。

（2）数量、强度上的差别：волосатый — лысый，громкий — беззвучный，зоркость — слепота，шторм — штиль。

（3）评价上的差别：замазывать — вскрывать（недостатки），мотать — копить（деньги），попирать — соблюдать（закон），раздуть — сократить（штаты），разношерстный — одностильный（мебель），тенденциозный — объективный（освещение событий）。

（4）反复的行为与不反复的行为：возвратиться — уйти，возродиться — отмереть，воскреснуть — умереть，воссоединить — отторгнуть（исконные земли），восстановить — разрушить（город），вспомнить — забыть。

（5）占有、获得与失去、终止：вооружиться（терпением）— потерять（терпение），завоевать — потерять（авторитет），овладеть（знаниями）— растерять，установить — утратить（власть），вырваться（из плена）— попасть（в плен），вылечиться — заболеть。

（6）不定量与定量的差别：много- — одно-（едино-），многобожие — единобожие，многобрачие — единобрачие，многозначный — однозначный，общий — специальный（образование），поли- — моно-，полигамия — моногамия，политеизм — монотеизм，хоровой — сольный（номер）。

下 编

俄语语用学研究

言语行为理论的由来及其“功”与“过”

言语行为理论最先是由英国哲学家奥斯汀（J. L. Austin）提出的，并曾引起哲学界、逻辑学界和语言学界的极大关注，推动了语言学尤其是语用学的发展。

一般来说，言语行为理论有广义和狭义之分：广义的指一系列阐述言语活动各个方面的思想和概念，狭义的指具体的有关一定类型言语行为的理论。我们这里说的正是后一种。

言语行为理论受到广泛的重视不是没有原因的。20 世纪前半叶，语言学在较长的一段时间里将注意力集中在语言体系的研究上，从 60 年代后半期起，语言学家的注意力转到言语活动的分析上。可以说，奥斯汀在这方面起到了带头作用，他和他的追随者对语言学这一领域的发展做出了贡献。

“现代语言学家不得……不承认，现在语用学（包括言语行为）是语言学广泛地、坚定地、始终不渝地显示语言功能与交际方面的那一部分。”[①] 研究语言的“人的因素”是语用学的中心课题。斯捷潘诺夫（Ю. С.

① Т. Г. Винокур, Говорящий и слушающий. М., 1993, стр. 19—23.

Степанов）认为主体性是语言最主要的特性，是贯穿它一切方面的特性，正是语用学将其真正地突显出来[①]。

维诺库尔（Т. Г. Винокур）的观点十分明确。他认为，语用学较之其他语言学科更能反映人的因素在语言认识发展规律方面的作用，从而将“人和语言”这一课题提到解决产生话语的范畴性的一般理论高度[②]。

总之，言语行为理论抓住了人们交际活动中“人的因素”这一中心环节，阐述了交际单位不是句子而是表达说话人一定意图的语句，将语言的使用与一定的说话者联系起来，将语言符号的使用同“自我”对应起来。这是言语行为理论的主要特点之一。

言语行为理论将说话目的和结果同时包括在交际语境模式之中（其他还有说话人、受话人、话语、情况），将交际的主观性因素和客观性因素，即说话人的主观意图、目的和受话人（不取决于说话人）对其意图、目的的认识糅合在一起。分析语言特性就是要“看到这些语言特性是用来完成一定任务的”[③]。言语行为理论将“言语行为视为人达到一定目的的方法，并从这一角度研究他所使用的语言手段”[④]。奥斯汀等学者将言语行为的目的、指向作为区别其他语句的重要特征之一，根据这一特征确定这种或那种言语行为，同时它也是言语行为分类的重要标准。这是言语行为理论的第二个特点。

言语行为理论的另一大特点在于提出了语句的三层结构：言内行为、言外行为和言后行为，其中对言外行为的划分尤其引起学者们的普遍重

---

① Ю. С. Степанов, В поисках прагматики. Известия АН СССР. Серия литературы и языка, 1981, Т. 40, № 4, стр. 326.

② Т. Г. Винокур, Говорящий и слушающий. М., 1993, стр. 19—23.

③ Р. Якобсон, Разработка целевой модели языка в европейской лингвистике в период между двумя войнами. // Новое в зарубежной лингвистике. Вып. IV. М., 1964, стр. 374.

④ И. М. Кобозева, «Теория речевых актов» как один из вариантов теории речевой деятельности. // Новое в зарубежной лингвистике, вып. XVIl. М., 1986, стр. 1—21.

视。这是言语行为三层结构图式的主要方面，也是这一理论所阐述的重要概念。这种三分法使人们从语句的字面意义、语义意义转到其语用意义，使人们在实际交际活动中注重的不是对方“说什么”，而是“指的是什么”“意味着什么”。这对揭示语句的蕴含机制、确定间接言语行为提供了理论根据。这是言语行为理论的第三个特点。

奥斯汀的追随者不仅进一步阐述和发展了他的关于意图的概念，而且还将其纳入言语行为理论方法系统，以加确奥斯汀的言语行为、言外之力分析思想。他们通过意图等一套术语对语句的“主体意义”或者“说话者之意”下了定义。这是确定言外功能最根本的因素。这是言语行为理论的第四个特点。

言语行为理论非常有价值的尝试是对言外行为的分类。虽然这种分类还不够完善，显得粗糙，但在这一问题的进一步研究方面迈出了坚实的一步，使人们比较直观地看到言语行为类型的概貌和确定不同类型的主要标准。

言语行为理论也存在严重的缺点。弗兰克（Д. франк）对这一理论进行了批评，其主要论点可归纳如下。

（1）言语行为理论，由于缺乏与之相适应的方法论基础，只是一种狭窄的、专门的语言理论，不足以成为建立言语交际语用理论的基础概念系统。它未同心理语言学、社会语言学的一些重要原理结合起来，将语言交际放在更广阔的背景下进行研究。这是这一理论的根本性缺点。

（2）言语行为理论将语流切分成一定单位，并贴上这一理论所制定的标签，但这种切分往往主观任意性很大，因为言语行为一般是通过几个句子或者句子的几个部分确定的，同时将任何一个语句归为某一种类型并不符合实际情况：实际上，在一般的交谈中，说话人使用一定语句往往可以同时完成多种行为。

（3）言语行为理论对待言语行为的方法主要还是静止的，忽视了交际的动态实质，确定言语行为时忽略了语句同前后文的关系，所采用的不少例句缺乏生动的交际实践气息。

（4）言语行为理论所制定的一套标签绝大部分取自行事词语，结果是缩小了“话语可以适应和应当适应的范围”，而那些相互联系、相互作用的结构性方面的行为则被忽略了。

（5）大多数言语行为主要从说话人意图角度加以确定，弗兰克认为这一论点失之偏颇，因为话语意义往往在一定程度上取决于双方的“协议”或者默契①。

弗兰克的观点大体上是正确的，但有的论点超出了奥斯汀等人本来的设想，像（1）所指出的，他们并不试图将自己的一套概念变成论述总的言语活动的理论基础，也正因为研究方面比较专门，所探讨的问题比较深入、颇具新意，其中不少观点为当代语义学、言语活动理论所采用。随着语用学的进一步发展、完善，弗兰克所指出的一些缺点正逐步为后人改正。

本编共收入了六篇文章，按内容可分为三个部分。

第一部分：分析词汇的语用信息和行事行为、行事词语及其特点。言语行为理论研究的中心课题“主体意义”也包括说话人通过语句所表达的对所述事物、事件、事实、现象等的个人评价意义和其他含义。它们主要靠使用带语用信息的词语在一定语境中表示出来。行事行为多半是通过行事词语表达的，此类词语具有种种词法、句法、语义、语用特点。

第二部分：进一步阐述言语行为理论的几个重要观点，如语句的三

① Д. Франк (D. Franck), Семь грехов прагматики: тезисы о теории речевых актов, анализе речевого общения, лингвистике и риторике. // Новое в зарубежной лингвистике. Вып. XVII. М., 1986, стр. 363—372.

层结构、言语行为的规约性特性、交际模式、命题标志与言外功能标志、意义、言外功能、言外之力、言外行为。在叙述这些问题时，作者对各家之说进行了综合归纳，对部分问题提出了自己的见解。除此以外，作者还将隐含与间接言语行为归入这一部分。

第三部分：论述语句聚合体的基本概念、语句聚合体中的对立关系、语句聚合体的分类。在分类的基础上，对各个类型中的种种不同表达方式进行了归纳，指出其特点和语用含义。这种做法的基本出发点是将言语行为理论尽可能同具体交际实际结合起来，使学习俄语的人从中获得使用这种或那种类型语句的知识和技能。

词的语用信息

1 词的语用信息概述

词的语用信息，或者叫词的语用方面，是近年来语用学和语义学着力进行研究的课题。诺维科夫对词的语用方面有这样一段论述，他说："意义的语用方面（语用意义作为内容实体）是通过有标记的单位对被表示的事物做出评价的一种特殊语言表达，是词汇意义的评价感情成分和修辞性修饰成分。"①

阿普列相对词的语用附加部分、对词的语用信息有专门的研究。他指出，在编写详解词典的词条时，除了要分出能指、词法、语义等特征外，还要专门列出语用部分，即词语的语用信息②。

语用学研究的重点是说话人如何使用语言材料以及他通过语言材料对所述事物、受话者等所表达的主观评价态度。说话人表达的主观评价

---

① Л. А. Новиков, Семантика русского языка. М., 1982, стр. 100.

② Ю. Д. Апресян, Прагматическая информация для толкового словаря. Избранные труды, Т. 2. М., 1995, стр. 135—152.

态度和语句中的隐含成分（импликация）大部分同词的语用信息有关。试比较动词 убить 和 ухлопать 在下列句子中的使用。

① Харри: Как ты не понимаешь? За полмесяца *убито* двое молодых людей. （Челль Линдблад）/哈里：你怎么不懂呢？半个月中两个青年人被打死了。

② Симон: Убийство. Ну, это дело обычное. Или кого-нибудь там знаменитого *ухлопали*? （Челль Линдблад）/西蒙：凶杀。这是常有的事。大概是什么要人被宰了。

动词 убить 和 ухлопать 均指“杀死，打死”，但 ① 句里 убить 只是用来通告“半月中杀死了两个人”这个一般的事实，说话人并未掺杂什么个人色彩，对所述事物也未表示个人评价，而 ② 句里 ухлопать 的使用则完全不同。

上述例句摘自林德布兰德（Челль Линдблад）的 «Союз жильцов»。作品中西蒙是一位作家，他对其所在社会、国家、警察一切制度均持否定态度，他认为在西方社会里凶杀是平常的事，大概是什么要人被打死了才如此大惊小怪。这里显示了他对“要人”和“通告出了凶杀案”这一事实本身的鄙视。

再举一组例子，украсть、похитить、стащить 均表示“偷走，窃去”这一概念内容，但 стащить 除此以外还含有一定的语用信息。试看这三个词在下列句子中的使用：

① Симон: У меня *украли* важные бумаги. Кто-то рылся в моих ящиках. （Челль Линдблад）/西蒙：我的重要文件被人偷走了。有人翻过我的抽屉。

② Харри: 〈...〉 Но, честно говоря , мне сдается, что ты все-таки потерял свою рукопись. Кто может быть заинтересован в ее *похище-*

нии?（Челль Линдблад）/哈里：〈……〉但是，说老实话，我觉得，还是你自己把手稿弄丢了，谁会去偷它？

③ Симон:〈...〉Кто-нибудь из союза жильцов *стащил* мою рукопись. Другой возможности не вижу.（Челль Линдблад）/西蒙：〈……〉居民联谊会中的人偷走了我的手稿。我看不出还有什么其他可能。

作品中西蒙可以说是一个无政府主义者，他反对任何形式的联合、组合，因而他不仅拒绝加入这一组织，还激烈抨击它，стащить 在句中的使用恰好说明了西蒙对这一组织和加入该组织的人的一种蔑视态度。通常来说，词的语用信息同说话者通过一定语句所表示的言外行为（иллокутивный акт）有一定联系，例如，第 239 页的 ②句就是对 ①句所通告之事的一种反应，同时也是一种反问；而上面的 ③句则是一种反驳或者肯定。

上面我们指出，语句中的隐含成分同词的语用信息有关，但语句隐含成分的表达手段广泛得多，大大超出有标记的词汇单位范围。除了语调、词序、句法手段以及感叹词、语气词等以外，不少不带任何修辞标记的实词在一定的上下文中同样可以表示除字面意义以外的种种含义。举两个汉语的例子。京剧《沙家浜》中阿庆嫂的一句话："这茶，司令，喝到现在才喝出个味来。"电视剧《洋行里的中国小姐》里，外国老板对中国小姐的一句回话："女人总是女人，我错就错在没有把你当作女人。"句中的楷体部分在汉语里均是一般的、不带任何修辞色彩的词或短语，但在这种上下文中却表示非同一般的含义。再举一个俄语例子：— Мама! Кто тебе посоветовал... — она, наверное, хотела сказать «нанять» и вовремя спохватилась: — пригласить частного детектива?（С. Высоцкий）（"妈妈！是谁建议你……"她大概想说"雇"，但及时醒悟过来："请私家侦探的？"），这里事实上应说 нанять，但为了避免引起听者的不快而使用了 пригласить，这样就使这两个一般的、不带标记的词获得了不同的语用信息。这个问题留待以后再谈。

在语句中，含有语用信息的词汇单位比含零语用成分的词具有较复杂的结构。前者是一种双成分结构：| M | S есть P |，| M | 部分是情态框架（модальная рамка），即语用成分，| S есть P | 部分（S 表示主体，P 表示谓词）是认知逻辑内容，就是句中说的或说过的东西。譬如 сапог 和 сапожище，前者从情态评价特点来看是中立的，含零语用成分，其语义结构是单部的；由“сапог+ 后缀形素 -ище”构成的 сапожище 则不同，除了具体的物体意义（这一点同 сапог 相同），还有指大表卑意义，带有双部成分结构（具体的物体意义和语用成分）。动词 петь 和 горланить 均可表示“唱，歌唱”这一行为，但用 петь 时说话者只指出“唱”这一行为本身，不带任何个人评价色彩；如果用 горланить 就不同了，它的语义结构是双部成分的：具体的行为 + 语用成分。假如它们同时出现在一个句子中，其差别就更加明显：Он не поет, а горланит.（他不是在唱歌，而是在号叫。）这里十分清楚地显露出说话人的个人评价意味，因为 горланить 是一个俗语词，它在句中的使用表示了说话者对唱歌人这一方面的才能所持的否定态度。让我们再举一例，将 сапожище 和 горланить 的双部成分结构在语句中的实际体现进行剖析：

① Вдруг слышит: Кто-то *сапожищами* топает, *горланит* разухабистую песню.（Н. Дзгоев）/突然听到：有人踩着大皮靴，扯开嗓门叫唱着。

（M） S есть P

Кто-то топает сапожищами. =X считает. что（кто-то топает сапогами）плохо.

（M）   S есть P

Горланит（песню）. =X считает, что（кто-то громко поет песню）плохо.

上述两词所含语用成分在这一句中体现得淋漓尽致，表示了说话人对“有人跺着大皮靴、扯开嗓门唱歌”明显的不赞、不满。

词所含有的语用信息只有通过具体的语句才能充分体现出来，成为说话人对所述事物、对具体对象所表示的主观评价态度。这些主观评价含义，从主体的心理情感角度，大体上可分为两大类，即肯定与否定。属肯定的有：“好”“较好”“赞扬”“鼓励”“同情”“怜悯”等，属否定的有：“不好”“坏”“不赞”“反对”“谴责”“鄙视”等。有一些语用信息虽不能直接归结为“肯定”与“否定”，但其深层含义，从说话人角度来看，仍同此两种评价相关。属于肯定类的例子：

② Что же? веселитесь... он мучений
Последних вынести не мог:
Угас, как *светоч*, дивный *гений*.
Увял торжественный *венок*.（М. Лермонтов）
好了？你们都称心如意……
可他再也受不了这最后的折磨：
旷世奇才像盏明灯熄灭了。
那顶壮丽的花冠已经凋落。

属于否定的例子是很多的，以上第 305 页例②、第 306 页例③和第 307 页例①均系含否定评价的例子。

应当指出，这里所说的不是说话人在语句中表达的一切肯定与否定评价，而是那部分依附于一定词汇单位和语法形式的情态含义。

2 语用信息的三个方面

依据说话人针对何种事物、何种对象所表示的评价态度，可将语用信息分为三个方面：（1）对客观事实的态度；（2）对所说内容的态度；（3）对说话对象的态度。

2.1说话人对客观事实的态度

说话人以某种客观事物、事件、现象等作为话题，他可以从各种不同角度去评价它，但这里所涉及的主要是：（1）一般评价；（2）数量参数评价；（3）所期望与不期望参数的评价。

（1）一般评价

在第305—306页例①②③句中出现了三个动词 украсть，похитить 和 стащить。动词 украсть 含零语用信息，其全部内容可归结为：“A非法占有别人的X”，例如：украсть часы, ценные документы, деньги（偷去手表、贵重文件、钱财）。①句使用了 украсть，说话者是作为一个事实告诉别人的，并不附加任何情感色彩。动词 похитить 除了具有与 украсть 相同的语义内容以外，还含有一定的书卷色彩，因而在②句中增加了一定的“讥讽”意味：“谁会对这种东西感兴趣，谁会偷这种毫无价值的东西”，这就是对手稿本身的一种评价。动词 стащить 除了在基本概念内容上与其他两个词相同以外，在③句中还带有对“盗窃”这一行为和居民联谊会的所作所为强烈的谴责和不满。

试比较另外一对词 человек 和 тип: человек——“具有思维、言语能力，能创造并在社会劳动过程中使用工具的有生命之物”；тип——“具有某种突出特性、特征的人”。在基本语义内容方面它们是相同的，因而可以出现在相等的搭配中：забавный тип, человек（有趣的人），отвратительный тип, человек（令人厌恶的人），странный тип, человек（怪人），злой тип, человек（恶毒的人）。除了相同点以外，тип 含有明显的否定评价含义："令人生厌的人""令人奇怪的人""家伙"。例如：

— Николай Ефимович, требуют вас... Хулиган избивает своих. Соседи зовут на помощь милицию. Кстати, на этого типа уже было заявление.（Н. Дзгоев）/"尼古拉·耶菲莫维奇，叫您快去……流氓在殴打自己家里人。邻居来报告民警。早就有人控告这家伙。"

句中使用 тип 一词表示了说话人对所指对象及其行为的否定态度，尤其是句中还使用了 хулиган 一词，这就更加突出了说话人对所述对象的鄙视。

（2）数量参数评价

这种评价包含了说话人对所述事物"多"与"少"的主观评价，具有"够多了""真不少""并不多""只那么一点儿"一类的含义。例如：

① Мальчик прочитал пять книг за полгода. /小孩儿半年中读完五本书。

句中所述只是对某种事实或某种事物状况的确定，除此以外，没有其他含义。试看另外两个句子：

② Мальчик прочитал всего пять книг за полгода. /小孩儿半年中只读完五本书。

③ Мальчик прочитал целых пять книг за полгода. /小孩儿半年中读完了整整五本书。

②句中加了всего，增添了语用含义——"这并不多""仅五本书""还不够"，甚至在具体的语境中还可能隐含着对小孩儿的责备。③句中加了целых，其语用含义是："不少了""够多了"，也可能含

有对小孩儿的勤奋读书的某种夸奖。

（3）所期望的与所不期望的参数评价

一些语句由于使用了特殊的词法－句法形式，产生了较为明显的语用含义：所期望的与所不期望的。试比较：

① Они прожили год душа в душу, а на другой год она померла. /俩人相亲相爱生活了一年，但到了第二年她死了。

② Прожили они год душа в душу, а на другой-то год она возьми и помри. /俩人相亲相爱生活了一年，但到了第二年她不知怎的就死了。

两个句子在语义上是相符的，差别在于语用方面：后一句中说话人对女主人的死去感到突然，与其期望相反。再看另外一个句子：

③ Мы за него очень боялись, а он возьми и сдай все экзамены на пятерки. /我们为他担心死了，而他一下子各门考试都得了五分。

这个句子，除了一般的语义以外，还包含了“说话人多么希望他考好”一层意思。

2.2 说话人对所说内容的态度

这里可列出两类对所述内容的评价，即可信程度参数评价和语句言外功能参数评价。

（1）可信程度参数评价

表达这类评价的手段主要是插入语和情态语气词、副词和副词性短语：безусловно（毫无疑问），бесспорно（显然，无疑），ведь（要知道，本来是），вероятно（大约，大概），видимо（看来，可见），вроде（似乎，好像），вряд ли（未必，不见得），действительно（的确，确实，是的，真的），должно быть（大概，大约），естественно（自然，当然），кажется（似乎，好像），как будто（好像，仿佛），конечно（当然），

может быть（可能），наверно（大概，大约），несомненно（肯定，毫无疑义），очевидно（可见，想必，显然），по-видимому（看来，大概），разумеется（自然，当然），скорее всего（多半，最可能是），явно（显然），якобы（似乎，仿佛），等等。

上面列举的一系列手段除了用来表示话语可信、可靠程度评价以外，还含有其他种种语用信息。一类诸如 конечно、естественно、разумеется、очевидно 等词，用于语句中以肯定所通告内容的可靠性，消除听话者可能产生的疑虑，这种语用含义大体上为：Конечно P = Не думай, что я думаю, что не P（当然是这样 = 不要以为我认为不是这样）。举例说明：

① При переброске войск через болотистые места и снежные горы возникают, конечно（разумеется），немало препятствий и трудностей. /要使军队通过沼泽地和雪山，当然会遇到许多障碍和困难。

这里说话者同受话者似乎是在暗中对话："这不是一件容易的事"，"会有许多想象不到的困难"。

另外一部分词，诸如 как будто、наверное、кажется 等则含有与第一类词相反的语用信息：（1）"说话人的直接感觉如何？""是这样还是不是这样？"；（2）"说话人期望什么？""有这种期望还是没有？"。有时这种不确定性在具体场合中，程度上有较大差别。例如：

② — Доктор... мне как будто сегодня лучше... — проговорила она. / "大夫……我今天好像感到好些……"她说道。

③ — Он пошел: как будто направо, а может, и налево. / "他好像向右边那条路，也可能向左边那条路走过去了。"

（2）言外功能参数评价

话语的言外功能和言外之力是指说话者借助话语实现的一定行为。表示回答、提问、请示、准许、劝告、要求、警告等行为的语句中也会

出现像 вероятно、конечно、пожалуй 一类插入词语，成为表示上述言外行为的、有时是十分必要的伴随者，使语句增加一定的语用含义：“说话者以为是这样”“一切迹象说明会这样”“说话者肯定会这样”等，它们多半用在对一般提问的肯定回答中：

① — Ребенок уснул? — Вероятно（конечно, пожалуй）. /“小孩儿睡着了吗？”“大概（当然，看来）睡着了。”

② — Гость приедет сегодня? — Конечно（вероятно, пожалуй）. /“客人今天会到吗？”“当然（大概，看来会的）。”

插入语 верно 是 вероятно 的古旧同义语，也可用于上列语句中，但带有口语色彩。与此同时，чего доброго（怕是，恐怕）虽具有 вероятно 相近的语义，但不能用于上述答句中，因为 чего доброго 含有一种“担心”“会出什么意外、不好的事”一类语用含义。

2.3 说话人对说话对象的态度

人们在打招呼、问候、致意、告别时必定使用某种词汇和语法手段来称呼对方，这些词语一般表明谈话双方在社会、年龄或其他等级方面的相对地位，指出双方的亲疏程度、存在的距离。这类手段的所指含义属语用范围，它们的使用不是随意的，而是说话人依客观存在和主观愿望所决定的。

俄语中 гражданин（公民）和 друг（朋友）均说明说话人和说话对象之间不亲密的、存在一定距离的关系，但两个词所表明的这种距离在一定场合下并不相同。试比较：

① — В чем дело, гражданин? /“怎么啦，公民？”

② — Я пришел тебя обрадовать, мой друг! /“我来是想使你高兴高兴，我的朋友！”

与 гражданин 不同，使用 друг 时说话人是将说话对象纳入自己的熟人范围。

属于这类词的还有 братец，作为称呼语时，有两种不同的用法：

（1）古旧的、表宽厚的用法多见于社会等级"以上对下"的情境中，而说话双方的亲近程度并不重要，如主人对自己或别人的奴仆，长官对士兵等；

（2）戏谑的或者半戏谑的用法，这种用法现仍保留下来，多见于社会地位相等、年龄相仿，或者谈话双方相当亲密的场合，试比较：

— Ну, братец, седлай коня! / "喂，伙计，给马备鞍吧！"

— Ты не шутишь ли со мной, братец? / "老兄，你不是在跟我开玩笑吧？"

与此同时，还存在第三种用法：братцы 用于复数时，其功能除了与第二种用法相同外（双方同属一个社会圈子，说话人一般是知识分子，带有戏谑性质），还有另一用法，即当双方的亲密程度并未表明说话者对自己的听众可能非常熟悉，也可能完全不熟悉时使用 братцы：

— Работали вы скоро, честно; надо, чтобы я спасибо сказал, вот я и говорю: спасибо, братцы!（М. Горький）/ "你们工作得麻利，勤恳，应当向你们道谢，我现在就说：谢谢你们，朋友。"

应当指出，在体现上述三种用法时，说话人都是将说话对象视为自己的熟人。

人称代词 ты、вы 同样含有一定语用信息，大家已知道，在使用时应注意交际双方的社会地位、年龄差别（上下级、长晚辈、同事、同辈之间）。如学生对老师，下级对上级一般不应称 ты；同学、同辈之间，朋友之间一般不应用 вы。但俄语中存在一种引人注意的情况：说话人为了表明自己在行政级别上的较高地位，对下级使用官腔十足、盛气凌人、蛮横的ты，但说话对象则不能用ты，而要用вы。近年来，出现了表明自己的下属、依从地位，下级给上级打电话时常使用姓来称呼自己：Федюков беспокоит（费久科夫打扰了）；Волков беспокоит（沃尔科夫打扰了）。这不能不说是一种不卑不亢的称呼。

一部分诸如водичка（水）、кашка（稠粥）、колбаска（香肠）、маслице（油）、солнышко（太阳）等带指小表爱后缀的名词，实际上并不含有指小的意思，因为从逻辑角度，不可能有什么“小水”“小稀粥”等，它们多半具有稳定的语用信息——“说话人说出所指之物同时也对说话对象表示好感”，例如：Выпей молочка（喝牛奶吧）；Съешь кашки（吃点儿饭）。这里与其说是对食品，不如说是对说话对象表示好感。Взвесьте мне колбаски（请给我称点儿香肠），这里同样是对说话对象（售货员）表示一定善意。

带指小表爱后缀的形容词、副词，如глупенький（愚蠢的，糊涂的）、кругленький（圆圆的）、здоровенький（结实的，健康的）、осторожно（小心地，谨慎地）、тихонько（慢慢地）等，同样含有类似上列名词的语用信息，如Иди тихонько（осторожно）（慢慢走）。这里说话人所表示的善意、好感不是针对“走的方法”，而是针对行为主体。

3 语用信息的特性

语用信息与语义信息的特性及其在各种词类、词法、句法形式中的分布是各不相同的。这里，根据语用信息的特点以及与语义信息的对别，阐述三个问题：（1）语用信息在词类、词义结构中的体现；（2）语用信息在语句中的体现；(3) 语用信息与语义信息的交叉。

3.1语用信息在词类、词义结构中的体现

实词通常含语义信息，而语气词、感叹词、插入词等边缘性词列含语用信息。俄语中有表示“怀疑”“不大相信”的词语 сомневаться 和 вряд ли。动词 сомневаться 的释义可以包括其全部语义（不涉及说话人的情感态度）：“X 怀疑是 P，X 不知道是 P 或者不是 P 并认为大概不是 P”，而 вряд ли 的释义中 X 的位置应由说话者占据：“说话者不知道是 P 或者不是 P 并认为大概不是 P”。试比较：

① Все это было неоспоримо, но Антон и Старостенко молчали, по-видимому, все еще сомневаясь в словах Матвея.（Г. Марков）/这一切都是无可争辩的，但安东和斯塔罗斯坚科沉默不语，看来，他们还是怀疑马特维伊所说的话。

② — Он вряд ли сдаст экзамены. /“他未必能考好。”

感叹词 фу 可以用来表示责备、责怪，动词 упрекнуть 也具有此义，但在语句中 фу 的语用含义能体现说话人强烈的个人责备、厌恶情感，但动词则不然。试比较：

③ — Фу! Как вам не стыдно!... — Разве можно такие вещи делать.（А. Куприн）/“呸！您真不知羞耻！……难道可以做这种事？”

④ Мать упрекала сына, как можно так поступать. /母亲责备儿子，怎么可以这样做。

在“语用信息的三个方面”一节中我们提到过，一部分语气词、感叹词、插入语可用于相当一部分言外行为中。如上面②句是一种肯定行为，相当于 Я считаю, что он вряд ли сдаст экзамены.（我认为他未必能考好。）③句是一种直接表示谴责的行为。一般来说，一些表示“肯定

的”“毋庸置疑的”语用含义的插入语多见于表示肯定的回答、同意、劝告的语句中。例如：

① — Разумеется, я согласен. /“我当然同意。”

② — Конечно, я советую вам отказаться от своего намерения. /“当然，我劝您放弃自己的想法。”

词的基本意义中纯粹语义意义往往占主导地位，而其派生意义（转义、熟语性黏合意义、结构性制约意义）中语用成分较多，如:дуб（“栎树”和“愚钝的人”），осел（“驴”和“愚笨顽固的人”），одолеть（“战胜”和“使极难受”），влететь（“飞入”和“受到申斥”），желтый（“黄的”〈颜色〉和“黄色”〈刊物〉）。此类富含语用信息的派生意义，当然也可用于表示否定、肯定评价的语句中，例如：

— Ты грубить мне вздумал, скотина? /“你这畜生，竟敢跟我撒野？”（表示反驳，抗议）

正常的词序和正常的语调一般完成语义的功能，而各种倒置词序和强调语气则执行语用的功能。例如：

① — Благодарю вас! /“感谢您！”

② — Я поговорю с начальством. /“我去同领导谈谈。”

③ — Вас я благодарю!

④ — С начальством поговорю.

③句是表示感谢的行为，这种倒置词序加上相应的语调，可能含有一种含义：“只对您表示感谢”或“对您特别感谢”；④句表示承诺或者威胁的行为，这里可能隐含着“我不怕”“我承担找领导的责任”“我去找你们领导”。

某些劝谕性的插入句往往执行语用功能，而与之相应的主句则完成语义功能。试比较：

① Ученые считают, что на других планетах возможна жизнь. /科学家认为其他星球上可能存在生命。

② Возможна жизнь, ученые считают, на других планетах. /在其他星球上，有些科学家认为，可能存在生命。

在①句里说话者只是客观地转述别人的意见，在②句里说话者不仅转述别人的意见，同时还表示拒绝对这种观点担负个人责任。句法完全句基本上执行语义功能，而各种特殊的形式多半含有语用信息。试比较：

① Он пустился бежать. /他马上跑了。

② Он — бежать. /他拔腿就跑。

普希金的«Сказка о мертвой царевне и семи богатырях»中的一段：

И царица хохотать,

И плечами пожимать,

И подмигивать глазами…

于是皇后哈哈大笑起来，

耸动着肩膀，

眨着眼睛……

这种表示突然性行为的方法表明说话人想使受话者生动地想象此类情境。

Мы работай, а он отдыхать будет?! / 我们干活儿，他却优哉游哉?!

这里十分明显地表明了说话人的不快、不满情绪。

3.2 语用信息在语句中的体现

语用信息在语句中往往不是靠某一种手段，而是多种手段综合起来表达说话人的心理情感状态。试分析：

— Вах, живете вы тут припеваючи, понимаешь, и то психические, а мне с чего спокойным быть, если мой сын на морозе в арбе валяется, а? (Р. Сейсебаев) / “瞧，你们坐在这里舒舒服服的，还要发脾气，懂吗，我怎么能平静下来，我生病的儿子在外面，冰天雪地里，躺在大车里？”

此句表明了说话人对医生、护士“不管病人死活，缺乏救死扶伤精神”的强烈不满，同时要求他们救救他躺在大车里的儿子。这种不满和间接的要求是靠如下手段达到的：(1) 使用一定含语用信息的词 (припеваючи 〈口语〉，психический〈不规范〉，вах〈俗语〉，валяться〈口语〉)；(2) 通过两种行为的强烈对比（医生、护士坐在房间里舒舒服服地聊天，病孩在外面，冰天雪地，躺在大车里），说话人希望以此启发他们的良知，救救他的儿子；(3) 特别的语调。

这是一种情况，另外还有一种情况。例如：

Имей они хоть чуточку силы воли, они бы не так опустились. / 他们哪怕有一点儿毅力的话，也不会堕落到如此地步。

这里上半句的行为是说话人所期望的，下半句的行为是所不期望的，这种语用含义同样不是靠一种手段表达的，而是靠：(1) 特殊的谓语形式 (имей)；(2) 主谓语不一致（имей они）；(3) 主谓语倒置（不可能 они имей)；(4) 特殊的语调。

另外，还有其他一些情况，例如：

— Скажите, вы сами по утрам умываетесь? — вежливо спрашивает сержант милиции у автовладельца. / “请告诉我，您自己早晨洗脸吗？”民警上士问汽车主人。

该句的含义只有弄清特定的情境后才能得到正确的理解。这里是指早上汽车主人未清洗汽车就开上马路，被民警发现并拦住了汽车。看上去是问句，实际上是民警批评汽车主人并要求他马上清洗汽车。这种含义不是靠某一个词表达的，这里（1）умываться 一语双关、（2）语境（包括未清洗过的汽车）、（3）语调、（4）语句的隐含等几种因素综合起来才得以体现说话人的意图。这是一种特殊情况，留待以后再讲。

Быть грозе.（要有雷雨。）Садам цвести.（花园里将要开满鲜花。）Здесь не пройти.（此路不通。）В этой близости она поняла, что былое не воротить.（А. Герцен）（在这种接近中，她明白，过去的事情已无法挽回了。）

所有这类句子均有一种语用含义："说话人坚信事件必定发生"或"说话人认为绝不可能"。假如此类语句同受话对象或第三者有关，就具有预言、预告之力：Традициям новым быть.（新的传统将要出现。）Этому не бывать.（这绝不可能。）

这里同样不是靠一种手段，而是由名词或名词词组的三格形式与动词不定式一起表达上述语用含义。

3.3 语用信息与语义信息的交叉

语用信息在多数情况下与语义信息交叉在一起，无法分割开来，尤其是语句中说话人往往不仅要评价"X 所做之事（同语义信息有关）"，而且同时也评价"话语所指对象（同语用信息有关）"。例如：

① Сережа — главный зачинщик драки. /谢廖莎是这次斗殴的主谋。

② Пострадавший рассказал: он врач, отпуск решил провести в Ленинграде, имея восемьсот рублей в кармане. Подцепил на финляндском вокзале «красивую девушку», та повезла «к себе домой». /受害人口述：他是一个医生，想在列宁格勒休假，身上有800卢布。在芬兰车

站勾搭上了一个“漂亮的姑娘”，她就把他领到“自己家里”。

名词 зачинщик 的释义为：зачинщик X-а= “A 做了 P，P 是 X 发生的原因，说话人对 A 和 X 持否定态度或希望说话对象也持这种态度”；подцепить 的释义为：A подцепил B= “A 以不正常的手段得到 B，说话人认为 A 和 A 的这一行为不好”。

行事行为与行事词语

1 行事行为

行事行为是奥斯汀所创立的言语行为理论的核心概念（参见“言语行为概述”一节）。什么是行事行为？行事行为是指说出一定语句与完成一定的行为完全相符，语句就等于行为本身。例如：(Я) Благодарю вас.（我感谢您。）这里有两方面相符：说话人和行为发出人相符；词语和行为相符。说出感谢就等于感谢本身，不再有其他表示。这类语句一旦说出，就是行为的完成或者执行；说话的时刻，就是行为实现的时刻。因此可以说，除了上面提到的两种相符以外，还有行为进行和实现时刻的相符。行事行为在一定意义上是针对述事行为而言的。述事行为是由一定的词语描述某种事物、事件、现象的行为。例如，Я пишу. 是说明书写行为这一事实，这一行为进行的过程，也可能是将来的行为（Я〈сейчас〉пишу），过去的行为（Я пишу, а в это время в комнату входит...），总之不是行为的实现与完成。与此同时，Я обещаю. 则是承诺行为本身，不是描述事实；说话的时刻就是承诺的时刻，实现这一行为的时刻。

行事行为通常是由行事词语——主要是动词表达的。这类动词在俄语里不下 300 个，而行事行为的词法、构词、句法、语义及语用表现大约有十几种。何谓行事动词？阿普列相认为，行事动词是指那种可以用在主动态陈述式现在时第一人称形式的动词（未完成体），这种动词以此种形式表示一次性实现由其称谓的行为[1]。这个定义不包括在一定语境中可以获得行事用法的所有其他词语。

由一定词语所表示的行事行为，其体现形式除了上面提到的典型形式外，还有如下几种。

（1）主动态陈述式简单将来时单数第一人称：Попрошу ваши документы.（请出示您的证件。）Пожелаю вам доброго пути.（祝您一路平安。）

（2）不定人称句中主动态陈述式现在时复数第三人称：Тебя принимают.（你〈会〉被接收。）Пассажиров просят пройти на посадку.（请旅客们上车。）Тебя прощают.（你会得到宽恕。）这里的第三人称形式意义已经“淡化”。实际上说话人（第一人称）也包括在内，注意中心已不在人称上，而在行为本身。以最后一句为例，其含义可能是“不要担心，别难过，大家（包括说话人）已经宽恕你了”。

（3）被动态陈述式现在时第三人称和第二人称：Гости приглашаются в зал.（客人请到大厅里去。）Настоящим вы утверждаетесь в правах наследства.（据此您依法取得继承权。）

（4）主动态陈述式现在时单数第三人称：Партком предлагает освободить И. В. Борисова от должности директора.（党委建议解除 И. В.

① Ю. Д, Апресян, Перформативы в грамматике и в словаре. Известия АН СССР. Серия литературы и языка, 1986, Т. 45, № 3, стр. 208—223.

鲍里索夫的厂长职务〈在党委会上由党委书记宣告的决定〉。）Местком ходатайствует о предоставлении И. И. Волкову жилплощади в первую очередь.（工会基层委员会请求首批分给 И. И. 沃尔科夫住房〈工会主席在会上所宣布的〉。）

（5）一部分动词的假定式：Я бы советовал вам оставаться дома.（我劝您留在家里。）Я бы рекомендовал Семенова в качестве вашего помощника.（我推荐谢苗诺夫作为您的助手。）假定式一般带有比较客气、缓和的色彩，但同样可以用来表达相应的行事行为。

（6）由一些现成的礼貌性语套（动词变位形式 + 不定式）表达的行事行为：Позвольте（разрешите, должен, хочу）вас предупредить.（请允许〈应当，想〉提醒您。）Осмелюсь доложить.（冒昧向您报告。）Смею вас уверить.（容许我说几句。）Честь имею вас поздравить с днем рождения.（非常荣幸祝贺您生日快乐。）

（7）还有一部分非动词性词语，也可以作为行事行为的表达手段使用：Спасибо=Благодарю（谢谢）；Честное слово=Даю честное слово 或者 Я обещаю（我保证）；Привет=Шлю привет（向你致敬）；С Новым годом=Поздравляю с Новым годом（祝新年好）；Шах=Объявляю тебе шах（将军）。

2 行事词语

由行事词语表达的行事行为进一步可分成为若干言外行为（详见“言语行为概述”一节）。例如：请求、命令、劝告、建议、推荐、报告、申报、感谢，请求原谅、宽恕，祝贺、抗议、反对、同意、认定、肯定、判决、委任等。凡此种种，都同使用一定的行事词语联系在一起。行事词语

（动词）可分为：（1）狭义的、经典的行事词语；（2）广义的、非经典的行事词语，即可用在执行言外功能上的其他动词或词语。

2.1 狭义的、经典的行事词语

此类词语阿普列相总共分为 15 类，初步纳入的词语有 113 个。这个分类过于庞杂，为了简便起见，我们将其归成 10 类。我们的基本想法是将这些词语放在典型的语境中，根据说话人（主体）与谈话对象在行为中所起的作用以及说话人的目的等方面进行分类。

（1）通告、宣告、肯定、否定

表达此类言外行为的动词有：докладывать（报告，呈报），доносить（报告，呈报），заявлять（声明，宣布），извещать（通告，告知），напоминать（提醒，提示），объявлять（宣布，声明），отрицать（否定，否认），подтверждать（承认，证实），подчеркивать（强调指出），провозглашать（宣布，宣告），свидетельствовать（证明，证实），уведомлять（通知，通告），уверять（使确信，使信服），удостоверять（证明，认证），утверждать（批准，肯定）。这些动词与第四格或第六格名词以及带 что 的从属句连用。例如：

① — И вот я вам докладываю о проекте экспедиции. / “现在向您报告考察方案。”

② — Я подтверждаю свое приглашение. / “我重申自己的邀请。”

③ — Уверяю тебя, что это к добру не ведет. / “请你相信我说的，这不会有好结果的。”

（2）承认与承诺

表达此类言外行为的词语有：виниться（认罪，认错），извиняться（请求原谅，道歉），каяться（悔悟，悔过），признаваться（承认，招认，认错)，сознаваться(承认，招认)；гарантировать(保证)，обещать(允诺，答应)，давать обещание(允诺，答应)，давать слово(许下诺言，下保证)，клясться(宣誓，发誓)，обязываться(承担责任，保证)，присягать(宣誓，发誓)。这类动词中有少数不跟任何补语，多数则与в чем或者带что的从属句以及直接与动词不定式连用。例如：

① — Извиняюсь, что опоздал. /“迟到了，请原谅。”

② — Признаюсь и прошу в том прощения у его памяти.（П. Вяземский）/“我错了，请求他的在天之灵宽恕我。”

③ Лейтенант первым стал на колени, сказал: «Клянусь!» и целовал уголок шелкового полотнища（полкового знамени）.（Б. Полевой）/中尉第一个跪下，说道：“我宣誓！”并吻了一下绸布做的团旗的一角。

④ — Я обязываюсь досрочно выполнить работу. /“我保证提前完成任务。”

（3）请求、要求、命令

表达此类言外行为的词语有：просить(请，请求)，умолять(央求，恳求)，заклинать(恳求，央求)，молить(恳求，哀求)；требовать(要求，期望)，настаивать(坚持，坚决要)；поручать(委托，责成)；наказывать(嘱咐，训令)，приказывать(命令，吩咐)；предлагать(提议，邀请)，ставить условия(提出条件)。此类词语的接格关系是复杂多样的，多数与名词、代词第四格和动词不定式连用，一部分则要求与带что, чтобы的从属句连用。例如：

① — Ну, прошу ко мне, часам к пяти, чашку попьем, потолкуем.（М. Горький）/“五点钟左右请到我家来，喝杯茶，谈谈。”

② — Побудьте со мной хоть пять минут, заклинаю вас!（А. Чехов）/ “陪我坐一会儿，哪怕五分钟，求求您！”

③ — Я настаиваю на открытом обсуждении вопроса. / “我坚持公开讨论这个问题。”

（4）建议、劝告、警告、预告

表达此类言外行为的动词有：предлагать（建议，提出），приглашать（邀请），призывать（号召，召唤），звать（叫，邀请），вызывать（要求，挑战），рекомендовать（建议），советовать（主张，劝告），предостерегать（警告，预告），предупреждать（警告，预告），предрекать（预告，预言），предсказывать（预言，预见），предвещать（预示，预告）。此类动词大多数与第四格名词、代词、动词不定式或带 что 的从属句连用。例如：

① — Я должен предупредить вас, что в этом лесу охота воспрещается.（А. Чехов）/ “我应提醒您，这森林里是禁止打猎的。”

② Петров: Я русский. Я не забывчив и не отходчив. И никому не советую на это рассчитывать.（К. Симонов）/彼得洛夫：“我是俄罗斯人。我不健忘，气性也不小。我奉劝一些人不要对此有所指望。”

③ — Предсказываю вам, что вас ждет неудача. / “预先告诉您，我估计您会遭受失败的。”

（5）允许、禁止

表达此类言外行为的动词有：воспрещать（禁止，不准），запрещать（禁止，不准），накладывать вето（否决，否定）；давать право（授权，使……有权），позволять（准许，允许），разрешать（允许，批准，答应），санкционировать（核准，批准）。此类动词多数与带第三格、第四格的名词、代词以及动词不定式连用。例如：

① — Запрещаю шуметь в аудитории. / “不准在教室里喧哗。”

② — Возьми денег и ступай, куда вам нужно; а в моем доме пьянство не позволяю.（А. Островский）/“把钱拿去，到你们需要去的地方去；在我家里不准酗酒。”

③ — Разрешаю вам осмотреть завод. /“允许你们参观工厂。”

（6）同意、反对、赞同、赞赏

表达此类言外行为的动词有：признавать（认为，认定，断定），соглашаться（也可用 согласен，-сна）（同意，答应），возражать（反对，反驳），оспаривать（提出异议，反驳），отказывать（拒绝），протестовать（抗议，提出抗议），спорить（争辩，争议）；одобрять（赞成，赞同），благословлять（赞许，恩准），рекомендовать（推荐），утверждать（批准，核准）。从此类动词在句中的词法、句法体现很难归纳出较为典型的用法，只能因词而异。例如：

① — Я с вашим мнением согласен, — отвечал Мизинчиков.（Ф. Достоевский）/“我同意您的意见”，米津奇科夫说。

② — Должен я оспаривать ваши необоснованные доводы. /“对您的论据不足的理由我应提出异议。”

③ — Комиссия единогласно одобряет проект оросительных сооружений, — сказал председатель комиссии. /“委员会一致同意灌溉工程的设计方案”，委员会主席说。

（7）谴责、宽恕

纳入此类的动词有：обвинять（指责，责难），осуждать（斥责，谴责），порицать（责备，指摘），приговаривать（判决，判处），проклинать（咒骂，责骂），оправдывать（宣告无罪，证明正确），отпускать（宽恕，饶恕），прощать（宽恕，原谅）。此类动词一般与带第四格名词、代词以及带 что 的从属句连用。例如：

① — Все нехороши, всех осуждаю. Один глуп, другой противный, третий грязный. Одна я хороша. （А. Толстой）/ “所有的人都不好，我都谴责。一个愚蠢，另一个令人厌恶，第三个肮脏卑劣。仅我一个是好人。”

② — Я все ей прощаю! / “我宽恕她所做的一切！”

③ — Я оправдываю твой необдуманный поступок. / “我谅解你那考虑欠周的行为。”

（8）祝愿、感谢

归入此类的动词有：благодарить（感谢，致谢），желать удачи（希望成功），извиняться（请原谅，对不起），поздравлять（祝贺，道喜），приветствовать（欢迎，致敬），прощаться（告别，告辞），соболезновать（表同情，慰问）。例如：

① — Поздравляю, Юлька, поздравляю! Тебе очень идет! — как можно радостней говорил Леонид. （В. Астафьев）/ “祝贺你，尤利卡，祝贺你！你穿着很合适！”列昂尼特尽可能高兴地说。

② — Вызволили вы нас из беды, дорогой товарищ. От всей души благодарю, вовек не забудем! / “您把我们从灾难中救了出来，敬爱的同志。衷心地感谢您，我们一辈子忘不了！”

③ — Вас постигло большое горе, всей душой соболезную! / “您遭到巨大的不幸。谨向您表示深切的慰问！”

（9）任命与解除职务

归入此类的动词有：назначать（任命，指派），посвящать（把……封为，授予……职位），провозглашать（宣布……为，宣告……为）；освобождать（解除〈职务〉），снимать（解除，免除）。此类动词一般与第四格的名词、代词连用。例如：

① — Я назначаю вас начальником нового отдела. / “我任命您为新处的处长。”

② — Снимаю вас с должности начальника цеха за плохую организацию труда. / “因为劳动管理太差解除您的车间主任职务。”

（10）废除、废止、使……脱离、取消、委托

归入此类的词语有：брать назад свое слово（收回成命〈言〉），возвращать слово（使……解脱，使……取回），давать отвод（不同意，拒绝，声明回避），дезавуировать（宣布不承认，否认），денонсировать（声明废除，声明废止），доверять（委托），завещать（遗嘱将……交给，遗交……），отвергать（拒绝，否决），отводить（不同意，拒绝），капитулировать（投降），отказываться（不接受，放弃），освобождать（解脱，免除），отлучать（开除，使……脱离），отрекаться（放弃，退位），подавать в отставку（提出辞职），поручать（托付），посвящать（献给），сдаваться（投降，认输），снимать（撤销），уполномочивать（授权，委托）。以上词语通常用于正式场合，与第四格或第三格名词、代词连用。例如：

① — Доверяю моему помощнику представлять меня на переговорах. / “委托我的助手代表我参加会谈。”

② Князь к удивлению присутствующих заявил: «Я отказываюсь от наследства.»/公爵使在场的人大为惊讶，他宣布：“我放弃遗产。”

③ — Я поручаю вам надзор за хозяйством. / “我委托您监管家产。”

④ — Раз вы не согласны, я снимаю свое предложение. / “既然你们不同意，我撤销自己的提议。”

2.2 广义的、非经典的行事词语

何谓广义的非经典的行事词语？我们知道，狭义的经典的具有言外

功能的词语可以从其词汇意义中或者从其所属语义词群中引申出来，譬如 просить（请求）、обещать（允诺）、советовать（劝告）、предупреждать（警告，提醒）等用在一定形式上（陈述式主动态现在时单数第一人称）可分别表达请求、承诺、劝告、警告等。广义的非经典词语则不然，其词汇意义本身并不具有这种或者那种言外功能，但它们的第一人称和第二人称命令式在一定语境中则具有“促使”“驱使”的功能，如表示行动的动词：вставать（站起来，起床），делать（做，进行），есть（吃，吃饭），идти（走，行走），писать（写，书写），работать（工作），помнить（记住），забывать（忘记），чинить（修理），начинать（开始），продолжать（继续），кончать（结束），переставать（停止），приходить（来到，回到），отходить（离开，走开）。

表示行动的动词包括的范围是很广的：运动动词、各种行动动词、表示行动阶段的动词、表示人的各种行为的动词等。例如，отойдите 取决于具体情境，可以分别表示请求、劝告、准许、预先警告、要求、命令等。

让我们做一个比较。行事语句：Я прошу вас выйти!（我请您出去！）（请求）Я советую вам бросить курить.（我劝您戒烟。）（劝告）非行事语句（描述性）：Я иду.（我走。）Я сейчас встаю.（我现在就起来。）Я продолжаю работу над диссертацией.（我继续撰写论文。）但如果同样的表示行动的动词用于命令式时，即可表示一系列适应于具体场合的言外行为，例如：

① — Идите быстрее! / “走得快一点儿！”（命令、请求等）

② — Встаньте сейчас! / “马上起床！”（命令、要求等）

③ — Продолжайте свою работу! / “继续您的工作！”（请求、劝告等）

从以上分析可以明显地看出，狭义的经典的行事词语的词汇意义与具体的言外功能相符，辅以一定的词法－句法形式即可表达相应的言外行为，而其他一些词语（主要指表示行动的动词）的词汇意义与可能表达的这种或那种言外行为并不相符。

非经典行事动词的命令式形式大体上可归结为一种语用意义：希望、企图促使受话者去做什么。多数狭义的经典的行事词语的词汇意义中均含 говорить（话语）这一语义（除了少数词语以外），而广义的非经典的行事词语多半含 действие（行动）这一语义特征。需要指出，能以命令式形式表示一定言外行为的动词不仅限于上述表示行动的动词。还有几部分词语值得一提。

（1）与人们的智力活动有关的动词：подумать（想一想，考虑一下），обдумать（考虑，斟酌），придумать（想出，〈心里〉找到），передумать（改变主意）；считать（认为，想想），думать（想，思考），понимать（理解，领会），знать（知道，明白）。例如：

① — Нет, вы подумайте, сколько надо было самоотвержения, чтоб укротить такого зверя! （М. Салтыков-Щедрин）/“不，您想想看，要冒多么大的危险去驯服这只野兽！”（提醒，劝告）

② — Хорошо обдумайте наше предложение! /“好好考虑考虑我们的建议！”（请求）

③ — Передумайте, может быть, выберем другой вариант. /“再想一想，是否选择另外的方法。”（建议）

应当指出，在使用 знай（命令式形式）时，并不是具有一般常见的功能，而是特别的功能，例如：

— Знай: одичаешь, если будешь все время жить взаперти. /“要知道，如果一直闭门不出，你会变得孤僻。”

这里说话人表示了这样一种意思：告诉对方本人所知并希望引起他

的注意（近似提醒、劝告）。在执行此种功能时，знай 只能与带连接词 что 的从属句或不带连接词的从属句连用。

думай 一般用于句法黏合性结构中，如 Думай, что хочешь。与此相似的还有 Понимай как хочешь（как знаешь, как тебе угодно），Считай, что хочешь。这些语句一般均含有“某种程度的准许、让步”“说话人对受话人的所思所想并不怎么关心，表现出无可奈何、无所谓”等语用含义。

（2）一些表示情感状态的动词，如 бояться（害怕，怕）、гордиться（自豪，骄傲）、стыдиться（惭愧，耻于）等，其命令式形式具有两种不同功能。

1）准许

① — Гордись, что у нас такие люди. / “有这样好的人你可以感到骄傲。”（可以骄傲）

② — Стыдись своего прошлого, если это доставляет тебе удовольствие. / “可以为自己的过去感到惭愧，假如这会给你带来快慰的话。”（可以感到惭愧）

2）要求、吩咐

① — Бойся подхалимов! / “提防阿谀奉承者！”（应当怕）

② — Стыдись: ты обидел того, кто слабее тебя. / “你欺负一个比你弱的人，你应为此感到羞耻。”（应当感到羞耻）

③ — Гордись: ты уже сделал все, что мог. / “你已经尽心尽力了，理应感到骄傲。”（应当感到骄傲）

3 行事词语的语义成分结构

行事词语在俄语中不下 300 个，它们是否具有共同的语义成分？对于大多数行事词语，говорить（说话）可以认为是它们的共同语义成分，但是这一假设并不适用于所有行事词语。这里存在两方面的问题。

（1）一部分行事词语可以表达相应的言外行为，但在其语义成分结构中，“说话”这一意思并不存在，只能根据推理判定它是潜在的。例如：

① — Я вас с нынешнего же дня жалую к себе в пажи.（И. Тургенев）/“从今天开始您就当我的少年侍从。”

② — Посвящаю вас в рыцари. /“我封您为骑士。”

类似的动词还有 назначать（委任）、освобождать（解职，免职）等。封某人某种称号、官衔，委任某人为负责人，解除某人职务，当然要通过一定仪式，要说话（宣布），但“说话”在这些词的语义结构中找不到。因为“说话”已不是它们的主要方面，而“封”“委任”“解除”才是这些词的基本意思。

（2）另外一部分动词的释义中确有 говорить 这一语义成分，尽管如此，它们却不能成为行事动词。属于这部分动词的有：врать（撒谎，说假话），говорить неправду（说谎话，说假话），лгать（说谎），обманывать（欺骗，食言），клеветать（诽谤），оговаривать（诽谤，诬赖）。这些词的词义同说话有直接关系，但说话不是目的。“说话”这一语义成分构成释义的预设部分，而不是它的陈述部分。Я лгу（我说谎）不等于说谎行为，“说谎”应是别人下的结论。假如有人说“我说谎”，但没有人相信他说的话，也就达不到任何目的。

бормотать（嘟囔，喃喃）、бурчать（嘟哝，喃喃）、ворчать（嘟囔，唠叨）、мямлить（懒洋洋地说话）、орать（喊叫，大喊）、шептать（低声地说，耳语）等一类动词，虽然含有 говорить 这一语义成分，但它们的语义重心不在“说”，而在“说话的方式”。正因为如此，此类动词不能作为行事动词使用。

动词 обрывать（粗暴地打断）、одергивать（制止……的话）、осаживать（制止……的话）、срезать（生硬地打断……的话）等的语义结构中含有 говорить（в резкой форме）（说话〈生硬〉），它们的语义中心同样在“说话的方式”上以及“说话的目的”上——“打断或终止别人的话语”。根据这一点，它们同样不能用于行事语句中。与此相似的还有动词 спрашивать（提问，询问）、отвечать（回答）、выяснять（查明，弄清楚）、запрашивать（询问，查明）、интересоваться（想要，查问）、осведомляться（探问，询问）等在绝大多数情况下同样不能用于行事语句中，这是因为它们的意义大体上可归结为“说话的目的是促使说话对象告诉说话者某种未知信息”。但是动词 спрашивать 有例外的用法。例如：Вот я вас спрашиваю, как же мне поступить.（我要问你们，我该怎么办。）Я тебя спрашиваю.（我问你。）这是一种半行事用法，用在设问和重复强调一类问题中，表示一种期望、要求。

动词 жаловаться 和 сетовать（抱怨，诉苦）（带有希望取得别人的同情的目的），убеждать（使信服）（带有促使别人认为、相信的目的），грозить 和 угрожать（威胁，威吓）（带有使别人让步的目的）也不能用于行事语句中。

一些含有评价成分的动词不能作为行事动词使用，它们有：бахвалиться（自夸，吹牛），хвалиться（自夸，夸耀，吹牛），вещать（郑重地说，庄严地说），изрекать（不容反驳地说），восхвалять（赞美，颂扬），плакаться（哭诉，诉苦），сулить（〈超过自己的可能〉答应）。

像“行事行为”一节所说的那样，行事行为是由行事词语表达的一次性实现的、说话与行为在同一时间内完成的行为，正因为如此，一些诸如 нахваливать（不止一次地说了许多夸奖的话）、рассказывать（多次地讲述）、упрашивать（反复多次地恳求）、пререкаться（多次、断断续续、长久地争吵）等则不用于行事语句中。

从以上分析可引出一个值得思考、研究的问题：一部分动词可以作为行事动词使用，由它们构成的动名词也可用来称谓相应的言外行为（советовать — совет〈建议，劝告〉, предлагать — предложение〈提议，建议〉, поздравлять — поздравление〈祝贺〉, заявлять — заявление〈声明〉, 等等）。但另外一部分动词却不能用于行事语句，而由其构成的动名词则可用来称谓相应的言外行为（угроза〈威胁〉— угрожать, ответ〈回答〉— отвечать, вопрос〈提问〉— спрашивать, 等等），这如何解释？这里首先存在一个由谁（说话人或者受话人）判断是什么行为的问题。"威胁"是根据说话人所说的话经受话人理解所得出的结论，绝不是由说话人直接说出 Я угрожаю, 而且"威胁"一般都是由其他非行事词语表达的，如 Смотри, тебе попадется от отца!（小心，父亲会训斥你的！）回答也是这样，当对方提出什么问题，人们一般不会说出 Я тебе отвечаю, 这是多余的，而且这也不等于回答，只要你说出的话是在对方提问之后并与之在意思上紧密相连，受话人才理解为回答。"提问"也是由其他词语表达的，如果使用 спрашивать 可能会有其他含义，如 Я тебя спрашиваю 可能有一种责怪的意思。与此相反，诸如 Я обещаю — обещание、Я предупреждаю — предупреждение、Я клянусь — клятва 等，说话人说出的词语所表示的行为同受话人所理解的是一致的。

言语行为理论

1 言语行为概述

奥斯汀在自己的 «Слово как действие»[①]（《话语即行为》）一书中提出了十分有价值的并引起语言学界、哲学界广泛注意的情况和思想，即"当说出什么就意味着做什么，或在借助词语或在说话过程中，实现什么行为"[②]。这是奥斯汀推出的中心概念，也是他的学说的核心。围绕着这个核心，他还阐述了一系列诸如语句的三层结构、言外行为的基本特征、言外行为的规约性特性、关于言语行为失误的学说、行事语句与确定语句以及言外行为分类等重要题目。奥斯汀之后许多学者，如美国逻辑学家塞尔、英国逻辑学家斯特劳森（П. Ф. Стросон）、美国逻辑学家格赖斯（П. Грайс）以及苏联和俄罗斯学者阿鲁秋诺娃、帕杜切娃（Е. В. Падучева）、兹韦金采夫（В. А. Звегинцев）、巴赫金（М. М. Бахтин）、

① 此书中提出的观点最初出现在 1955 年奥斯汀在英国大学的讲座中，后于 1962 年经整理出版。

② Дж. Л. Остин (J. L. Austin), Слово как действие. // Новое в зарубежной лингвистике. Вып. XVII. М., 1986, стр. 31.

波斯托瓦洛夫（В. И. Постовалов）、阿普列相等对奥斯汀的学说进行了较为全面的论述，提出了许多修正意见并进一步发展了他的一些观点，这一切奠定了现代语用学（包括言语行为理论）、哲学与语言、话语与现实的对应、言语活动等一系列重大课题的基础。

奥斯汀的公式“话语即行为”指的是人们交际活动中经常出现的行事语句[①]。关于行事语句的特性、表达手段及其特点在第三篇文章里做了详细的阐述。在此我们重点想要弄清楚在哪些思想上、在哪几类行为上说话就等于完成一定行为。要解决这一问题就要对言外行为进行分类和对与此相关的重要概念进行阐述。目前对言外行为的分类还相当不全面，还有许多问题有待解决。这里我们只对与这一题目紧密相关的一系列问题做一些介绍。

2 语句的三层结构

根据奥斯汀等逻辑学家的观点[②]，言语行为是一种三层结构：言语行为在言语过程中就对其被使用的语言手段而言是言内行为，就对其被显现的目的及一系列条件而言是言外行为，就对其所达到的结果而言是言后行为。这种三分法说明了话语内容层的多相性。帕杜切娃的观点[③]有一些不同，她认为语句中起码可分出说话者所进行的三种不同行为：（1）说出句子的行为（言内行为）；（2）命题行为（包括所指关系、述谓关系）；（3）言外行为。至于言后行为（对受话者施加的一定影响），她

① 行事语句来自英语的 performance，译成俄语是 перформатив。目前汉语中有不同的译法，本文仍暂使用这一术语的这一译法。

② Новое в зарубежной лингвистике. Вып. XVII. М., 1986.

③ Е. В. Падучева, Высказывание и его соотнесенность с действительностью (референциальные аспекты семантики местоимений). М., 1985, стр. 23.

认为不是纯粹的言语行为。

什么是言内行为？什么是言外行为？言内行为包括发出一连串的音，发出一系列音的组合，这些音的组合具有一定词汇和语法特性，同时音的组合又具有一定的意思和确切的所指关系。这就是言内行为。言内行为是语义理论研究的对象，它将单独的句子与其意义之间的相应关系模式化。这里所指的意义，说得准确些，是一种从交际中所使用的句子内容抽象出来的假性意义。说得通俗些，也是句法通常研究的对象，可以说是句子的字面意义。总之，言内行为是指发出一定的音组合，即说出一定的话，是一种符合词汇搭配规则、语法规则，具有一定意义，包括一定命题内容、所指关系的句子。与言内行为相比，言外行为具有明显的目的性，与言后行为相比，它具有规约性[①]。在交际中，说话者与受话者交谈时，一方在说话时要显示自己的目的，当然，这种交谈要合乎通常的交际规则，并且发生在一定场合下。例如：Я поговорю с твоими родителями. 从字面上看，这是一句极为平常的句子，表示了一定内容（说话者想同受话者的父母谈谈），这是从言内行为角度的分析。从言外行为角度看，由于说话人所处的地位、场合、说话的语气不同，可能显示种种不同的目的，进行不同的言外行为，这可能是一种简单的通告，也可能是一种承诺、警告或威胁。试用间接引语的形式来剖析一下这个句子：

① Он сказал мне, что он хочет поговорить с моими родителями. /他告诉我，他想同我的父母谈谈。

② Он обещал, что поговорит с моими родителями. /他答应同我的父母谈谈。

---

① Дж. Л. Остин (J. L. Austin), Слово как действие. // Новое в зарубежной лингвистике. Вып. XVII. М., 1986, стр. 30—33, 83—92.

③ Он предупреждал (угрожал), что поговорит с моими родителями. /他警告（威胁）说，要同我的父母谈谈。

①句中双方所处的地位一般是平等的，也可能是其他情况，不管怎样，说话人的语气是平淡的，他不过只想告知一下对方而已。②句中双方可能是同事、同学，也可能是师生、上下级。说话的语气应当是诚恳的、亲切的。③句中双方所处的地位一般应是不平等的。譬如，老师对学生，上级对下级，但也可能不是这样。语气应是严肃的、坚决的。

斯特劳森认为不少言外行为受一定规约调节、约束[①]。例如，西方一些国家里，在法庭上，陪审员宣布某某人有罪；在比赛场上，裁判宣布某人犯规，将其罚出场；一定形势下，一方政府或国家首脑宣布战争状态；等等。这些场合下所进行的行为都受一定的语言条规，而更多的是非语言条规的限制。关于言外行为的规约性问题，这里仅简单提一提，下面还要回到这个题目上。

说话人说话时一方面显现自己的说话目的、意向，同时赋予话语一定的言外之力。言外行为概念解决了形式语义学、雄辩术囿于传统概念而未能注意到的一些诸如言语行为的种种方面、话语内容等问题。

如上所述，言后行为实际不是纯粹意义上的言语行为，它们一般是不能用行事词语构成一定行事语句表达的。例如，不能说 Я угрожаю…、Я убеждаю…、Я уговариваю…，只能以另外的方式表示上述意思，通过种种言外行为对受话者或者听众的思想、情感或行为施加一定影响以取得威胁、使人信服、说服的效果。

如果将这三种不同行为以实例进行分析比较，就可看出它们之间的差别：

---

① П. Ф. Стросон (P. F. Strawson), Намерение и конвенция в речевых актах. // Новое в зарубежной лингвистике. Вып. XVII. М., 1986, стр. 131—132.

言内行为：Он сказал мне: «Уведи его!»——这里指的行动是увести，同时所指关系也明确，即его指的是谁。

言外行为：Он настоял (посоветовал, попросил, приказал)，чтобы я увел его.——根据实际情况，这可能分别是坚决要求、建议、请求、命令（以间接引语的形式将言外行为揭示出来）。

言后行为：Он добился (заставил, уговорил, убедил), чтобы я увел его. ——说明已取得预定的效果。

言内行为与言外行为之分是分析话语的需要，实际上，在交际中这两种行为是紧密相连、相互依存的。不说话不能表达一定的意图，人们要表达一定的意图，必定要选择一定的话语。语句三层结构的核心是言外行为。对言内行为的提出还有不同看法，塞尔拒绝使用言内行为这一概念[①]，他用所指和述谓行为代替言内行为，用论断（命题）或者话语命题内容取代言内意义。这种修正我们认为是合理的，更贴近语句的实际情况。

3 言语行为的规约性特性

奥斯汀将言外行为的规约性作为一种普遍现象来看待，认为赋予话语某种能力取决于规约。这种提法太笼统，值得商榷。就一般言语行为而言，任何一种行为起码部分是规约性的，但是有两种不同的规约。第一种是语言规约，它们多半在言内行为这一层次上发挥作用，确定话语的言内意义或者语言意义。语言规约指的是什么？一般来说，语法规则、词汇搭配规则不应列在其内，因为这对任何句子都是适用的。语言

① Дж. Р. Серль (J. R. Searle), Что такое речевой акт? // Новое в зарубежной лингвистике. Вып. XVII. М., 1986, стр. 155—157.

规约主要是指用什么语言形式、语言手段表达一定的意思，这可能是一些语套、特定的词汇 – 语义手段等。第二种是非语言规约。非语言规约种类很多，可以说，人类大部分同语言有关的活动中都存在一定社会成规、交际规约、各种特定场合下公认的程序等，这些成规、规约不是同质的，有的严谨，有的松散。譬如，在教堂里当神父宣布一对新人结为合法夫妻时，需按一定公认的程序进行，而且只有神父才有这种权利；委任某人担任某一要职时，要按一定规定进行，而且只有上级对下属才能委任。可以说，人们在进行结识行为时（如 Это Иван Петрович, мой друг.）同样需按一定规定进行，但这同结婚仪式、委任的成规等差别很大。其他，如在法庭上进行宣判、宣布投降、宣布会议开幕、闭幕、大使呈递国书、命名、授予荣誉称号、交换俘虏等都受这种或那种规约制约。斯特劳森认为不是所有言外行为都是规约性的，只是受社会成规调节的那一部分言外行为才是规约性的①。为了说明这一点，可以举一些例子。例如，我发现一种危急情况，对行人说了句：“Там очень тонкий лед!”（“那里冰层很薄！”）（预先警告行为），无须遵守什么规则即可完成这一行为；假如母亲要出远门，小孩哭着说：“Не уходи, мама!”（“不要走，妈妈！”）（恳求行为）同样是一件极为平常的事，不受任何条条框框的限制。人们的言语行为不可能全部模式化，就像两人相恋时，不可能都照 «Евгений Онегин» 里先是 Татьяна 向 Онегин 倾诉爱情，后来 Онегин 又向 Татьяна 无望地表达爱情说的那样；同样两人辩论时，一个坚持自己的观点，一个反驳。情况千差万别，不可能都按一定成规进行。应当说，一部分言外行为（特别是在正式、庄严的场合下进行的那部分）是规约性的，另外一部分则不然。但这并不意味着，人们在言语交际活

① П. Ф. Стросон (P. F. Strawson), Намерение и конвенция в речевых актах. // Новое в зарубежной лингвистике. Вып. XVII. М., 1986, стр. 132—136.

动中不受任何规约调节、约束，问题在于什么样的规约。可能正因为如此，塞尔回避使用规约（конвенция）一词，用规则（правила）取代之。他力求证明，言外行为是一种受规则约束的行为，同时他又将规则分为（1）调节、调整行为形式的成规（如礼节规则），（2）不单纯调节，而且创立新的行为形式的结构性规则（如各种游戏规则）。根据塞尔的观点，语言语义可以看成一系列结构性规则系统，而言外行为就是与这些结构性规则系统相适应而进行的行为[①]。塞尔提出的设想要进一步具体化。人们在进行足球比赛、排球比赛、下象棋时需按一定规则进行，假如没有这些规则，也就不成其为比赛。言语行为同比赛不一样。可以借助哪一些具体的结构性规则来调节人们的言语行为呢？这个方面塞尔和帕杜切娃已经做了些尝试，例如，提出了确认承诺行为、肯定行为、祈使行为、询问行为的种种条件（参见“言语行为与其实施条件”一节）。

4 交际模式

言语行为理论研究的对象是说话者与受话者在直接交际情境中所进行的言语活动，这一理论提出了一种颇有新意的交际情境模式，其中包括说话者（或者主体）、受话者（或者对象）、话语、情况。情况（或者场合）是必不可少的，否则任何交际都无法进行。言语行为还包括交际意图、目的及结果。

主体是抽象的个人，是一系列心理特性（意图、知识、意见、情感状态、意志）和社会特性（同受话者相比所处的社会地位，一定社会成规范围内的功能）的载体。学者们认为，话语语用解释的主要路线之一，就是

① Дж. Р. Серль (J. R. Searle), Что такое речевой акт? // Новое в зарубежной лингвистике. Вып. XVII. М., 1986, стр. 153—155.

对说话者的“我”的分解：句中主语的“我”、语句主体的“我”以及内在的“我”，另外还有“我在空间和时间中的定位”[①]。要确定具体的言外行为，弄清楚主体的意图和情感状态是十分重要的，这可能起到纲举目张的作用。例如，**Здесь холодно.** 这样一个句子，依据说话者的意图和情感的不同（其他当然还有场合，说话者与其他在场的人的关系等）可能分别是一种命令、请求关上门窗或征得在场的人同意关上门窗的行为。

受话者或者对象对话语的解释、对言外行为所应激起的反应很大程度上取决于对象这一因素。任何一种言语行为都是以一定类型的接受者为对象的。言语对象的功能，尽管主要在于听，在于理解和解释话语，同时对话语做出一定反应，但对象的作用不是消极的、可有可无的。说话者和受话者在具体言语行为中都是确指的，各自从一个方面，以相应的角色，完成一定功能参与交际。正常的语境中应考虑说话者和受话者各种参数的协调，如老师和学生、上级和下属、丈夫和妻子，或者朋友、邻居、同伴、同事间等。交际中，通常一方是说话者，另一方是受话者，要对说话者的话语做出反应，后者就变成前者，假如对话持续下来，两者的角色就会不断地变换。

5 命题标志与言外功能标志

分析言外行为的必经之路就是首先要弄清楚语句的命题标志和言外功能标志。塞尔认为句子有两大部分，即表示论断（命题）标志的成

① Ю. С. Степанов, В поисках прагматики. Известия АН СССР. Серия литературы и языка, 1981, Т. 40, № 4, стр. 327—328.

分和表示功能标志的手段[①]。首先分析一下什么是论断（суждение）或命题。命题是指从句中意思里除去言外功能所留下的那一部分。属不同类型言外功能的言语行为可以具有相同的命题内容，例如：

① Ты купишь себе велосипед.

② Купи себе велосипед!

③ Ты купишь себе велосипед?

④ Купил бы ты себе велосипед.

一定的话语，主体是确定的并同句中的 ты、сейчас、здесь 对应起来，就是说话者所进行的不同的言外行为。如①句是肯定，②句是命令或者建议，③句是提问，④句是用假定式形式表达的建议或劝告。可以说，命题内容是句子的语义部分，而言外行为则是它的“边框”。

我们在说出上述每一句话时，同时也实现所指关系，赋予所指对象以一定的行动（这里指购买自行车）。因此，可以肯定，上列①—④句中的所指关系和述谓关系是相同的，这就是它们的共同内容。这种共同内容可以用主从复合句或者带动词不定式的简单句勾画出来。例如：Я утверждаю, что *он купит себе велосипед*；Я приказываю (советую)*ему купить себе велосипед*；Я спрашиваю, *купит ли он себе велосипед*；Я советую *ему купить себе велосипед*。这种共同内容用塞尔的术语来说就是论断或者命题。论断的表达是完成言外行为的一部分。句子中表示一定事物、行动等的词语，一定的所指关系及述谓关系是确定命题内容的主要标志。

句子具有言外（功能）用途，即含有用于这种或者那种言外功能上的潜在能力。在言语行为中，说话人使用句子，表达自己的交际意图，

① Дж. Р. Серль (J. R. Searle), Что такое речевой акт? // Новое в зарубежной лингвистике. Вып. XVII. М., 1986, стр. 155—156.

也就是赋予语句一定的言外功能。一方面，各种不同的言外行为可以具有相同的命题；另一方面，诸如肯定和否定则带有不同的命题。言外行为的不同类型与其命题结构之间往往存在一定的一致关系，每一种言外行为都对其命题或意思提出一定的限制。

功能标志帮助我们判断，怎么正确理解这一论断，或者换句话说，当我们说出某一句话时，它含有什么样的言外之力，也就是说话者所完成的是哪一种言外行为。属功能标志的有：词序、逻辑重音、语调类型、标点、动词的式、各种行事动词以及其他。不少情况下，上下文（包括广义上的上下文）对确定言外行为类型起着十分重要的作用。动词命令式是表示祈使性言外功能的重要手段。问号和语气词 ли 是识别询问性（或者其他，如建议、间接否定等）言外行为必不可少的标志。还有一些特殊的手段，如在 Я тебе не слуга.（我不是你的仆人。）一句中，тебе 在这里有特殊的含义（你想错了，你看错人啦），这个句子是一种否定或者反驳。惊叹号除了经常用在表示命令的语句中外，还可以表达其他一些意思。例如：— Какой дурной пример вы им подаете!（"您给他们做出多么坏的榜样！"）这里表示的是一种谴责、指责行为。

6 意义、言外功能、言外之力、言外行为

交际的最小单位不是词，不是句子，在一定条件下具体句子的使用就是言外行为，而言外行为是语言交际的最小单位。句子具有一定言外用途，而语句（句子的实际使用）具有一定言外功能①。句子的言外用途往往不是单项的，例如，Иди домой.（回家去。）可以分别执行请求、

① Е. В. Падучева, Высказывание и его соотнесенность с действительностью (референциальные аспекты семантики местоимений). М., 1985, стр. 31—33.

命令、恳求、劝告、建议、准许等言外功能。这些言外功能的共同点就在于它们的言外用途。言外用途是句子的潜在能力。有些句子的言外用途只可能是单一的，如 Поздравляю вас с днем рождения.（祝您生日快乐。），言外用途是句子意思的一部分，而言外功能不包括在句子的意思之内，语句才具有这样或那样的言外功能。语句的言外功能就是言语行为的类型，在进行此类型行为的同时出现这一语句。

奥斯汀提出了意义与言外之力的概念[①]，他认为意义是意思和所指关系的等价物，而言外之力我们认为就是言外功能的另一种提法，因为他在自己的讲座第 13 讲中，分析言内行为和言外行为的区别时曾说过："我将把这儿讨论的关于言语的种种功能学说称之为言外之力的学说。"[②]斯特劳森进一步阐述了他的观点，指出语句意义总是包含对其可能的能力的某种限制。例如在某些场合，如果使用了一定的显性行事公式，如 Приношу свои извинения（请原谅），其意义就完全包罗了它的能力。换句话说，意义中除了能力别无其他。但往往是，意义虽然限制言外之力，却不能全部包括它。一般来说，语句的言外之力包含的东西比我们从所实现的言内行为中得知的要多[③]。什么是语句之力和言外行为？言外行为我们在上面已经分析过，这里要指出的是它们的区别。斯特劳森在同一地方指出："这两个概念的联系并不是如此密不可分，以至于知道了语句之力就等于知道了在说出语句时实际上何种言外行为得以实现"[④]，因为

---

① Дж. Л. Остин (J. L. Austin), Слово как действие. // Новое в зарубежной лингвистике. Вып. XVII. M., 1986, стр. 83—87.

② 同上。

③ П. Ф. Стросон (P. F. Strawson), Намерение и конвенция в речевых актах. // Новое в зарубежной лингвистике. Вып. XVII. M., 1986, стр. 130—131.

④ 同上。

根据他的观点，具有一定的言外之力的语句，譬如预先警告，只有为听话者所理解、接受时，才能说警告行为得到了实现。这样，是否可以说，语句虽具有一定的言外之力，但由于相应的言外行为未得到实现（由于某种原因中止，遇到障碍，缺乏某种条件或任何一方无诚意），语句也可能是徒有其力，这就是“力”与“行为”的区别所在。

隐含与间接言语行为

1 交际隐含的基本公式及其类型

关于交际隐含，格赖斯提出了一种较为通俗的看法，他说："假设某人说了p，与此同时他指的（隐性地）却是q。"[①] 如何推断这种隐含，他提出了一个一般图式："他说的是p；没有根据认为他未遵守交际公设，或者说，交际合作原则；他不能说p，假如他不认为是q；他知道（并知道我明白他知道）我能理解他所认为是q这种想法的必要；他企图使我认为或者起码允许我认为是q；这样，他暗指的是q。"[②] 这个图式绕来绕去，不过他大体上说清楚了隐含是怎么一回事，并告诉我们如何去推断语句的隐含。这里有三点值得指出：（1）隐含的基本公式是p→q（假如p，那么就是q，或者p引申为q，或者从p推断出q）；（2）对p→q的认识要根据一定的交际原则；（3）对p→q的理解是交际双方协作的

---

① Н. П. Грайс (H. P. Crice), Логика и речевое общение. // Новое в зарубежной лингвистике. Вып. XVI. М., 1985, стр. 217—229.

② 同上。

结果，否则就达不到交际目的。

对于如何判定语句中的隐含，隐含有几种类型，格赖斯等人[①]首先从分析交际合作原则和交际公设着手，并认为所有隐含都在一定程度上违背这些原则与公设，都是一种异常（不合常理）现象。

交际合作原则是所有交际公设的概括，共分为四个方面。

数量原则：（1）话语的信息量要充足；（2）不要多余的信息。

质量原则：（1）要说真话；（2）无根据的话不说。

相关原则：不可偏题，要切题。

方法原则：（1）避免使用含混不清的词语；（2）避免引起歧义；（3）简明扼要；（4）结构严谨。

所谓交际合作原则，只是一些学者从实际交际活动中大体上归纳出来的东西，它们并不能概括人们的一切千变万化的、错综复杂的言语活动。这些原则虽不是明文规定，但却是历来自然形成的，人们在交际活动中都或多或少地在遵守着。

下面让我们从遵守与不遵守交际合作原则，从偏离这些原则的异常现象角度，大体上分析几种隐含类型。

（1）信息量不够充足方面的异常现象，例如：

① Сказал и в темный угол ягненка поволок.（И. Крылов）/说完了就将小羊拖到一个暗角里去了。

作者有意识地不将事情的结局说出来，它是隐含的。因为人们可以从狼凶残的本性猜到小羊将遭受到什么样的命运。看上去，这里信息量似乎不足，实际上这也是作者的一种创作手段，能更加突出豺狼的本性和小羊的可悲的结局。

---

① Н. П. Грайс (H. P. Crice), Логика и речевое общение. // Новое в зарубежной лингвистике. Вып. XVI. М., 1985, стр. 217—229.

② А. Когда придут паркетчики? / 甲：镶地板的工人什么时候来？

Б. Спроси меня что-нибудь попроще. / 乙：问我简单一些的问题。

答句可以说是答非所问，这也是一种信息量不够充足的异常现象，说话对方可能是拒绝回答，也可能是根本无法回答，因为他也不知道工人什么时候来。

（2）有时说话者有意违背质量原则，转弯抹角，将真话隐去，让听话者自己去做出判断，例如：

① А. Как дела у Виктора на работе? / 甲：维克多工作得怎么样？

Б. Думаю, более или менее в порядке: ему нравятся сослуживцы, и он еще не попал в тюрьму. / 乙：我想，一切可以说正常，与同事们相处不错，另外他还未去坐牢。

Б 的回答暗示维克多工作并不好，他那一伙人也不怎么样，但究竟不好到什么地步，Б 不肯说，只说了"他还未去坐牢"。这意味着什么？Б 让 А 自己去判断。

② Милостивый государь! Рекомендую мистера Джона. Он хочет устроиться к вам на кафедру математики. Мистер Джон добрый, симпатичный человек, превосходно владеет английским языком; он регулярно посещал мои лекции.../ 亲爱的先生！我推荐约翰先生，他想到你们数学教研室工作。约翰先生是一位善良的、讨人喜欢的人，英语非常好，他经常听我的课……

这是一封推荐信，教授实际上根本不想推荐他，只是碍于情面才不得不这样做。信中对被推荐人的数学水平、科研能力等只字不提，只讲了一些无关痛痒的话。实际上是想说，被推荐人根本不适合此项工作，因而这封信也起不到推荐的作用。

（3）违背相关原则。有时某些语句之间看上去缺乏相关联系，这种异常现象在口语中是常见的，例如：

① А. У Смита, кажется, сейчас нет девушки. /甲：史密特现在好像没有女友。

Б. В последнее время он часто ездит в Нью-Йорк. / 乙：最近他经常去纽约。

这组句子看上去缺乏相关联系。实际上Б的话可能意味着“在这里没有女友，谁敢说他在别处没有，否则他经常去纽约干什么？”

② — Куда ты идешь? / “你到哪里去？”

— Мама, мне уже тридцать шесть. / “妈妈，我已经36岁了。”

— Спасибо, что ты мне это сообщил.（Из кинофильма «Берегись автомобиля»）/ “谢谢你告诉我这一点。”

妈妈问儿子去哪儿，儿子却回答，他已经36岁了，似乎答非所问，违背相关原则。这种异常现象包含着一种隐含，他说的是年龄问题（已经36岁了），指的却是另外的意思——“我这样大了，不要管我的事，我有行动自由”。母亲丝毫不让步，这里也有一层意思——“难道我不知道你36岁，你的事我还是要管”。

（4）有一类隐含是运用“反话正说”的方法表示的，这种异常现象看上去违背“质量”和“相关”原则。例如：

① — Спасибо, вы оказали мне наибольшую помощь! / “谢谢您，您可帮了我大忙啦！”

设想有这样一种情况：A主动帮了Б的忙，但未帮到点子上，相反，将事情弄得更糟，即所谓帮了倒忙，Б心里不满，用一定的讽刺口气说了上面的话。Б实际上想说“我得谢谢您，您帮了大忙，没有您的帮忙，事情可能不至于如此糟糕”。

② — Петя — настоящий друг! / “彼佳是真正的朋友！”

假设A同Б至今仍是好朋友，但Б将机密泄露给了A的竞争对手，这点 A 知道，受话人也知道，因而 A 说了上面的话。A 知道他说的是什么话，他也知道这是谎言，受话人同样也如此以为。这样，A 暗示的命题实际上是对他所公开显示的命题的一种否定。

（5）显性言外之力与隐性言外之力不相对应，这多半是一些以间接言语行为表示的言外行为（请求、要求、命令、劝告等）。例如：

① — Поезжай в город! / "到城里去逛逛！"

— Чего я там не видел? / "那里我什么没看到过？"

答句是用问题形式对对方的请求或建议表示的一种回绝，是一种间接言语行为，同时包含一种暗示——"有什么好看的，我见得多啦"。

② — Тит，иди молотить! / "吉特，脱粒去！"

— Брюхо болит! / "我肚子痛！"

这后一句所述表示拒绝执行对方提出的请求或命令，虽不是直接拒绝，但却不折不扣地暗示——"我不能去参加脱粒，因为肚子痛"。

以上对语句中的种种隐含做了一个大概的分析。人们的言语活动是复杂的、瞬息万变的，我们的归纳肯定概括不了现实发生的所有情况。上面所提到的种种隐含情况，都有一个共同的特点：显性表达与隐性表达所指不一致，即说的是 p，指的是 q。

除此以外，还有一种隐含是多半通过使用带标记的或其他表示个人情感状态、意愿、个人评价色彩的词语显示的隐含，有关这方面的情况，我们已经在"语用信息的三个方面"一节中做了较为详尽的阐述，这里不再重复。

隐含与间接言语行为之间存在非常密切的联系。一般来说，相当大的一部分表示间接言语行为的语句都包含着这种或者那种隐含。但是隐含不仅存在于表示间接言语行为的语句中，而且也出现于表示直接言语行为的语句以及其他一些类型的语句中。

2 间接言语行为

间接言语行为是相对于直接言语行为而言的。何谓直接言语行为？一般情况下，询问是用疑问句表达的；请求、准许、建议、要求、命令、警告等言语行为多半用动词命令式表达；承诺、宣誓等则用动词陈述式表达（详见“行事行为”一节）。这种形式与语句言外之力的一致就是直接言语行为最重要的特征之一。间接言语行为则相反。塞尔说，有时“说话人表述的意思与相应句子的意义不一致”，“有时说话人所指的既是他的表述的直接意义，又是超过此意义更多的东西”，“说话人通过表示肯定的语句表达请求”（行为），在这种情况下，“包含一种类型言外行为标记的句子可用来实现另一类言外行为”，“有时说话人说出的句子，所指的既是他的直接所述，同时指的又是含另一种命题内容的另一种言外行为”①。塞尔这几句引文中有两点值得注意：（1）一个语句可能含有两种不同的言外功能；（2）两种不同的言外行为具有相同的命题内容。

其实，间接言语行为的表达不仅限于通过肯定类型的句子，通过疑问句表示请求、建议等言语行为则更为常见。例如：

① — Нет ли у вас ручки? / “您有没有钢笔？”

② — Не перестанете вы, наконец, устраивать такой шум? / “您能不能停止这种吵闹？”

③ — Не будете ли вы так любезны сойти с моей ноги? / “能否劳您大驾不要踩我的脚？”

---

① Дж. Р. Серль (J. R. Searle) , Косвенные речевые акты. // Новое в зарубежной лингвистике. Вып. XVII. М., 1986, стр. 195—197.

④ — Умеете вы есть вилкой и ножом? / “您会用刀叉吃饭吗？”

⑤ — Офицеры впредь будут при галстуках во время обеда. / “今后军官吃午饭时要戴领带。”

以上①—④句均是通过疑问句形式表达请求、劝告行为，⑤句则是以陈述句形式表达的命令或条规。

在分析此类间接言语行为时，自然会遇到一些问题。例如，什么原因促使疑问句（或其他类型句子）常常用在表达请求或要求等方面？此类句子用在表达间接言语行为时，其原有的意义是否还保留下来？如何确定间接言语行为？

间接言语行为的使用与确定同一定的背景知识（历史文化背景、百科知识、所操语言的知识）、交际语境、交际合作原则有关。

背景知识对说话人和受话人应是共同的，谈话双方共同的背景知识越多，对话进行得越顺利，理解就越容易。共同的背景知识是存储在语言系统中的，对说话人来说，应是不言而喻的东西，对受话人也应是这样，否则就会使谈话失去共同点。共同的背景知识可分为固定的和临时性质的。属于前者的有：（1）人们所共知的百科知识；（2）共同的民族历史文化知识；（3）关于谈话双方和涉及的人与事的知识和经验。例如：

① А. Давай пойдем в кино вечером. / 甲：晚上我们去看电影吧。

Б. Я должен готовиться к экзамену. / 乙：我要准备考试。

② — Переведи их (умерших крестьян) на меня, на мое имя. / “将他们（死去的农奴）转到我名下。”

— А на что тебе? (В. Гоголь) / “你要他们干什么？”

①句中A方建议晚上去看电影，Б方未做直接答复——去还是不去，而只说了“晚上要准备考试”，A将Б的话理解为他拒绝一起去看电影。这种理解是建立在共同的背景知识基础上的，因为看电影需要较长时

间，而准备考试也需要很多时间，时间上发生矛盾。②句中的对话取自果戈理的《死魂灵》，小说中说的是沙皇时期农奴制下的情况，乞乞科夫企图买下其他地主的已死去的农奴并将其转到他名下，为了吃空额，进行诈骗。由于不理解，对方才反问（实际上可能是不同意），这种不理解是由于缺乏共同的认识。

③ Во время разговора Наполеон наивно спросил Балашова о том, на какие города идет от Вильно прямая дорога к Москве. Балашов ответил：«Есть много дорог и в числе этих разных путей есть дорога на Полтаву, которую избрал Карл XII.»/谈话中拿破仑天真地问巴拉绍夫从维尔诺到莫斯科的直通大道要经过哪些城市。巴拉绍夫回答道："有许多路可走，在这些不同的道路中，有通向波尔塔瓦之路，卡尔十二世正是选择了这条道路。"

这段情节取自列夫·托尔斯泰的《战争与和平》，沙皇亚历山大派侍从将官巴拉绍夫送信给拿破仑，抗议法国军队越过涅曼河。拿破仑话中有话，实际上他是在威胁要进攻莫斯科，巴拉绍夫不辱使命，针锋相对，话中提醒拿破仑不要步卡尔十二世的后尘，因为他正是在波尔塔瓦被彼得大帝击溃的。无论是拿破仑的话，还是巴拉绍夫的话，如果缺乏背景知识（这里主要是历史背景知识），都是无法理解的，交际的目的也就无法达到。

共同的背景知识中有相当大的一部分属于预设。

临时性质的背景知识是指临时性起作用的，仅交际双方或有限的几个人知道的知识。例如，第 355 页例句 ⑤，对于一般的不相干的人来说，它只是一句肯定相关事实的句子，而对于一部分军官（例如，在军营里或军校里）来说，这就是命令，大家必须遵守。另外还有一个例子：

— Вы сейчас выходите? / "您现在下车吗？"

对于毫不相干的人来说，这只是一句一般的疑问句，但当在公共汽车上或电车上，车厢里人很多、很拥挤，站在后面的人下一站要下车，就对前面的人说了上面的话。假如他下一站不下车，这句话就应理解为是站在他后面的人向他发出的请求，要他向旁边让开点；假如他下一站也下车，就应理解为问句，可回答“是”或“是，我也下车”。如何理解完全取决于受话人当时的情况，取决于双方对乘车知识的所知程度。

交际情境是调节交际活动的主要因素，它决定言语活动的成功与失败。交际情境包括以下一些参数[①]：

（1）说话人与受话人。它们代表着双方相对应的一定地位、处境、情境角色以及特定的个人特性，是受一定动机支配的、追求一定目的的活动主体。

（2）所指情境。它指的是与谈话内容相对应的客观实际的一部分。

（3）活动情境。它指的是一定的活动范围，在这个范围内发生、发展交际活动。用另外的话说，就是一定的情节、一定的话题。如果指的是具体单独的话语，就是情节发展的某个环节，既可能是已经说过的话或者已经写成的东西，也可能是根据说话人意图将要发生的事情。

（4）事物情境背景。这包括交际的地点和时间，社会、政治、历史文化背景，也包括在场的人物。

（5）联系渠道。它指的是口头的或是书面的，交际双方是直接接触或者使用通信手段。

要说明交际情境诸因素的作用和重要性，第356页所举的例句③最能说明问题。

---

① К. А. Долинин, Имплицитное содержание высказывания. Вопросы языкознания, 1983, № 6, стр. 39—40.

3 间接言语行为与交际合作原则

间接言语行为的使用取决于说话人和受话人（他们在交际活动中经常变换角色）的动机和各自追求的目的，同时也受一定的情节、具体的客观实际、一定的地位、时间、历史背景所支配。要正确理解间接言语行为，同样离不开对上述诸因素的分析并进行逻辑推断。

间接言语行为是整个交际活动的一部分，对它的使用和理解同样离不开交际合作原则。多利宁（К. А. Долинин）在同一文中提出了另外四项一般原则[①]，我们认为这四项原则更确切，更贴近言语活动实际，试看：

（1）理性原则：每一句完整的话语（包括结构严谨的话语统一体）应有一定的称名内容，说话人和受话人知道所谈之事和所谈内容。

（2）目的性和理据性原则：每一句完整的话语（包括结构严谨的话语统一体）应有一定的，哪怕是不十分明确的目的。

（3）情境原则：每一句完整的话语（包括结构严谨的话语统一体）应同一定的情境联结在一起。

（4）连贯性原则：每一句构成较大话语统一体的语句应当同整个统一体以及其他构成部分联结在一起。

多利宁提出的交际原则同格赖斯提出的交际合作原则有许多相似之处。前者提出谈话要言之有物，要有目的性，话语上下文要有连贯性；后者则认为话语信息量要充足，要切题，要说真话，结构要严谨。除此之外，多利宁强调情境性及话语统一体上下文连贯的观点，不单纯从简单句出发，而重视较为广泛的语句统一体。

---

① К. А. Долинин, Имплицитное содержание высказывания. Вопросы языкознания, 1983, № 6, стр. 39—40.

尽管有这样或那样的交际原则，但在交际活动中谁也不会死死地扣住这些原则，人们实际的言语活动要活泼得多、随意得多。在言语交际活动中，人们只是大体上遵循这些历史的、自然而然形成的、不成文的原则。在对言语行为进行分析理解时，人们自觉不自觉地使用上述原则进行推理。试按步骤分析以下对话：

— Вам премию выдавали? / “奖金发给您了吗？”

— Жди, выдадут они премию! / “等着吧，他们会发奖金才怪呢！”

第一步：按交际合作原则，对疑问的回答有两种可能“是”或“不”，在这里就是“发了”或者“未发”；

第二步：受话人未按常理回答，却说了另外一句话；

第三步：根据相关原则，受话人的答话是经过思考的，并同整个交谈相关；

第四步：但是从回答的字面意义来看，它既不等于“是”，也不等于“不是”；

第五步：既然这样，回答就另有一层意思，受话人的话语包括一种肯定：“等着吧，他们不会发奖金的”或者“等不到他们会发奖金给您的”。

4 句子的语用意义与直接意义

现在我们分析另外一个问题：语句用作间接言语行为时，其字面意义是否保留下来？

康拉德（Р. Конрад）提出，“要解决句子的直接意义，或者字面意义同句子的真正所指，即所谓语用意义（或者交际意义）之间的联系问题”[①]。塞尔原则上也同意“间接意义是从疑问句的直接意义派生而来”，

① Р. Конрад (R. Conrad), Вопросительные предложения как косвенные речевые акты. // Новое в зарубежной лингвистике. Вып. XVI. М., 1985, стр. 350—356.

因而“间接问题的疑问意义归根到底仍被保留下来”[①]。这些观点大体上是正确的，但对一些长期固定下来的、约定俗成的用疑问句表达的请求或其他言语行为，这些观点未必适用，例如：

Можете ли вы передать мне соль? / 您能把盐递给我吗？

对这类句子，一般不能回答“不”，同时也不应该说“不能够”，因为根据情境性原则，当时的时间、地点以及说话人和受话人应互相了解并明白所说内容，对于对方能做到所指之事的能力是不存在疑问的。

疑问句用作间接言语行为时，原有的直接意义或者字面意义是否保留下来？对于这个问题，的确存在一种相反的看法，认为此时直接意义完全被排挤出去，为间接意义所取代。应当说，这种看法存在片面性。间接意义是从直接意义派生而来的，否则前者就成了无本之木、无源之水。当然，也有例外，如上面这个例句。这类例子应看成规约性的间接言语行为，或者是直接言语行为的一种过渡，或者直接就算作直接言语行为。对这个问题存在的不同意见，这里不再一一叙述。

康拉德对间接言语行为下了这样一个定义：“从体现一定言语行为（SA_1）的句子（S_1）的直接意义中通过逻辑推理，并对相应情境知识（它们同句子〈S_1〉和言语行为〈SA_1〉直接不相关）加以分析确定的言语行为称为间接言语行为 SA_1。”[②] 这个定义告诉我们：

（1）直接言语行为的意义在这种情况下必定会被保留下来，它是进

① Дж. Р. Серль (J. R. Searle), Косвенные речевые акты. // Новое в зарубежной лингвистике. Вып. XVII. М., 1986, стр. 195—221.

② Р. Конрад (R. Conrad), Вопросительные предложения как косвенные речевые акты.// Новое в зарубежной лингвистике. Вып. XVI. М., 1985, стр. 355—356.

行逻辑推理的必要前提之一；

（2）间接意义是分析语言的和超语言的一系列因素而得出的结果。应当指出，SA_1 与 S_1 各自具有从根本上说两种完全不同的意义。

5 言语行为与其实施条件

为什么具有一种言外之力的语句可以用在实施另外一种言外之力上，言语行为理论给了我们一种可能的解释。要表达任何一种言语行为（例如，疑问、请求、建议等）必须具备以下条件：（1）预备条件，也可称作前提条件；（2）诚意条件；（3）命题条件；（4）根本条件。

不同的言语行为的实施条件也是不同的，试比较：

		询问行为	祈使行为
（1）	预备条件	说话者不知道答案，受话者有可能并愿意提供所需信息。	受话者有能力完成某事。说话者有可能向受话者提出某种要求。
（2）	诚意条件	说话者希望得到某种信息。	说话者希望受话者去完成某事。
（3）	命题条件	说话者表示了含一定内容的询问行为。	说话者告诉了受话者去完成某事。
（4）	根本条件	说话者企图促使受话者提供所需信息。	说话者企图促使受话者去做某事。

从以上所列条件可以看出两种行为的实施分别要求不同的条件，这些条件缺一不可，否则就会导致言语行为的失误或挫折。以上述条件为依据，让我们以下面的语句为例，试分析由于言外行为的不同引起的某些条件的变化：

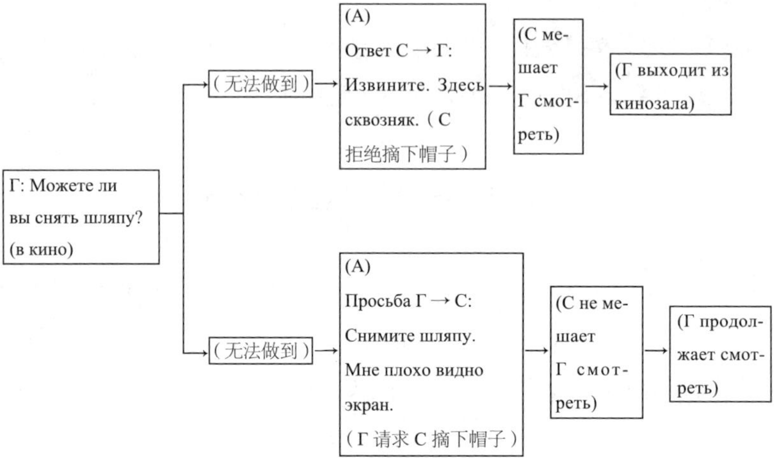

（Г ——说话人，С——受话人，А——行为）

根据 С 和 Г 的能力、意愿、要实施的行为，可将常见的表示规约性的间接行为的语句分为以下四组。

第一组：有关 С 实施 А 的能力的语句。在这些语句中，是从 С 的有关能力的角度先提出问题，通常并不需要 С 回答“能”或者“不能”。例如：

① — Можете ли вы передать мне соль? / “您能把盐递给我吗？”

② — Можете ли вы передать вон ту книгу? / “您能把那本书递给我吗？”

③ — Могли бы вы вести себя немного тише? / “您能静一点儿吗？”

④ — Есть ли у вас мелочь для размена доллара? / “您有零钱找开这张美元吗？”

⑤ — Есть ли у вас наличные? / “您有现钱吗？”

对后两种句子，可回答“有”或者“没有”，如果回答“有”，一般还要问：“Сколько?”（“要多少？”）

第二组：有关 Г 的意愿的语句。在这些语句中 Г 表示要 С 去实施 А。

它们一般是使用动词假定式形式表达的祈使性间接言语行为。例如：

① — Наверно не нужно было бы сказать тебе, как выйти из этой комнаты. / “大概不需要我告诉你如何从这个房间走出去。”

② — Я хотел бы, чтобы вы ушли сейчас. / “我希望您现在就走开。”

③ — Я бы хотел, чтобы вы вели себя впредь тактичней. / “我希望您的举止以后有分寸些。”

④ — Я был бы вам очень благодарен, если бы вы нас выручили. / “假如您能帮助我，我将十分感谢。”

⑤ — Я был бы вам крайне обязан, если вы вернули мне деньги в эту среду. / “假如您能在这个星期三将钱还给我，我将不胜感激。”

⑥ — Я надеюсь, что вы это сделаете. / “希望您能做到这一点。”

⑦ — Надеюсь, что вы не пропустите мои слова мимо ушей. / “希望您不要将我的话当耳边风。”

第三组：有关 С 应实施的行为的语句。这里 Г 一般使用肯定句或疑问句间接表示 С 以及 С 和 Г 一起应实施的行为。

① — Офицеры впредь будут при галстуках во время обеда. / “今后军官吃午饭时应戴领带。”

② — На уроке зевать невежливо. / “上课时打哈欠不礼貌。”

③ — Прекратите ли вы устраивать такой жуткий грохот? / “你们能停止这种可怕的嘈杂声吗？”

④ — Не будете ли вы так любезны сойти с моей ноги? / “劳驾，您能否不踩我的脚？”

⑤ — Тебе следовало бы быть более вежливым со взрослыми. / “你对待大人应当礼貌些。”

⑥ — Должны ли вы так барабанить? / “您应这样咚咚地敲吗？”

⑦ — Вам лучше идти сейчас. / “您最好现在就去。”

⑧ — Почему бы не остановиться здесь? / “为什么不在这儿住下哩？”

⑨ — Хорошо было бы, если бы вы немного сбавили тон. / “您要能稍压低点声调，就好了。”

⑩ — Сколько раз я просил тебя не есть руками? / “我说过多少次叫你不要用手抓东西吃？”

⑪ — Если вы замолчите, от этого никто не будет страдать. / “如果您不再作声，谁也不会感到不痛快。”

第四组：有关 C 的意愿、倾向的语句。在这类语句中，Г 以疑问句的形式询问 C“是否有意做什么”或“不做什么”。

① — Намерены ли вы написать предисловие для моей книги? / “您是否有意为我的书写个序？”

② — Удобно ли вам прийти во вторник? / “您星期二来方便吗？”

③ — Не слишком ли вас затруднит быть оппонентом на защите диссертации? / “请您当论文答辩评论员不会太麻烦您吧？”

④ — Не хотите ли вы передать это письмо секретарю парткома? / “您能将这封信转交党委书记吗？”

除了上述四组间接言语行为外，还有一种在结构上混合型的间接言语行为。例如：

① — Скажи, пожалуйста, сколько раз я просил тебя не есть с открытым ртом! / “请告诉我，有多少次我请你不要张着嘴吃饭！”

② — Прошу тебя, не дашь ли ты мне эту книгу? / “请问你，能把这本书借给我吗？”

③ — Прошу прощения, вы сейчас выходите? / “对不起，您现在

下车吗？”

④ — Не скажешь, когда ты научишься кормить ребенка с ложки? / “告诉我，你何时能学会用匙子喂小孩儿吃饭？”

从以上所列举的众多例子中不难看出，使用疑问句表达祈使性间接言语行为的情况占绝大多数，如第一组都是用来表示请求、建议；第二组则使用疑问句表示要求、吩咐、请求、劝告、恳求、希望等；第三组和第四组大部分都是疑问句，少数是非疑问句，这些语句表示的也多半是祈使性言语行为。使用疑问句或非疑问句还可以表示其他性质的言语行为。例如：

① — Я думаю （полагаю）, что он в соседней комнате. / “我想（估计）他在隔壁房间。”（肯定）

② — Отчего же я не рад, что вы выиграли? / “您打赢了，我为什么会不高兴呢？”（祝贺）

③ — Вы глубоко ошибаетесь, полагая, что я не сдам экзамены. / “您以为我会考不好，那就大错特错了。”（承诺）

④ — Вы очень любезны! Не знаю, что сказать вам. / “您太客气啦，不知道对您说什么好。”（感谢）

一种较为流行的观点认为，使用疑问句表达的请求、要求、建议等，在口气上较为缓和、较为礼貌。在多数情况下确是这样。但有时情况恰恰相反，如第 363 页列举的 ④ 句。例如，我们问一个修表的人 Вы умеете чинить часы?（您会修表吗？）不仅是不客气，相反还隐含着“怀疑”“不信任”的意思，或者问一个汽车司机 Умеете вы водить машину?（您会开汽车吗？）更无什么客气可言。实际情况是，语句在口气上客气与否，往往取决于对谁使用以及在什么场合使用。

俄语语句聚合体

1 语句聚合体概述

我们在阐述言语行为理论部分多处提到一种语句具有多种言外功能，这是一方面；另一方面，诸如请求、建议、劝告、警告、承诺、感谢、致歉等言外行为拥有使用种种词汇手段和句法手段等不同的表达方法，也就是以一种基本方法为常体和一系列数量不等的变体系统。应当说，这些不同的表达方法在各类言语行为中存在数量上的不均衡现象，有的，如请求、建议、承诺、致歉等，可以有十几种、几十种或者更多的不同表达方法；有的，如禁止等，变体相当有限。这种现象更多地是由于超语言的因素决定的，是受言语行为的规约性程度制约的。

这种形式上不同的，含义上、修辞上有差异的丰富多彩的表达手段是任何一种语言都普遍存在的现象。语言实践告诉我们，人们一方面力图使用有限的语言材料表达自己的丰富的思想和千变万化的自然的、政治的、经济的和社会的现象；另一方面，又努力使自己的表达能力丰富多彩，而不致使语言死板、僵硬，就像叶夫根耶娃（А. П. Евгеньева）

所说的那样："语言的每个领域（词汇、句法、词法）所拥有的平行的（功能和意义上等价的和近似的）形式……给说话和书写的人提供了几乎是无限的选择余地，使他有可能用各种不同的变体来表达同一个思想。"[1]这里有两点要强调一下：（1）种种不同的表达手段的使用是为了言语的多样化，生动鲜明；（2）种种不同的表达手段的存在是为了给人们提供选择的余地，根据实际语境的需要找出最佳的表达方式。试看以下两类例子：

① Вы напишете ему письмо.

这一语句在一定的语境下，并辅以相应的语调，同 я、ты、сейчас、здесь 对应起来，可以是：

肯定——您定会写信给他。

提醒、警告——您应写信给他，否则……

劝告——您写信给他为好。

② а）— *Приказываю* вам идти на прорыв, — устало проговорил Гитлер...（Н. Вирта）/ "我命令你们突围"，希特勒十分疲倦地说道……

б）— *Вы обязаны выполнить* свой долг! — резко прервал его Гитлер.（Н. Вирта）/ "你们应履行自己的职责！"希特勒以强硬的口气打断了他。

в）— Я начальник разведки, — громко повторил майор. / "我是侦察处长"，少校高声重复道。

— *Молчать*! Саботажник!（В. Успенский）/"住嘴！你怠工！"

г）— *Прикончи* у всех на виду! Чтобы знали! Никакой пощады мерзавцам! / "当着所有人的面枪毙他！叫他们知道点厉害！对这些坏

---

① А. П. Евгеньева, Очерки по синонимике современного русского литературного языка. М., 1966, стр. 11.

蛋丝毫不能手软！”

д）— *Оформляйте*, товарищ Стаднюк, на десять дней внеочередной отпуск, *берите* жену и в офицерской форме, при орденах, *появитесь* в родном селе, пображничайте.（И. Стаднюк）/“斯塔德纽克同志，去办办手续，给您10天例外的假期，带着妻子，穿上军官制服，戴上奖章，在你们乡村街上走上几趟，威风威风，串串门，到人家家里去做做客。”

е）Капитан：*Стоп* машина!（Из кинофильма «Без году неделя»）/船长：停车！

第②类各句所表示的均是说话人的“意志的表露”，即命令、要求、请求，其表达手段各种各样，这里有а）приказываю——动词陈述式第一人称形式；б）обязаны выполнить——“短尾形容词+动词不定式”；в）молчать——动词不定式；г）прикончи——动词命令式第二人称单数形式；д）оформляйте、берите、появитесь、пображничайте——动词命令式第二人称复数形式；е）стоп——感叹词（用作命令语）。除上述不同表达以外，当然还存在其他一系列手段，如动词假定式、疑问句形式（参见“间接言语行为”一节）等。这些不同的手段表达的是同一类但有一定差异的思想。应指出，这些手段绝不能不加选择地滥用，需要根据具体场合，交际双方的社会地位、年龄、关系的亲疏程度等因素选择最佳方式。如а)、б)、в）多用于军事情境或行政机关上级对下级，语调强硬、斩钉截铁，意味着说一不二、不容置疑。这三种形式之间存在较小的差异：а）通常用于较正式的场合；б）同样表示了说话人强硬的态度，具有“军人以服从为天职，不容半点含糊”的含义；в）更具有强调、强硬意味，不容反驳，否则就要付出代价；г）和д）是命令式第二人称单、复数形式。一般来说，单数形式多用于家庭成员之间、长辈对晚辈、亲密朋友之间、同学之间，或者上级对下级；复数形式一般认为是一种比较客气、礼貌的形式，但 д）句说的也是军事机关的事，也是上级对下级，这大概是因为对方是作家，也可能表示长官对下属的宽容；е）句中的 стоп 用于口令，常见于轮船、军校及军事训练中。这类词语为数并不多，如 перерыв（休息）、подъем（起床，起床号）。以及 смирно（立正）、вольно（稍息）、налево（向左转）、направо（向右转）等。

使用不同手段表示同一种交际思想，即通过种种手段构成的不同语句执行同一言外功能的现象普遍存在于人们的交际活动中，并且自成一种具有词法－句法、语义、语用特点的复杂的常体与变体的体系。我们认为，这也是一种聚合关系体系。

聚合关系普遍存在于语言的各个层次中。譬如，一个音位由于受其所处位置的影响而出现各种变体，这些变体的总和构成这个音位的聚合体，如 | а | → [а]（áтом）→ [а·] — мазь（[ма·] зь）→ [·а] — всяк（в [с’·а] к）→ [·а·] — дядя（[д’·á·] дя），| з | → [с] — мороз（морó [с]）→ [з] — морозы（морó [з] ы）。动词的不同人称形式构成该动词的聚合体，如 идти →（я）иду →（ты）идешь →（он, она）идет 等。词汇－语义系统中一个词的常体与变体意义可以构成一种聚合体，如 $земля_1$（地球）→ $земля_2$（陆地）→ $земля_3$（国土）等。由一个基干词（可能包括一个超义子）组合而成一种聚合体，如昼夜时间聚合体：день（白天），ночь（夜晚），утро（早晨），вечер（晚上），полдень（中午），полночь（半夜），сутки（昼夜）。也可以由两个词构成微型聚合体，如 друг（朋友）— товарищ（同志）。索绪尔认为聚合关系“不依靠词的线性伸延而存在于人的头脑中，并保存在每个人记忆的宝库也就是语言中。这种关系我们称其为联想关系”[①]。帕诺夫

① Ф. де Соссюр, Труды по языкознанию. М., 1977, стр. 155—156.

（М. В. Панов）对索绪尔的观点做了进一步阐述，指出“以聚合关系联结起来的不仅有命名、称名单位，而且还包括语音、形素、词组和句子。它们直接或间接地为称名服务”①。他同时又指出，称名特性是聚合关系的根本特性，并应将其“看成语言所有层次上聚合关系的模式”②。

“聚合关系的研究始于形态学，然后相继应用于音位学、句法学和词汇学。”“聚合关系指的是具有某个共同点的语言单位之间所具有的相互关系，而且有共同点的语言单位以共同的特征为基础，相互联系，构成所谓聚合体。每一个聚合体内既有共同点，又有不同点。”③

福尔马诺福斯卡娅（Н. И. Формановская）从分析言语意图着手，指出这种或那种意图具有众多表现方法，而行事动词作为核心成分将它们组成为系统性的统一体。以表示“感谢”为例，进入这个统一体的首先是：（1）经典的行事动词，如 Благодарю Вас!（谢谢您！）；（2）与其相似的同义手段，如 Спасибо!（谢谢！）；（3）带有主体愿望情态的同义手段，如 Я хочу поблагодарить Вас!（我想谢谢您！）；（4）带有主体情态的假定式，如 Я хотел бы поблагодарить Вас!（我得谢谢您！）；（5）带有较为正式、郑重色彩的动词复合形式，如 Разрешите поблагодарить Вас!（请允许我向您表示谢意！）；等等。学者们将典型地体现于言语行为中的言语意图归为大小不一的“板块”，如肯定、祈使、承诺、索取信息等，它们（意图）实际上起着称名的功能，换句话说，在一种意图的名下汇集着众多表达这一意图的语句，因此可以称其为交际－语义群。福尔马诺福斯卡娅为其下了这样的定义：交际－语义群“是以主题或者

① М. В. Панов, О парадигматике и синтагматике. Известия АН СССР. Серия литературы и языка, 1980, Т. 39, № 2, стр. 128—137.

② 同上。

③ 倪波，顾柏林：《俄语语义学》，上海外语教育出版社 1995 年版，第 137 页。

以同义联系相联结的能将那种反映说话人意图的交际思想集中并固定在语言中的交际单位群体”①。交际－语义群同我们所提出的语句聚合体大体上是相吻合的，对我们分析语句聚合体是有启发的。

根据索绪尔和帕诺夫的观点，聚合关系是一种联想联系，它们储存在每个人记忆中的语言宝库中，联想联系的基础是语音、形素、词、词组、句子等单位的相同点，同时其间必定存在着不同点，相同点和不同点的性质决定着聚合关系的类型。以词为例，其语义聚合体基本上可分成两大类：（1）按属与种关系构成的聚合体；（2）按纯语义关系构成的语义聚合体。每一类聚合关系类型又可分成若干最低限度的聚合体。这种聚合体则根据词与词之间的相似／相异程度划分为不同类型的对立联系：相异点几乎等于零的叫零对立或恒等对立；两词的语义成分大部分相似、小部分相异的叫包孕对立或表缺对立；两词的语义成分部分交叉（相似）、部分相异的叫交叉对立。

从以上论述可以看出，聚合联系除了其根本特性以外，还具有两大特征：每一聚合体的共同点将进入聚合体的所有单位联系在一起，对词的聚合体来讲，可能是某种共同的概念关系或者是某种超义子，这是一大特征。另一大特征是聚合体单位之间既相似又相异。我们认为聚合关系的根本特性以及词汇单位聚合体的两大特征，同样存在于语句聚合体中，不过它们具有自己的独特之处。

语句聚合体的根本特性与基本特征如下：

表示各种言外行为的语句绝大多数是现成的固定语套、习惯用语、标准的句式，此类语句的根本特性就在于此，这种特性从根本上来讲同

① Н. И. Формановская, О коммуникативно-семантических группах и функциональных полях. Русский язык за рубежом, 1986, № 3, стр. 71—76.

奥斯汀提出的言外行为的规约性有关（参见“言语行为的规约性特性”一节）。雅库宾斯基（Л. П. Якубинский）指出：“说话时，由于日常语套的使用，形成了似乎固定地用于一定情境、一定习惯谈话题目中的整套现成的公式化语句。”[①] 此类语句具有一系列变体。正由于这些语套的使用，掌握了本族语的人不难分清，什么情况下该用什么手段，不该用什么手段，什么样的语套适用于什么场合。例如：

Настоящим предписывается неукоснительное исполнение вышеизложенного. / 兹通告以上所规定各条要求无条件地执行。

该句是一种正式公文用语，只适用于正式文件，如通告、通知、合同文件、章程等。一般来说，生活在一定社会里，人们在相互交往过程中，历史地逐步形成了一整套为大家所共同遵守的言谈举止规范。人们年复一年、日复一日地在互致问候、致意、致谢、致敬、道歉、祝贺、祝愿时反复使用与这些规范相适应的语套。这些规范既能调节人们的言谈举止，又能调节有关语言手段的选择。人们一般是根据“自己人—陌生人，上级—下级，长辈—晚辈，亲—疏，熟悉—不熟悉，受欢迎—不受欢迎”[②] 的原则确立语套的使用。

此类语句的大多数或多或少具有公式化的特征，在一定意义上可以说，它们是一定言语行为的称名单位。词汇单位正是在称名意义这一层次上构成各种各样的聚合体。称名单位不是一成不变的，它们以一定的语套（其中可能含有经典的行事动词）为基本单位（常体），构成完整的常体与变体的体系。

词汇单位聚合体可以以某种概念为共同特征，譬如属与种的概念，

---

① Л. П. Якубинский, О диалоговой речи. Пг., 1923, стр. 175.
② Н. И. Формановская, Речевой этикет и культура общения. М., 1989, стр. 49.

以 человек（人）、мужчина（男人）、женщина（女人）、старик（老头儿）、старуха（老太婆，老妇人）、подросток（少年人）、дети（孩子们）等为例，其中 человек 代表了属概念，其他则表示种概念。человек 是这一聚合体的基干词，其他各词与其在属－种概念上对立。词汇单位纯语义聚合体大多数以某种超义子或者某一基干词－超义子的载体为共同特征，如 скупить（收购，收买）、закупить（收购，采购）、купить（购买）、приобрести（获得）、получить（取得，得到）、взять（拿到）等以“拥有、占有”为超义子，而 взять 作为这一义子的不完全载体（基干词）将其他各词串联起来，构成一种纯语义聚合体。语句聚合体则与此不同，它是以某种共同的交际用途（коммуникативное назначение）或言外功能（иллокутивная функция）为共同特征的，例如，前面第 367 页所列举的第②类例子中，所包括的各种语句是以“命令、请求、要求”这一共同用途为特征，此特征将各句联结起来，形成一种聚合体。那么，这里是否存在基干语句或中心语句？当然存在，但是基干语句不是以某种概念关系或某种超义子确定的，而是取决于语句的适用范围大小，使用频率高低。根据这一原则，在祈使类语句聚合体中，含动词命令式第二人称单、复数形式的语句则起着中心语句的作用，因为动词命令式是表达命令、请求、要求等最常见的、使用频率最高的形式。中心语句的确定决定了其他语句的位置。根据语句适用范围的大小，使用频率的高低，依次排列是：使用动词命令式单、复数第二人称形式的语句→使用动词不定式的语句→使用假定式的语句→使用感叹词或其他词语的语句→使用疑问句形式表示间接言语行为的语句。当然这一排列不是绝对的，还有其他一些使用频率不高的形式，要加以具体说明（参见“祈使类语句聚合体”一节）。现将中心语句与其他语句的关系图示如下：

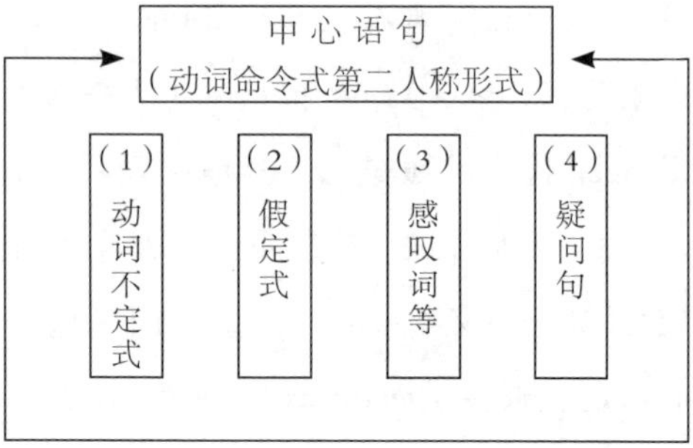

这里要指出，这一围绕中心语句排列的语句聚合体并不能概括所有语句聚合体。多数语句聚合体往往可以以表示一定言外行为的经典行事动词为共同特征，如表示歉意、承诺、警告、声明、感谢、祝贺等行为的行事动词（参见“承诺类语句聚合体”“祈使类语句集合体”和“说明与信息类语句聚合体”三节）。试看：

① — Итак до встречи? /“那么，下次再见？”

— Обещайте, что она состоится в самое ближайшее время... Не забывайте, что глина быстро сохнет. /“您要答应，尽快相见……不要忘记，时间久了黏土就干了。”

— Обещаю и не забываю.（И. Шевцов）/“我答应，绝不忘记。”

② — Могу сообщить ваши предложения высшему командованию, а со мной вы можете договариваться о капитуляции.（Н. Вирта）/“我可以将你们的意见转告最高统帅部，而投降的问题你们可同我谈。”

以上两个例子都是表示“承诺”的言外行为，不同之处在于，一句使用了行事动词 обещать（答应，允诺），这类动词或词语为数有限（参见“承诺类语句聚合体”一节）；另一句不使用行事动词，但同样表示承诺。这后一种情况，特别是在日常生活中出现的频率较高。实际上，Я буду в одиннадцать.（我 11 点来。）=Обещаю, что буду в одиннадцать.（我保证11点来。）Я побеспокоюсь об этом сам.（我自己来负责这件事。）=Обещаю, что сам побеспокоюсь об этом.（我答应自己来负责这件事。）尽管不使用обещать或其他意义相近的词语，但它还是潜在的，而且此类句子比较容易转换成带обещать的语句，同时不会改变句子的基本意义。此类语句不同于祈使性语句，可表示承诺意义的词语大约有一二十个，其语义结构比较单一，而用于祈使性意义的行事动词虽然也有限，但几乎所有表示具体行为、动作、情感、姿势等的动词都具有命令式形式，除了命令式形式以外，还有多种其他形式。此时，人们多注重于形式，因为不同的形式其语用含义也不同。与此相反，承诺类语句的确定往往是词语的语义占主要地位，而形式相对来说占次要地位。

联结承诺类语句聚合体的是共同的执行相应言外功能的表示承诺意义的经典行事动词，从某种意义上说，动词起着类似超义子的作用。值得注意的是，语句聚合体终究不是词汇聚合体，行事动词只有放在一定的语句中同“я — ты — сейчас — здесь”对应起来，才能执行一定的言外功能。词语和功能是不可分的，它们是相辅相成的。

承诺类语句聚合体中同样存在适用范围大小、使用频率高低、含有何种语用含义的问题。一般来说，日常生活中，如家庭中、朋友间，说话人直接说出要保证做到什么，要负起什么责任来。而обещать、давать слово、гарантировать等在语句中出现，或多或少带有正式、郑重的意味，像клясться、заявлять о намерении等词的语用含义则更深一层，具体留待以后分析。

语句聚合体的另一大特征在于语句之间也存在相似与相异的情况，也就是说，语句除了功能上相似之外，还在某一点上相对立，但这种相似/相异不同于词汇聚合体。

以上我们曾提到词的聚合关系中词的对立，如болезнь（疾病）— тиф（伤寒），后者包括前者大部分语义成分，这是它们的相似之处，但它们在另外方面则相对立：болезнь 是疾病的统称，тиф 则是疾病的一种，它有具体的与 болезнь 相异的语义特征，这就是它们的相异、相对立之处。这仅是词对立的一种。语句聚合体中，语句间有相似之处，即交际用途的相似。这一点我们在上面已经分析过。语句间在什么地方相异？试比较：

① — Тань, а Тань, сбегаем в кино! / "达妮，达妮，咱们去看电影吧！"

② — Уважаемая Татьяна Сергеевна, разрешите пригласить вас на новый фильм.[①] / "尊敬的达吉雅娜·谢尔盖耶芙娜，请允许我邀请您去看新电影。"

这两个句子均表示"邀请"，但它们之间的差别又是很明显的。①句常用在家庭成员、平辈间，亲密同事、朋友之间，带有鲜明的口语、亲昵、无拘无束色彩；而②句一般用在初次见面或不太熟悉的人物间，较为礼貌、客气，带有明显的正式色彩。

这两个例子的对比告诉我们，聚合体语句间的相异常表现在语用含义、使用场合、使用频率等方面。

语句的相异、相对立方面大体上存在以下三种情况。

（1）语句在功能上、意义上基本相等。此类情况主要出现在那些语用含义基本一致、使用场合固定的语句中，可以说，是一种零对立。例如：

① Разрешите (мне) откланяться! /请允许我告辞！

② Позвольте (мне) откланяться! /请允许我告辞！

两句基本上没有差别，都是用来表示"告辞"，说明说话者与受话者之间的关系并不亲密，不是"自己人"，是"不熟的客人"，也可能是"下级对上级""上访者"等。当然，разрешить 与 позволить 间有细小的差别，前者用得较多，后者现在用得较少。

---

① 例子引自 Н. И. Формановская, Речевой этикет и культура общения. М., 1989, стр. 47.

属于此类情况的还有使用场合固定，具有郑重、正式、书卷意味的语句，此类语句仅允许有很小的“浮动”。譬如用于宣布会议开幕、闭幕，宣布战争开始及各种仪式（结婚、授奖等）中的语句。试看：

① Объявляю конференцию открытой. /我宣布会议开幕。

② Конференция сейчас открывается. /现在会议开幕。

这两个句子差别很小，仅适用于此种固定场合，其结构比较刻板，不允许有更大的变动。

（2）语句在功能上、意义上大体相等，但存在所表达情感的强烈程度及语用含义的不同，可以说，这是一种表缺对立。例如：

① — Спасибо! / “谢谢！”

② — Огромное спасибо! / “十分感谢！”

最常用的、修辞上中立的是 спасибо，而 огромное спасибо 则表达了较强烈的情感，同时可能具有亲昵的意味。再如：

① — Прошу вас не шуметь! / “请你们不要吵闹！”

② — Я попросил бы вас не шуметь! / “请你们别喧哗好吧！”

前一句可能是说话人板着面孔说的，比较强硬，而后一句由于假定式的使用请求便缓和了些，强烈程度降低。

① — Здравствуйте! / “您好！”

② — Здорово! / “你好！”

③ — Привет! — Приветик! / “你好！”

④ — Салют! / “敬礼！”

здравствуйте 修辞上是中立的，差不多适用于一切场合。譬如，人们在问路时，到某一机关办事时，总先致问候，然后才说到正题，这也是一种礼节、礼貌用语。但 здорово 带有明显的粗俗色彩，一般来说，文化修养较低的人，或在农村、工矿中使用，有时年轻人、大学生也用，带有粗犷意味。其余三个词语多半用于熟人、平辈、同事间无拘束的谈话中，带有亲昵、行话色彩，而且常见于年轻人、中年人之间。

所谓表缺对立，是指中立词语是不带标记的，而其他词语与中立词语相比或者所表达情感较强 / 较弱，或者带有口语、俗语、郑重、书卷色彩，说明交际双方关系亲密、亲昵或者相反。如 здравствуйте 是中立的，而 привет、салют、здорово 是带标记的，对立双方在“有 / 缺”方面相异。

（3）语句在功能上基本一致，但在语义－语用意义上相差较大。例如：

① — Извини (-те)! / “请原谅！”

② — Не серди (-те) сь! / “别发火！”

③ — Не обижайся (Не обижайтесь)! / “别生我的气！”

извини (-те) 修辞上是中立的（命令式单、复数形式另有别的含义），是最常用的表达歉意的手段，往往用于家庭成员、朋友、同事间。其余两个句子则是用间接的方法表达歉意的，有时还可以同其他词语或从属句连用，例如：Не сердись, виноват.（别发火，我错了。）Не обижайся, больше не буду.（别生我的气，以后不这样了。）Не обижайтесь, что я опоздал.（我迟到了，别生我的气。）后两种形式多用于“自己人”之间，不用于下级对上级，与 извини (-те) 不同，说明说话人态度诚恳，感到内疚。

以上所列举的例子告诉我们，中立的词语与其他词语间在语义－语用方面存在较大差别。这可以说是一种交叉对立。所谓交叉对立，是指两个词语在部分意义上交叉（相同），而在大部分意义上相异。后者只能在特定的场合下、特定人物间使用，在功能上起到“致歉”的作用。

2 裁决类语句聚合体

此类语句不同于祈使性语句，它们表示针对一定行为、一定事实、事件，依据事实，经过思考做出的评价、判断和决定，它们在一定法律和有关规则的范围内发挥往往带有强制性的作用，它们或直接影响受话人的命运以及其他方面的情况，或影响活动的进程。譬如法庭的决定可能使对方成为罪犯，也可能使对方被剥夺遗产、赔偿损失、失去对子女的监护权等；在球场上，裁判宣布某人犯规从而进球不算或罚球等。此类行为最大的特点在于，与请求、承诺、建议不同，存在真实与谬误的问题：裁决的内容可能是真实的或不真实的、正确的或不正确的、公正的或不公正的。

从语境参数角度来看，说话人占据较高法律或社会地位，受话人处于服从地位。假如对大多数言语行为适用“话语即行为”这一原则，而对裁决类行为可用“话语即法律”概括。裁决可分正式的和非正式的。属正式类的有：法庭或陪审团的判决，教堂中神父对新婚夫妇婚姻的认定，国家及有关机构为表彰有功人员发布的奖赏、嘉奖令，确定 × 月 × 日为 ×× 节日，医生对病人和其他有关人员身体状况的诊断，等等。属非正式的有（相对于正式而言，同样具有一定强制性效力）：确定税款额、补偿额、罚款额、定价、分类、确定方位等。例如：

① Вернувшись из совещательной комнаты, председатель взял бумагу и прочел:

— «188? Года апреля 28 дня, по указу его императорского величества, окружный суд, по уголовному отделению, в силу решения господ присяжных заседателей, на основании 3 пункта статьи 771, 3 пункта статьи 776 и статьи 777 Устава уголовного судопроизводства, определил: крестьянина Симона Картинкина, 33 лет, и мещанку Екатерину Маслову, 27 лет, лишив всех прав состояния, сослать в каторжные работы: Картинкина на 8 лет, а Маслову на 4 года, с последствиями для обоих по 28 статье Уложения. Мещанку же Евфимию Бочкову, 43 лет, лишив всех особенных, лично и по состоянию присвоенных ей прав и преимуществ, заключить в тюрьму сроком на 3 года с последствиями по 49 статье Уложения. Судебные по сему делу издержки возложить по равной части на осужденных, а в случае их несостоятельности принять на счет казны. Вещественные по делу сему доказательства продать, кольцо возвратить, склянки уничтожить.» （Л. Толстой）

庭长从议事室回来，手里拿着公文，宣读起来："一八八×年四月二十八日，本地方法院刑事庭尊奉皇帝陛下圣谕，按照诸位陪审员先生裁定，根据刑事诉讼法第七百七十一条第三款、第七百七十六条第三款及第七百七十七条判决如下：农民西蒙·卡尔津金，年三十三岁，小市民叶卡吉琳娜·玛丝洛娃，年二十七岁，剥夺一切公权，流放服苦役：卡尔津金八年，玛丝洛娃四年，并承担刑法第二十八条所列后果。小市民叶菲米雅·包奇科娃，年四十三岁，剥夺一切公权和特权，没收其财产，处徒刑三年，并承担刑法第四十九条所列后果。本案诉讼费用由被告平均分担，如被告无力缴纳，由国库支付。本案物证全部变卖，戒指追还，酒瓶销毁。"（草婴译）

② В поликлинику №6 направляется на медицинское освидетельствование Скворцов Зигмун Васильевич.

Просим дать заключение о возможности его использования на работах в действующих установках высокого напряжения, на высоте и в зоне строгого режима.

〈...〉

«Карта освидетельствования»

Терапевт — годен

Хирург — годен

Окулист 〈...〉 — годен

Отоларинголог и дерматолог — годен

И общий приговор: «Монтажником может работать в установках высокого напряжения, на высоте в зоне строгого режима». (С. Высоцкий.)

兹将斯克沃尔佐夫·齐格蒙·瓦西里耶维奇送第六医院进行体格检查。请对其能否适合于严密规程区高空高压运转装置工种做出结论。

……

《体格检查表》

内科医生——合格

外科医生——合格

眼科医生……——合格

耳鼻喉科医生和皮肤科医生——合格

结论：适合于严密规程区高空高压装置条件下安装工工作。

③ — Вы вне игры! / "您界外触球！"

— Аут! / "出界！"

— Гол! / "得分，进球！"

— С поля! / "罚出场！"

— Штрафной! / "罚球，点球！"

④ 31 марта воины действующей армии прочли во фронтовых, армейских и дивизионных газетах Указ президиума Верховного Совета СССР:

«За умелое выполнение заданий Верховного Главнокомандования по руководству боевыми операциями большого масштаба, в результате которых достигнуты выдающиеся успехи в деле разгрома немецко-фашистских войск, — наградить:

Орденом «победа»

Маршала Советского Союза Конева Ивана Степановича,

Маршала Советского Союза Жукова Георгия Константиновича,

Маршала Советского Союза Рокоссовского Константина Константиновича.»（И. Свистунов）

3 月 31 日前线战斗部队的战士读到登载在前线、军部、师部报纸上的苏维埃社会主义共和国联盟最高苏维埃主席团的命令：

“为了表彰成功地完成最高统帅部指挥大规模作战任务，并在击溃法西斯德军方面取得的出色成绩，特授予：

苏联元帅科涅夫·伊万·斯捷潘诺维奇，

苏联元帅朱科夫·格奥尔吉·康斯坦丁诺维奇，

苏联元帅罗科索夫斯基·康斯坦丁·康斯坦丁诺维奇

‘胜利’勋章。”

⑤ — Гражданин, за нарушение правил уличного движения заплатите штрафные в размере 20 тысяч рублей, — сказал милиционер. /“公民，您违反交通规则，请支付两万卢布罚款”，民警说道。

⑥ — Я считаю его неприлежным, — сказал учитель. — Должен он остаться на второй год. /“我认为他不用功，”教师说，“他应留级。”

裁决类语句聚合体：（1）以 оправдывать、признавать виновным、осуждать 等经典行事动词为中心骨干词语，使用形式多为动词不定式，例如：признать факт убийства, приговорить к смертной казни, приговор исполнить обязательно（谋杀罪成立，判处死刑，立即执行），признать факт грабежа, приговорить к смертной казни, исполнение приговора отложить на 2 года, лишить политических прав пожизненно（抢劫罪成立，判处死刑，缓期两年执行，剥夺政治权利终身），这种形式多见于正式的判决书或当众的宣告中；（2）在非正式的或半正式的场合，除了可使用动词不定式以外，多使用 Я считаю...、Я полагаю...、Я отношу... к...、Я определяю... 等。

3 承诺类语句聚合体

承诺行为的关键性特性是：说话者承担责任去进行一定的行动或行为。说话者承诺要做的一般是对受话人或对双方有利的所期望的将来行动、行为。这种将来的行动、行为或者在语句中直接言明，或者从说话人的担保中可以推断出来。例如：

① — Ладно, папа, буду в одиннадцать, — пообещала Элен.（В. Барабашов）/“好，爸爸，我11点回来”，艾琳答应道。

② — Раечка! Дорогая! Да честное партийное тебе даю, что случайно встретил ее возле кинотеатра!（В. Барабашов）/“拉耶奇卡！亲爱的！我以党员的名誉发誓，我是在电影院旁偶然遇到她的！”

③ — Я как начальник гарантирую хорошую работу на стройке, — сказал Матвей Иванович. /“我以负责人的身份保证工程优质”，马特维伊·伊万诺维奇说。

④ — Обе стороны обязуются приложить максимум усилий к тому, чтобы Предприятие работало с минимально низкими затратами. /“双方都保证力争使‘公司’成本降到最低限度。”

⑤ — Ремонтируем шины! Быстро и качественно!（В. Барабашов）/“修补汽车轮胎！保证快速，优质！”

⑥ — Дайте слово не удивляться моей просьбе. «Наконец-то! —

внутренне усмехнулся Фризе. — Начали». / “您得保证不为我的请求感到奇怪。” “总算要说了！” 弗里泽心里冷笑道。

— Даю! (С. Высоцкий) / “我保证！”

发生承诺行为的条件与情境往往是多种多样的，说话人可能是在别人的请求、要求下（如例①⑥），可能是被迫对自己所说所做事情的真实性、真诚性的担保并保证以后做什么或不做什么（如例②），可能是单方主动承担一定的责任（如例⑤），也可能是双方共同商定应承担的责任（如例④）。

“承诺”本身在语义上看上去比较单一，但实际上其内容还相当复杂。从广义上看，承诺应包括：（1）直接地保证、答应、发誓做什么或不做什么；（2）对自己所说所为担保，保证按所要求的去做；（3）双方商定共同承担一定的责任；（4）对别人的观点或所作所为表示支持，相应地也承担一定责任；（5）对事件的发展及其结局推测、打赌。

进入此类语句聚合体的主要词语和语句形式有：（1）代表性经典行事动词 обещать 陈述式现在时第一人称单、复数形式；（2）非行事动词；（3）使用 торжественно 一类副词 + 行事动词；（4）мочь, готов (-а, -ы) + 行事动词等。常见的经典行事动词有：обещать（答应，允诺）、давать слово（答应，发誓）、клясться, давать обет（宣誓，发誓）、гарантировать（保证，担保）、связывать себя обязательством（负起责任）、поддерживать（支持）、держать пари（打赌）等约二十个。它们赋予相应的语句以言外之力——承诺，在这种情况下语句分为表言外之力和命题内容两部分：行事动词表示言外功能，命题内容表示说话人将要实施的行动、行为。行事动词（主要是 обещать、давать слово）是表示承诺类语句的中心骨干动词，同时也是此类语句聚合体的中立的核心动词。在绝大多数情况下，尤其在日常生活中，人们一般较少使用以上所列行事动词，而直接说出将要实施的行动、行为，例如：Я вернусь в одиннадцать.（我11点回来。）Я побеспокоюсь об этом сам.（我自己来负责这事。）Я больше не буду смотреть такие фильмы.（我以后不再看这种电影。）Я могу поговорить с ним.（我可以同他谈谈。）Я переложу этот документ на русский язык.（我将这文件译成俄语。）Я готов помочь.（我准备帮忙。）在以上例子中表示言外之力的行事动词是隐含的，在适当的情况下它们可以转换成：Я обещаю вернуться в одиннадцать. 或 Я обещаю побеспокоиться об этом сам...。一般来说，在家庭成员间，亲密朋友间，同事、同学间多半不使用诸如 Я обещаю、Я клянусь、Я торжественно клянусь、Я беру на себя、Я даю слово 等这类形式。它们都或多或少带有正式、郑重的色彩。试比较：

⑦ Больше не буду встречаться с ней. /我以后不再同她见面。

⑧ Я обещаю: больше не буду встречаться с ней. /我保证以后不再同她见面了。

⑨（Я）клянусь: больше не буду встречаться с ней. /我发誓以后不再同她见面。

一部分行事词语本身就带有一定语用信息，如 обязываться（见例④）表示要“担起一定责任”“有义务”。在一定场合，如签署合同、正式文件等，还意味着“一定要做到，否则要追究有关方面的（包括法律上的）责任”。гарантировать 在③句里同样如此，意味着“这不是随便说说的，我是负责人，说话算数”。

4 祈使类语句聚合体

此类语句是说话人“意志的表露”，可以毫不夸大地说，它们是一个庞大的家族，祈使（побуждение）是一个大题目，是一个包罗若干次聚合体的大聚合体。除了其共同点——说话人表达自己的意图，促使受话人去做什么、进行什么以外，可从两个区分点去划分它们：(1) 说话人的优先权，也就是他所占据的相对高的社会地位，属这类祈使性言外行为的有：命令、要求、指令、号令、指示、吩咐、训示、禁令等，其他一些祈使性行为（请求、恳求、邀请等）一般不完全取决于说话人的社会地位；(2) 要求受话人去进行的行为对说话人有利还是对受话人有利。命令、请求、要求等属前者，而劝告、推荐、建议、警告等多半涉及受话人的利益。

4.1 请求、恳求、央求

① — Подвиньтесь! / “让开点！”

② — Подвиньтесь, пожалуйста! / “请让开点！”

③ — Вам не трудно подвинуться? / “请问，您能不能让开点？”

④ — Если вас не затруднит, подвиньтесь, пожалуйста! / “假如方便的话，请您让开点。”

⑤ — Не будете ли вы так добры подвинуться? / “劳您驾，让开点好吗？”

⑥ — Прошу вас, подвиньтесь, пожалуйста! / “请求您，让开点！”

⑦ — Вы что-то скрываете, Татьяна Егоровна! Извольте, сударыня, говорить правду! （В. Липатов）/ “达吉雅娜·叶戈罗芙娜，您有所隐瞒！夫人，请告诉我们真相！”

“请求”与交际双方的地位、角色特征没有绝对的联系，晚辈可以请求长辈，长官可以请求下属，当然也可以相反。“请求”包含种种语用信息，说话者在此时此刻就地请求受话者做有利于他或他所希望的事情。请求者是说话者，他所要求做的属将来的应由受话者承担的行动或行为，不言而喻，应当恰如其分地客气、礼貌，绝对不能用“要求”“命令”的口气和手段去请求。“请求”与“要求”没有明显的界限，像例①那样，近乎要求，如果这是在公共汽车上，应说得客气点、温和点、委婉点，像例②③④⑤⑥那样，当然也应当适度。一般来说，在这种场合，使用例②⑥那种形式较为恰当，但是一些上了年纪的知识分子可能习惯说得更客气些、更委婉些。

构成请求、恳求、央求类语句次聚合体的词语和语句形式主要是:（1）代表性经典行事动词 просить、упрашивать、умолять 等的陈述式现在时第一人称单数或复数形式；（2）非行事动词（表示各种行动、行为动词及其他动词）的命令式第二人称单、复数形式；（3）程度副词 + 行事动词；（4）假定式；（5）其他语套（如 сделайте одолжение、будьте добры...）；（6）情态词 + 行事动词；（7）疑问句；（8）разрешить+ 行事动词。行事动词 просить（包括它的形式）和动词命令式第二人称单、复数形式是构成此类语句聚合体的骨干核心动词和主要语句形式。

表示“请求”的形式尽管各种各样，但就说话人的话语以及体现于句中的个人态度，基本上可分为两大类：（1）坚决的、断然的（有时甚至是粗鲁的）；温和的、客气的、彬彬有礼的、亲昵的。（2）各种手段的使用和与之相应的语用信息在语句中的出现不是简单地用“客气 / 不客气”可以概括的，它涉及人们交际活动中超语言的三种基本关系（性别、年龄、社会地位）和几种参数（自己人 / 旁人、年长的 / 年轻的、长辈 / 晚辈、同事 / 非同事、朋友 / 非朋友、熟人 / 陌生人、长官 / 下属）以及具体的地点、场合及受教育程度等。

表示“请求”等言语行为最常见的是动词命令式第二人称单、复数形式，它们所含基本信息大体上也分别存在于其形式中。维诺格拉多夫认为，命令式第二人称复数形式与单数形式相比，“带有客气的、敬重的色彩”[1]。

这一论点原则上是正确的，但需进一步说明、加确，对于具体的某一种形式不能笼统地归为“客气的”或“不客气的”。有时情况恰恰相反，一般认为含有“客气的”“温和的”语用信息形式，由于对上述三种关系和有关参数判断错误或使用场合不当，可能被认为是“不客气的”“奇怪的”“无法理解的”。试看：

假如一个家庭里，晚餐时，弟弟对哥哥说 **Передай соль!**（把盐递给我！）这是很正常的，也是恰当的，并不存在“不客气”“冒犯”“粗鲁”的问题。相反，如果弟弟说了 **Передайте соль!** 或者 **Будьте добры, передайте соль!** 或者使用其他更加“客气”的形式，将被认为不是客气的，而是突然的、奇怪的，在当时是根本不适宜的。也可能会被在场的其他人，譬如父母理解为“两个人是否吵架了？”或引起迷惑“为什么这样客气？”

与此相反，在公共汽车（或电车、地铁）上，设想一种情境：你想下一站下车，如果对旁边的乘客说了像例①那样的话，那将是不适宜的，甚至受话人会想“你凭什么以这样的口气要求我”。

从语句命题内容来说，**Передай соль!** 和 **Передайте соль!** 是相等的（递盐），但功能、语用信息有差异。这里自然而然地会出现一个问题：哪些因素决定使用这种或那种形式？赫拉科夫斯基（**В. С. Храковский**）认为这是一个社会学、心理学范畴的问题，涉及人们在社会中的行为规范。言语行为是人们社会行为最重要的部分，礼貌概念则与言语行为紧密相连，“礼貌规范中反映了有社会意义的根本性类型关系”[2]，这就是：（1）性别，（2）年龄，（3）社会地位以及与此类关系有联系的所谓亲密、

① В. В. Виноградов, Современный русский язык. Вып. II. М., 1938, стр. 461.

② В. С. Храковский, О правилах выбора «вежливых» императивных форм. Известия АН СССР. Серия литературы и языка, 1980, Т. 39, № 3, стр. 269—270.

亲昵、生疏关系。

交际双方在言语过程中不时交换说话人与受话人的角色，在每一次具体的言语行为中，说话人只能依据一种确定了的关系，选择一定的与双方角色相适应的形式表达请求、恳求等。

年龄关系往往在许多语言集体中起着重要的作用。这里基本上有两种情况：(1) 假如 X 年轻（指年轻的、未成年的），Y（受话人）年长（指不年轻的、成年的），X 对 Y 则通常使用动词命令式复数第二人称形式或其他较为恰当的“温和的”“客气的”形式；(2) 假如 X 年长，Y 年轻，X 对 Y 则通常使用动词命令式单数第二人称形式。

根据上面所阐述的两种情况，在小学、中学里，老师对学生一般适用第（2）种情况，在中学高年级里，老师对学生原则上用命令式复数形式，当然也有不少老师仍将学生看成孩子、未成年人。

交际中双方关系亲密、亲昵、生疏与否在很大程度上决定着语句形式的选择。根据此种关系，我们可将参与交际的人分为两部分：(1) 自己人，(2) 外人。

假如 Y 是外人，双方在交际过程中则应使用动词命令式复数第二人称形式或其他更为“客气的”“礼貌的”手段，例如在公共交通、商店、街道等公共场所。试看：— Взвесьте, пожалуйста, два килограмма яблока!（“请称两公斤苹果！”）或者— Будьте любезны, взвесьте два килограмма яблока!（“劳驾，给称两公斤苹果！”）

假如 X 和 Y 都是“自己人”，双方在交际过程中一般应使用动词命令式单数第二人称形式。一般来说，家庭成员间，关系亲近、亲密的亲朋，亲密的同事（在非办公场合），中小学同班同学（有时同年级同学均属“自己人”范围），在交际过程中不需过多的客套，相反使用过于客气的语套会引起不快或误解，或语句本身就隐含着其他意思。有一种例外，当一种形式的使用未起作用，则使用另一种更强硬的形式。譬如母亲对女儿说 Вымой посуду!（“洗碗去！”）女儿并未去做，母亲则往往会说 Тебе же говорят, вымой посуду!（“听到吗？洗碗去！”）或者更甚 Тебе же русским языком говорят!（“怎么，听不懂，我说的是俄语！”）这后两种形式强硬、断然，似乎将请求变成了命令、要求，其中还含有不满、斥责的意思。

在家庭中，长辈与晚辈当然属自己人范围。此种场合，动词命令式单数第二人称形式的使用频率较高，这是正常的、恰当的。晚辈对长辈的情况可能复杂些，通常关系亲密时，多半也使用此种形式。如女儿对父亲说：

⑧ — Папа, я говорила тебе не всю правду. Я сама не была тогда ни в чем уверенной. А теперь... Папочка! Дорогой ты мой! Разрешите нам жениться, а?（В. Барабашов）/“爸爸，我未将全部实情告诉你。那时我自己都没有一点把握。而现在……爸爸呀！我最亲爱的！允许我们结婚吧，好吗？”

然而，新上门的女婿，由于双方初次谈论这门亲事，却使用了另外的形式：

⑨ — Вы не переживайте за Лену, отец. Я ее на руках носить буду, я ее больше жизни люблю. /“父亲，您不要为列娜担心，我会好好爱护她的，我爱她胜过爱自己的生命。”

当然，可能也有例外的情况。

总之，在自己人中间，如果从使用正常的形式转到使用“客气的”“礼貌的”形式，意味着将对方排斥在“自己人”圈子之外，可能是一种屈辱性的客气。相反，如果对外人（不熟悉的人，非自己人）使用动词命令式单数第二人称或其他较为生硬、断然的形式，那将是粗鲁的、会使人气愤的。

人们生活在社会里往往处在一定的社会地位关系中，交际双方所占据的社会地位同样对语句形式的选择起着重要的作用。这方面最典型的是职务上的关系，如同事—非同事，上司—下属等。

一般来说，下属对上司总使用动词命令式复数第二人称或其他表示更为敬重的形式。上司对下属通常使用动词命令式单数第二人称或其他较为强硬、更加严厉的形式，但有时也不尽然。譬如，在乌斯宾斯基（В. Успенский）的长篇小说«Тайный советник вождя»中，斯大林与下属交谈时，对一部分人使用一种形式，对另外一部分人则使用另一种不同的形式。试比较：

⑩ — Я не специалист, — только и нашелся сказать Берия, ошеломленный таким поворотом. / "我不是专家"，贝利亚对事情来得如此突然感到十分惊奇，一时找不出更好的回答。

— А тебе и не надо быть специалистом, — успокаивающе, даже ласково произнес Иосиф Виссарионович. — Ты только собери нужных ученых, инженеров, обеспечь им все условия для творческого труда... Но учти, с фронта отзывать людей не позволим, поройся в других закромах.../ "你也没有必要成为专家，"约瑟夫·维萨里奥诺维奇安慰地，甚至亲切地说，"你只要将有关学者、工程师召集起来，给他们提供进行创造性劳动的一切必要条件……但要注意，不准许从前线调人回来，到其他宝库中去挖掘……"

⑪ Сталин помолчал, повернулся к Ватутину, стоя ожидавшему решения: — Мы согласны. Поезжайте, товарищ Ватутин, и наведите там порядок. Мы на вас очень надеемся. （В. Успенский）/斯大林沉默了片刻，转身向正站着等待决定的瓦杜丁说："我们同意您去。去吧，瓦杜丁同志，速将那儿整顿好。我们对您寄予很大的希望。"

斯大林对政治局圈子里的人（如贝利亚、莫洛托夫等）使用一种形式，而对其他人（总参谋长、副总参谋长、秘密顾问等）则使用另外的形式。前一种用法重点强调工作上的关系，后一种用法可能更多是出于对下属的尊敬、宽厚。

同级同事间，在办公场合，根据某一集体的习惯，既可以使用动词命令式单数第二人称形式，也可以使用复数形式。一般来说，在公务场合，职务关系占主导地位，偏重使用复数形式；在非公务场合，假如双方关系亲近，则偏重于使用单数形式。

学习俄语的外国人，由于掌握的语言材料有限或者对俄国人的习俗了解不够，在选择何种方式上可能遇到困难。在绝大多数场合下，即便对方比自己年纪轻（尤其是对妇女），使用动词命令式复数形式 + 语气词 пожалуйста 为好。相反，应当使用复数形式时却使用了单数形式，会被看作缺乏文化修养，对人粗鲁，有意怠慢对方。

上面分析了表示“请求”最常见的、使用范围最广的语句形式——动词命令式第二人称单、复数形式。

表示“请求”的行事动词是 просить（попросить）和动名词 просьба，它是祈使性行为的中心称名单位，是这一聚合体的基干词，就动词本身来说，它是中立的，一切其他词语的意义与功能以它为中心加以确定。除了动词命令式和动词 просить（Я прошу...）以外，还存在众多的变体形式，大约几十种，它们分别用于不同范围，具有不同的含义、意味，为不同层次的人所使用，适用于正式或非正式的、日常或狭小的场合和氛围。

表示“请求”时，正如我们上面所说的那样，一方请求，另一方去做，因此说话人以所选用的手段来体现其对受话人的一定态度：对人是客气、温和、敬重、有礼貌，还是不冷不热、粗鲁。

表示“请求”时，直接使用经典行事动词 просить，如 Я прошу вас

сделать это，总或多或少带有一定的正式、郑重色彩，冷漠或不冷不热，在日常的、无拘束的友情氛围中并不多见。可以说，这是一种被掩饰了的“要求”，试比较：

⑫ Алпатов оглядел строго костистую красную руку адъютанта и протянул начальственно: — прошу записать!（Сергеев-Ценский）/ 阿尔巴托夫严厉地看了看副官那骨瘦如柴的通红的手，拖腔拖调地说：“请记下来！”

⑬ — Ну, прошу ко мне, часам к пяти, чайку попьем, потолкуем.（М. Горький）/“喂，请五点左右到我这儿来喝喝茶，谈一谈。”

просить 可以加一些情感程度强烈的扩展成分，如 очень / убедительно, настоятельно / прошу вас (тебя) …。Прошу вас+ 动词命令式，表示更为客气或所请之事更为重要，一般见于正式场合或公共场所（见例⑥）。

表示“请求”更为客气、更为温和的语句形式有：Если вам не трудно… ; Если вас не затруднит…，Сделайте одолжение… ; Не откажите в любезности… ; Окажите любезность… ; Будьте добры… ; Не будете ли вы так добры…，Не сочтите за труд… ; 等等。这些形式常出自中年和老年知识分子之口，带有一定的古旧色彩，同时也说明交际双方不是“自己人”，关系并不密切，说话人表示因“打扰别人而不安”，“希望对方谅解并给予方便”，并不在于事情大小、重要与否（见例④）。

有时“请求”还伴有“希望、愿望”的情态成分，如 Я хочу / Мне хочется，Я хотел (-а) бы，Мне хотелось бы / попросить вас…。情态成分以及假定形式的使用并不否定言语行为的现实性，它们同样是由说话人发出的、受话人接受的此时此刻的行为，例如：

⑭ — Мне хотелось бы попросить вас посмотреть мою диссертационную работу. / “我想请您审阅我的学位论文。”

在这种情况下，受话人的回答只能是同意或拒绝（包括委婉的拒绝），不涉及说话人的“希望”“愿望”。说话人在这里除了表示“请求”外，还可能担心受话人是否会同意，以便给受话人做出肯定或否定回答留有余地，这同时也是一种客气、礼貌的表示。与此近似的有 **Я просил (-а) бы, Я попросил (-а) бы...**，这同样也是一种现实的行为，但相对来说，是一种坚决的、断然的请求，例如：— Я просил бы вас не шуметь.（“我请您安静。”）

“请求”可以用疑问句表达。这里大体上有三种情况。

（1）涉及说话人“请求”的可能性。如 **Я мог (-ла) бы / Могу ли я, Не могу ли я / попросить вас...?** 这类语句中心不在“能不能”，而在于所求之事。例如：

⑮ — Могу ли я попросить вас не курить в комнате? / “能否请求您不要在室内吸烟？”

这也是一种比较客气的请求方式，说明双方并不是“自己人”或者关系并不密切。按常识来说，请求谁都可以，**Я могу...** 一类词语往往使受话人难以拒绝，而说话人处于较有利的地位，假如请求合理的话。

（2）涉及受话人的可能性与困难与否。如 **Вы можете / Вы не можете、Вы могли бы / Вы не могли бы、Вам не трудно、Вас не затруднит、Не трудно ли вам、Не затруднит ли вас...?** 这同样也是一种比较客气的、礼貌的请求，说话人似乎是在关心受话人的可能性以及可能的难处，并准备给以谅解，但受话人的回答仍应是同意 / 不同意，例如：

⑯ — Вы не можете выключить свет? / “您能关上电灯吗？”

— Пожалуйста. Сейчас выключу. / “好，马上就关。”

— Нет, мне нужно еще заниматься. / “不行，我还要学习。”

（3）疑问句中涉及有 / 无某种物品。例如：

— Нет ли у вас / у тебя ручки?（“您〈你〉有钢笔吗？”）— Нет ли у вас / у тебя часов?（“您〈你〉有手表吗？”）— Нет ли у вас / у тебя мелочи?（“您〈你〉有零钱吗？”）

这类语句是一种正常的用于日常生活中标准的、同时也是比较礼貌的请求，可用于自己人或非自己人之间，说话人的意图不在询问有 / 无某种物品，而是请“借钢笔”“告知几点钟”“帮助找开钱”等。使用带 нет 的语句占多数，也可使用 есть，但此时语句的交际用途不明显。

разрешите / позвольте、извольте+попросить...、разрешите / позвольте、извольте+ 动词不定式，这类形式带有正式、郑重色彩，常用在军人的言语中。当然也可用在其他较为正式的场合，交际双方一般不属“自己人”，态度不冷不热，甚至有些冷漠（见例⑦）。

表示“恳求”“央求”一般不使用专门的手段，同表示“请求”一样，使用动词命令式和动词 просить+убедительно 一类加强、强调的词语，此种情况下重要的往往是说话人说话的语调，态度的恳切、真诚，力求说服受话人答应所求之事。例如：— Прошу вас, убедительно прошу, помогите нам!（“求您，求求您，帮帮我们！”）— Войдите в мое положение, только вы сможете меня выручить.（“您应设身处地为我想想，只有您能救我。”）除此以外，当然还可以使用动词 упрашивать、умолять，例如：— Умоляю тебя бросить дурные привычки!（“求求你改掉那些坏习惯！”）— Отложите отъезд хоть на два дня, я тебя упрашиваю.（“恳求你哪怕只推迟两天动身。”）

4.2 命令、号召、要求、禁止

⑰ — Вас просят освободить проезжую часть улицы! / “请您不要占据马路车道！”

⑱ — Вон, дура! — крикнула она（Катя）. — Как ты смеешь?! Какие пошлости...（В. Барабашов）/“滚开，你这蠢货！”她（卡佳）喊道，“你怎敢这样说?！多么庸俗……”

⑲ — Ну-с, начнем боевую подготовку! — прожевав, скомандовал неожиданно майор. — Всем встать! /“好吧，开始军事训练！”少校一口咽下去嘴里的东西，突然命令道。“都站起来！”

«Юнармейцы» с недоумением поднялись со стульев. — Лицом к стене! Руки — на стену! Ноги — шире плеч!（Е. Елькин, Ю. Чернявский）/“少年军校生”狐疑地站了起来。“脸朝墙壁！双手放在墙上！双脚分开！”

⑳

Приказ

Народного комиссара Обороны Союза ССР

№227

28 июля 1942 года, г. Москва

Враг бросает на фронт все новые силы и, не считаясь с большими для него потерями, лезет вперед, рвется в глубь Советского Союза, захватывает новые районы, опустошает и разоряет наши города и села, насилует, грабит и убивает советское население.〈...〉

Некоторые неумные люди на фронте утешают себя разговорами о том, что мы можем и дальше отступать на восток, так как у нас много территории, много земли, много населения, и что хлеба у нас всегда будет в избытке.〈...〉

Каждый командир, красноармеец и политработник должны понять, что наши средства небезграничны. Территория Советского государства — это не пустыня, а люди — рабочие, крестьяне, интеллигенция, наши отцы, матери, жены, братья, дети. 〈...〉

Поэтому надо в корне пресекать разговоры о том, что мы имеем возможность без конца отступать, 〈...〉

Из этого следует, что пора кончить отступление.

Ни шагу назад! Таким теперь должен быть наш главный призыв.

〈...〉

Верховное Главнокомандование Красной Армии приказывает:

1. Военным советам фронтов и прежде всего командующим фронтами:

а) безусловно ликвидировать отступательные настроения в войсках и железной рукой пресекать пропаганду о том, что мы можем и должны якобы отступать и дальше на восток, что от такого отступления не будет якобы вреда;

б) безусловно снимать с поста и направить в Ставку для привлечения к военному суду командующих армиями, допустивших самовольный отход войск с занимаемых позиций без приказа командования фронта;

в) сформировать в пределах фронта одного до трех (смотря по обстановке) штрафных батальонов (по 800 человек), куда направлять средних и старших командиров и соответствующих политработников всех родов войск, провинившихся в нарушении дисциплины по трусости или неустойчивости и поставить их на более трудные участки фронта, чтобы дать им возможность искупит кровью свои преступления против Родины.

〈...〉

Приказ прочесть во всех ротах, эскадронах, батареях, эскадрильях, командах, штабах.

Народный комиссар обороны И. Сталин

苏维埃社会主义共和国联盟国防人民委员命令

第227号

1942年7月28日，莫斯科

敌人向前线投入一批又一批新的力量，并不顾损失对他们有多大，继续前窜，深入苏联的腹地，占领新的区域并将我们的城市和乡村烧杀劫掠一空，奸淫掳掠，屠杀苏联居民。……

前线一些昏庸的人为了安慰自己，散布我们可以继续向东撤退的言论，说我们疆土辽阔、土地无数、人口众多、粮食一贯富足。……

每一位指挥官、红军战士和政工人员均应懂得，我们的资源不是无限的。苏维埃国家的疆土不是沙漠，而人则是工人、农民、知识分子，我们的父母、妻子、弟兄、儿女。……

因此应从根本上消除那种认为我们还有可能无休止地撤退的言论，……

由此可见，应该停止退却了。

不后退一步！这就是我们的首要口号。

……

红军最高统帅部命令：

1. 各前线军事委员会，首先是前线司令：

①无条件地消除战士中的退却情绪并坚决地铲除那种认为我们可以并似乎应该继续向东撤退以及撤退似乎无害的宣传；

②无条件地将那些没有前线司令部命令就容许战士擅自后退的军级司令员撤职并押送大本营交军事法庭审判；

③在前线范围内建立一至三个（视情况而定）惩戒营（每营800

人），收容那些因胆怯、不坚定而违反纪律的各兵种的中、高级军官和相应的政工人员并将他们派往前线较为艰苦的地段，让他们有可能以自己的鲜血向祖国赎罪。

……

此命令在所有连队、骑兵连、炮兵连、航空大队、司令部、参谋部中宣读。

国防人民委员　斯大林

㉑ — Вот это другой разговор! И начальству передайте, что я требую никакими параграфами не усложнять творческую работу военнослужащих.（И. Стаднюк）/“这就另当别论了！告诉你们长官，我要求不得以任何条令妨碍军人的创作活动。”

㉒ — Преданный человек, — сказал о генерале и распорядился: / “是一个忠诚的人”，他这样评价将军并吩咐道：

— В звании восстановить, если желает, направить на учебу, по службе не ущемлять!（М. Постол）/“恢复他的军衔，假如他愿意，送他去学习，工作上不要妨碍他！”

㉓ Ходить по газонам строго воспрещается. / 严禁在草坪上行走。

表示命令、号召、要求、禁止等言外行为的语句，无论从用词上或从语调上分析，都具有共同的特点：一般较强硬、正式、郑重，多半是说话人占有较高社会地位并主动发出的行为，涉及其自身或社会利益，可供选择的语言手段有限，但它们也有不同点。

构成命令、要求、禁止类语句次聚合体的词语和语句形式主要有：（1）приказывать、требовать、запрещать 等经典行事动词的陈述式现在时第一人称单、复数形式或第三人称单、复数形式；（2）非行事动词的命令式第二人称单数或复数形式；（3）程度副词 + 行事动词；（4）动词不定式；（5）名词 + 副词或名词 + 前置词 + 名词等结构。

"命令"一般是单方面的，由说话人主动发出，受话人须无条件执行，无论同意与否。有权"命令"的是长官、指挥官、厂长、校长等。总之，这里说话人与受话人在社会地位上是不平等的。"命令"有两种：一是政府机关、国家元首发布的命令，它一般字数较多，执行期也长（见例⑳）；二是一般场合，战场上长官或指挥官发布的命令、口令，它一般较短，要立即执行。"命令"一般对说话人有利，或者是工作和客观形势的需要，受话人不管对自己有利与否，须不折不扣地执行（例⑳就很说明问题）。

"命令"的语言表达手段是有限的，它应是严厉的、果断的、绝对的，一般不附加任何表示客气、礼貌的成分。表示"命令"时，绝大多数场合使用动词命令式第二人称单数（有时也使用复数）形式，有时也可使用动词陈述式复数第一人称形式，表示共同参与或者显示说话者态度比较温和。多数情况下使用动词不定式或为数不多的特定场合使用名词（如例⑳使用了一连串动词不定式和名词 + 副词"ни шагу назад!"使命令更加严厉、郑重）。此时言外行为意图部分与命题部分合而为一，前者是隐含的（见例⑲㉒），试比较：Лицом к стене! Я приказываю всем повернуться лицом к стене! 直接使用行事动词 приказывать（Я приказываю）的语句带有更加严厉、正式的色彩，例如：— Приказываю готовиться к бою, огнем автоматов отсечь пехоту от танков!（"我命令准备战斗，集中冲锋枪火力将步兵与坦克分割开来！"）有时要找某某人或某些人可用：— Командира (-ов) ко мне!（"叫指挥员〈们〉到我这里来！"）某些场合也可使用看上去比较温和的词语，例如：

㉔ Геббельс: Я бы посоветовал вам поменьше рассуждать.（Н. Вирта）/ 戈培尔："我奉劝您少一些高谈阔论。"

这里虽然使用了 посоветовать，实际上是命令，因当时希特勒在穷途末路时，确定戈培尔为政府首脑，这不仅是命令，还带有讽刺挖苦的意味。

“号召”与“命令”大致相同，但号召一般是在一定背景下对全体人民或一定阶层、一定群体的全部人员发出的。例如：— Освоим целинные земли!（“开垦荒地！”）— Призываем к защите природы!（“保护自然环境！”）所使用的手段除了行事动词 призывать 以外，同表示“命令”所使用的语言手段也基本相同。

“要求”同“命令”相似，也是一种严厉的、断然的言语行为，但也有某些不同。“要求”主要是上级对下级、长辈对晚辈，但也可能相反，如当双方发生利害冲突、关系紧张时，下级对上级、晚辈对长辈也可能采取断然措施,提出要求。表示“要求”的手段同表示“命令”的差不多，使用动词命令式单、复数第二人称形式（不附加 пожалуйста 一类词语），也可用动词陈述式第三人称形式（见例⑰）。词语 вон、долой、прочь 等也常用于口语中，表示“要求”或“命令”（见例⑱）。带行事动词 требовать 的语句（Я требую...）常用于正式场合，并含有较为严厉的色彩（见例㉑）。有时在朋友之间、家庭成员间也采用比较粗鲁的语句表达“要求”，例如：— Неужели еще нужно напомнить тебе: надо рано ложиться спать?（“难道还需要再提醒你早点上床睡觉吗？”）

“禁止”实际上是更加强硬的“要求”。禁止可以针对一个人，但往往是对多数人。像例㉓，不是针对一个人，而是对所有的人，这种情况多见于公共场所的告示牌上，如 Лазить по деревьям запрещается!（禁止爬树！）Цветы не рвать!（不准采花！）实际上，“禁止”也不一定到处一个面孔，如“不准采花”可以用其他比较温和的方法表达：Наслаждайтесь цветами, не убивайте их!（尽情欣赏花卉，不要毁坏它们！）Пожалуйста, не рвите цветы!（请不要采花！）针对个人的，同表示

“命令”差不多，可使用动词命令式单、复数第二人称形式和动词不定式。使用行事动词 запрещать 的语句带有强硬的色彩，在日常生活中并不多见，因为家长对子女、老师对学生多采用比较温和的晓之以理的劝导方法达到禁止的目的。

4.3 警告、威胁

㉕ Нарушителей настоящим предупреждаю, что они будут преследоваться по закону. / 兹警告违法者，将依法追究其责任。

㉖ — Я должен предупредить вас, что в этом лесу охота воспрещается.（А. Чехов）/“我要警告你们，此处森林禁止狩猎。”

㉗ — Прекрати! — строго произнес он. — Пойдем со мной... Под трибунал захотел?.. Партбилет тебе надоел?!（И. Стаднюк）/“住嘴！”他严厉地说，“跟我一起来……想让人把你送上军事法庭？……党证不想要了？！”

㉘ — Хотел с вами по-хорошему. Не получается... Неужто так хочется, чтобы все узнали, в том числе жена, о ваших похождениях в гостинице?（Е. Елькин, Ю. Чернявский）/“本想同您好好谈谈。但不行……难道您真想让所有人，包括您妻子，都知道您在旅馆里干的那些风流事？”

“警告”与“威胁”有相同之处：说话者要求对方停止或答应做什么或不做什么。但它们是有区别的：“警告”是指预先通知对方可能发生不利于其本人的事以及可能出现的后果；“威胁”是指说话人以威胁的手段要求对方答应有害于其本人的某种条件或去做某事以达到有利于说话人的目的。除此以外，表示“警告”有行事动词 предупреждать，而表示“威胁”则没有专门的行事动词。

构成警告、威胁类语句次聚合体的词语和语句形式主要有：(1) 代表性经典行事动词 предупреждать 和其他动词的陈述式现在时第一人称单、复数形式；(2) 动词命令式第二人称单、复数形式；(3) 动词第三人称复数形式 (Тебе говорят...)；(4) 情态词 + 行事动词或其他动词；(5) 疑问句；(6) 其他形式。

表示"警告"可使用 предупреждать，如例㉕，这实际上是有关政府部门发布的通告，用于正式场合；例㉖虽用于一般场合，但也带有较正式、较严厉的色彩，因为说话人告诉打猎者不得去森林狩猎，否则会发生不良后果。一般日常交谈中，人们常使用动词命令式单、复数第二人称形式 + 其他词语 / 语句，例如：— Признай свою вину перед товарищами, иначе тебе будет трудно с ними.（"快向同学们承认自己的错误吧，否则你将很难与他们相处。"）也可以用其他包括劝导说服的方法达到警告的目的，例如：— Я не доволен твоим поведением, это добром не кончится.（"我不喜欢你的行为，这不会有什么好结果。"）

没有专门的行事动词表示"威胁"，因为通常说话人不会说 Я угрожаю вам / тебе。"威胁"常伴有一定的身势或使用一定的工具（如手枪、刀）以及激烈的言辞，如以法庭审判、开除党籍相威胁（见例㉗），但不少场合下说话人采用暗示，抓住对方的弱点相威胁（见例㉘）。

5 劝告、建议类语句聚合体

此类语句聚合体所表示的言外行为也属说话人意志的表露，也可以说，是另一种祈使性言语行为，但有明显的区别。一般来说，请求、要求、恳求、央求等需要直接的回答：同意 / 不同意、准许、拒绝、禁止等，但建议、劝告则不然。除此以外，这类语句无论从用词上或从语调上看，多半较缓和、委婉、客气；与请求、要求、命令相比，建议、劝告一般是说话人希望受话人为自身利益着想去做什么、不做什么。建议和劝告同样也有一定区别，前者表示说话人希望受话人或双方共同进行某种行为或采取某种措施，但劝告多半只涉及受话者本人。

5.1 建议

① — Может, пройдемся? — предложил Вадим.（В. Барабашов）/“是否一起去散散步？”瓦吉姆建议道。

② — Я знаю украинский. Давайте переведу на русский, — предложил он и, взяв письмо, начал читать.（И. Стаднюк）/“我懂乌克兰语，让我译成俄语”，他建议道，并拿起信开始读起来。

③ — А почему б вам не назвать эту свою работу «Первая любовь»? — сорвалось у нее с языка.（И. Шевцов）/“为什么您不将这部作品称为《初恋》呢？”她脱口而出。

④ — Вот что, дорогой Эмиль. Предлагаю журналиста выпустить. 〈...〉 И установить за ним наблюдение?（Е. Елькин, Ю. Чернявский）/“你看，亲爱的艾米莉。我建议将新闻记者放出去。……是否对他进行跟踪监视？”

“建议”和“请求”往往难以界定，不过可以把握这样一点：“请求”往往是为了达到说话人所要追求的目的，是为了说话人的自身利益；“建议”可能是为了说话人的利益，但绝大多数情况下是为了受话人或双方的共同利益。正因为“建议”与“请求”相近，因此用于表示“请求”的词语和形式（动词命令式单、复数第二人称和复数第一人称形式）也可以用于表示“建议”（见例②），例如：— Прочитайте эту книгу, она очень интересная!（“读读这本书，它很有意思！”）— Познакомьтесь с этим молодым писателем, он незаурядная личность.（“建议您认识一下这位年轻的作家，他是一位非凡的人物。”）（复数第一人称形式见例①）

构成建议类语句次聚合体的主要词语和语句形式有：（1）经典行事动词 предлагать 陈述式现在时第一人称单、复数形式；（2）разрешить+ 行事动词；（3）假定式；（4）情态词 + 行事动词；（5）其他动词命令式第二人称单、复数形式；（6）疑问句。

предлагать 是表示“建议”这一言外行为最主要的行事动词，但它的单独使用（Я предлагаю…，Я предлагаю вам / тебе, чтобы…）往往带有一定正式色彩（见例④）。在使用动词命令式时，可使用一些表示强调、加强的副词，例如：— Обязательно постарайся попасть на эту выставку.（“建议一定去看看这个展览会。”）

Разрешите / позвольте / предложить вам…，例如：— Разрешите предложить вам план дальнейших действий.（“请允许我向你们提出进一步行动的计划。”）разрешить 的使用可能使语句增添一定正式色彩，而且交际双方一般不属“自己人”范围。

(Я) предложил (-а) бы вам…，例如：— Я бы предложил вам взять эту тему.（“我建议您最好选这个题目。”）与此相似的还有：使用疑问句表达“建议”（可参考例③），除此以外，还可使用带 не 的疑问句：— Не изменить ли нам маршрут путешествия?（“咱们是否得改变旅行路线？”）以上这两种形式包含着“最好这样”“应考虑考虑”的含义，使“建议”较委婉、较缓和。

表示“建议”时，也可使用 Я хочу / Мне хочется、Я хотел бы、Мне хотелось бы / предложить вам… 这一类听起来口气上较为缓和，但包含着说话人较为强烈的希望的语句。

使用 Могу ли я / Могу я、Не могу ли я、Можно、Можно ли、Нельзя ли / предложить... 这一类疑问句表示“建议”时，表明说话人一定程度上的犹豫不决，担心冒犯别人。

使用 Вы / ты / должны (-жен, -жна) ...、Вам надо / необходимо、следует... 如同使用动词命令式一样，带有“必须这样做”“应当这样做”的含义，例如：— Вы должны внести немалые изменения в свою работу.（“您应对自己的论文进行较大的修改。”）但如果使用了 бы（надо бы вам / тебе /...）就可能使说话人的口气较为缓和。有时还可使用 хорошо бы / неплохо бы / вам... 这一类语句，表明说话人的希望和如此做的必要性。

5.2 劝告

⑤ — Но если выехать из ваших ворот, это будет направо или налево? / “那么从您家的大门出去是向右转弯还是向左转弯？”

— Я вам даже не советую дороги знать к этой собаке.（В. Гоголь）/ “我甚至劝您根本不要知道去这畜生家的路。”

⑥ — Не доверяйте рассказам других. Лучше лично удостовериться.（И. Шевцов）/ “别相信别人说了什么，最好亲自去查实一下。”

⑦ — Экая беда, мне бы твои заботы, бабка: я на работу опаздываю, а она — в церковь. Дома помолишься, — успокоил ее густой грубоватый бас.（И. Шевцов）/ “真倒霉，老太，你那些烦人的事算得了什么，我上班要迟到了，而她要上教堂。你在家里也可祈祷”，一个浓重粗犷的男低音安慰她道。

⑧ — Даю вам совет: сейчас же бросить курить! — чеканил врач. /

“劝您马上戒烟！”医生清楚地说道。

构成劝告类语句次聚合体的主要词语和语句形式是：(1)行事词语 советовать, дать совет（见例⑤⑧）；(2)但日常交际中多半使用其他有关动词命令式单、复数第二人称形式或其他形式（见例⑥⑦）；(3)还可以使用其他一些大体上与表示“建议”一致的形式，如 Советую вам обязательно...、Разрешите посоветовать вам...、Я посоветовал (-ла) бы вам...、Я хочу / Мне хочется посоветовать вам...、Я хотел бы / Мне хотелось бы /...、Могу я / Могу ли я / посоветовать вам..., 等等。

值得指出的是，“劝告”往往还包含“警告”的意味，如［Петров:］Я русский. Я незабывчив и не отходчив. И никому не советую на это рассчитывать.（К. Симонов.）（彼得罗夫：“我是俄国人。我不健忘，且会记仇。我奉劝人们不要对此有所指望。”）

6 回复类语句聚合体

回复是指对说话人的请求、要求、恳求以及针对一定行为、事实做出的一种反应，即同意/不同意、反驳、准许、禁止、拒绝、抗议等，也可以说，它们是相对被动型的言语行为，是一个大的语句聚合体。它们的共同之点在于：此类言语行为不是主动的，而是对说话人相应的言语行为所做出的回答、反应。当然，同意/不同意、反驳、准许、禁止、拒绝、抗议等又具有自身的特点：同意/不同意、反驳一般是对社会地位同等、年龄相仿的人的请求、建议所表示的态度；准许、禁止往往是上级、长辈等对下级和晚辈的请求、意见的回答；拒绝与同意基本相同，但对不同地位、年龄的人要更加注意拒绝的方式；抗议一般是针对一定事实、一定言论发出的。

6.1 同意、不同意、反驳

① — Я с вашим мнением согласен, — отвечал Мизинчиков.（Ф. Достоевский）/“我同意您的意见”，米津奇科夫回答道。

② — Так о чем мы? Да, о Боге и бессмертии души. Не хотелось бы на такую серьезную тему говорить походя. Давайте перенесем на «попозже»? Хорошо? /“这样，我们谈什么呢？谈上帝，谈灵魂的不灭。这样严肃的题目不想随便谈论。是不是稍后找时间再谈？行吗？”

— Согласен.（И. Шевцов）/“同意。”

③ — Да, представляю: это ужасно... Это даже жестоко с вашей стороны. /“是，我能想象得到：这太可怕了……从您的角度看这甚至太残酷了。”

— Возможно, — податливо отозвался он и тут же добавил: зато честно и благородно.（И. Шевцов）/“也许吧”，他顺从地回答并马上补充说：“可是我做得正直，于心无愧。”

④ — Я считаю это ненормальным. /“我认为这不正常。”

— Ну, почему же? — возразил я.（Ф. Бигдорова）/“噢，为什么不正常？”我反驳道。

⑤ Медсестра... сказала: Татьяна Владимировна, вам отдохнуть надо. /护士……说：“达吉雅娜·弗拉基米罗芙娜，您需要休息。”

— Да, пожалуй, — согласилась Таня.（Э. Казакевич）/“也许吧”，达妮雅同意道。

⑥ Вейдлинг: Неужели ли вы думаете, что русские будут вести переговоры с таким правительством, где вы, господин Геббельс, занимаете пост рейхсканцлера? （Н. Вирта）/维德林格：“您难道真的认

为，俄国人会同您，戈培尔先生当内阁总理的政府进行谈判吗？”

同意/不同意、反驳这类言语行为是对说话人的请求、要求、意见等的反应。构成此类语句次聚合体的主要词语与语句形式有：（1）行事词语——短尾形容词 (не-) согласен (-сна, -сны)；（2）经典行事动词 (не) соглашаться 及其他行事动词陈述式现在时第一人称单、复数形式；（3）情态词＋其他词语；（4）词语 могу、не могу、никак не могу 等；（5）疑问句。

表示“同意/不同意”最常见的词语是 согласен，несогласен (-сна, -сны)；其次是 присоединяться（— Я присоединяюсь к общему мнению.〈“我同意大家的意见。”〉)，поддерживать（Я / не / поддерживаю вашу точку зрения.〈“我赞同/不赞同您的观点。”〉)，брать，принимать сторону（— В вашем споре я не беру ни той, ни другой стороны.〈“对于你们的争论，我不支持任何一方。”〉)，（стоять）на стороне（— Я на вашей стороне.〈“我支持您的意见。”〉)，соглашаться（— Я не могу согласиться с тобой.〈“我不能同意你的意见。”〉)，против（Я против.〈“我反对。”〉)。以上词语或多或少都带有正式色彩（像例①②的情境就是这样）。

在日常交际活动中经常使用 пожалуй、возможно 来表示“不十分果断的同意，可能有一定保留”（见例③⑤）。пожалуйста 表示有礼貌的同意（— Может, дадите мне что-нибудь почитать?〈“可否给我本书看看？”〉— Пожалуйста.〈“好。”〉)。хорошо、разумеется、конечно、безусловно、обязательно、не сомневайся (-йтесь)、какие могут быть сомнения（— Надо обратиться к врачу?〈“要去看医生吗？”〉— А как же? Разумеется.〈“难道还有别的办法？当然要去。”〉— Не лучше ли поговорить с главным инженером?〈“最好同总工程师谈谈，是吗？”〉—

Обязательно.〈“ 一定。”〉）等词语则表示肯定和十分肯定。ладно 带有明显的口语色彩（— Вам чаю?〈“您要茶吗？”〉— Ладно.〈“好吧。”〉）。пусть будет так、пусть будет по-твоему / по-вашему 同样带有口语色彩。

除了上面提到的表示“不同意”的语句以外，还有 (Я) не могу...、Нет, не могу...、Никак не могу...，它们用于对那些具体的请求、要求、建议做否定的回答。例如：— Может, пойдем в кино?（“是否一起去看电影？”）— Нет, не могу.（“不，我不能去。”）

“反驳”也是一种“不同意”的表示，所不同的是，往往“反驳”时，说话人还要提出“不同意”的论据，即所谓据理力争，或者提出完全相反的意见。表达“反驳”时可使用 Я против...、Я возражаю против...，但多数情况下，人们往往采用其他一些方式表示“反驳”，如采取反问的方式。试看以上所列举的例⑥，Вейдлинг 以反问的方式反对 Геббельс 派人去同俄国人谈判，暗示俄国人根本不会同 Геббельс 所代表的希特勒政府谈判，这同时也是他反驳的论据。又如：— Шеин тебе поможет.（“夏英会帮助你的。”）— Ну чем он поможет мне? — возразил Стамов. — У него своих хлопот довольно.（Ю. Крымов）（“他又能帮我什么呢？”斯塔莫夫反驳说，“他自己的麻烦事也够多啦。”）

6.2 拒绝

⑦ — Да суд же решил выселить нас, вы же должны помочь! / “法庭决定将我们迁出，您应该帮助帮助我们！”

— Я вам ничего не должен. Кто следующий?（Из газеты）/ “我什么也不欠你们的。下一个是谁？”

⑧ — Ты не мог бы завтра прийти ко мне на обед? / “你明天能不

能来我家吃午饭？”

— Завтра я вылечу в Гуанчжоу. / “我明天坐飞机去广州。”

⑨ — Я не хотел бы вам отказать, но у меня тоже туго с деньгами. / “我本不想拒绝您，但我的钱也紧。”

⑩ — Ты можешь дать мне эту книгу на время? / “你能将这本书借给我吗？”

— С удовольствием бы, но она мне как раз нужна. / “非常乐意，但不巧这本书我正需要。”

⑪ — Владимир Петрович, расторгните соглашение! Я готов заплатить сколько вы скажете! / “弗拉基米尔·彼得罗维奇，取消合同，您说要多少钱，就付多少！”

— Исключено. Не люблю нарушать данное слово, — Фризе встал. (С. Высоцкий) / “绝对不行。我不喜欢食言”，弗里泽站了起来。

“不同意”与“拒绝”很难界定，一些表示“不同意”的词语也可以表示“拒绝”。“拒绝”要特别注意场合，注意被拒绝的对象在社会地位、年龄上的特点。构成拒绝类语句次聚合体的词语和语句形式主要有：(1) 经典行事动词 отказывать 和 отказываться 陈述式现在时第一人称单数或复数形式；(2) 词语 не могу 等；(3) 假定式；(4) 其他词语。

通常“拒绝”可分为两类：一是坚决、果断的拒绝，此时可使用 Не могу、Никак не могу、Исключено、Я отказываю…、Я отказываюсь…，但在大多数情况下，人们往往使用说明原因的方式表示拒绝（见例⑧⑨⑩）；二是为了不使对方难堪，为了客气、委婉，说话人经常使用 С удовольствием бы, но…，Мне неудобно отказывать…, но…；Я не хотел (-а) бы…, но…，Мне бы хотелось…, но…，Очень жаль, что…，等等（见例⑨⑩）。

6.3 准许与禁止

准许与禁止也是对请求、要求、建议等的一种回答，在某种意义上等于“同意 / 不同意”，区别在于，准许与禁止往往是上级对下级、长官对下属、长辈对晚辈说的。另外，禁止也有两类不同的：一种是政府及其他有关机构的行为，如他们主动发布的禁令、条规，实际上等于命令；另一种是对各种请求、要求、建议的回答，由“不同意”发展到“禁止”。这后一种正是我们这里要谈及的。

6.3.1 准许

⑫ — Видите ли, Машенька, — ласкательное слово случайно помимо воли сорвалось у него с языка, и он совестливо потупил глаза: — Извините, что я так.../“要知道，玛申卡”，一个亲昵的词不由自主地意外地脱口而出，他有些不好意思地垂下目光说，“对不起，我不是有意那样……”

— Ничего, вам я разрешаю. Мне даже приятно, тем более, мы же старые знакомые...（И. Шевцов）/“没有什么，我允许您这样称呼我。我甚至感到高兴，况且我们已是老朋友啦……”

⑬ — Могу ли я пользоваться вашей личной библиотекой? /“我能使用您的个人藏书吗？”

— Да, пожалуйста. /“好，请。”

⑭ А он (Сталин) продолжал: — Дадим возможность восстановить репутацию. И строго предупредим: если не оправдают доверия — пусть пеняют на самих себя.（В. Успенский）/ 他（斯大林）继续说：“给他们机会恢复自己的名誉，并严厉地警告他们：假如辜负我们的信任，那他们只能咎由自取。”

⑮ — Освобождается должность начальника штаба Группы войск в Германии. / “我驻德军队参谋长职位等着人去。”

— Очень хорошо, — сказал Сталин. Пусть за рубежом послужит... Пусть поработает. Работы там много. (В. Успенский) / “很好，”斯大林说，“让他去国外服务几年……叫他工作工作。那里的事很多。”

构成“准许”类语句次聚合体的主要词语有：(1) 经典行事动词 разрешать、соглашаться 等的陈述式现在时第一人称单、复数形式。разрешать 的使用总带有一定的正式色彩，但有时也可能含有别的含义，如例 ⑯ 中所使用的这一动词带有宽容、比较亲昵、还有点幽默的意味。(2) 多数情况下使用与表示“同意”相同的词语 (见例 ⑬⑮)。究竟是“同意”还是“准许”，要看说话人与受话人之间的关系和具体的场合。

6.3.2 禁止

⑯ — Я запрещаю тебе связываться с этим типом. / “我决不允许你同这家伙来往！”

⑰ — Вам ни в коем случае нельзя курить! — сказал врач. / “您绝对不能吸烟！”医生说道。

⑱ — Не разрешаю тебе говорить со старшими таким тоном! — приговорил дядя. / “不允许你同长辈以这种口气说话！”叔叔说道。

构成“禁止”类语句次聚合体的主要词语和语句形式有：(1) 经典行事动词 запрещать 的陈述式现在时第一人称单、复数形式；(2) 动词命令式第二人称单、复数形式或不定式；(3) 假定式；(4) 其他词语 (ни за что...) 等。“禁止”在一定程度上也是“不准许”的另一种表达方法，不过“禁止”往往是由于说话人认为所请求之事对受话人有害或会导致不良后果而采取的果断行为。“禁止”在表达形式上、在语气上更为坚决、果断、严厉，其含义是“要坚决去做”，“不得违背”。因此，在用

词上除了 запрещать、не разрешать、не допускать（— Я не допускаю дальнейших разговоров о деньгах.〈“我不准许再谈钱的问题”〉）以外，还可以用其他一些在语义上相近的形式，例如：Не могу разрешить...，конечно，нельзя，безусловно нельзя，ни за что，ни при каких обстоятельствах，не может быть и речи，абсолютно исключено，等等。

6.4 抗议

“抗议”是说话人表示“不同意”“拒绝”所采取的较为极端的断然的行为。与“不同意”“拒绝”相比，“抗议”往往是针对一定事实或言论，而不一定是当即进行的行为。“抗议”可能是一种政府行为，也可能是有关人士对法庭的判决、政府的决定所表示的一种态度、立场。例如：

⑲ — А вы бы взяли на себя заботу о Юле. Для нее наступили тяжелые времена... Помогите ей! Кажется, она вами увлечена. /“请您关心关心尤丽娅吧。对她来说，现在是很艰难的时刻……帮帮她吧！似乎她已迷恋上了您。”

— Ну что вы, Полина Викторовна! — запротестовал Фризе.（С. Высоцкий）/“您说什么呀，波丽娜·维克多罗芙娜！”弗里泽反对道。

⑳ — Мы протестуем против суда над Винни Манделой! — заявил национальный исполком АНК.（Из газеты）/“我们反对审判温妮·曼德拉！”非洲国民大会民族执行委员会声明道。

构成“抗议”类语句次聚合体的主要词语和语句形式有：（1）经典的代表性行事动词 протестовать 陈述式现在时第一人称单、复数形式；（2）起同样作用的动词 – 名词结构（выражать протест）；（3）程度副词 + 行事动词；（4）其他动词和其他形式。前三种形式带有正式、郑重色彩，语调果断、坚决，在非正式或半正式场合，往往使用其他动词或形式（见例⑲），语调缓和。

7 认定类语句聚合体

这类语句通常用来表示肯定、证实、证明、确定、视为、认为、推测、假设、指出。这是一个范围十分广泛的语句聚合体。从广义上说，否定、反驳、报告、怀疑、相信等均可列入这一类（参见“回复类语句聚合体”和“评价类语句聚合体”两节），但我们不想将它弄得庞杂，界线模糊，无法捉摸。确定此类语句的基本标准是：（1）说话人对外界有关事物、事实状况所持的态度并（2）坚信自己的态度的真实性、符合客观事实，但坚信程度往往因具体情况而异，例如，“肯定”和“假设”的坚信程度是有区别的。根据这一情况可将此类语句分为两部分。

7.1 肯定、断定、证实、证明

① — Этим я хотел бы доказать, что многие не поняли и оклеветали этих людей с чужого голоса. / “我想以此证明，不少人没有理解这些人并随声附和地诽谤他们。”

②〈…〉Я даже утверждаю, что всякий честный человек, читая мои писания, непременно отождествляет мои чувства и мысли со своими. （М. Салтыков-Щедрин）/……我甚至可以断定：任何一位诚实的人，读我的作品，一定会将我的情感、思想同自己的混同起来。

③ — Нет, брат, ты врешь: «среда» многое в преступлении значит: это я тебе подтвержу. （Ф. Достоевский）/ “不，老兄，你说谎：‘环境’在犯罪方面有许多意思，这点我可以证实。”

④ — Приказ рано утром выйти в море я подтверждаю, — сказал

Доронин. / “我重申一早就出海的命令”，多罗宁说。

⑤ Председатель объявил: Комитет утверждает план научной экспедиции. /主席宣布：委员会确认科学考察的计划。

⑥ — Этими цифрами я иллюстрирую температуру, вегетационный безморозный период в Хабаровске. / “我用这些数字来说明哈巴罗夫斯克的气温情况及适宜植物生长的无霜期。”

⑦ Настоящим свидетельствую, что железной дорогой я удовлетворен и никаких к ней претензий не имею. /兹证明本人对铁路工作表示满意，不持任何异议。

构成此类语句次聚合体的主要词语和语句形式有：（1）行事动词 **подтверждать**、**утверждать** 等的陈述式现在时第一人称单数或复数形式以及第三人称形式；（2）情态词 + 行事动词；（3）其他形式。

在这种情况下，大都使用动词陈述式现在时单数第一人称形式（见例②④⑥⑦）或复数第一人称形式以及第三人称形式（见例⑤），后一种形式的使用多半是说话人以某种机构名义表达“肯定”“确定”等意思，有时也可使用将来时单、复数第一人称形式，它们往往带有十分肯定的意味。总的来说，此类语句大多数用于正式或比较正式的场合。如果使用 **Я хочу / Я хотел бы**、**Мне хочется**、**Мне хотелось бы** /+ 动词，语句在语气上将变得缓和、委婉（见例①）。

表示“肯定”“断定”“证实”“证明”时，说话人抱有较大程度的信心，认为其所证实的东西是真实的，具有充分的依据，较少主观成分，没有那种“我以为”“我认为”的情态因素。

7.2 视为、认为、推测、假设、指出

⑧ — Вы допускаете существование живого существа на других планетах? / “您认为其他星球上存在着生物？”

— Допускаю. / “我这样认为。”

⑨ — Я признаю, что я был не прав, — сказал Воронов. （Л. Толстой）/ “我承认我做得不对”，沃罗诺夫说。

⑩ — По одной внешности, по взору я могу определить ее принадлежность к высшему свету. / “根据其外表、目光，我可以确定她属于上层社会的人物。”

⑪ — За эдакого коня полагаю тебе три целковых.（ А. Эртель ）/ “这样一匹马我出三个卢布。”

⑫ — Уже по одному собачьему лаю... можно было предположить, что деревушка была порядочная.（В. Гоголь）/ “仅根据狗的叫声就可以推测这个小村庄不小。”

⑬ — Вашу улыбку я расцениваю как радушное приглашение и радость по случаю моего прибытия. Правда, Владимир Петрович? / “您的微笑我认为是好客的邀请和对我的到来感到高兴的表示。对吧，弗拉基米尔·彼得罗维奇？”

— Сущая правда.（С. Высоцкий）/ “完全正确。”

⑭ — По имеющимся данным я полагаю, что он квалифицированный командир. / “根据现有材料，我认为他是一位业务熟练的指挥员。”

⑮〈...〉поступления от продажи продукции на иностранную валюту рассматриваются как поступления от продажи продукции Предприятия на заграничных рынках.（Из договора）/……出售货物后所收入的国际通用货币可视为公司在国外市场销售货物所得。

构成此类语句次聚合体的主要词语有：（1）行事动词和词语 допускать、признать、полагать、считать за 等的陈述式现在时单、复数第一人称形式（见例 ⑧⑨⑪⑬⑭），也可使用复数第一人称形式，此时 мы 可能代表两人以上或某一集体、机构，也可能代表一个人，但带有比较客气、委婉的意味；（2）附加 можно、мочь、вправе 一类含有“可能、能够”语用含义的词语在一定程度上削弱了“坚信”的程度（见例⑩⑫）；（3）有些场合也使用带 -ся 的反身动词（见例 ⑮），这类形式日常生活中并不多见，多半使用于正式文件中。

使用此类语句时，说话人通常抱有较低程度的“坚信”，带有较多“我想”“我认为”“可以认为”等语用情态因素。上述两部分认定类语句的划分是相对的，它们之间并不存在绝对的界限，具体的划分很大程度上取决于上下文和实际的情境以及语用参数情况（я, ты, сейчас, здесь）。

8 表情类语句聚合体

进入此类聚合体的有表示致意、告别、致谢、道歉、慰问、祝愿、祝贺等语句。说话人所表示的言语行为本身并不追求直接的目的，不像“请求”那样要求受话人做什么、答应什么，这是一类社会性质的行为，是所有的社会成员都这样按一定规约做的：见了面要打招呼，对别人给予的帮助要表示感谢，对别人的不幸要表示慰问，对值得高兴的事要表示祝贺等。与祈使性言语行为不同，“请求—同意”“邀请—拒绝”“威胁—回击”可能是两个人的个人行为，而问候、感谢、致歉、慰问等则是调节人际关系的行为，有广泛的社会意义。对它们的深入研究是社会语言学的任务。设想一下，假如没有了人与人之间的相互问候、相互关怀、相互祝福和祝愿，那不就形成一种冷若冰霜、互不相干、老死不相往来、死气沉沉的局面了吗？此类语句的最大特点就在于它们的社会性，这是问题的一面；另一方面，根据“话语即行为”的观点，它们不是严格意义上的行为，是社会人的一种社会交际活动。

所谓“表情”，是指说话人对另外一方或双方相互表达一定的情感，即人的情感和态度的表露。而各种情感的表露又有其不同特点：有的具有形式化的特点（如致意、告别等），有的是针对一定的事实、事件而表达的情感（如道歉、感谢、慰问等）。

根据所表达的不同情感，可分为如下几种次聚合体。

8.1 致意和告别

此类语句所表示的大体上分别是一种行为的结束和另一种行为的开始相连、相吻合。“致意、问好”是交际活动的开始，而告别则是交际的结束。

8.1.1 致意

① — Здравствуй, Тима! — взволнованно сказала Людмила-вторая. / “你好，吉玛！”柳德米拉第二激动地说道。

— Здравствуй, — сказал он. — Что случилось? (В. Барабашов) / “你好”，他说，“发生了什么事情？”

② — Саша, привет! — сказали они лукаво. / “萨莎，向你致敬！”他们狡黠地说。

— Привет, — небрежно ответил Саша. (В. Панова) / “你们好”，萨莎漫不经心地回答道。

③ — Добрый день! — буркнул Емельян, нарочно выбрав такое приветствие, чтобы не обращаться к Ковалеву ни на «вы», ни на «ты». (В. Липатов) / “白天好！”叶梅利扬嘟哝了一句，他选择这种问候方式是为了对科瓦廖夫既不称呼“您”，也不称呼“你”。

④ — Разрешите вас приветствовать, дорогие гости! / “尊敬的客人们，请允许我向你们致敬！”

⑤（Старик）задержал руку гостя в своей широкой руке и громко сказал: Добро пожаловать, Петр Иванович! （В. Саянов）/（老人）用自己宽大的手握住客人的手并大声说：“欢迎光临，彼得·伊万诺维奇！”

构成“致意、致敬、问候、问好、问安”类语句次聚合体的主要词语和语句形式有：（1）行事词语 здравствуй (-те)；（2）行事动词 приветствовать 陈述式现在时第一人称单、复数形式；（3）名词 привет 等；（4）语套 добрый день 等；（5）разрешить+ 行事动词。行事词语 здравствуй (-те), 差不多适用一切场合，它从词源上说有“祝健康长寿”之意，这同汉语的“你（您）好”并不完全相同，中国人多半采取其他一些形式相互问候。它的紧缩形式 здрасьте 常用在毫无拘束的交谈中。здорово 是一种粗俗的形式，多半在农村、工矿中使用，有时大学生中也用，则带有粗犷的色彩。Разрешите вас приветствовать，Приветствую вас，Позвольте приветствовать вас，Рад (-а, -ы) вас приветствовать 具有比较庄重、正式的色彩，老年人和中年人常使用，在一定场合还可能带有戏谑的意味。Добро пожаловать 多用来欢迎刚到达的客人，不仅表示主人为客人的到来而高兴，还希望他留下来小住。Добрый день / добрый вечер, доброе утро 同 здравствуйте 一样，也是一种问候语，只不过它们分别在一天里的不同时间段中使用。假如两个人一天中遇见不止一次，为避免重复使用 здравствуйте，这样 добрый день 或 добрый вечер 恰好可以替代。привет（приветик, салют）是一种口语形式，无拘束，带有行话性质，常在年轻人中间使用，在正式场合很少见。

8.1.2 告别

⑥ — Понятно. Спасибо. До свидания. / “明白。谢谢。再见。”

— До встречи, Тимур Асланович. / “再见，吉穆尔·阿斯拉诺维奇。”

⑦ Ирина: До свидания! / 伊丽娜：再见！

Федотик: Не до свидания, а прощайте, мы больше уже никогда не увидимся.（А. Чехов）/ 费多吉克：不是再见，而是永别，我们以后永远不会再见面了。

⑧ Мельников: Разрешите откланяться... Спешу в суд.（М. Горький）/缅里尼科夫：请允许我告退……我急着到法庭上去。

⑨ — До свидания. Желаю успехов. / “再见。祝你成功。”

— Пока. Всего хорошего. / “再见。一切顺利。”

构成“告别”类语句次聚合体的主要词语有：（1）行事词语 до свидания 等；（2）行事动词命令式 прошай (-те)；（3）разрешить+ 行事动词；（4）其他词语。

表示“告别”最普遍、最常见的形式是“до свидания”这一中立性词语，无论其内涵还是外延，都大致与汉语的“再见”相吻合，其内部形式也基本相符（Увидимся до нового свидания.〈下次再会〉)。与这一词语结构上、语义上相似的还有：до встречи，до скорой встречи，до завтра，до воскресенья，до вечера，до новогоднего праздника，до лета，等等。与 до свидания 相比，后一部分词语经常用在无拘束的日常交谈中，其语义中包含着对下一次相见时间的加确成分，如 завтра、вечер、лето 等。当然这只是一种大约的、相对的时间概念。прошай (-те) 除了具有 до свидания 的意思以外，还意味着“永别”“不再相见”。Разрешите попрощаться（позвольте попрощаться）带有正式、郑重的含义。Разрешите откланяться（позвольте откланяться, честь имею откланяться）带有古旧色彩，常为老一代人（多半为男人）所用，在特定的场合下还可能增添戏谑的色彩。在交谈中有时客人觉得时间差不多了，或因有其他事，该告退了就说 пора и честь знать。例如，[Владыка:] И вдруг умолк, торопливо взглянул на часы, поднялся... и сказал: — Однако же, друзья, мне пора и честь знать.（И. Шевцов）（大主教：突然不说了，匆匆看了一下表，站了起来……说："不，朋友们，我该走了。"）而 пока / всего, привет 常在关系比较亲近、亲昵的人当中使用。всего хорошего / всего доброго 除了"告别"以外，还有"祝愿"的意思。

8.2 致谢、道歉、慰问

这三种语句所表示的行为均由说话人主动发出并对受话人表达一种情感，所不同的是："致谢"是指说话人针对受话人说了或做了对说话人有利的话或事情而表达的谢意；"道歉"是指说话人对受话人说了或做了不好或不恰当的话或事情而表达的歉意；"慰问"是指说话人针对受话人本人及其亲属所发生的不幸而表达的同情和安慰之情。

8.2.1 致谢

⑩ — Хорошо, Тимур Асланович, спасибо, — кивнул Колпаков. И проводил майора до двери.（В. Барабашов）/"好，吉穆尔·阿斯拉诺维奇，谢谢"，科尔巴科夫点头说道，并将少校送到门口。

⑪ Дорогой друг, сердечное спасибо за ваш, ценный для меня отзыв о повести...（Из письма М. Горького）/亲爱的朋友，衷心感谢您对我的中篇小说做出的十分有价值的评价……

⑫ Крепко благодарю Вас за письмо и крепко жму Вашу руку.（Из письма П. Павленко）/非常感谢您的来信并紧握您的手。

⑬ — Вы мне подарили сегодня чудный вечер, Тимурчик! Я вам так благодарна. Спасибо...（В. Барабашов）/"您今天使我度过了一个美妙的夜晚，吉穆尔奇克！我非常感谢您，谢谢……"

⑭ — Владыка, на дорожку чая или кофе? Я сейчас сделаю,—— предложил Иванов и торопливо встал из-за стола. / “主教大人，喝杯茶或者咖啡再走，好吧？我现在就去准备”，伊万诺夫说道并急忙从桌边站了起来。

— Благодарствую, Алексей Петрович, меня ждут.（И. Шевцов）/ “十分感谢，阿列克赛·彼得罗维奇，有事等我回去处理。”

⑮ — Разрешите выразить большую, искреннюю благодарность всем присутствующим на юбилее пятидесятилетия университета. / “请允许我对参加建校50周年纪念会的所有来宾表示由衷的感谢。”

构成感谢类语句次聚合体的词语和语句形式主要有：（1）行事词语 спасибо；（2）行事动词 благодарить 陈述式现在时第一人称单数或复数形式；（3）起行事动词作用的动－名词组；（4）短尾形容词（признателен〈-льна, -льны〉）；（5）разрешить+ 行事动词；（6）情态词 + 行事动词；（7）其他词语。

表示感谢的不带任何扩展成分的 спасибо 是最常用的、不具任何修辞色彩的中立性词语，这同汉语的“谢谢”无论在概念内容或所指上均是一致的，但内部形象并不相符，俄语的 спасибо 由 спаси бог 演化而来，与俄罗斯人的宗教信仰有关。спасибо 可带有众多的扩展成分，这些成分的语义可使“感谢”所表达的情感更强烈、更真诚，如 большое спасибо、огромное спасибо、громадное спасибо、сердечное спасибо 等。这些成分的增加，有时也可使交谈增加无拘束感、诙谐感。Благодарю вас / тебя за... 同样是最常见的表示感谢的语套，可用于任何场合。спасибо 和 благодарить 等（经常不带扩展成分）除了表示谢意以外，还可能兼有“同意”或“拒绝”之意。例如：— Вам кофе?（“您要咖啡吗？”）— Спасибо!（“谢谢！”）在一定场合就是同意，而例 ⑭ 中的 благодарствую包含“拒绝”之意，благодарить还可以带有许多表示程度的补充成分（от души、от всей души、сердечно... ）。短尾形容词благодарен (-рна, -рны)，常常伴有扩展成分（так、очень、как я、до такой степени, что...、нет слов выразить、трудно найти слова, чтобы...）表示“十分感谢”“万分感激”“深深地感激”，并往往含有较为郑重、正式色彩。与благодарен (-рна, -рны)语义上相近的признателен (-льна, -льны)同样伴有扩展成分（очень、так、глубоко、крайне、чрезвычайно等），并具有书卷、郑重色彩，多半为中年一代和老一代知识分子在正式的场合下使用。Разрешите / позвольте / поблагодарить / выразить благодарность / вас / вам / за...一般在正式场合使用(见例⑮)。(Я) (от нмени...) приношу / выражаю / мою / свою / благодарность...通常作为对奖赏、对下属所做贡献、对社会的慈善及其他类似行为的回答并在正式场合下使用，例如：— От имени всех преподавателей выражаю Вам, Александр Иванович, большую благодарность за ваш творческий, плодотворный труд на факультете.（“我代表全体教师对您，亚历山大·伊万诺维奇，在系里所进行的创造性的、富有成效的工作表示十分感谢。”）与此同时，还有带强烈情感或口语戏谑性质的词语：Шлю тебе / вам тысячу благодарностей!（对你表示万分感谢！）还有一种半正式、半戏谑的表达方法，例如：— А запись, где работает, есть?（“在什么地方工作的记录有吗？”）— Есть. Объединение «Интервас». Где-то я слышала — богатая фирма...（“有。‘英特沃斯’集团。据说是一个很富的公司……”）— Кем работает?（“干什么工作的？”）— Экономист.（“经济师。”）— Помогли вы мне здорово. Теперь я у вас в неоплатном долгу.（С. Высоцкий）（“您帮了大忙。我对您欠下了无

法偿还的债。”）

表示感谢同样可使用 Я хочу…、Я хотел бы…、Мне хочется…、Мне хотелось бы… 等形式。情态词、假定式虽然表示一种希望，但此种行为仍是现实的，并不违背“话语即行为”这原则，这里只增加了一定的语用信息——“我想对你表示感谢，你大概不会反对，你完全值得感谢”。Я должен (-жна) поблагодарить вас… 带有“应当，多亏您”的意思。

同 благодарен (-рна)、признателен (-льна) 一起使用的还有其他表示强烈的情感成分，例如：Как я вам благодарен!（我多么感激您！）Вы не представляете, как я вам признателен!（您不能想象，我是多么感激您！）Вы не знаете, как я вам благодарен!（您不知道，我是多么感谢您！）Вы не можете себе представить, как я вам признателен（您不能想象，我是多么感谢您！）Если бы вы знали, как я вам благодарен!（您要知道，我是多么感谢您！）以上用 вы 的地方也可以用 ты，视具体情境、场合而定。

人们真实情感的流露都是有原因的，因此，以上“感激之情”多半是因受话人给说话人以很大帮助，甚至做出一定牺牲而产生的。例如：Вы не знаете, как я вам благодарен, я обязан вам своей жизнью!（您不知道我是多么感激您，是您救了我这条命！）

“感谢”也可以预付，如 Заранее благодарю вас / тебя，Заранее благодарен (-рна) вам / тебе，Я буду вам / тебе очень признателен (-льна)。它们在正式或非正式场合，无非也是一种间接表达希望的方法，其含义是“您能做到……，您如果……，我将非常感谢您”，“已经感谢在先，使受话人不得不……”。

8.2.2 道歉

⑯ — Ну все, Тимур Асланович, извините еще раз. До свидания.

（В. Барабашов）/“好，就这样吧，吉穆尔·阿斯拉诺维奇，再次请您原谅。再见。”

⑰ — Просим извинить за временные неудобства. /“这里条件差，不方便，请原谅。”

⑱ Приношу свои извинения за задержку ответа: был в разъезде. / 迟迟未回信，请多多原谅，我外出刚回来。

⑲ — Ну, а за вчерашнее, ты не обижайся, — продолжал Михаил Александрович.../“别为昨天的事生气”，米哈依尔·亚历山大罗维奇继续说道……

— Я прошу и меня извинить за невыдержанность.（И. Стадню к）/“我昨天不该发火，请原谅我。”

⑳ Очень виновата перед тобой! До сих пор не переслала книги. Но сегодня посылаю и частично освобождаюсь от грехов. / 非常对不起你！至今未将书寄给你。今天寄出，将可以部分地从自己的过错中解脱。

构成“道歉”类语句次聚合体的词语和语句形式主要有：（1）经典行事动词 просить 陈述式现在时第一人称单数或复数形式 + извинения 等；（2）行事动词 извинить 等的命令式第二人称单、复数形式；（3）短尾形容词 виноват (-а, -ы)；（4）动 – 名结构 приносить извинения 等；（5）разрешить + извиниться；（6）情态词 + 行事动词；（7）假定式；（8）用其他动词或词语间接表达歉意。

道歉、请原谅本身就兼有“请求”的意思，在俄语里往往使用行事动词 просить 和 извинить 以及其他意义相近的动词陈述式第一人称和命令式第二人称单、复数形式，在这一点上同祈使性语句大体上相同，因此不再重复。对受话人表示歉意大体上是因为说话人做错了事或说错了话，但有时也不尽然，可能只是一种纯礼貌用语或客套话，例如：— Извините, гражданин, как попасть в ЦУМ?（“对不起，公民，去中央百货商场怎么走？”）

извини (-те) 是最常见的、中立的表示歉意的形式，往往伴有пожалуйста，表示较为客气、礼貌。动词 извиняться 有的词典标为俗语，尽管如此，口头交际中却也频繁使用，常见的形式是 Я извиняюсь 和 Я готов（должен）извиниться перед вами。прости (-те) 在语义上大体与 извини (-те) 相同，除此以外，还有一层意思：“因为犯了大错，有罪过，请求原谅、宽恕”，但不少情况下，只是作为一种同义手段使用，例如：— Ну, все теперь, Тимур Асланович, еще раз простите за беспокойство. Работа.（В. Барабашов）（“嗯，现在没事了，吉穆尔·阿斯拉诺维奇，对不起，添麻烦了。这是工作，没办法。”）

Я виноват (-а) в том, что... 和 Я виноват (-а) перед вами / тобой 常为中年、老年一代人使用，表示因小的过错而请求原谅（见例 ⑳）。(Я) прошу... прощения 很大程度上为老年一代知识分子所使用，为自己的过错请求原谅，带有一定书卷色彩。

Приношу свои (глубокие) извинения... 和 Примите мои (глубокие) извинения 带有书卷、郑重色彩，常为老年人在正式场合使用，也常见于一些作家的书信中。同上述其他言语行为一样，这里也可以使用 Разрешите（Позвольте）извиниться（попросить〈у вас〉извинения〈прощения〉, принести〈вам〉свои извинения），多在正式场合使用。情态词和假定式（Я хочу...、Я хотел (-а) бы...、Мне хочется...、Мне хотелось бы）也可以用于表示“歉意”的语句中，含有“希望”“出自内心”之意，与此相似的还有 Я не могу не...、Если вы / ты можешь / можете...、Если можно, ... 等表示了说话人更多的“诚恳”和

"内疚"。

一部分并不直接表示歉意的词语也经常出现在此类语句中，如 Не сердись (-тесь) 和 Не обижайся (-тесь)（见例⑲），它们是一种表示歉意的准同义手段，这多半是为了表达的多样化，避免不必要地重复使用同一个词。当然，它们不单单表示歉意，整句还存在含义："别生我的气，别发火，我错了，对不起"。口语、文艺作品、朋友间书信中也可以遇到一种夸张的说法 тысяча извинений，例如：Примите тысячу моих извинений!（请接受我千万次的道歉！）此时说话人可能态度诚恳，深深地感到内疚，以打动受话人，也可能仅是朋友间的一种戏谑用法。

8.2.3 慰问、安慰

㉑ — Вы его дочь... Примите мои сочувствия. Вашему отцу я многим обязан...（Е. Елькин, Ю. Чернявский）/ "您是他的女儿……我对您深表同情。您父亲给了我很多帮助，我非常感谢他……"

㉒ — Я принимаю сердечное участие в вашей семье, соболезную вам. / "我对您家里遭到的不幸表示慰问，对您深表同情。"

㉓ — Успокойтесь, Тамара Петровна. Ваш сын благополучно доедет до места назначения. / "放心吧，塔玛拉·彼得罗芙娜，您的儿子会平安地到达目的地的。"

㉔ — Как я вам сочувствую, Алексей Сергеевич, но, поверьте мне, все кончится хорошо. / "阿列克赛·谢尔盖耶维奇，我非常同情您，但请您相信我，一切都会好的。"

说话人表达同情、慰问是因为受话人本人或其亲属发生了不幸，或处境艰难。此类言语行为表达的方式有限，基本上是三种：（1）使用行事动词（сочувствовать、соболезновать 等）陈述式现在时第一人称形式（见例㉒㉔以及具有同等功能的 жаль、жалко）；（2）使用其他动词命令式第二人称单、复数形式（见例㉑㉓）；（3）使用含一定语用信息（应当、必须）的词语 + 动词不定式构成的语句，如 Надо успокоиться、Не надо падать духом、Необходимо держать себя в руках、Не стоит огорчаться 等，它们大都隐含着“要理智、要冷静，除此以外，别无办法”等含义。还会使用一部分非直接表示慰问、同情的词语，如 Все будет в порядке，Все пройдет，Это ерунда，пустяки，它们大都含有从好的方面去排解受话人的不幸、困苦的意思。值得一提的是，соболезновать（соболезнование）经常用在政府间、国家首脑间对要人逝世的正式唁电中，而其他词语常见于朋友间、同事间、亲属间的日常交际中。

8.3 祝愿与祝贺

这两种言语行为都是指说话人对受话人所表达的良好情感，不同的是：所要祝愿的，涉及将来发生的事情；而所祝贺的，是已经或眼前将发生的事情。

8.3.1 祝愿

㉕ Глов: Прощайте, господа, от души желаю вам счастливо оставаться.（В. Гоголь）/ 格洛夫：再见吧，先生们，衷心地祝愿你们留下来幸福。

㉖ — Желаю тебе всякой удачи в твоем предприятии.（А. Первенцев）/ “祝你在事业上一切顺利。”

㉗ Горячо, всей душой желаю роста Вашему таланту, желаю Вам веры в призвание Ваше...（Из письма М. Горького）/ 热烈地、衷心地祝愿您的智慧与日俱增，祝您更加坚信自己的使命……

㉘ Кончаю. Примите мои наилучшие пожелания вам и вашей супруге! / 就此搁笔。请接受我对您和您的夫人最好的祝愿！

构成“祝愿”类语句次聚合体的词语和语句形式主要有：(1) 经典行事动词 желать 陈述式现在时第一人称单、复数形式；(2) 名词第二格形式；(3) 动词不定式 +бы；(4) 假定式；(5) 短尾形容词，如 будь (-те) здоров (-а, -ы)；(6) разрешить+ 行事动词；(7) 情态词 + 行事动词；(8) 其他形式。

行事动词 желать 和名词 пожелания 是表示“祝愿”的最主要的中立性词语，它广泛用于日常交际活动中（见以上四例）。“祝愿”一般应当有起因和理由，如紧跟在“道别”和“祝贺”之后以及书信的结尾，或用在人们的生日、婚礼、节日等祝贺场合，其中不少词语仅仅只是一种礼貌习惯用语，不一定基于什么原因，如 Желаю тебе / вам всего хорошего，всего доброго，всего наилучшего，счастья，успехов，удачи。祝愿也可用在对待一些具体的并不重要的事情上，如 Желаю хорошего аппетита，хорошо отдохнуть，приятного сна。对于上了年纪的人可说 Желаю (вам) долгих / многих / лет жизни!（祝您长寿！）在日常口语中，“自己人”之间，动词 желать 往往省略不用，直接用名词第二格形式，如 Счастья тебе / вам!（祝你 / 您幸福！）Успехов тебе / вам!（祝你 / 您成功！）Долгих лет жизни!（祝你长命百岁！）

有时也可使用动词不定式 + 语气词 бы，表示“希望能这样”“最好能这样”“能这样该多好”，如 Сдать бы тебе экзамен!（希望你考好！）Выздороветь бы тебе!（希望你康复！）Миновать бы тебе всякие неприятности.（希望你逢凶化吉。）“希望”和“担心”往往交织在一起，如 Не простудиться бы тебе!（小心别伤风感冒！）与这种形式类似的有 Выздоровел бы ты скорее!（希望你尽快康复！）Сдал бы ты вступительные экзамены в вузы!（希望你大学入学考试能考好！）Набрался бы ты умаразума!（你能长点智慧、理智多好！）这种形式表示比较强烈

的愿望，同时又有点“怕实现不了”。

будь (-те)、пусть 也可用于表示愿望的结构中，它们大都用在非正式场合和日常口语中，如 Будь (-те) счастлив (-а, -ы)!（祝你幸福！）Будь (-те) здоров (-а, -ы)!（祝你健康！）Пусть все у тебя (у вас) будет хорошо!（祝你〈您〉一切如愿以偿！）Пусть тебе (вам) повезет!（祝你〈您〉走运！）Пусть сбудется у тебя (у вас) мечта!（祝你〈您〉梦想成真！）

пожелать 可以与 хотеть、хотеться 连用，此类语句具有一定正式、书卷色彩，如 Я хотел бы пожелать вам больших успехов в работе!（我想祝愿您工作上取得很大成就！）Мне хочется пожелать вам успешно завершить работу над намеченной темой.（我祝愿您顺利完成已确定的科研题目。）与此类似的形式有 желать、пожелать + чтобы...，同样带有一定正式、书卷色彩，如 Я желаю, чтобы вы скорее поправились!（我希望您尽快恢复健康！）

разрешить、позволить 与 желать、пожелать 一起连用，构成一种具有一定正式、郑重色彩，使人听起来较为委婉的表示祝愿的语句，例如：Разрешите пожелать вам успешно закончить работу над новым романом!（请允许我祝愿您顺利地完成新小说的写作！）

在酒席上，正式宴会上祝酒时人们同时也表达一种愿望，通常多使用一种较为简单的非正式的形式：За ваше / твое / здоровье!（为您〈你〉的健康干杯！）За дружбу!（为友谊干杯！）。使用 разрешить、позволить 则使语句增加正式色彩，如 Разрешите предложить тост за нашу дружбу!（请允许我为我们的友谊干杯！）

8.3.2 祝贺

㉙ — Я. Здравствуйте, Лена. Вот, извините, что зашел, потревожил. Но хотелось вас повидать, поздравить с праздником, — взволнованно сказал Асланов, протягивая ей обернутый целлофаном букет. (В. Барабашов) / “是我。您好，列娜。请原谅，我顺路来看您，打扰了。但我很想看看您并祝您节日快乐。”阿斯拉诺夫激动地说，并给她送上一束用塑料纸包装的花。

㉚ Голос начальника главного управления: Главное управление Речного флота поздравляет вас с окончанием училища. (Из кинофильма «Без году неделя») / 总局局长：内河航运总局祝贺你们技校毕业。

㉛ Барбарисов: Ксения Васильевна, позвольте вас поздравить с приездом. (А. Островский) / 巴尔巴里索夫：克谢尼雅·瓦西里耶芙娜，请允许祝贺您的光临。

㉜ — С праздником тебя, тетя Серафина! С Первомаем! (А. Кривоносов) / “祝贺你节日快乐，谢拉菲娜婶婶！五一节快乐！”

对受话人表示祝贺可以在全社会、全国及一定群体的共同节日（新年、春节、圣诞节、三八妇女节、五一节、五四青年节、国庆、解放日、建军节等），也可以在仅对其本人值得纪念的日子（生日、考取大学之日、毕业之日、通过论文答辩之日、结婚周年、银婚、金婚等）及其他值得祝贺的具体的较为细小的事情（到达、归来、第一次拿工资等）。祝贺是一种社会规约性礼仪行为，它表达人际间的相互关怀、问候，尽管在一些场合可能只是一种客套，履行公事。

构成“祝贺”类语句次聚合体的词语和语句形式主要有：（1）经典行事动词 поздравлять 陈述式现在时第一人称单、复数形式；（2）语套（С новым годом 等）；（3）情态词 + 行事动词；（4）其他形式。

表示祝贺使用频率最高的、最广泛的是行事动词 поздравлять（见例

㉙㉚㉛），常用的形式是动词陈述式现在时第一人称，它本身一般不含任何语用信息，但有时也使用第三人称形式（见例㉚），此时语句带有正式、郑重色彩。

动词 поздравлять 在许多场合往往省略不用，如 С новым годом!（新年好！）С женским днем!（妇女节好！）С днем победы!（祝贺胜利日！）这类形式一般具有非正式、口语色彩，在“自己人”之间、同事间、朋友间使用；但是如果节日的正式名称较长，则往往不能省略，如 Поздравляю с Международным днем трудящихся!（祝贺五一国际劳动节！）

поздравлять 可以与表示程度的说明成分连用（от〈 всей〉души、от всего сердца、сердечно、горячо）。这种成分说明说话人情感的真诚程度，大都在对不十分熟悉的客人或者较为正式的场合使用。

хотеть, хотеться+поздравить... 是一种较为客气、委婉的形式，像例㉙那样：Асланов 第一次对见过仅一两面的姑娘祝贺三八节并送花给她，因而对姑娘是否会接受有些担心，才使用了 хотелось。其语用含义是明显的：“我可以不可以祝贺并送花给您？”“我的做法不会唐突吧？”

在正式或较为正式的场合，对非自己圈子里的人也可使用 разрешить、позволить（见例㉛）。与此相近的带有较为郑重色彩的、一般为老一代知识分子所使用的有 Примите мои поздравления...，例如：Примите мои искренние поздравления с серебряной свадьбой.（请接受我对你们的银婚纪念的衷心祝贺。）

9 说明与信息类语句聚合体

属于这类语句的有：通告、预告、通知、报告、汇报、述说、吐露、告知、承认、宣告、宣布、声明。这也是一个大类，它们的共同点是：说话人以主动的形式将一定的有关信息告诉对方或公众，一般并不直接要求对方去做什么。它们之间也存在一定差别：有的语句的实际使用要求双方的社会地位是平等的或不平等的（通告、预告、通知）；有的是指下级对上级的通告信息（报告、汇报）；有的是指同志间、亲朋间带有一定情感的告知（吐露、告知、承认）；宣告、声明一般是政府或有关部门、社团以及个人针对一定重要、重大事件所进行的带有一定社会规约性的正式色彩的行为。

9.1 通告、预告、通知

① Кребс: Господин командующий, вы первый иностранец, которому я сообщаю о смерти рейхсканцлера Гитлера. Тридцатого апреля он покончил самоубийством. （Н. Вирта）/ 克莱普斯：司令官先生，您是我通知关于希特勒元首死亡消息的第一个外国人。他是4月30日自杀的。

② — Граждане! Через десять минут от нашего причала отходит теплоход «Белый голубь», на котором вы можете совершить небольшое путешествие по водохранилищу. （В. Барабашов）/ “公民们！‘白鸽’号轮船再过十分钟将驶离我们码头，你们可以环水库进行一次不大的旅行。”

③ — Гражданка, вы уронили перчатку. / “女公民，您掉了只手套。”

④ Городничий: А! Вот: «Спешу между прочим уведомить тебя, что приехал чиновник с предписанием осмотреть всю губернию и особенно наш уезд. »（В. Гоголь）/市长：啊！就是这里：“我正急于通知你：来了一位官员，奉命视察全省，特别是咱们县。”

⑤ «Ставим вас в известность, что документы, относящиеся к первой партии товара, были высланы 8 мая.» / “兹通知贵方，关于第一批货物的有关证件已于5月8日寄出。”

⑥ — Василий Петрович! У меня большая новость — пришел приказ о моем зачислении на должность доцента. Я очень рада. / “瓦西里·彼得罗维奇！我有一大喜事告诉你：已得到聘我担任副教授职务的命令。我很高兴。”

⑦ «Я считаю не лишним предупредить читателя, что в настоящем труде он не найдет сплошного изложения всех событий моего житья.»（М. Салтыков-Щедрин）/ “我认为有必要预先告知读者，在本书中不可能找到有关我一生所发生的一切事件包罗无遗的叙述。”

构成此类语句次聚合体的词语和语句形式有：（1）以 сообщать 为代表性经典行事动词的陈述式现在时第一人称单数或复数形式；（2）语套（ставлю кого-л. в известность）；（3）разрешить+ 行事动词；（4）情态词 + 行事动词；（5）疑问句。

表示“通告”“预告”“通知”的行事动词有 сообщать、извещать、уведомлять、предупреждать 等，它们的使用大都带有一定正式、郑重色彩（见例①)。Ставлю (-им) кого-л. в известность, что...、Доведу (-ем) до вашего сведения, что...、Имею честь сообщить вам...、Настоящим извещаю (-ем) вам, что... 已成为表示此类言外行为固定的语套，多见于正式的业务、公务书信来往、正式文件中或外交场合（见例⑤)。但也有例外，在特定的场合下，此类语套也可能形成半开玩笑、半正式的气氛，例如：

Владимир сел рядом, наклонился, легко прикоснулся губами к ее лбу. — Довожу до вашего сведения, прекрасная Юлия: твоя мама не стала моей клиенткой. Наше соглашение не состоялось... (С. Высоцкий) / 弗拉基米尔坐在一边，低下头轻轻吻了她的前额："美丽的尤莉娅，我正式告诉你：你妈妈未成为我的顾客，我们的协议取消了……"

Разрешите / позвольте сообщить / известить, уведомить 一类形式多半在"非自己人"之间使用，带有比较客气，同时也较冷漠的意味。Должен (-жна, -жны)+ 行事动词，Считаю (-ем) не лишним+ 行事动词，除了表示"通告""通知"以外，还带有"应当""必须"，也可能是"不得不"的意味。在日常交谈和非正式的书信中，人们多半不使用上述行事动词，而采取开门见山的方法，直接告知有关信息或使用 У меня новость...、Скажу тебе секрет...、Я слышал, что... 一类形式（见例⑥）。除此以外，还可使用 Я хочу / Я хотел бы、Мне хотелось бы+сообщить... 一类形式，它们带有"希望""愿望"意味，有时也可能是一种比较委婉的方式，使对方有一定思想准备，譬如说话人所要告知的消息可能引起对方不快时，则说：«Мне хотелось бы сообщить тебе неприятную новость, но не огорчись. Витя провалился на экзамене.»（"我想告诉你一个不好的消息，但不要太伤心。维佳这次未考好。"）

9.2 报告、汇报

⑧ — Товарищ генерал, все четыре дня командировки я проработал в отделе подполковника Шестопалова. Только в первый день я отпросился пораньше, потому что не был еще устроен в гостинице... （В. Барабашов）/"将军同志，出差的四天期间我都在中校舍斯托帕洛夫处里工作，仅第一天我请假提前离开，因为旅馆还未安顿好……"

⑨ — Могу, товарищ капитан! — бодро отрапортовал я. — От Абганерова до Сталинграда без малого сто километров отшагал. Так что... （М. Алексей）/“行，大尉同志！”我兴奋地报告道，“从阿勃加涅罗夫到斯大林格勒差不多走了100公里。没有问题……”

⑩ Вот его （Мехлис） телеграфный донос Верховному Главнокомандующему: «Теперь не время жаловаться, но я должен доложить, чтобы Ставка знала командующего фронтом...»（В. Успенский）/这就是他（缅赫里斯）打给最高统帅的告密电报：“现在不是抱怨的时候，但我应向上级报告，让大本营了解前线司令官所做的一切……”

构成“报告”“汇报”类语句次聚合体的主要词语和语句形式是：（1）代表性经典行事动词 докладывать 的陈述式现在时第一人称单、复数形式；（2）起行事动词作用的名词；（3）其他动词；（4）情态词 + 行事动词；（5）разрешить+ 行事动词。докладывать、рапортовать、отчитываться 等在此种情况下，大都带有书卷或正式色彩，但 Я докладываю / Я рапортую, отчитываюсь 一类形式的单独使用并不多见。不少情况下使用 Разрешите доложить、Я должен (-жна) доложить，它们同样具有正式、郑重色彩。报告可以是一两句话，也可以是较长的（见例⑩）。通常是下级对上级、代表向选民、行政机构负责人向有关会议报告、汇报，由于情境的限制，所使用的形式也非常有限。

9.3 述说、吐露、告知

⑪ — Я поверяю тебе свою тайну, — сказала Дашуня, — Я уже беременная. /“我告诉你一个秘密，”达舒尼娅说，“我已经怀孕了。”

⑫ — Я должен вам признаться, что совершил серьезную ошибку.../“我应当向您承认，我犯了一个严重的错误……”

⑬ — Я не могу не исповедоваться тебе, папа, самый ты дорогой, что страстно влюблен в эту девушку. /“我不能不对你坦白，爸爸，我

最亲爱的，我非常爱这姑娘。”

⑭ — Сейчас я расскажу вам о поездке по этой загадочной стране.../ “我现在就给你们讲在这个神秘国家里旅行的见闻……”

此类语句多半是在“自己人”之间，无拘束的场合下使用，同时说话人一般带有一定情感（如对受话人的信任，企图取得别人的谅解、同情或帮助）。如例⑬，说话人除了坦白以外还想取得父亲的同意，例⑫中说话人承认自己犯了错误，似乎以此取得对方的谅解，希望不要“另眼看待”。

表示此类言外行为的行事动词有 признаваться、исповедываться、поверять、рассказывать 等，当然也可以完全不使用这些动词，在这种情况下，可根据上下文和当时的情境加以确定。

9.4 宣告、宣布、声明

⑮ — Я вам еще раз объявляю, товарищ посторонний, сюда доступа нет никому.（Ч. Айтматов）/ “我再一次向您声明，与此处不相干的同志，任何人不得入内。”

⑯ Вагончик прилепился к высокой кирпичной стене, зазывал автолюбителей броской самодельной рекламой: «Ремонтируем шины! Быстро и качественно!»（В. Барабашов）/ 车厢紧靠在高高的砖墙上，并以引人注目的自制广告招揽汽车驾驶爱好者：“修理轮胎！快速，保质！”

⑰ — Мы заявляем, что останемся и будем защищать город. / “我们声明，我们将留下来保卫城市。”

⑱ Восьмого сентября 1991 года на стол старшего оперуполномоченного уголовного розыска капитана Хатунцева легло заявление:

Начальнику центрального РОВД полковнику милиции тов. Чурсину А. В.

Прошу принять меры к розыску пропавшей без вести Зелинской Раисы Петровны, 1943 года рождения, проживающей по адресу ул. Строительная, дом 13, кв. 78, инструктора гарнизонного Дома офицеров...

Подполковник Н. Г. Руженов, начальник гарнизонного Дома офицеров.（В. Барабашов）

1991 年 9 月 8 日，有人把一份声明送到民警刑事侦查队长哈栋采夫大尉的桌子上：

致民警上校 А. В. 丘尔辛同志

请求采取措施查找失踪的卫戍部队军官之家指导员泽琳斯卡娅·拉伊萨·彼得罗夫娜，1943 年出生，居住在建设路，13 栋 78 号……

卫戍部队军官之家主任、中校　Н. Г. 鲁热诺夫

⑲ — Разрешите объявить научную конференцию по вопросам прагматики открытой! / "请允许我宣布语用学问题学术报告会现在开始！"

⑳ Накануне вечером комдив вызвал к себе командиров полков и сказал: «Сейчас я оглашаю приказ о наступлении...» / 战斗前夕师长召集各团团长开会时说："我现在宣布进攻的命令……"

这三种言外行为的共同点是说话人正式通告受话人或公众自己要采取的行动、措施以及对所形成的事实表态，但它们之间也存在一定的差异。"声明"可以对一个人或几个人，而"宣告""宣布"往往是对多数人或公众公开声明关于重要的、出乎众人意料的事情。

构成这类语句次聚合体的词语主要有：（1）经典行事动词 заявлять、

объявлять、оглашать 的陈述式现在时第一人称单、复数形式；(2)起行事动词作用的名词；(3)情态词 + 行事动词；(4)разрешить+ 行事动词。在一些情境中可以不使用此类行事动词，特定的地点、时间、说话人的语调及说话内容能帮助确定言语行为性质。有的声明是通告、请求兼而有之，如例⑱，说话人除了向民警有关部门报告有人失踪以外，还请求设法查找此人；有的是说话人表明本人所要采取的行动；有的宣告、宣布仅是一种仪式，如宣布会议开幕、闭幕（见例⑲）；有的则兼有命令的意思，要求大家、全体人民共同采取行动，如 объявить всеобщую мобилизацию、объявить войну 等。

10 评价类语句聚合体

“评价”类语句包括：斥责、责备、指责、夸奖、赞赏、鼓励等。评价可分为两类，即肯定的和否定的评价，这也是此类言外行为的区分点。它们的共同点是说话人针对受话人的话语、举动做出一定的评价，这种行为既可能在一来一往、衔接紧密的对话中，也可能在事后，不是在面对面（如在书信中）的情境中发生的。交际双方的社会地位关系及年龄关系一般是不平等的，也可能是平等的。

10.1 斥责、责备、指责

① Мне передавали, что вы возвратились из санатория и я вправе упрекнуть вас за то, что вы ничего не пишете. /有人告诉我，您从疗养所回来了，我得责怪您，一封信也不写给我。

② — Значит, на службу приходите дремать... Не отдаете всех сил делу, которое вам поручено... （И. Стаднюк）/“这意味着您上班是来

打盹儿的……不全力以赴地去完成交给您的工作……”

③ — Тебе нужны только деньги, вот они! — Я протянул ей заранее приготовленную тугую пачку тысячерублевых банкнот в почтовом конверте. （А. Афанасьева）/“你需要的仅仅是钱，拿去吧！”我递给她预先准备好的装在信封里的鼓鼓的一叠千元票面的卢布。

④ — А-а... Понятно. — Рябоконь помрачнел. — Значит, ты обманывал меня, дочь. Жаль... （В. Барабашов）/“哦，……懂了。”里亚鲍科尼忧郁不快地说，“这就是说，你欺骗了我，女儿。很遗憾……”

⑤ — Я осуждаю ваш необдуманный поступок. /“我认为您的行为欠考虑。”

⑥ — Как тебе не стыдно! Ай-яй-яй! /“你怎么就不害羞！啊呀呀！”

⑦ — Каких мерзостей ты натворил?! — упрекнула мать сына. /“你做了些多么可恶的事?!”母亲指责儿子。

这里所提到的指责、斥责多半是日常生活中家长对子女、长官对下属以及平辈之间的指责、批评。

构成此类语句次聚合体的主要词语和语句形式有：（1）осуждать、обвинять、упрекать 等代表性经典行事动词的陈述式现在时第一人称单数或复数形式；（2）其他动词的相应形式；（3）疑问句、感叹句（包括使用述谓副词、带前缀 на- 的动词 + 名词第二格形式）。行事动词陈述式单数第一人称形式（Я осуждаю...，Я обвиняю...，Я упрекаю...）在日常生活中并不多见，因为它总带有一定正式、严厉的色彩（见例①⑤）。多数情况下，说话人往往直接指出受话人什么方面的所作所为不对，应受到责备，如例②④，此时表示言外行为的称名动词是隐含的。实际上，上述三例大体上分别可改成：Я упрекаю вас за то, что вы на работе дремлете... ; Я осуждаю тебя за то, что ты обманывал меня ; Я обвиняю тебя в натворенных мерзостях。不少情况下，说话人往往使用疑问句、感叹句或以隐性的方式表示指责、斥责（见例③⑥）。除上述表达形式以外，亦可使用一些动词 +не 的否定形式，如 Я не одобряю ваш поступок.（我不赞同您的行为。）Я никак не поддерживаю ваш развод с женой.（我绝不支持您同妻子离婚。）

10.2 夸奖、赞赏

⑧ — Я рада твоему успеху, Алеша, и мне приятно, что людям нравится твое искусство. （И. Шевцов）/“阿廖沙，我为你所取得的成就高兴，人们喜欢你的艺术作品，我为此感到十分欣慰。”

⑨ — Я одобряю ваш первый литературный опыт, — сказал писатель. /“我欣赏您的首次文学尝试”，作家说道。

⑩ — Твои статьи о сельском хозяйстве обработаны прекрасно, — похвалил меня главный редактор. /“你的关于农业发展情况的文章整理得十分不错”，总编夸奖我说。

⑪ Миловидов: Молодец, ты, баба! Вот это мне на руку! Этаких я люблю.（А. Островский）/ 米洛维多夫：你是好样的，婆娘！正中我意！我喜欢你这样的人。

构成“夸奖、赞赏”类语句次聚合体的主要词语有：（1）经典行事动词 одобрять、поощрять 陈述式现在时第一人称单、复数形式。使用此类行事动词的语句带有一定正式色彩（见例⑨），日常生活中并不多见。хвалить 的意义虽是“夸奖”，但不做行事动词使用，因为说话人一般不会说 Я хвалю тебя。（2）多半使用表示肯定意义的形容词、副词 + 相应的动词以及起谓语作用的词语，如 Вы (ты) замечательный /

прекрасный, умный, выдающийся / человек, Вы (ты) хорошо / прекрасно, справедливо / поступили (-л, -ла) / сделали (-л, -ла), сказали (-л, -ла), Я рад (-а)..., Мне приятно, что..., 等等。(3) 还可以使用一些起述谓功能的表示人物优秀特征的名词(见例 ⑪),如 молодец、умница、храбрец、талант 等。

以上我们将俄语语句共分为九大聚合体，大体上包括了人们在交际中所进行的种种有关“意志的表露”“传递信息”“情感的表达”“评价”等四大类言语行为。除此以外，还有一类在功能上与以上言语行为相比，具有一定独特性的言语行为，这就是表示交谈的启动、持续、中断、结束一类的语句。这类语句的特点在于：它们往往不能单独使用，须在一定语境中伴随其他语句发挥其功能；它们一般是非信息性的，仅用来引起、吸引对方注意，建立联系渠道，保持渠道畅通，中断联系，结束交谈。例如：

① Алло, вы меня слышите?(喂喂！是我，听到吗？)

Да! / Слушаю вас. / Что тебе?(是,是的。/ 请说吧。/ 什么事？)

② Предоставь мне свои уши!(听着！)

Да! /Что тебе?(是，是的。/ 什么事？)

③ Простите.../ Извините...(对不起……)如在问路时，询问什么事情时。

Да. / Что?(嗯。/ 什么事？)

④ Можно вас на минутку? / Можно у вас спросить?(可以打扰您一会儿吗？/可以问问您吗？)

Да! / Что? / Пожалуйста! / К вашим услугам.(好！/ 什么事？/ 说吧！/ 愿意为您效劳。)

⑤ Ну как дела? / Как живешь? / Как у тебя?(一切都好吗？/过得好吗？/你怎么样？)

Спасибо. / Нормально, спасибо.（谢谢。/ 不错，还好，谢谢。）

⑥ Вот как будто все…/ Ну что же…/ Давайте будем заканчивать…（似乎就这些了……/好吧，就这样……/到此为止……）

Ну хорошо…/ Ну что же, все это было очень интересно…（好吧……/ 就这样吧，我们谈得很有意思……）

这类语句在俄语中统称为非信息性语句（фатические высказывания）。发挥同一功能的语句可归为一个聚合体，其中，同样存在常体和变体的关系，不同变体适合于不同的情境和不同的交际对象，具有不同的语用含义。另外，有不少不属于此类的语句也可起到相同的作用，如здравствуйте、привет、спасибо 等。所有这些问题有待进一步深入研究，本书将不做详细探讨。

参考文献

[1] 常宝儒:《汉语语言心理学》,知识出版社 1990 年版。

[2] 陈　原:《社会语言学》,学林出版社 1983 年版。

[3] 格沃兹节夫:《俄语修辞学概论》,商务印书馆 1985 年版。

[4] 桂诗春:《应用语言学》,湖南教育出版社 1988 年版。

[5] 哈特曼 R. R. K. 斯托克 F. C.:《语言与语言学词典》,黄长著等译,上海辞书出版社 1981 年版。

[6] 何兆熊:《语用学概要》,上海外语教育出版社 1989 年版。

[7] 何自然:《语用学概论》,湖南教育出版社 1988 年版。

[8] 赫德森 R. A.:《社会语言学》,中国社会科学出版社 1990 年版。

[9] 胡明扬:《西方语言学名著选读》,中国人民大学出版社 1988 年版。

[10] 杰弗里·利奇:《语义学》,上海外语教育出版社 1987 年版。

[11] Levinson S. C.:《语用学论题之五:指示现象(上)》,沈家煊译,《国外语言学》1987 年第 2 期。

[12] Levinson S. C.:《语用学论题之五:指示现象(下)》,沈家煊译,《国外语言学》1987 年第 3 期。

[13] 陆善采：《实用汉语语义学》，学林出版社 1993 年版。

[14] 马　岚：《俄语词汇学》，华东师范大学出版社 1991 年版。

[15] 倪　波：《论语句的所指关系》，《外国语》1992 年第 1 期。

[16] 倪　波　顾柏林：《俄语语义学》，上海外语教育出版社 1995 年版。

[17] 石安石：《语义研究》，语文出版社 1994 年版。

[18] 涂纪亮：《英美语言哲学概论》，人民出版社 1988 年版。

[19] 西槙光正：《语境研究论文集》，北京语言学院出版社 1992 年版。

[20] 徐翁宇：《俄语口语语法概论》，上海外语教育出版社 1990 年版。

[21] 姚亚平：《人际关系语言学》，辽宁教育出版社 1988 年版。

[22] 张　权：《试论指示词语的先用现象》，《现代外语》1994 年第 2 期。

[23] 庄继禹：《动作语言学》，湖南文艺出版社 1988 年版。

[24] Акишина А. А., Кан о Х., Акишина Т.Е. Жесты и мимика в русской речи. М., 1991.

[25] Апресян Ю. Д. Современные методы изучения значения и некоторые проблемы структурной лингвистики. // Проблемы структурной лингвистики. М., 1969.

[26] Апресян Ю. Д. Лексическая семантика. Синонимические средства языка. М., 1974.

[27] Апресян Ю. Д. Прагматическая информация для толкового словаря. Избранные труды, Т. 2. М., 1995.

[28] Апресян Ю. Д. Перформативы в грамматике и в словаре. Известия АН СССР. Серия литературы и языка, 1986, Т. 45, № 3.

[29] Арнольд И. В. Импликация как прием построения текста и предмет филологического изучения. Вопросы языкознания, 1982, № 4.

[30] Арутюнова Н. Д. Предложение и его смысл. Логико-семантические проблемы. М., 1976.

[31] Арутюнова Н. Д. Фактор адресата. Известия АН СССР. Серия литературы и языка, 1981, Т. 40 , № 4.

[32] Арутюнова Н. Д. Понятие пресуппозиции в лингвистике. Известия АН СССР. Серия литературы и языка, 1973, Т. 32, № 1.

[33] Арутюнова Н. Д., Падучева Е. В. Истоки, проблемы и категории прагматики. // Новое в зарубежной лингвистике. Вып. XVI. 1985.

[34] Ахманова О. С. Очерки по общей и русской лексикологии. М., 1957.

[35] Ахманова О. С. и др. Основы компонентного анализа. М., 1969.

[36] Белошапкова В. А. Современный русский язык. М., 1981.

[37] Бертагаев Т. А., Зимин В. И. О синонимии фразеологических сочетаний в современном русском литературном языке. Русский язык в школе, 1960, № 3.

[38] Березин Ф. М., Головин Б. Н. Общее языкознание. М., 1979.

[39] Брагина А. А. Нейтрализация на лексическом уровне. Вопросы языкознания, 1977, № 4.

[40] Брагина А. А. Синонимы и их толкование. Вопросы языкознания, 1978, № 6.

[41] Васильев Л. М. Семантика русского глагола. М., 1981.

[42] Верещагин Е. М., Костомаров В. Г. Язык и культура. Лингвострановедение в преподавании русского языка как иностранного. М., 1990.

[43] Виноградов В. В. Основные типы лексических значений слова. Вопросы языкознания, 1953, № 5.

[44] Виноградов В. В. Современный русский язык. Вып. II. М., 1938.

[45] Винокур Т. Г. Говорящий и слушающий. М., 1993.

[46] Гак В. Г. К проблеме семантического синтагматики. // Проблемы структурной лингвистики. М., 1972.

[47] Галкина-Федорук Е. М. Современный русский язык. Лексика. М., 1954.

[48] Голодин В. Е. Речь и этикет. М., 1983.

[49] Грайс Г. П. (H. P. Grice) Логика и речевое общение. // Новое в зарубежной лингвистике. Вып. XVI. 1985.

[50] Демьянков В. З. Конвенция, права и стратегия общения. Известия АН СССР. Серия литературы и языка, 1982, Т. 41, № 4.

[51] Демьянков В. З. «Теория речевых актов» в контексте современной зарубежной лингвистической литературы. Вып. XVII. М., 1986.

[52] Денисов П. Н. Лексика русского языка и принципы ее опи-

сания. М., 1980.

[53] Долинин К. А. Имплицитное содержание высказывания. Вопросы языкознания, 1983, № 6.

[54] Евгеньева А. П. Очерки по синонимике современного русского языка. М., 1966.

[55] Евгеньева А. П. Основные вопросы лексической синонимии. // Очерки по синонимике современного литературного языка. М., 1966.

[56] Ермакова О. П. Лексические значения производных слов в русском языке. М., 1984.

[57] Звегинцев В. А. Семасиология. М., 1957.

[58] Золотова Г. А. Коммуникативные аспекты русского синтаксиса. М., 1982.

[59] Калинин А. В. Лексика русского языка. М., 1978.

[60] Караулов Ю. Н. Общая и русская идеография. М., 1976.

[61] Караулов Ю. Н. Семантическая иерархия в словаре и ее отражение в письменности. // Восточные славяне. Языки, история, культура. М., 1985.

[62] Кифер Ф. (F. Kiefer) О пресуппозициях. // Новое в зарубежной лингвистике. Вып. VIII. М., 1978.

[63] Кобозева И. М. «Теория речевых актов» как один из вариантов теории речевой деятельности. // Новое в зарубежной лингвистике. Вып. XVII. М., 1986.

[64] Кодухов В. И. Введение в языкознание. М., 1979.

[65] Комлев Н. Г. Компоненты содержательной структуры слова.

М., 1969.
[66] Конрад Р. (R. Conrad) Вопросительные предложения как косвенные речевые акты. // Новое в зарубежной лингвистике. Вып. XVI. М., 1985.
[67] Косовский Б. И. Общее языкознание. Учение о слове и словарном составе языка. Минск, 1974.
[68] Котелова Н. З. Значение слова и его сочетаемость (К формализации в языкознании). Л., 1975.
[69] Крысин Л. Н. Речевое общение и социальные роли говорящих. Социально-лингвистические исследования. М., 1976.
[70] Кузнецов А. М. От компонентного анализа к компонентному синтезу. М., 1986.
[71] Кузнецова Э. В. Лексикология русского языка. М., 1989.
[72] Курилович Е. Деривация лексическая и деривация синтаксическая. // Очерки по лингвистике. М., 1962.
[73] Курилович Е. Заметки о значении слова. // Очерки по лингвистике. М., 1962.
[74] Лосев А. Ф. О понятии языковой валентности. Серия литературы и языка, Т. 40, 1981, № 5.
[75] Мельчук И. А. Опыт теории лингвистических моделей «Смысл ⇔ Текст». М., 1974.
[76] Новиков Л. А. Семантика русского языка. М., 1982.
[77] Новиков Л. А., Иванов В. В. и др. Современный русский язык. Теоретический курс. Лексикология. М., 1987.
[78] Ожегов С. И. Лексикология. Лексикография. Культура речи.

М., 1974.

[79] Остин Дж. Л. (J. L. Austin) Слово как действие. // Новое в зарубежной лингвистике. Вып. XVII. М., 1986.

[80] Падучева Е. В. Высказывание и его соотнесенность с действительностью. М., 1985.

[81] Падучева Е. В. Прагматические аспекты связности диалога. Известия АН СССР. Серия литературы и языка, 1982, Т. 41, № 4.

[82] Плотников Б. А. Основы семасиологии. Минск, 1984.

[83] Рахимов С. Речевая коммуникация и проблема дейксиса в разносистемных языках. Ташкент, 1989.

[84] Розанова В. В. Синонимия устойчивых глагольно-именных сочетаний в современном русском литературном языке. // Очерки по синонимике современного русского литературного языка. М., 1966.

[85] Розенталь Д. Э., Теленкова М. А. Словарь-справочник лингвистических терминов. М., 1976.

[86] Русская грамматика. АН СССР. М., 1980.

[87] Серль Дж. Р. (J. R. Searle) Косвенные речевые акты. // Новое в зарубежной лингвистике. Вып. XVII. М., 1986.

[88] Серль Дж. Р. (J. R. Searle) Классификация речевых актов. // Новое в зарубежной лингвистике. Вып. XVII. М., 1986.

[89] Серль Дж. Р. (J. R. Searle) Что такое речевой акт? // Новое в зарубежной лингвистике. Вып. XVII. М., 1986.

[90] Смирницкий А. И. Лексикология английского языка. М.,

1956.
[91] Современный русский язык. Под редакцией Розенталя Д. Э. М., 1976.
[92] Солнцев В. М. К вопросу о семантике, или языковом значении (вместо предисловия). // Проблемы семантики. М., 1974.
[93] Степанов Ю. С. В поисках прагматики. Известия АН СССР. Серия литературы и языка, 1981, Т. 40, № 4.
[94] Стросон П. Ф. (P. F. Strawson) Намерение и конвенция в речевых актах. // Новое в зарубежной лингвистике. Вып. XVII. М., 1986.
[95] Стросон П. Ф. (P. F. Strawson) О референции. // Новое в зарубежной лингвистике. Вып. XIII. М., 1982.
[96] Тараненко А. А. Языковая семантика в ее динамических аспектах. Киев, 1989.
[97] Толикина Е. Н. О природе и характере синонимических связей фразеологической единицы и слова. // Очерки по синонимике современного русского литературного языка. М., 1966.
[98] Улуханов И. С. Словообразовательная семантика в русском языке и принципы ее описания. М., 1977.
[99] Федорова Л. Л. Типология речевого воздействия и его место в структуре общения. Вопросы языкознания, 1991, № 6.
[100] Филин Ф. П. О лексико-семантических группах слов. // Очерки по теории языкознания. М., 1982.

[101] Фомина М. И. Современный русский язык. Лексикология. М., 1990.

[102] Формановская Н. И. Речевой этикет и культура общения. М., 1989.

[103] Формановская Н. И. Употребление русского речевого этикета. М., 1989.

[104] Формановская Н. И. Способы выражения просьбы в русском языке. Прагматический подход. Русский язык за рубежом, 1984, № 5.

[105] Формановская Н. И. О коммуникативно-семантических группах и функционально-семантических полях. Русский язык за рубежом, 1986, № 3.

[106] Формановская Н. И. Прагматика побуждения и логика языка. Русский язык за рубежом, 1994, № 5–6.

[107] Франк Д. (D. Franck) Семь грехов прагматики: тезисы о теории речевых актов, анализе речевого общения, лингвистике и риторике. // Новое в зарубежной лингвистике. Вып. XVII. М., 1986.

[108] Храковский В. С. О правилах выбора вежливых императивных форм. Известия АН СССР. Серия литературы и языка, 1980, Т. 39, № 3.

[109] Шанский Н. М. Лексикология современного русского языка. М., 1972.

[110] Шведова Н. Ю. Типы контекстов, конструирующих многоаспектное описание слов. // Русский язык. Текст как це-

лое и компоненты текста. М., 1982.

[111] Шмелев Д. Н. Очерки по семасиологии русского языка. М., 1964.

[112] Шмелев Д. Н. Проблемы семантического анализа лексики. М., 1973.

[113] Шмелев Д. Н. Современный русский язык. Лексика. М., 1977.

[114] Шрамм А. Н. Очерки по семантике качественных прилагательных. Л., 1979.

[115] Черч А. Введение в математическую логику. Пер. с англ. М., 1960.

[116] Якобсон Р. Разработка целевой модели языка в европейской лингвистике в период между двумя войнами. // Новое в зарубежной лингвистике. Вып. IV. М., 1964.

[117] Якубинский Л. П. О диалоговой речи. Пг., 1923.

[118] Ajdukiewicz, K. Proposition as the Connotation of Sentence. *Studia Logica*, T. XX, 1967.

[119] Frege, G. *Translations From the Philosophical Writings of Gottlob Frege*. Oxford, 1952.

[120] Garner, R. "Presupposition" in Philosophy and Linguistics. *Studies in Semantics*. / Eds. Fillmore Ch. And Langendoen, D. T. New York, 1971.

[121] Gordon, D., Lakoff, G. Conversational Postulates. *Syntax and Semantics*. Vol. 3, New York, 1975.

[122] Grice, H. P. Logic and Conversation. *Syntax and Semantics*,

Vol. 3, New York, 1975.

[123] Grice, H. P. Meaning. *Philosophical Review*, Vol. 66, 1957, № 3.

[124] Gumperz, J. Case Studies in International Communication. *Syntax and Semantics*, Vol. 3, New York, 1975.

[125] Lewis, C. *An Analysis of Knowledge and Valuation*. La Salle, 1946.

[126] Quine, W. O. *Word and Object*. New York, I960.

[127] Russell, B. *Logic and Knowledge*. London, 1956.

[128] Vendler, Z. Les performatifs en perspective. *Langages*, Vol. 17, 1970.

[129] Wunderlich, D. Progmatique, situation d'énonciation et deixis. *Langages*,1972, № 26.

[130] Karttunen, L. Presuppositions of Compound Sentences. *Linguistic Inquiry*, 1973, № 31.

[131] Keenan, E. Two Kinds of Presupposition In Natural Language. *Studies in Linguistic Semantics*. New York, 1971.

[132] Kiefer, F. Some Semantic and Pragmatic Properties of Wh-questions and the Corresponding Answers. *SMIL*, 1977, № 3.

[133] Kiparski P., Kiparski, C. *Fact. Progress in Linguistics*. The Hague: Mouton, 1970.

[134] Langendoen, T. D., Savin, H. B. The Projection Problem for Presuppositions. *Studies in Linguistics*. / Ed. Ch. Fillmore, T. Langendoen. New York, 1971.

《倪波集》收录论著索引

俄语语义学研究的对象

…………选自《俄语语义学》，上海外语教育出版社 1995 年版

语义研究的理论和方法

…………选自《俄语语义学》，上海外语教育出版社 1995 年版

词的词汇意义……选自《俄语语义学》，上海外语教育出版社 1995 年版

词的语义结构……选自《俄语语义学》，上海外语教育出版社 1995 年版

词汇－语义结构的系统性

…………选自《俄语语义学》，上海外语教育出版社 1995 年版

词的聚合关系……选自《俄语语义学》，上海外语教育出版社 1995 年版

词的组合关系……选自《俄语语义学》，上海外语教育出版社 1995 年版

词汇单位的语义演变机制

…………选自《俄语语义学》，上海外语教育出版社 1995 年版

预设与语句的语义结构

…………选自《俄语语义学》，上海外语教育出版社 1995 年版

同义词……………………选自《俄语语句同义转换——方法和手段》，

上海译文出版社 1991 年版

换位词……………………选自《俄语语句同义转换——方法和手段》，
上海译文出版社 1991 年版
反义词……………………选自《俄语语句同义转换——方法和手段》，
上海译文出版社 1991 年版
言语行为理论的由来及其“功”与“过”
…………………………选自《言语行为理论与俄语语句聚合体》，
上海外语教育出版社 1998 年版
词的语用信息………………选自《言语行为理论与俄语语句聚合体》，
上海外语教育出版社 1998 年版
行事行为与行事词语………选自《言语行为理论与俄语语句聚合体》，
上海外语教育出版社 1998 年版
言语行为理论………………选自《言语行为理论与俄语语句聚合体》，
上海外语教育出版社 1998 年版
隐含与间接言语行为………选自《言语行为理论与俄语语句聚合体》，
上海外语教育出版社 1998 年版
俄语语句聚合体……………选自《言语行为理论与俄语语句聚合体》，
上海外语教育出版社 1998 年版

图书在版编目(CIP)数据

倪波集:汉、俄/倪波著. —北京:商务印书馆,2019
(季愚文库)
ISBN 978-7-100-17825-9

Ⅰ.①倪… Ⅱ.①倪… Ⅲ.①俄语—文集
Ⅳ.①H35-53

中国版本图书馆 CIP 数据核字(2019)第 193778 号

季愚文库
倪波集
倪 波 著

商 务 印 书 馆 出 版
(北京王府井大街 36 号 邮政编码 100710)
商 务 印 书 馆 发 行
上海雅昌艺术印刷有限公司印刷
ISBN 978-7-100-17825-9

2019 年 12 月第 1 版　　开本 880×1240 1/32
2019 年 12 月第 1 次印刷　　印张 14⅝
定价:66.00 元